*Ensaio sobre a história
da sociedade civil*
───────────
Instituições de filosofia moral

FUNDAÇÃO EDITORA DA UNESP

Presidente do Conselho Curador
Mário Sérgio Vasconcelos

Diretor-Presidente
Jézio Hernani Bomfim Gutierre

Superintendente Administrativo e Financeiro
William de Souza Agostinho

Conselho Editorial Acadêmico
Danilo Rothberg
João Luís Cardoso Tápias Ceccantini
Luiz Fernando Ayerbe
Marcelo Takeshi Yamashita
Maria Cristina Pereira Lima
Milton Terumitsu Sogabe
Newton La Scala Júnior
Pedro Angelo Pagni
Renata Junqueira de Souza
Rosa Maria Feiteiro Cavalari

Editores-Adjuntos
Anderson Nobara
Leandro Rodrigues

ADAM FERGUSON

*Ensaio sobre a história
da sociedade civil*

———————

Instituições de filosofia moral

Tradução
Pedro Paulo Pimenta
Eveline Campos Hauck

© 2019 Editora Unesp

Título original: *An Essay on the History of Civil Society / Institutes of Moral Philosophy*

Direitos de publicação reservados à:

Fundação Editora da Unesp (FEU)
Praça da Sé, 108
01001-900 – São Paulo – SP
Tel.: (0xx11) 3242-7171
Fax: (0xx11) 3242-7172
www.editoraunesp.com.br
www.livrariaunesp.com.br
atendimento.editora@unesp.br

Dados Internacionais de Catalogação na Publicação (CIP) de acordo com ISBD
Elaborado por Vagner Rodolfo da Silva – CRB-8/9410

F352e
    Ferguson, Adam
        Ensaio sobre a história da sociedade civil / Instituições de filosofia moral / Adam Ferguson; traduzido por Pedro Paulo Pimenta, Eveline Campos Hauck. – São Paulo: Editora Unesp, 2019.

        Tradução de: *An Essay on the History of Civil Society / Institutes of Moral Philosophy*
        ISBN: 978-85-393-0797-5

        1. Filosofia. 2. Filosofia moral. 3. Sociedade Civil. 4. Século XVIII. 5. Ferguson, Adam. 6. Filosofia política. 7. Filosofia econômica. I. Pimenta, Pedro Paulo. II. Hauck, Eveline Campos. III. Título.

2019-1118   CDD 100
                                                                           CDU 1

Editora afiliada:

Sumário

Apresentação – Adam Ferguson: virtude e sociedade . 9

Ensaio sobre a história da sociedade civil (1767)

Parte I: Das características gerais da natureza humana . 27

Parte II: Da história das nações rudes . 119

Parte III: História da política e das artes . 165

Parte IV: Das consequências do avanço das artes civis e comerciais . 255

Parte V: Do declínio das nações . 285

Parte VI: Da corrupção, e da escravidão política . 325

Instituições de filosofia moral
Para o uso dos estudantes da faculdade de Edimburgo

Introdução . 383

Parte I: A história natural do homem . *389*

    Capítulo I – História da espécie . *389*

    Capítulo II – História do indivíduo . *407*

Parte II: Teoria da mente . *424*

    Capítulo I – Observações gerais . *424*

    Capítulo II – Enumeração de leis físicas . *426*

    Capítulo III – As leis precedentes aplicadas para explicar os fenômenos de interesse, emulação, orgulho, vaidade, probidade e aprovação moral . *432*

    Capítulo IV – Da natureza e perspectivas futuras da alma humana . *443*

Parte III: Do conhecimento de Deus . *445*

    Capítulo I – Do ser de Deus . *445*

    Capítulo II – Dos atributos de Deus . *447*

    Capítulo III – Da crença na imortalidade da alma humana, como estabelecida em princípios de religião . *451*

Parte IV: Das leis morais e suas aplicações mais gerais . *453*

    Capítulo I – Definições . *453*

    Capítulo II – Do bem e do mal em geral . *454*

    Capítulo III – Dos objetos de desejo e aversão e sua importância comparativa . *460*

    Capítulo IV – Os graus de felicidade e os meios de aperfeiçoamento . *468*

    Capítulo V – Da lei fundamental da moralidade e os objetos aos quais ela é aplicável . *473*

Parte V: Da jurisprudência . *482*

Capítulo I – Dos fundamentos da lei compulsória . *482*

Capítulo II – Dos direitos dos homens em geral . *482*

Capítulo III – A lei de defesa em geral . *483*

Capítulo IV – Diferença de direitos . *483*

Capítulo V – Das leis de aquisição em geral . *485*

Capítulo VI – Lei de ocupação . *486*

Capítulo VII – Lei da aquisição pelo trabalho . *486*

Capítulo VIII – Lei de aquisição por contrato . *487*

Capítulo IX – Da lei de aquisição por confisco . *493*

Capítulo X – Da lei de aquisição aplicável a direitos particulares . *493*

Capítulo XI – Da lei de defesa . *496*

Parte VI: Da casuística . *501*

Capítulo I – Das sanções do dever em geral . *501*

Capítulo II – Da sanção de religião . *502*

Capítulo III – Sanções de reputação pública . *503*

Capítulo IV – Da sanção de consciência . *504*

Capítulo V – Da tendência da virtude em ações externas . *504*

Parte VII: Da política . *514*

Capítulo I – Introdução . *514*

Capítulo II – Da economia pública . *515*

Capítulo III – Da lei política . *524*

Apresentação
Adam Ferguson: virtude e sociedade

Apesar de sua importância como pensador da sociedade, o filósofo escocês Adam Ferguson (1723-1816) ainda é pouco conhecido do leitor brasileiro. Traduzido em praticamente todas as línguas modernas, esse grande moralista, autor de sucesso em sua época, foi depois apontado como um fundador das ciências sociais, e vem sendo cada vez mais estudado por filósofos e historiadores interessados por uma obra original, profunda e marcada por um gênio singular.

Nascido em Logierait, Perthshire, um condado escocês situado entre as terras baixas e altas, Ferguson participou ativamente da vida intelectual do país e conviveu com os grandes nomes do Iluminismo escocês, como Adam Smith e David Hume. Foi membro da Select Society e do Poker Club, associações nas quais se discutiam assuntos políticos e filosóficos em voga na época; por exemplo, a necessidade do estabelecimento de uma milícia escocesa depois do Tratado de União, em 1707, reunindo os parlamentos da Inglaterra e da Escócia. Tema, aliás, central de um panfleto de Ferguson publicado em 1756, "Reflexões anteriores ao estabelecimento de uma milí-

Adam Ferguson

cia", e que é retomado em outras obras do autor. Depois de ter vivenciado a prática militar (foi capelão da Guarda Negra do Exército britânico), Ferguson assumiu inicialmente a cátedra de filosofia natural e, posteriormente, a de filosofia moral, ambas na Universidade de Edimburgo. Nesta última, teve muito êxito, e relatos da época dão conta de que suas aulas eram frequentadas não só por alunos regulares, mas por alguns dos homens mais distintos da Escócia. Muito provavelmente tendo em vista o grande público que alcançou, Ferguson publicou três obras didáticas de filosofia moral: um primeiro compêndio em 1766, *Análises de pneumática e filosofia moral*; depois, em 1769, as *Instituições de filosofia moral*; e, por fim, em 1792, os *Princípios de ciência moral e política*.

Mas Ferguson é conhecido, em particular, pelo *Ensaio sobre a história da sociedade civil*, que se tornou um clássico da filosofia política e econômica. Publicado pela primeira vez em 1767 e reeditado seis vezes durante a vida do autor, o *Ensaio* rendeu notoriedade a Ferguson, foi traduzido para diversas línguas, ainda no século XVIII, e tornou-se uma referência na Europa, sobretudo na Alemanha. Entre seus leitores mais célebres, podemos apontar, além de Hume e Smith, William Robertson, Lord Kames, Voltaire, Kant, Schiller, Hegel e Marx. Apesar de ter-lhe reservado, em público, uma recepção acalorada, sabemos, por meio de cartas, que Hume não gostou do texto, devido ao conteúdo e ao estilo, esforçando-se até para tentar impedir sua publicação. Não se sabe com toda a certeza quais motivos levaram Hume a tão negativa estima do *Ensaio*, mas é fato que o gosto de Ferguson pela linguagem figurada, aliado ao seu elogio das virtudes cívicas, associadas, na Antiguidade clássica, ao heroísmo, opõe-se tanto ao estilo simples e refina-

Ensaio sobre a história da sociedade civil

do apregoado por Hume quanto ao seu elogio da moderação como virtude moderna.

Como o próprio título sugere, o *Ensaio* trata da história da "sociedade civil", concepção que indica o estágio avançado do progresso das nações, em termos de aperfeiçoamento do sistema político e de leis, e também de refinamento nas artes, nas ciências e nas maneiras, ainda que não se limite a elaborá-la. *Grosso modo*, o texto pode ser dividido em três grandes momentos. O primeiro diz respeito às características da natureza humana; o segundo, à história da sociedade civil propriamente dita; enquanto o terceiro discute as causas da corrupção e do declínio das nações.

O ponto de partida da filosofia fergusoniana é a concepção de uma sociabilidade natural nos homens. Noção que o afasta de Hobbes, e também de Rousseau, teóricos, cada um à sua maneira, de um estado de natureza em que o homem desponta como criatura insociável. Para Ferguson, a vida em sociedade não é apenas um traço da espécie, como pensara Buffon, autor de uma história natural mais vasta, mas também um fato: todos os relatos, antigos e modernos, retratam os homens na companhia de seus semelhantes, seja em famílias, seja em clãs, seja em nações. É, com efeito, próprio da natureza humana tanto um princípio de união quanto de discórdia: os homens são mais especificamente membros de um grupo, e rivais dos demais. A sociabilidade é, assim, constituída sob uma ideia também de dissensão, que, em vez de engendrar a cena hobbesiana de todos contra todos, torna os homens ainda mais vinculados à sua comunidade e, nos estágios mais avançados da sociedade, dá forma aos Estados. Portanto, sendo natural, a sociedade humana sempre existiu e não se pode conceber um estado de natureza anterior a ela, no qual os homens seriam portadores de suas características originais: para Ferguson, o estado de natureza está em todo lugar, quer nas estepes onde vivem os selvagens americanos, quer nas movimentadas ruas da capital inglesa. Em não havendo um estado natural e um estado social, a história da humanidade é propriamente a história da sociedade.

Se o estado de natureza está em toda parte e não há um ponto de partida para o qual se possa olhar na busca pelos atributos originais da natureza humana, como fundar uma antropologia? Para estudar o homem, Ferguson divide a sua ciência em duas partes: a "pneumática" e a "filosofia moral". A primeira diz respeito aos fatos da natureza humana e busca estabelecer suas disposições constantes em meio à variedade circunstancial dos indivíduos e da espécie; a segunda se refere ao que é obrigatório, determinando, assim, não o que é natural ou artificial em sua natureza, mas o que é bom e o que é desprezível em sua conduta. A partir desse desdobramento epistemológico, o autor pode, por um lado, investigar empiricamente a natureza humana, por observação e análise historiográfica, e, por outro, enunciar os deveres morais dos homens. No *Ensaio*, vemos conviver uma investigação histórica de teor empirista com uma abordagem mais normativa e moralizante.

A antropologia de Ferguson baseia-se, além da sociabilidade natural, em duas propensões fundamentais: à autopreservação, de onde provém o interesse, e à perfeição, que torna os homens ativos e dotados de sentimentos morais. O interesse que os indivíduos nutrem por sua preservação é uma paixão que não compromete a sociabilidade, desde que suas considerações por si mesmos estejam subsumidas à comunidade. Na verda-

Ensaio sobre a história da sociedade civil

de, Ferguson se esforça em desvincular o interesse próprio do egoísmo, este que não passa de um engano e surge quando os homens são levados a estimar objetos errados. Por sua vez, o princípio de perfeição é responsável pela dimensão moral dos seres humanos: porque os homens podem conceber a perfeição, ela deve orientar suas ações e escolhas, ou melhor, a finalidade de sua vida, mesmo que não possa ser alcançada.

Inspirada pela tradição antiga, sobretudo estoica, a filosofia moral de Ferguson dispensa noções como senso moral ou simpatia, adotando, em contrapartida, uma noção de felicidade baseada na virtude. A virtude é o principal objeto de nossa aprovação moral e sua realidade é estabelecida a partir da analogia com os fenômenos físicos. Assim como percebemos a queda dos corpos e a pressão vertical no mundo material, podemos observar, no mundo intelectual, a existência da virtude e dos juízos morais. Para o autor, o sistema científico perfeito pode ser encontrado em Newton e a lei de gravitação é o principal modelo das ciências naturais a ser aplicado à ciência do homem; ora, se a lei de gravitação compreende os fenômenos físicos, a lei moral trata dos fenômenos morais. Com essa analogia, Ferguson pretende dirimir o ceticismo acerca da moralidade e tratá-la descritivamente, sem se perder na investigação de causas últimas, nem recorrer a expedientes inúteis. Ao mesmo tempo, a inspiração newtoniana de sua investigação o aproxima de Hume e Smith, malgrado as significativas diferenças entre eles. É um traço marcante da vida intelectual escocesa do período.

Visto que a pneumática é a fundamentação da filosofia moral, a lei moral é determinada a partir de dois princípios fundamentais da natureza humana, a saber, a sociabilidade e o

Adam Ferguson

aperfeiçoamento. A virtude, a maior perfeição de que somos capazes, consiste, então, em agir e viver bem com os demais homens, ou seja, é a benevolência, a probidade ou o amor pelo gênero humano. A centralidade da noção de virtude torna, em Ferguson, os objetos externos, como saúde e riqueza, desnecessários para a felicidade individual, bastando, além da virtude principal, a probidade, a recomendação das demais virtudes capitais, a sabedoria, a temperança e a fortaleza.

Quando salienta que a virtude mais importante diz respeito ao bem do gênero humano, Ferguson faz uma ligação entre o indivíduo virtuoso e a sociedade: há uma relação intrínseca entre a felicidade individual e a felicidade nacional. A bem da verdade, se, para Ferguson, a natureza humana é inconcebível sem a sociedade, a filosofia moral terá de se desdobrar em uma filosofia política. E, assim como a pneumática fundamenta a moralidade, a investigação da sociedade – que, em Ferguson, denomina-se história da sociedade – lança o alicerce da política.

Ferguson, influenciado pela tripartição dos saberes de Bacon (poesia, história e filosofia), afirma que o conhecimento humano se dá ou enquanto história, ou enquanto filosofia ou ciência: aquela trata dos particulares, estas, das regras gerais. Mais ainda, na obtenção do conhecimento, há uma ordem a ser seguida: primeiro história, depois ciência. Isso quer dizer que primeiro coletamos o material factual, histórico, com a finalidade de estabelecer os princípios da filosofia. É nesse sentido que Ferguson se propõe, no segundo momento do *Ensaio*, a construir uma história da sociedade civil. Essa história não pode ser narrativa, pois não se trata de reconstituir acontecimentos singulares dessa ou daquela nação particular, e sim de descrever os eventos regulares de todos os povos; tampouco ela pode ser hipotética, como em Rousseau (deduzida a partir de características da natureza humana): a história da sociedade de Ferguson é elaborada *a posteriori*, a partir da generalização dos eventos particulares das nações; é uma história indiciária, ou, nos termos do período, uma história natural ou conjectural.

A história natural da sociedade é concebível porque Ferguson faz da sociabilidade o principal atributo do gênero humano, a característica determinante da espécie. Assim, quando diz que nos homens o progresso dos indivíduos, da infância à idade adulta, é estendido também à sua espécie, da rudeza à civilização, o autor pensa esse progresso a partir de categorias sociais. A sociedade humana se desenvolve naturalmente, num processo de acúmulo e de complexificação, de um estágio mais rudimentar, selvagem e bárbaro, até o mais refinado, o estágio polido ou comercial. Esse expediente de periodização à semelhança das etapas da vida do indivíduo, a teoria dos estágios, permite a Ferguson organizar o material factual disponível, que é reunido não só das narrativas de historiadores antigos e modernos, mas também de relatos de viagens e registros etnográficos da época. Mais ainda, ele possibilita dar inteligibilidade à grande variedade da espécie, tanto geográfica quanto historicamente.

Para Ferguson, os "selvagens", tipificados pelos povos americanos, que ele considera, como Rousseau, os povos mais primitivos, não conhecem realmente a propriedade (têm apenas a posse de poucos itens úteis à sua sobrevivência) e se relacionam por afeto. Esses primórdios da espécie coincidem com o estado de natureza de alguns autores, com a diferença de que, em Ferguson, o estágio selvagem é um estado de sociedade; de fato, é o momento em que os homens estão mais vinculados ao seu grupo, já que nele as considerações de interesse pessoal estão apenas latentes. Ademais, os selvagens não admitem nenhuma subordinação, e o pequeno destaque que as habilidades militares conferem em períodos belicosos esvai-se tão logo o conflito termina. O surgimento da propriedade – uma questão de progresso, segundo Ferguson – caracteriza a passagem do estágio selvagem para o bárbaro e é o ponto de inflexão da história humana. No entanto, o autor não apresenta outra razão para o fato além de reiterar sua necessidade e descrever, em vez de explicar, os eventos tal como devem ter ocorrido nessa transição.

Os bárbaros passam a conhecer a subordinação: a distinção nos campos de batalha termina por criar líderes, ainda que apenas informalmente e sem o estabelecimento de leis; mas é a posse de riquezas, frutos do espólio de guerra, que sustenta a ascensão política de alguns homens. A formação dos governos é um passo importante no progresso da espécie. Há, como em Montesquieu, certas determinações circunstanciais que nos levam a organizar as formas de governo: pequenas sociedades em contenda entre si podem formar monarquias; povos refratários, decididos a agir por si mesmos, tendem à república; e certas condições que dão origem à nobreza ou à superstição, criando hierarquias, conduzirão à aristocracia. A história da humanidade mostra também exemplos de corrupção desses modelos (o despotismo, o anarquismo ou a tirania) e formas mistas de governo, como é o caso da Inglaterra. Porém, para Ferguson, as instituições políticas não são resultado de um desígnio dos homens, nem do planejamento de líderes; elas são expressão da atividade humana num processo cego em direção

Ensaio sobre a história da sociedade civil

ao futuro: como sementes plantadas em sua natureza e cultivadas mais pelo instinto do que pela razão.

A história do estágio polido, da sociedade civil propriamente dita, no *Ensaio*, é tratada como história da política e da arte. Ferguson descreve a passagem do estágio bárbaro para o polido mostrando como houve um processo de consolidação de princípios já presentes, embora de forma incipiente, no estágio anterior. Mas progredir não significa necessariamente melhorar. Pode-se, então, questionar: o progresso da sociedade conduz à civilização? Essa é uma pergunta complexa, pois o termo é impreciso. Segundo Ferguson, na modernidade, a noção de civilização tem a ver com as artes liberais e o comércio, mas na Antiguidade dizia mais respeito à política e à prática da cidadania. Dessa forma, sob esse conceito, podemos incluir ou excluir nações na medida em que consideramos uma ou outra acepção. A Grécia foi uma civilização? Não no sentido moderno, sim no sentido antigo. Ferguson, por vezes, mantém a ambiguidade, mas no plano geral toma o partido da concepção antiga e submete as nações ao crivo da civilização com base no vigor político de seus membros.

De fato, o desenvolvimento das artes e das instituições políticas marca a passagem do estágio rude para a sociedade civil. Nessa transição, no entanto, deve-se fazer uma ressalva: a natureza parece ter escolhido, para os povos mais refinados, algumas poucas porções da Terra. Se povos rudes podem ser encontrados em todas as épocas e lugares, as nações polidas se restringem às zonas temperadas. O estágio polido não se reduz apenas em termos geográficos; historicamente, as nações atingiram esse estágio somente duas vezes: na antiguidade (Ferguson menciona apenas Roma e certas cidades árabes) e na

Adam Ferguson

modernidade (as nações comerciais europeias). Ainda assim, o modelo teórico permite estabelecer sob uma mesma categoria nações muito díspares (por exemplo, Roma enriqueceu com a guerra, enquanto a Inglaterra desenvolveu seu comércio). Para Hume, Antiguidade e modernidade são irredutíveis. Ferguson sabe disso e não pretende compará-las; no entanto, tem em vista um objetivo astucioso: para pensar as causas da corrupção e do declínio das nações em geral, faz-se necessário o recurso à história, a fim de se estabelecerem, se não semelhanças, padrões. Isso porque o declínio não é, como o progresso, natural. A analogia entre desenvolvimento do indivíduo e da sociedade chega a termo: a história natural da sociedade só se deixa descrever enquanto história do progresso. Com isso, Ferguson quer evitar tanto a ideia de um declínio necessário quanto de uma história cíclica. Ora, a corrupção e a queda das nações são meros fatos históricos, restando-nos indagar seus motivos, na esperança de podermos estabelecer as regras gerais da filosofia política. Esse é o tema do terceiro momento do *Ensaio*.

Roma é o modelo exemplar; foi uma república extremamente virtuosa e um império altamente refinado. Viu seu povo ser corrompido quando lançou mão de mercenários nas fileiras do Exército, dando azo a um César. Desejando riquezas e não mais orientados pelo bem público, os romanos aceitaram de bom grado a chegada de imperadores, se não de ditadores. A grande extensão do império desgastou a coesão do Estado, e Roma caiu sob o jugo de bárbaros que antes havia conquistado com um vigor nacional único na história humana. O círculo virtuoso em que o cidadão, envolvido com a guerra em causa própria, exercita os valores militares e retorna à vida civil e política se desfez, e essa eminente nação ruiu. Não por acaso,

Ensaio sobre a história da sociedade civil

Ferguson se interessou de perto por essa história, e escreveu uma *História do progresso e da ruína da República Romana* (1783), que prolonga, em diálogo crítico, as investigações de Montesquieu e Gibbon sobre o Estado romano. Mas o que a história de Roma tem a ver com as nações comerciais modernas, ou mais especificamente com a Inglaterra? A principal característica das nações comerciais é a grande separação das artes e das profissões: divisão do trabalho na manufatura e divisão do trabalho na sociedade. No que concerne à manufatura, essa separação tem um viés muito positivo, pois permite um aperfeiçoamento da produção, mais agilidade e destreza, ainda que à custa da imbecilização das classes inferiores. Só que esse fenômeno alcança também as classes superiores; estas aprendem a se concentrar apenas em sua tarefa individual e administrativa com vistas ao lucro e ao enriquecimento, sem nenhum interesse pela vida civil ou pelo exercício das virtudes militares. A divisão do trabalho nas nações comerciais atinge os departamentos políticos e militares do Estado: há burocratas na administração pública e meros funcionários no Exército. A função da defesa, na modernidade, passou às mãos de exércitos permanentes, cujos soldados são homens contratados para tal função; consequentemente, a guerra deixa de convocar as paixões humanas e exercitar suas virtudes. Assim, o declínio pode decorrer tanto de fatores externos, pois esse Exército de mercenários não será capaz de defender a nação, quanto da corrupção interna, pois seus membros, sem o exercício da virtude, tornar-se-ão, ainda que pontuais e liberais, efeminados e sórdidos.

Ferguson evidencia que sua intenção principal, no *Ensaio*, é tratar, no que diz respeito aos objetivos dos governos, do cará-

19

Adam Ferguson

ter moral e político de um povo, ainda que não se furte a fazer considerações sobre a riqueza, outro objetivo fundamental, e sobre o comércio. O autor mostra, por exemplo, que fosse este último o único propósito das nações, o Estado poderia se limitar a prover a defesa, não interferindo nas atividades de produção e troca de mercadorias, ocupação particular de seus membros. É notório que, em vários pontos, as concepções de economia de Ferguson se aproximam sobremaneira das de Adam Smith. Mais ainda, se nos valermos de uma nota do *Ensaio*, constatamos que o autor tinha grande admiração pelo pensamento de seu contemporâneo, chegando a recomendar com entusiasmo uma teoria de economia nacional que em breve seria de conhecimento público, muito provavelmente em referência à *Riqueza das nações*.

Vê-se que, para Ferguson, o problema das nações modernas europeias não é propriamente o comércio, nem mesmo o luxo – ao contrário do que pensara Rousseau. O comércio por si mesmo gera riqueza, refina as maneiras e promove as artes. Na verdade, ele só se torna uma fonte de corrupção à medida que confunde os homens sobre sua verdadeira felicidade, que cria uma subordinação baseada na riqueza e não nos talentos e habilidades pessoais, que, enfim, os desvia das ocupações da vida pública. Mas a cidadania não é o campo privilegiado da civilização? Pois bem, abre-se caminho para o seu oposto, a escravidão política. A civilização, em Ferguson, adquire um sentido muito diverso do de seus pares Voltaire e Hume: não é um antípoda de barbarismo, mas sim de corrupção, palavra cuja extensão vai além de atos ilícitos ligados à administração pública. Não se pode esquecer que o autor é, antes de tudo, um filósofo moral, que submete a ciência social à sua preocupação maior: a finalidade da existência humana, que é a virtude ou o amor pelo gênero humano. O homem se corrompe, ou se extravia de sua finalidade natural, porque está sujeito a enganos, nações são corrompidas quando engendram objetivos equivocados. O trabalho do filósofo, do filósofo da natureza humana, é auxiliar os homens a desfazerem esses equívocos, trazendo-os de volta ao caminho certo e virtuoso. Dessa forma, o *Ensaio sobre a história da sociedade civil* é um esforço de esclarecimento e, nesse sentido, uma evidente expressão iluminista.

Esse plano geral do *Ensaio* não pretende reivindicar uma completa sistematicidade no pensamento fergusoniano, tampouco preencher as lacunas de sua argumentação. Ferguson é com frequência visto como um autor pouco rigoroso; inovador, ainda que incompleto, célebre, mas menos eminente que outras figuras do Iluminismo escocês. Sem contestar essas afirmações, não se pode negar, no entanto, que o *Ensaio* é uma obra original, repleta de considerações (ou diríamos: de *turns of thought*) que desafiaram as posições dos mais ilustres filósofos do período, além de ter questionado a capacidade do comércio de trazer estabilidade e bem-estar, se se negligencia a vocação fundamentalmente política dos Estados.

O *Ensaio sobre a história da sociedade civil* é considerado hoje leitura obrigatória para quem se interessa pelo Iluminismo escocês em particular, mas igualmente pela filosofia da história e pela história do pensamento social de maneira geral. Reivindicada por escolas tão díspares quanto a tradição liberal e a marxista, a filosofia fergusoniana tem motivado um intenso debate, que se reflete numa bibliografia crítica crescente e diversa. Recentemente, foram publicadas novas versões do *Ensaio* em vários idiomas; a presente tradução, a primeira em língua

Adam Ferguson

portuguesa, soma-se a elas. Este volume inclui ainda as *Instituições de filosofia moral*, de 1769, obra didática cujo objetivo é apresentar um quadro sinóptico de todo o conhecimento necessário da perspectiva prático-moral. Para o leitor, uma oportunidade de conhecer de forma mais abrangente o pensamento de Adam Ferguson.

O texto utilizado na tradução do *Ensaio sobre a história da sociedade civil* é o da 7ª edição, de 1814, última publicada por Ferguson, e que, de modo geral, contempla todas as suas alterações anteriores. Para a tradução das *Instituições de filosofia moral*, utilizamos a 1ª edição, de 1769, e acrescentamos, em notas, as variantes da 2ª edição, revisada pelo autor e publicada em 1773.

Eveline Campos Hauck
São Paulo, maio de 2019

Leituras recomendadas

BERRY, C. *The Idea of Commercial Society in the Scottish Enlightenment*. Edimburgo: Edinburgh University Press, 2013.

BINOCHE, B. *Les Trois Sources des philosophies de l'histoire (1764-1798)*. Paris: Hermann, 2013.

BRYSON, G. *Man and Society*: the Scottish Inquiry of the Eighteenth Century. Nova Jersey: Princeton University Press, 1945.

GAUTIER, C. *Adam Ferguson, an Essay on the History of Civil Society*: Nature, histoire et civilisation. Paris: PUF, 2011.

HAMOWY, R. *The Political Sociology of Freedom*: Adam Ferguson and F. A. Hayek. Cheltenham: Edward Elgar, 2005.

HEATH, E.; MEROLLE, V. (eds.). *Ferguson*: Philosophy, Politics and Society. Londres: Pickering & Chatto, 2009.

HILL, J. *Adam Ferguson and Ethical Integrity*: the Man and his Prescription for the Moral Life. Lanham: Lexington Books, 2017.

Ensaio sobre a história da sociedade civil

HILL, L. *The Passionate Society*: the Social, Political and Moral Thought of Adam Ferguson. Dordrecht: Springer, 2006.

KETTLER, D. *The Social and Political Thought of Adam Ferguson*. Columbus: Ohio State University Press, 1965.

LEHMANN, W. C. *Adam Ferguson and the Beginnings of Modern Sociology*: an Analysis of the Sociological Elements in his Writings with Some Suggestions as to his Place in the History of Social Theory. Londres: Columbia University Press, 1930.

MCDANIEL, I. *Adam Ferguson in the Scottish Enlightenment*. Londres: Harvard University Press, 2013.

OZ-SALZBERGER, F. *Translating the Enlightenment*: Scottish Civic Discourse in Eighteenth-Century Germany. Nova York: Oxford University Press, 2002.

SALVUCCI, P. *Adam Ferguson*: sociologia e filosofia politica. Urbino: Argalia Editore, 1977.

SIMON, I. W. *Sociedad civil y virtud cívica en Adam Ferguson*. Madri: Centro de Estudios Políticos y Constitucionales, 2006.

SMITH, C. *Adam Ferguson and the Idea of Civil Society*. Edimburgo: Edinburgh University Press, 2019.

WASZEK, N. *Man's Social Nature*: a Topic of the Scottish Enlightenment in its Historical Setting. Frankfurt: Peter Lang, 1986.

Ensaio sobre a história da sociedade civil (1767)[*]

---

[*] Tradução: Pedro Paulo Pimenta. O texto utilizado para a tradução é o da 7ª edição, de 1814, a última publicada durante a vida do autor. Exceto pelas notas assinaladas por (N. T.), as demais notas de rodapé são do próprio Ferguson.

Parte I
Das características gerais da natureza humana

Seção I
Da questão relativa ao estado de natureza

Produtos naturais geralmente se formam por graus. Os vegetais brotam de tenras raízes; de embriões crescem os animais. Estes, destinados à ação, diversificam suas atividades conforme aumentam os seus poderes e exibem progressos em tudo o que realizam, inclusive na aquisição de faculdades. No homem, esse progresso vai muito além de outros animais, não apenas no indivíduo, que progride da infância à idade adulta, mas também na espécie, que vai da rudeza à civilização. Supõe-se por isso que o gênero humano procederia de um *estado de natureza*, e elaboram-se diferentes conjecturas e opiniões de como teria sido o período inicial de sua existência. O poeta, o historiador e o moralista aludem a esses tempos remotos, e com os emblemas do ouro ou do ferro representam uma condição e forma de vida a partir das quais o gênero humano teria degenerado ou, ao contrário, progredido significativamente. Em ambas as suposições, o estado primitivo de nossa natureza não tem nenhuma

Adam Ferguson

semelhança com o que a espécie humana veio a exibir em períodos subsequentes; registros históricos de mais remota data passam por novidade; as instituições mais comuns da vida em sociedade são tidas como intromissões, no reino da natureza, da fraude, da opressão e de uma invenção laboriosa, responsável tanto pela supressão indistinta de nossos maiores problemas quanto de nossas maiores bênçãos.

Entre os autores que procuraram distinguir as qualidades originais do caráter humano apontando para os limites entre natureza e arte, alguns representaram os homens em sua condição primeira como dotados de mera sensibilidade animal, desprovidos do exercício das faculdades que os distingue dos animais selvagens, sem união política, incapazes de expressar sentimentos, privados de todas as apreensões e paixões que a voz e os gestos exprimem. Para outros, o estado de natureza consistiu na guerra perpétua, incitada pela competição por domínio e posse, em que cada indivíduo luta contra os de sua espécie, sendo a presença de um semelhante um sinal para o combate.

O desejo de estabelecer as fundações de um sistema de nossa preferência, ou talvez a sincera expectativa de que poderíamos penetrar os segredos da natureza rumo à fonte de nossa existência, levou a muitas investigações infrutíferas, que estão na origem das mais extravagantes suposições acerca desse objeto. Dentre as muitas qualidades do gênero humano, escolhemos uma, a partir da qual produzimos uma teoria, e, em nossa explicação do homem no suposto estado de natureza, ignoramos seu aspecto tal como se oferece à nossa observação ou se encontra nos anais da história.

O historiador da natureza reconhece que sua obrigação é coletar fatos, não oferecer conjecturas. Quando considera

Ensaio sobre a história da sociedade civil

uma espécie animal em particular, supõe que as disposições e os instintos que encontra são tais como os originais, e que o modo de vida de hoje é o desdobramento de uma destinação inicial. Está ciente de que seu conhecimento do sistema do mundo consiste numa coleção de fatos, ou, quando muito, em preceitos gerais derivados de observações e experimentos particulares. É apenas no que lhe diz respeito, em questões a um só tempo mais importantes e mais fáceis de decidir, que substitui a realidade por hipóteses e confunde as províncias da imaginação e da razão, da poesia e da ciência.

Sem entrarmos na discussão da origem ou maneira de nosso conhecimento de objetos morais ou físicos, e sem desmerecermos a perspicácia dos que analisam cada sentimento e remetem cada modo de existência à sua respectiva fonte, podemos afirmar com segurança que nossos principais objetos de estudo são o caráter do homem tal como o encontramos e as leis do sistema animal e intelectual, das quais depende sua felicidade, e que os princípios gerais relativos a estes e aos objetos em geral só são úteis quando se fundam na observação isenta e nos conduzem ao conhecimento de consequências importantes ou nos habilitam a controlar os poderes da natureza, físicos ou intelectuais, com vistas aos propósitos centrais da vida humana.

Relatos de todas as épocas e de todas as partes da Terra concordam em representar o gênero humano reunido em bandos ou em companhia e o indivíduo ligado por afeto a um grupo, ao mesmo tempo que em oposição a outro, dedicado ao exercício da memória e da antevisão, inclinado a comunicar os próprios sentimentos e a perscrutar os dos outros. Parece que encontramos aí um solo no qual é possível fundar nossos raciocínios sobre o homem. A predisposição mista à amizade e à inimizade,

Adam Ferguson

o uso da razão, a linguagem e os sons articulados, a figura e a postura ereta de seu corpo, tudo isso tem de ser considerado como atributos de sua natureza que devem entrar em sua descrição, assim como, na história natural dos diferentes animais, tem lugar a descrição de asas, membros e patas, além de qualidades como ferocidade, agilidade e vigilância.

Se quisermos saber do que a mente do homem é capaz por si mesma, sem a direção de outrem, devemos procurar pela resposta na história humana. Experimentos particulares, reconhecidamente úteis no estabelecimento dos princípios de outras ciências, não têm, quanto a isso, nada de novo ou de importante a acrescentar. A história de um ser ativo se infere de sua conduta nas condições para as quais ele é formado, não de situações extraordinárias ou incomuns. Um homem selvagem, que vive na floresta, isolado de seus semelhantes, é um caso singular, de modo algum o exemplar de um caráter mais geral. A dissecação de um olho que nunca foi afetado pela luz ou de um ouvido que nunca recebeu impulsos sonoros provavelmente revelará defeitos na estrutura de um órgão que nunca foi utilizado de maneira apropriada. Do mesmo modo, o estudo do selvagem revela apenas o estado em que se encontram poderes de sentimento e apreensão que nunca foram empregados, a insensibilidade e a deficiência de um coração que nunca sentiu as emoções próprias da vida em sociedade.

Os homens devem ser tomados em grupo, como sempre existiram. A história dos indivíduos é insignificante, comparada aos sentimentos e pensamentos que cada um nutre pela espécie. Por isso, experimentos relativos a esse objeto precisam ser realizados com sociedades inteiras, não com homens individuais. Temos boas razões para crer que se um experimento como esse

Ensaio sobre a história da sociedade civil

fosse realizado, por exemplo, numa colônia de crianças expulsas de um orfanato que formaram uma sociedade independente, por conta própria e sem qualquer instrução ou disciplina, veríamos a repetição das mesmas transações que ora deparamos em diferentes partes da Terra. Os membros dessa pequena sociedade se alimentariam e dormiriam; conviveriam e conversariam entre si numa língua comum; entrariam em disputas e divisões; e, no ardor de sua amizade ou animosidade, deixariam de lado os riscos pessoais e a integridade física, em nome da segurança de seus semelhantes. Não seria o caso da raça humana? Quem teria dirigido o seu curso? Que instrução receberam ou quais exemplos seguiram?

Presume-se que se a natureza atribui a cada animal um modo de existência, um modo de vida e disposições ativas, não teria por que desprezar a raça humana. O historiador natural de nossa espécie, que queira coletar as suas propriedades, pode fazê-lo tão bem hoje como em qualquer outra época. Mas os feitos dos pais não se transmitem aos filhos por sangue, e não se deve considerar o progresso do homem como uma mutação física da espécie. Em todas as épocas o indivíduo percorre a trajetória que vai da infância à idade adulta; a criança ou o ignorante que ora vemos mostram-nos como era o homem em seu estado original. O indivíduo tem as vantagens peculiares de sua época; mas o talento natural é praticamente invariável. O uso e a aplicação desse talento mudam sempre, e os homens continuam, progressiva e coletivamente, a realizar suas obras ao longo das épocas, acrescentam às fundações estabelecidas por seus antepassados e, com o tempo, tendem a aperfeiçoar a aplicação de suas faculdades. Para tanto, requerem-se uma longa experiência e esforços combinados de muitas gerações sucessivas.

Observamos o progresso que cada uma delas realiza; remontamos cada um de seus passos até a mais longínqua antiguidade, da qual não se tem registro; e, embora nos faltem documentos que permitam reconstituir a cena inicial desse admirável espetáculo, não nos atemos aos traços de caráter da nossa espécie que se encontram certificados por boa autoridade, mas tentamos encontrá-los em épocas desconhecidas, e em vez de tomarmos o início de nossa história como prenúncio do que se seguiu, julgamo-nos autorizados a rejeitar cada circunstância de nossa atual condição e estrutura, como se fosse adventícia e extrínseca à nossa natureza. Dessa maneira, o progresso do gênero humano, desde uma suposta animalidade até o uso da razão e da linguagem e ao hábito da vida em sociedade, é pintado por uma imaginação tão vivaz e reconstituído, em cada um de seus passos, por uma inventiva tão robusta, que somos tentados a adotar sugestões fantasiosas como matéria histórica e a aceitar como modelo do estado original de nossa natureza animais que só se assemelham a nós quanto ao aspecto.[1]

Seria ridículo, um disparate, oferecer ao mundo a suposta descoberta de que os cavalos nunca pertenceram à mesma espécie que os leões. E, no entanto, vemo-nos obrigados a reiterar, a despeito de alguns autores eminentes, que o homem sempre se destacou em relação aos outros animais como uma raça distinta e superior, e que circunstâncias, tais como órgãos e aspecto similares, o uso das mãos e o contínuo intercurso com esse ar-

---

1 Jean-Jacques Rousseau, *Sur l'Origine de l'inégalité parmi les hommes*, 1755, parte I [Ed. bras.: Discurso sobre a origem da desigualdade entre os homens. In: *Rousseau essencial*. São Paulo: Ubu, 2019].

Ensaio sobre a história da sociedade civil

tista inigualável, não facultaram a outras espécies a aquisição de traços da natureza humana.[2] Em seu estado mais rudimentar, o homem é superior ao animal; por mais degenerado que seja, não se rebaixa ao nível deles e permanece humano, não importa qual a sua condição. A analogia com os animais não nos instrui em nada. Se quisermos conhecer o homem, deveremos nos restringir a ele, ao curso de sua vida e ao teor de sua conduta. Tudo indica que a sociedade é tão antiga quanto o próprio indivíduo, e que o uso da linguagem é tão universal quanto o das mãos ou dos pés. Se houve um tempo em que o indivíduo teve de se familiarizar com seus semelhantes ou adquirir suas faculdades, não temos nenhum registro dessa época, e nossas opiniões a respeito carecem de fundamento, sem respaldo em evidências.

Frequentemente somos tentados a divagar nas regiões ilimitadas da ignorância e da conjectura, com uma fantasia que não se contenta com as formas que se oferecem a ela e prefere criar outras. Deixamo-nos ludibriar por um ardil que promete suprir cada lacuna de nosso conhecimento, e que, ao preencher algumas delas na história da natureza, pretende que nossas apreensões se aproximem da fonte de toda existência. Fiando-nos numas poucas observações, somos levados a presumir que o segredo se desvendaria sem mais, e que a *sabedoria* da natureza se resumiria a poderes físicos. Mas assim nos esquecemos que essas mesmas forças de movimento, cuja contínua atuação conspira para um propósito benéfico, constituem prova cabal do desígnio a partir do qual inferimos a natureza de Deus. Uma vez admitida essa verdade, não teremos mais de buscar

---

2 Claude-Adrien Helvétius, *De l'Esprit*, 1758, cap. I.

pela fonte da existência, e nos restará apenas coletar as leis estabelecidas pelo Autor da natureza e perceber, em nossas velhas e novas descobertas, um modo de criação ou providência que antes desconhecíamos.

É comum referirmo-nos à arte por contraposição à natureza; mas a arte pertence à natureza humana. O homem é, em certa medida, o artífice de sua própria estrutura (*frame*), bem como de sua fortuna, e está destinado, desde a mais tenra idade, a inventar e criar. Aplica os mesmos talentos a uma variedade de propósitos e desempenha o mesmo papel nas mais diferentes cenas. Seu interesse permanente é aperfeiçoar-se a si mesmo, e, por onde quer que perambule, seja pelas ruas das cidades, seja pelos bosques nas florestas, mantém firme a sua intenção. Adapta-se às mais diversas situações, sendo por isso incapaz de se contentar com uma única e mesma. Obstinado e inconstante, quer inovar, mas não se satisfaz com uma inovação só. Aprimora-se constantemente, sem, contudo, superar suas imperfeições. Se habita uma caverna, constrói um casebre; se habita um casebre, quer equipá-lo. As transições que realiza não são abruptas ou impensadas, seus passos progridem lentamente e sua força se impõe, como uma ferramenta, a todo modo de resistência. Por vezes, produz efeitos sem se dar conta das causas; dotado de extraordinária capacidade de projeção, sua obra se realiza independentemente de um plano. Deter o seu passo pode ser tão difícil quanto apressá-lo; o projetista se queixa do vagar, o moralista, da inconstância; mas, não importa se com rapidez ou lentidão, o cenário das coisas humanas muda perpetuamente: seu emblema é o rio em fluxo, não a lagoa estagnada. Gostaríamos de dirigir esse gosto pela perfeição a um objeto mais digno; gostaríamos que sua conduta fosse mais constan-

Ensaio sobre a história da sociedade civil

te: se pedirmos que ele encerre os trabalhos ou se ponha em repouso, é porque não entendemos a natureza humana. A ocupação de homens de todas as condições proclama a livre escolha, as variadas opiniões e as múltiplas carências que os urgem. Gozam ou sofrem com a mesma intensidade ou fleuma, não importando a sua condição. Com diferente propósito, mas igual facilidade, instalam-se no litoral do Cáspio ou no do Atlântico. Ali, fixam-se ao solo e parecem formados para a vida em vilarejos e cidades, dão o mesmo nome à nação e ao território; aqui, são animais nômades, formados para vagar em hordas, buscando novas pastagens e climas favoráveis, de acordo com os ciclos naturais do Sol.

O homem se acomoda tão bem às cavernas quanto ao casebre ou ao palácio. Obtém subsistência nas florestas, no pasto ou na lavoura, adota distinções de título, equipagem e roupas, cria um sistema regular de governo e um complexo corpo de leis; ou então vive nu, nas florestas, sem outra marca de superioridade a não ser a força de seus membros e a sagacidade de seu intelecto, sem regra de conduta que não a escolha própria, sem laços com seus semelhantes além dos de afeto, do gosto pela companhia e do anseio por segurança. Capaz de uma variedade de artes, não depende de nenhuma em particular para a preservação de sua existência, e o seu artifício, por menor que seja, parece suficiente para o desfrute das comodidades adequadas à sua natureza e à condição que lhe parece ter sido destinada. A grande árvore às margens do Orinoco dá abrigo ao nativo americano,[3] é uma morada que lhe convém tão per-

---

3 Joseph-François Lafitau, *Moeurs des sauvages comparés aux moeurs des premiers temps*, 1724.

Adam Ferguson

feitamente e o protege tão bem quanto a dos que vivem sob o domo e a colunata.

Portanto, se nos for posta a questão "Onde se encontra o estado de natureza?", responderemos: aqui, não importa se na ilha da Grã-Bretanha, no Cabo da Boa Esperança ou no Estreito de Magalhães. Enquanto o homem continuar a empregar seus talentos e a interferir nos objetos à sua volta, todas as situações serão igualmente naturais. E, se nos disserem que o vício é contrário à natureza, poderemos retorquir que, pior, ele é loucura e vilania. A natureza não se opõe à arte; em que condição da raça humana não encontramos as marcas desta? Nas selvas ou nas cidades não faltam provas da irrequieta invenção humana, que abre novos e inesperados horizontes no caminho desse ser itinerante. Se o palácio for contrário à natureza, o casebre também será; e os mais avançados refinamentos políticos e morais não são mais artificiais do que as primeiras operações do sentimento e da razão.

Se admitimos que o homem é passível de aperfeiçoamento e que há nele um princípio de progressão e um desejo de perfeição, por que deveríamos afirmar que ele abandonou o estado de natureza logo que começou a progredir ou que atingiu um estágio ao qual não estava destinado, se, a exemplo das outras criaturas, ele apenas obedece a uma predisposição natural e emprega os poderes que recebeu da natureza?

Mesmo os esforços mais recentes da invenção humana são prolongamentos de dispositivos utilizados desde o seu estado mais rude, nas épocas primitivas do mundo. As observações e os projetos do silvícola são os primeiros passos no mesmo caminho que será trilhado pelas nações mais avançadas, da

Ensaio sobre a história da sociedade civil

construção de casebres à edificação de palácios, das percepções particulares dos sentidos até as conclusões gerais de ciência.

Grandes carências são um desgosto para os homens, não importa qual a sua condição: ignorância e estupidez são objeto de desprezo; sagacidade e liderança os distinguem e atraem a estima alheia. Mas a que levam seus sentimentos e apreensões a esse respeito? A um progresso, sem dúvida, no caso do selvagem, bem como do filósofo, que avançam de maneira desigual, mas têm em vista o mesmo fim. A admiração de Cícero pela arte literária, pela eloquência e pelas realizações civis é tão sincera quanto a que um cita demonstra por esses mesmos dotes, na medida em que pode concebê-los em sua limitada apreensão. "Se há algo de que posso me orgulhar", disse um príncipe tártaro, "é a sabedoria que recebi de Deus. Pois, se na guerra comando legiões de soldados e regimentos de cavaleiros, não deixo de ter algum talento literário, talvez apenas inferior ao dos cidadãos das grandes cidades da Pérsia ou da Índia. Outras nações eu desconheço; sobre elas, eu me calo."[4]

Um homem pode se equivocar quanto ao que quer, desperdiçar sua indústria e dedicar-se ao que é indigno de si. Mas, se estiver ciente de que pode errar, se buscar um padrão que lhe permita decidir como proceder para chegar ao melhor estado possível de sua natureza, é mais provável que o encontre não na prática deste ou daquele indivíduo, desta ou daquela nação, ou na opinião que prevalece entre a maioria dos membros de sua espécie, mas nas elevadas concepções de seu entendimento e no nobre bater de seu coração, no qual encontrará toda a perfeição e a felicidade de que é suscetível. O escrutínio mostra que

---

4 Aboul Gazi Bahadour Khan, *Histoire généalogique des tartars*, 1726.

o estado próprio de sua natureza moral não é uma condição da qual o gênero humano estaria apartado para sempre; ela pode, ao contrário, ser alcançada no presente, sem anteceder o exercício de suas faculdades, procedendo da justa aplicação delas. Dos termos que aqui empregamos na consideração das coisas humanas, *natural* e *inatural* são aqueles cujo significado é mais indeterminado. *Natural* é um epíteto de louvor, por oposição à afetação, à precipitação ou a outros defeitos de têmpera ou de caráter. Mas, empregado para designar uma conduta decorrente da natureza humana, não distingue o que quer que seja, pois todas as ações do homem resultam de sua natureza. Quando muito, essa maneira de falar refere-se vagamente a um sentido ou uma prática predominante entre os homens. É possível dar conta da investigação desse objeto recorrendo a uma linguagem igualmente simples, porém mais precisa. O que são o justo e o injusto? O que é afortunado ou vil nas maneiras dos homens? O que seria, em diversas situações, favorável ou adverso às qualidades afáveis? Parece-nos possível responder a essas questões de modo satisfatório; e, qualquer que tenha sido o estado original de nossa espécie, importa-nos mais conhecer a condição a que devemos aspirar do que uma outra, que nossos antepassados teriam deixado para trás.

Seção II
Dos princípios de autopreservação

Se existem na natureza do homem qualidades que o distinguem de todas as outras criaturas animais, essa mesma natureza varia muito conforme diferenças de clima e em diferentes épocas. As variedades da natureza humana merecem a nossa

Ensaio sobre a história da sociedade civil

atenção, e cada um dos cursos em que essa poderosa corrente se divide deve ser acompanhado até a fonte. É preciso, no entanto, examinar as qualidades universais de nossa natureza antes de considerarmos suas variedades ou tentarmos explicar diferenças devidas à desigualdade de posses ou à aplicação de disposições e poderes que, em alguma medida, são comuns ao gênero humano.

O homem, a exemplo de outros animais, tem propensões instintivas que, antes mesmo da percepção de prazer ou dor e da experiência do que é danoso ou útil, o levam a exercer funções que só dizem respeito a ele mesmo e que não têm nenhuma relação com as outras criaturas. Possui um conjunto de disposições que tendem à sua preservação como animal e à continuidade de sua raça, outras que o levam à sociedade, alinhando-o a uma tribo ou comunidade e envolvendo-o com frequência em guerras e contendas com outros homens. Seus poderes de discernimento, ou faculdades intelectuais, que, denominadas de *razão*, se distinguem dos dotes análogos de outros animais, referem-se aos objetos à sua volta, seja como simples materiais de conhecimento, seja como motivo de aprovação ou censura. É formado não apenas para conhecer, mas também para admirar e contestar; e esses atos de sua mente se referem sobretudo ao seu próprio caráter e ao de seus semelhantes, como aquilo a respeito do que mais lhe interessa distinguir o certo do errado. Da mesma maneira, o desfrute de sua felicidade depende de condições fixas determinadas, e caso queira colher os benefícios de sua natureza, deve seguir um curso em particular, ou como indivíduo à parte, ou como membro de sociedade civil. De maneira geral, é bastante suscetível a hábitos e, evitando-os ou cultivando-os, pode enfraquecer, reforçar ou diversificar seus talentos e disposições, despontando, em grande medida, como o árbitro de sua própria posição na natureza e autor de toda a variedade que se exibe na história factual de sua espécie. Na abordagem de qualquer parte dessa história, as características universais a que ora nos referimos constituem o principal objeto de nossa atenção e precisam ser enumeradas e consideradas em separado.

As disposições que favorecem a preservação do indivíduo são praticamente as mesmas no homem e nos outros animais, enquanto continuarem a operar seguindo desejos instintivos. No homem, todavia, cedo ou tarde se combinam à reflexão e à previsão, dão azo a concepções de posse e do objeto de sua preocupação, a que ele dará o nome de interesse. Privado dos instintos que ensinam o castor e o esquilo, a formiga e a abelha, a reservar estoques para o inverno, o homem, de início imprevidente, e quando não há um objeto a solicitar de imediato a sua paixão, também por grande preguiça, torna-se, com o passar do tempo, o animal armazenador por excelência. O principal objeto de sua solicitude e grande ídolo de sua mente é uma provisão de bens que ele provavelmente jamais irá utilizar. Ele estabelece uma relação entre sua pessoa e sua propriedade e toma tudo o que é seu como se fosse parte de si mesmo, constitutiva de sua posição, condição e caráter, e como se determinasse, independentemente de qualquer prazer efetivo, sua fortuna ou infelicidade. A propriedade faz dele um objeto de consideração ou desprezo, independentemente de mérito pessoal, e o anseio por ela pode expô-lo, mesmo que sua pessoa esteja segura e cada uma das necessidades de sua natureza tenha sido integralmente satisfeita.

Em meio a outras paixões eventuais, os homens encontram na consideração pelo seu interesse o objeto principal de suas

Ensaio sobre a história da sociedade civil

ocupações, que os impele à prática das artes mecânicas e comerciais e os incita ao desprezo pelas leis de justiça, e que, quando já estão extremamente corrompidos, causa a sua prostituição e fornece o parâmetro de suas opiniões sobre o bem e o mal. Por fim, sem a restrição das leis da sociedade civil, os homens são levados ao teatro de violência e baixeza no qual nossa espécie se exibe com um aspecto mais terrível e mais odioso, mais vil e mais desprezível do que qualquer outro animal sobre a terra.

Embora a consideração pelo interesse esteja fundada na experiência de carências e desejos animais, seu objetivo não é tanto a gratificação de um apetite em particular quanto a obtenção de meios para a satisfação de todos os apetites, e com frequência ela impõe uma restrição àqueles mesmos desejos que a despertaram, inclusive de forma mais poderosa e severa que as limitações da religião ou do desejo. Essa restrição emerge a partir dos princípios de autopreservação contidos na estrutura humana, mas é uma corrupção, ou ao menos resultado parcial, desses mesmos princípios, muitas vezes denominada impropriamente de *amor por si mesmo* (*self-love*).[5]

O amor, como sentido de uma relação com uma criatura semelhante tomada como objeto, projeta a mente para além de si mesma; por ser uma fatuidade, uma satisfação ininterrupta com esse objeto, propicia, independentemente de eventos externos e em meio a desapontamentos e pesares, prazeres e triunfos desconhecidos de homens levados por meras considerações de interesse; e, por mais que a nossa situação se al-

---

5 Referência ao conceito de *amour de soi*, forjado por Rousseau no Discurso sobre a origem da desigualdade entre os homens, op. cit., parte I. (N. T.)

tere, mantém-se distinto dos sentimentos que nos acometem por ocasião de êxitos ou adversidades pessoais. E, no entanto, como o zelo de um homem por seu próprio interesse e a atenção pelo de outro podem ter efeitos similares aos do amor, o primeiro sobre sua própria fortuna, o último sobre a de seu amigo, confundimos os princípios de sua atuação e supomos que seriam de mesma espécie, referindo-se apenas a objetos diferentes. Com isso, não apenas fazemos mau uso do nome amor, ligando-o ao eu, como também, de maneira degradante para a nossa natureza, limitamos o escopo desse suposto afeto egoísta à garantia e ao acúmulo do que constitui o interesse, ou seja, aos meios de sustento da vida animal.

Não deixa de ser curioso que, embora os homens valorizem em si mesmos qualidades do espírito como o talento, a erudição e o engenho, a coragem, a generosidade e a honra, há quem suponha que ainda assim sejam egoístas e autocentrados, e que estejam mais atentos à parte animal da vida e menos dispostos a transformá-la num objeto digno de atenção. Difícil dizer, no entanto, por que um entendimento sadio, um espírito resoluto e generoso, não seriam estimados por um homem de bom senso como partes tão importantes de sua pessoa quanto seu estômago ou paladar, e mais ainda do que suas posses ou vestimentas. O epicurista que se consulta com um médico para saber como restaurar seu requintado paladar e criar um novo apetite que renove seu prazer poderia mostrar um mínimo de consideração por si mesmo, e se dedicar a descobrir como fortalecer seu afeto por um pai ou por um filho, por seu país ou pelo gênero humano, pois, além de tudo, é provável que tais apetites se mostrem tão prazerosos quanto o primeiro.

Ensaio sobre a história da sociedade civil

Guiados por essas supostas máximas egoístas, excluímos da esfera dos objetos dignos de nossos cuidados pessoais muitas das melhores e mais respeitáveis qualidades da natureza humana. Consideramos a afeição e a coragem como tolices que nos levam a nos expor e a arriscar nossa integridade física; o cultivo de nosso interesse passa por sabedoria; e, sem explicar o que significa a palavra interesse, tomamo-la como o único motivo razoável de ação para com outros homens. Existe um sistema filosófico erguido sobre essas fundações, e a opinião que temos das ações de homens motivados por princípios egoístas é tal que pensamos que teriam uma tendência perigosíssima para a virtude. Mas os erros desse sistema não se encontram tanto em seus princípios gerais como na aplicação particular destes, não tanto em ensinar os homens a ter consideração por si mesmos quanto em levá-los a esquecer que suas melhores afeições, sua candura e sua independência intelectual são, na realidade, partes de seu ser. Têm razão, portanto, os adversários dessa suposta filosofia do egoísmo quando apontam para o fato de que seu maior defeito não consiste na representação geral do gênero humano como governado pela paixão do amor por si mesmo, mas em ter apresentado como descoberta científica o que no fundo não passa de inovação terminológica.

Quando se refere a seus diferentes motivos, o vulgo se contenta com nomes comuns que remetem a distinções conhecidas e óbvias, como os termos *benevolência* e *egoísmo*: o primeiro exprime afeições amigáveis, o segundo, interesse pessoal. Mas os especuladores nem sempre se dão por satisfeitos com essa maneira de proceder e, além de enumerarem, também analisam os princípios naturais, não raro alterando a aplicação das palavras com o intuito de produzir uma novidade, porém nem sempre algo vantajoso. No caso que temos diante de nós, constataram que a benevolência não é mais que uma espécie de amor por si mesmo e nos pedem que, se possível, busquemos por um novo grupo de nomes que permita distinguir o egoísmo de um pai que cuida de seu filho do egoísmo desse mesmo homem quando cuida de si mesmo. Mas se, como quer essa filosofia, o único objetivo de alguém assim é gratificar um desejo próprio, segue-se que em ambos os casos esse homem é egoísta. Já o termo *benevolente* não é empregado para caracterizar pessoas sem desejos próprios, apenas aquelas cujos desejos as levam a promover o bem-estar alheio. No entanto, não é porque essa suposta descoberta substitui termos antigos por novos que deixamos de raciocinar como antes. É impossível viver e agir com outros homens sem empregar diferentes nomes para distinguir o humanitário do cruel e o benevolente do egoísta.

Em todas as línguas há equivalentes para esses termos, eles foram inventados por homens sem refinamento que queriam exprimir algo que percebiam distintamente ou sentiam inequivocamente. E, mesmo que um especulador venha a provar que somos egoístas em um sentido definido por ele, não se segue que o sejamos no sentido do vulgo, ou, como reza o uso ordinário do termo, que estamos condenados, em todos os casos, a atuar motivados pelo interesse, pela cobiça, pela pusilanimidade e pela covardia – pois tal é o sentido que geralmente se dá à palavra egoísta, quando imputada ao caráter de um homem.

Por vezes se diz que um afeto ou paixão, não importa o gênero, torna um objeto interessante para nós, e o próprio sentimento humanitário liga um interesse à ideia de bem-estar dos homens. O termo *interesse*, que normalmente implica o que nos pertence, significa por vezes utilidade em geral, e utilidade, por

Ensaio sobre a história da sociedade civil

sua vez, pode significar felicidade. Dadas essas ambiguidades, não surpreende que não consigamos determinar se o interesse é mesmo o único motivo da ação humana e o padrão pelo qual distinguimos nosso bem de nosso mal. Se me detenho nesse ponto, não é porque queira entrar nessa controvérsia, mas sim para restringir o significado de *interesse* à sua acepção mais comum; e sugerir que, daqui por diante, esse termo seja empregado para exprimir os objetos de preocupação que se referem à nossa condição externa e à preservação da natureza animal. Tomado nesse sentido, certamente não poderá abarcar ao mesmo tempo todos os motivos da conduta humana. Mesmo que não se conceda ao homem uma benevolência desinteressada, não se poderá negar a ele paixões desinteressadas de outro gênero. Ódio, indignação e raiva frequentemente o impelem a agir em oposição a seu interesse mais óbvio, e mesmo a arriscar sua vida sem ter a esperança de uma compensação futura na forma de privilégios ou lucros.

Seção III
Dos princípios de união entre os homens

O gênero humano sempre perambulou ou se assentou, concordou ou disputou em tropas e companhias. A causa de sua reunião, como quer que ela se dê, é um princípio de aliança ou união.

Quando coletamos os materiais da história, não nos contentamos em aceitar as coisas como as encontramos. Irritamo-nos com a multidão de particulares e as aparentes inconsistências. Em teoria, professamos a investigação de princípios gerais; e para dispor a matéria que investigamos ao alcance de nossa compreensão, adotamos não importa qual sistema. Por exemplo, quando tratamos de assuntos humanos, extraímos toda sorte de consequências a partir de um princípio de união ou de um princípio de discórdia. O estado de natureza é um estado de guerra ou de amizade, os homens são feitos para se reunir por um princípio de afeição ou um princípio de medo: tudo depende do que convém ao sistema de diferentes autores. A história de nossa espécie mostra de maneira abundante que os homens são, uns para os outros, objeto de medo e de amor, e quem quiser provar que originalmente se encontraram em estado de aliança ou de guerra terá argumentos de sobra para sustentar suas afirmações. Nossa fidelidade a uma divisão ou seita muitas vezes deriva, ao que parece, de uma animosidade concebida em relação à posição oposta, e que, por sua vez, surge de um zelo pelo lado que adotamos e do desejo de defender os direitos de nosso partido.

"O homem nasce em sociedade", diz Montesquieu, "e nela permanece."[6] Os encantos que o incitam a tal são muitos, como se sabe. Além do afeto dos progenitores, que em vez de abandonar os adultos, como acontece entre as feras, torna-se mais forte, misturando-se com a estima e a memória de seus primeiros efeitos, pode-se contar a propensão comum ao homem e aos outros animais de se misturarem à horda e, irrefletidamente, acompanharem a multidão da espécie. Nada sabemos acerca dessa propensão em seus primeiros momentos de operação; mas, para homens acostumados a viver em companhia, as delícias e os desapontamentos que ela ocasiona estão entre os

---

6 Montesquieu, *L'Esprit des loix*, Paris, 1748, 2v., v.I, cap.I [Ed. bras.: *O espírito das leis*. 4.ed. São Paulo: Martins Fontes, 2005]. (N. T.)

Ensaio sobre a história da sociedade civil

principais prazeres e dores da vida humana. A tristeza e a melancolia estão ligadas à solidão; a alegria e o prazer, ao concurso de outros homens. A trilha deixada pelo lapão nas praias cobertas de neve é motivo de júbilo para o marinheiro solitário; esses mudos acenos de cordialidade e gentileza evocam a memória de deleites que ele sentiu em sociedade. É preciso reconhecer, diz o autor do relato de uma viagem ao Norte após ter descrito uma cena como essa, "que sentimos um prazer extremo na convivência com os homens, passados treze anos sem termos visto criaturas humanas".[7] Para confirmar essa observação, não é necessário recorrer a observações remotas. O choro dos bebês e os langores dos adultos quando ficam sozinhos, a viva alegria daqueles e a bonomia destes quando a companhia retorna, são prova suficiente de que ela tem sólidas fundações na estrutura da natureza humana.

Quando explicamos ações, com frequência esquecemo-nos de que nós mesmos agimos, e em vez de atribuirmos as motivações de conduta dos homens aos sentimentos estimulados na mente pela presença de um objeto, preferimos explicá-las com considerações que nos ocorrem em momentos de retiro e de fria reflexão. Nesse estado, muitas vezes não encontramos nada de importante além das perspectivas de interesse, e parece-nos que uma grande obra como a edificação da sociedade só poderia emergir da mais profunda reflexão, realizada com vistas aos benefícios que o gênero humano deriva do comércio e do sustento recíproco. Mas a verdade é que nem a propensão a se misturar à horda, nem o sentido das vantagens de que se goza nessa condição, esgotam os princípios de reunião entre os

---

7 Thomas Osborne, *A Collection of Dutch Voyages and Travels*, 1745.

homens. Esses laços têm mesmo uma estrutura débil quando comparados ao resoluto ardor com que um homem adere a seu amigo ou à sua tribo, uma vez que tenha atrelado sua fortuna à deles por algum tempo. A exibição de uma generosidade recíproca e provas coletivas de fortaleza redobram os ardores da amizade e alimentam uma chama no coração que considerações de interesse ou de segurança pessoal não poderiam apagar. Quando os objetos de terno afeto são contemplados em estado de triunfo ou de sofrimento, veem-se os mais vivos arrebatamentos de júbilo e ouvem-se os mais agudos gritos de desespero. Um índio da ilha de Juan Fernandes recuperou inesperadamente um amigo e prostrou-se diante dele ao chão. "Observamos a cena de ternura atônitos e em profundo silêncio", diz Dampier.[8] Se quisermos saber qual a religião do selvagem americano e o que em seu coração é mais semelhante à devoção, veremos que não é o medo do feiticeiro, tampouco a esperança de receber proteção dos espíritos do ar ou da floresta, mas o ardente afeto com que escolhe e adota um amigo, mantendo-se ao seu lado diante de cada perigo, e quando o perigo o surpreende sozinho, invocando seu espírito a distância.[9] Apesar das provas da disposição social do homem em cenas familiares ou de convívio, é importante extrairmos nossas observações de exemplos daqueles que vivem na condição mais simples e não aprenderam a afetar o que de fato não sentem.

A familiaridade e o hábito nutrem por si mesmos o afeto; a experiência da vida em sociedade recruta cada uma das paixões

---

8 William Dampier, *Voyages and Descriptions*, 3v., 1697-1703.

9 Pierre-François-Xavier de Charlevoix, *Histoire et description générale de la Nouvelle France*, 1744.

Ensaio sobre a história da sociedade civil

do espírito humano. O triunfo e a prosperidade, a calamidade e o desespero, contribuem com uma variedade de fortes emoções, como só poderia ocorrer na companhia de nossos semelhantes. É então que o homem se esquece de suas fraquezas, de sua segurança, de sua subsistência, e aprende a agir conforme as paixões que o levam a descobrir sua própria força. É então que ele descobre que suas flechas voam mais rápido que uma águia, e suas armas ferem mais fundo que a garra do leão ou as presas do javali. Não apenas a sensação de ter apoio à mão ou o amor pela distinção junto à opinião de sua tribo inspiram sua coragem ou intumescem seu coração com uma confiança que excede tudo o que sua força natural permitiria. Paixões veementes de animosidade ou fidelidade são as primeiras manifestações de vigor em seu peito; sob sua influência, toda consideração, exceto a que nutre por seu objetivo, é esquecida; perigos e dificuldades não fazem senão animá-lo ainda mais.

Toda situação que contribua para o aumento de sua força é decerto favorável à natureza de um ser vivo, e se a coragem é o dom da sociedade para o homem, há razão para considerar sua união com a espécie como a parcela mais nobre de sua fortuna. Dessa fonte derivam não apenas a força, mas a própria existência de suas melhores emoções; não apenas a melhor parte de seu caráter racional, mas a quase totalidade deste. Enviai-o sozinho ao deserto e ele será uma planta desenraizada; a forma pode não se alterar, mas cada uma de suas faculdades se exaure e decai, a pessoa e o caráter se desumanizam.

Tão longe estão os homens de valorizar a sociedade unicamente por conta das meras conveniências externas, que o elo entre eles costuma ser mais forte onde tais conveniências são menos frequentes, e eles são mais fiéis onde o tributo de sua aliança é pago com sangue. O afeto opera mais forte onde as dificuldades são maiores: no coração de um pai, é mais solícito quando o filho corre perigo ou passa por tensão; no do homem, sua chama reacende quando os males ou sofrimentos de seu amigo ou de seu país requerem o seu auxílio. Em suma, somente esse princípio permite explicar a obstinada fidelidade do selvagem à sua tribo nômade e indefesa, quando as tentações do lado do conforto e da segurança poderiam induzi-lo a fugir da fome e do perigo para uma situação mais afluente e mais segura. Isso explica o afeto de sangue que os gregos tinham por suas respectivas cidades-estado, bem como o devoto patriotismo dos primeiros romanos. Compare-se esse exemplo com o espírito que reina em um Estado comercial, em que os homens supostamente experimentam, em sua plena extensão, o interesse dos indivíduos na preservação de seu país. É aí, se em algum lugar, que o homem se torna um ser à parte e solitário. Ele encontra um objeto que o põe em competição com seus semelhantes, os quais trata como faz com o gado ou o solo, em nome dos lucros que eles trazem. O poderoso mecanismo que supostamente teria formado a sociedade tende apenas a dividir seus membros ou apenas a manter seu comércio depois de rompidos os laços de afeto.

Seção IV
Dos princípios da guerra e da discórdia

"Certas circunstâncias", diz Sócrates, "mostram que os homens estão destinados à amizade e ao convívio. São elas: a necessidade que uns têm dos outros; sua mútua compaixão; o senso de benefícios recíprocos; e os prazeres que se originam

Ensaio sobre a história da sociedade civil

da companhia." Outras circunstâncias os predispõem à guerra e à discórdia: a admiração e o desejo pelos mesmos objetos; pretensões conflitantes; provocações mútuas no curso das competições de que participam." Quando tentamos aplicar máximas de justiça natural à solução de conflitos sérios, vemos que por vezes ocorrem situações de oposição entre as partes anteriormente a qualquer provocação ou ato de injustiça, e a segurança e a preservação de uns são inconsistentes com as de outros, na medida em que um partido emprega o direito à defesa antes que o outro desencadeie um ataque. Se a tais casos acrescentarmos os equívocos e mal-entendidos a que os homens estão suscetíveis, concluiremos que a guerra nem sempre procede da intenção de causar dano, e mesmo as melhores qualidades humanas, como a candura e a resolução, podem operar em meio a querelas.

Isso não é tudo. Os homens não apenas encontram em sua própria condição as fontes de divisão e discórdia como parecem trazer em seu espírito as sementes da animosidade que os levam à oposição recíproca com alacridade e prazer. Mesmo nas situações mais pacíficas, poucos são os que não têm seus inimigos, bem como seus amigos; ou não sentem prazer em se opor à conduta de uns e favorecer os desígnios de outros. Tribos pequenas e simplórias, que mostram a mais resoluta união em sua sociedade doméstica, opõem-se umas às outras como nações, não raro animadas pelo ódio mais implacável. Para os cidadãos de Roma nos primeiros tempos da república, a denominação de estrangeiro era a mesma utilizada para um inimigo. Para os gregos, o nome de bárbaro, que aplicavam a todas as nações formadas por uma raça que falasse uma língua diferente da sua, tornou-se indiscriminadamente um termo de

Adam Ferguson

desprezo e aversão. E mesmo onde não há uma pretensão de superioridade, a repugnância à união, as guerras frequentes, ou antes as perpétuas hostilidades entre nações rudes e clãs à parte, mostram que nossa espécie está predisposta à oposição tanto quanto ao entendimento.

Descobertas recentes deram a conhecer quase todas as situações em que o gênero humano existe. Encontra-se espalhado por continentes grandes e extensos, com vias de comunicação abertas e que facilitam a formação de confederações nacionais; em distritos mais estreitos, circunscritos por montanhas, grandes rios ou braços de mar; em pequenas ilhas, onde os habitantes podem se reunir sem dificuldade e extrair todas as vantagens dessa união. Em todas essas situações, porém, isolam-se em cantões, distinguem-se por nomes e reúnem-se em comunidades. Os títulos de *concidadão* e *patrício*, sem a oposição das designações de *alienígena* e *estrangeiro* aos quais eles remetem, cairiam em desuso e perderiam significado. Gostamos de alguém por suas qualidades pessoais. Mas aderimos a nosso país como a um partido, nas divisões do gênero humano, e a intensidade do zelo que mostramos por seu interesse indica até onde vai nossa predileção por ele.

No promíscuo convívio entre os homens, não é preciso mais que uma oportunidade para que escolhamos aqueles com quem sentimos mais afinidade e rejeitemos os que nos repelem. Somos afeitos a distinções; cultivamos as oposições e, sob a bandeira de uma facção ou partido, entramos em disputa sobre questões irrelevantes. A aversão, assim como a afeição, é alimentada pelo pendor constante em relação a um objeto em particular. A separação e o estranhamento, assim como a oposição, ampliam um fosso que não se abriu com uma ofensa.

Ensaio sobre a história da sociedade civil

Os homens se mantêm separados em bandos e compõem uma pluralidade de nações, exceto pelo fato de formar famílias ou quando uma consideração material os leva a sustentar conexões com mais indivíduos.

A percepção de um perigo em comum e os assaltos de inimigos são, com frequência, muito úteis às nações, pois atam os seus membros com laços firmes e impedem as secessões e separações às quais a discórdia civil de outro modo os levaria. Essa motivação externa pode ser necessária não apenas no caso de nações grandes e extensas, em que as coalizões são enfraquecidas pela distância e pelas distinções nominais de províncias, mas também no das sociedades mais estreitas que se formam em Estados menores. Roma foi fundada por um pequeno partido fugitivo de Alba. Seus cidadãos estavam sempre à beira da separação, e se os vilarejos e cantões do Volsci fossem mais afastados da cena dessas discórdias, o Monte Sacer teria recebido uma nova colônia antes que a pátria-mãe estivesse pronta para acolhê-los. Por muito tempo, ela ressentiu as querelas entre seus nobres e seu povo e manteve abertos os portões de Janus, para lembrar a esses partidos suas obrigações para com o país.

As sociedades, assim como os indivíduos, estão encarregadas de sua própria preservação e têm interesses distintos, que motivam ciúmes e competições, e não surpreende que causem hostilidades. Mas, ainda que não houvesse diferentes sortes de paixão, as animosidades que acompanham oposições de interesse responderiam por uma parte do suposto valor da disputa. "As nações hotentote", diz Kolbe, "invadem os territórios umas das outras para roubar gado e sequestrar mulheres, injúrias cuja única finalidade parece ser exasperar os vizinhos e coagi-

Adam Ferguson

-los à guerra."[10] Tais saques não são, portanto, o fundamento das guerras, mas apenas efeito de intenções hostis previamente concebidas. As nações da América do Norte, que não têm manadas a preservar nem assentamentos a defender, ainda assim se envolvem em guerras quase perpétuas, motivadas unicamente pela questão de honra e pelo desejo de prolongar uma contenda iniciada por seus antepassados. Os espólios do inimigo não lhes interessam; e o guerreiro que capturou o butim não hesita em dividi-lo com o primeiro com que tope pela frente.[11]

Não é preciso atravessar o Atlântico para encontrar provas de animosidade e observar, na colisão entre diferentes sociedades, a influência de raivosas paixões que não surgem da oposição de interesses. Nenhuma parte do caráter humano encontra exemplos tão flagrantes como esse em nosso lado do globo. O que se inflama no peito do homem comum, quando os inimigos de seu país são decretados? De onde vêm os preconceitos que subsistem entre diferentes províncias, cantões e vilarejos de um mesmo império e território? O que excita metade das nações da Europa a se voltar contra a outra metade? O estadista pode explicar sua conduta em termos de interesse nacional e precaução, mas as antipatias e os desgostos do povo, não. Suas recíprocas acusações de perfídia e injustiça são, como os saques dos hotentotes, sintomas de uma animosidade, linguagem de uma disposição hostil previamente concebida. A acusação de covardia e pusilanimidade, qualidades que o inimigo inteligente e cauteloso gostaria, acima de tudo, de encontrar em seu rival, é proferida com aversão e torna-se solo fértil para o desgosto. Es-

---

10 Peter Kolbe, *Description of the Cape of Good Hope*, 1719.
11 Charlevoix, *Histoire et description générale de la Nouvelle France*, op. cit.

Ensaio sobre a história da sociedade civil

cutai os camponeses de diferentes lados dos Alpes, dos Pirineus, do Reno ou do Canal da Mancha dar vazão a seus preconceitos e paixões nacionais, pois entre eles encontraremos os materiais da guerra e da discórdia, sem o direcionamento de um governo, e centelhas prestes a se tornar chamas, que o estadista muitas vezes se prontifica a extinguir. O fogo nem sempre se espalha de acordo com suas razões de Estado, nem se detém onde a convergência de interesses produziu uma aliança. "Meu pai", disse um camponês espanhol, "se ergueria da cova se entrevisse uma guerra com a França." Que interesse teriam ele ou os ossos de seu pai em querelas principescas?

Essas observações parecem desdenhar de nossa espécie, pintando um quadro pouco favorável do gênero humano. E, no entanto, as circunstâncias particulares aqui mencionadas são consistentes com as mais amáveis qualidades de nossa natureza, e com frequência oferecem uma cena para o exercício de nossas maiores habilidades. Tais qualidades são os sentimentos de generosidade e abnegação que animam o guerreiro a defender seu país, e as disposições mais favoráveis ao gênero humano são as que se tornam princípios de aparente hostilidade entre os homens. Todo animal foi feito para se deleitar no exercício de seus talentos e forças naturais. O leão e o tigre entretêm-se com a garra; o cavalo diverte-se jogando feno ao vento e se esquece do pasto para testar sua velocidade nos campos; o touro, antes que seu chifre tenha despontado, e o cordeiro, quando ainda é um emblema da inocência, mostram uma disposição para atacar com a testa e antecipam, nas brincadeiras, as lutas nas quais irão depois se envolver. Também o homem é predisposto à oposição e ao emprego das forças de sua natureza contra um antagonista do mesmo nível. Adora pôr à prova

55

Adam Ferguson

sua razão, sua eloquência, sua coragem e sua força física. Seus esportes costumam ser uma imagem da guerra; suor e sangue são livremente despendidos nos jogos, e muitos passatempos ou festividades terminam com fraturas e até com a morte. Ele não foi feito para viver para sempre, e o seu gosto pela diversão abre um caminho que o leva à cova.

Sem a rivalidade entre as nações e a prática da guerra, a sociedade civil dificilmente teria encontrado um objeto ou recebido uma forma. Os homens poderiam comerciar sem uma convenção formal, mas não teriam segurança sem um concerto nacional. A necessidade de defesa pública deu origem a muitos departamentos de Estado, e os talentos intelectuais nunca foram tão empregados como a serviço das forças nacionais. Impressionar, intimidar ou, quando não se é capaz de persuadir com a razão, resistir com fortaleza, tais são as ocupações que fornecem a uma mente vigorosa o exercício mais animado e a perspectiva dos maiores triunfos. Quem nunca lutou contra o seu semelhante desconhece metade dos sentimentos humanos.

Querelas entre indivíduos resultam com frequência de paixões infortunadas e detestáveis, como a malícia, o ódio e a raiva. Quando elas se apoderam do coração, a cena de discórdia torna-se um objeto de horror; mas uma oposição trivial, sustentada por muitos, tem por aliadas paixões de outro gênero. Sentimentos de afeição e amizade se misturam à animosidade; os ativos e resistentes se tornam guardiães da sociedade, sua violência declara generosidade, além de coragem. Aplaudimos como oriundas de um espírito nacional ou partidário ações que não suportaríamos em privado, e julgamos encontrar nas competições entre Estados rivais a mais ilustre carreira da virtude humana, ilustradas pelo patriota e pelo guerreiro, pela prática

Ensaio sobre a história da sociedade civil

da violência e da estratégia. Nem mesmo a oposição pessoal divide nosso juízo acerca dos méritos dos homens. Nomes rivais como os de Agelásio e Epaminondas, de Scípio e Aníbal, são mencionados com os mesmos epítetos, e a própria guerra, tão fatal, desponta como exercício de um espírito liberal,[12] e mesmo quanto a seus efeitos, que lamentamos, trata-se de apenas mais um destempero entre outros, que o Autor da natureza apontou como saída para a vida humana.

Essas reflexões podem servir para aprofundarmos nossa visão sobre a condição humana. Mas tendem antes a nos satisfazer em relação à conduta da Providência do que a alterar a nossa própria, em que a preocupação com o bem-estar de nossos semelhantes nos leva a um esforço de pacificar as animosidades entre eles e reuni-los pelos laços de afeto. Movidos por tão amável intenção, podemos mesmo, em alguns casos, desarmar as raivosas paixões do ciúme e da inveja e instilar, no peito de indivíduos privados, sentimentos de candura em relação a seus semelhantes e uma disposição à humanidade e à justiça. Mas é vão esperar que possamos dar a uma multidão de pessoas um sentido de união que não admita a hostilidade a quem se opõe a elas. Se pudéssemos de um só golpe extinguir em uma nação a emulação excitada a partir do exterior, provavelmente romperíamos ou ao menos enfraqueceríamos os laços domésticos de sociedade, pondo fim às mais industriosas ocupações e virtudes nacionais.

---

12 No século XVIII, a palavra *liberal* mantém o significado antigo de *generoso*, no sentido do que chamaríamos de um espírito amplo e aberto, cultivado para o exercício de funções ligadas ao bem público. (N. T.)

Adam Ferguson

Seção V
Dos poderes intelectuais

Foram feitas muitas tentativas de analisar as disposições que ora enumeramos. Mas um dos propósitos das ciências, quiçá o mais importante, é satisfeito quando se estabelece a existência de uma disposição. Interessam-nos mais a sua realidade e as suas consequências do que sua origem ou a maneira pela qual ela se forma.

A mesma observação se aplica a outros poderes e faculdades. Sua existência e uso são os principais objetos de nosso estudo. Pensamento e raciocínio, costuma-se dizer, são operações de alguma faculdade; mas, de que maneira as faculdades do pensamento e do raciocínio permanecem quando não estão sendo utilizadas, ou como diferenças de constituição explicam a desigualdade com que ocorrem em diferentes pessoas, são questões que não podemos resolver. Apenas suas operações podem revelar o que elas são. Quando não utilizadas, permanecem ignoradas até por aquele a que pertencem, mas sua atuação está de tal maneira entranhada em sua natureza, que em muitos casos a própria faculdade mal se deixa distinguir de um hábito adquirido com o frequente exercício dela.

Homens que se ocupam de objetos diversos e atuam em diferentes circunstâncias parecem ter talentos diversos ou então as mesmas faculdades, mas com outra conformação, adequadas a diferentes propósitos. Por isso, para que o gênio peculiar das nações e dos indivíduos possa despertar, é preciso haver condições determinadas em suas respectivas fortunas. Convém, portanto, encontrarmos uma regra que nos permita julgar o que há de admirável nas capacidades dos homens ou de afortu-

Ensaio sobre a história da sociedade civil

nado na aplicação de suas faculdades, antes de nos arriscarmos a emitir um julgamento quanto a seus méritos ou querermos determinar o reconhecimento que eles poderiam reivindicar para si mesmos.

Receber informação dos sentidos é talvez a função mais primordial de um animal que se encontra combinada à natureza intelectual, e uma das grandes realizações do ser vivo atuante consiste na força e na sensibilidade de seus órgãos animais. Os prazeres e as dores a que eles o expõem constituem uma importante diferença entre os objetos que chegam a seu conhecimento, e é de seu interesse distingui-los bem, antes de se comprometer com o direcionamento do apetite. Deve realizar o escrutínio dos objetos de um sentido mediante as percepções de outro; examinar com o olho, antes de arriscar a tocar; e empregar cada um dos meios de observação, antes de gratificar os apetites da sede e da fome. O discernimento adquirido por experiência se torna uma faculdade de sua mente; e as inferências de pensamento muitas vezes mal se distinguem de percepções de sentido.

Os objetos à nossa volta têm, além de seus aspectos próprios, relações entre si. Quando comparados, eles sugerem coisas que não nos ocorreriam quando os consideramos à parte, têm seus efeitos e influências recíprocas e exibem, em tais circunstâncias, operações similares e consequências uniformes. Quando encontramos e expressamos os pontos em que consiste a uniformidade de suas operações, obtemos uma lei física. Muitas dessas leis, mesmo as mais importantes, são conhecidas pelo vulgo e ocorrem a graus mínimos de reflexão. Outras, porém, escondem-se sob uma confusão aparente que talentos ordinários não são capazes de deslindar e são, por

Adam Ferguson

isso, objetos de um estudo e de uma observação exclusiva para capacidades superiores. O homem público e o homem de ciência empregam as faculdades da penetração e do juízo para desvendar complexidades dessa espécie, e o grau de sagacidade de que cada um é dotado pode ser medido pelo êxito que tem em encontrar regras gerais aplicáveis a uma variedade de casos que não parecem ter nada em comum, e em descobrir importantes distinções entre objetos que o vulgo tende a confundir.

O objetivo da ciência é reunir uma multiplicidade de particulares sob tópicos gerais e referir uma variedade de operações a um princípio comum. Cabe tanto ao homem de prazer como ao homem público fazer o mesmo, na medida de suas capacidades. E parece que o homem estudioso e o homem de ação dedicam-se a uma mesma tarefa, qual seja, encontrar perspectivas gerais que permitam considerar seus objetos e as regras que podem ser aplicadas nos detalhes de sua conduta. Eles nem sempre empregam seus talentos a diferentes objetos e parecem se distinguir principalmente pelo alcance e pela variedade desiguais de suas observações, ou então pelas intenções que os levaram a coletá-las.

Conquanto atuem movidos por apetites e paixões que levam a alcançar fins externos, os homens raramente abandonam a visão detalhada de seus objetos para se lançar em investigações mais gerais. Medem a extensão de suas próprias habilidades pela prontidão com que apreendem o que é importante em cada objeto e pela facilidade com que se desvencilham de situações árduas. Tais são, deve-se reconhecer, os verdadeiros testes de capacidade e força de um ser destinado a enfrentar dificuldades. O desfile de palavras e raciocínios gerais que às vezes passam por erudição e conhecimento de pouco servem

Ensaio sobre a história da sociedade civil

na conduta da vida. Esse talento é mera ostentação e raramente se conecta com o discernimento superior mobilizado em momentos de perplexidade, e menos ainda com a intrepidez e a força de espírito requeridas para enfrentar situações difíceis. As habilidades dos homens ativos variam conforme os objetos de que eles se ocupam. Uma competência é a sagacidade aplicada à natureza externa e inanimada; outra, à sociedade e aos assuntos humanos. A reputação adquirida pelo talento em qualquer uma delas permanecerá equívoca enquanto não soubermos de que forma ela foi adquirida. No elogio de homens dotados de grandes habilidades, tudo o que se pode dizer é que eles compreenderam bem os objetos a que se dedicaram. Toda ocupação, toda profissão, teria seus grandes homens, caso não houvesse objetos de predileção para o entendimento e de talentos para o espírito, bem como de sentimentos para o coração e de hábitos para o caráter ativo.

Muitas vezes as profissões mais vis perdem a noção de sua própria dimensão em relação ao gênero humano e, ao recomendarem o que as distingue em particular, arrogam para si mesmas os epítetos mais honoráveis, que cabem de direito a habilidades superiores. Todo artesão (*mechanic*) é, aos olhos do aprendiz e do humilde admirador, um grande homem no exercício de sua vocação particular; e, de fato, talvez seja mais seguro dizer o que torna um homem feliz e amável do que aquilo que torna suas habilidades respeitadas e seu gênio admirado. Examinando-se apenas os talentos, talvez seja impossível dizê-lo. Mas o efeito de seu exercício aponta para a regra e o padrão de nosso juízo. Ser admirado e respeitado é ter influência sobre os homens. Os talentos que mais diretamente obtêm tal influência são os que penetram no gênero humano, perpassam

Adam Ferguson

suas visões, impedem seus anseios ou frustram seus desígnios. A capacidade superior, via uma energia superior, aponta para onde cada indivíduo deveria ir e mostra aos hesitantes e irresolutos uma clara via para a realização de seus fins.

Essa descrição não se aplica a nenhum ofício ou profissão, ou melhor, talvez implique uma espécie de habilidade que a dedicação exclusiva dos homens a vocações particulares tende a suprimir ou enfraquecer. Onde encontrar os talentos apropriados à atuação dos homens em um corpo coletivo, se fragmentamos esse corpo em partes e restringimos a observação a cada particular?

Atuar à vista de seus semelhantes, declarar-se em público, dar plena vazão a sentimento e pensamento, como sói ao homem como membro da sociedade, como amigo ou inimigo, tal parece ser a principal vocação e ocupação de sua natureza. Se ele tem de trabalhar para subsistir, que subsista pelo bem do gênero humano, pois seus melhores talentos são os que o qualificam a atuar ao lado de outros homens. Nesse caso, o entendimento parece depender em boa medida das paixões, e há na condução dos assuntos humanos uma desenvoltura em que mal se distingue a prontidão do intelecto do ardor e da sensibilidade do coração. Reunidos, constituem o espírito superior, cuja ocorrência em nações e épocas particulares determina, bem mais que os progressos na especulação ou a prática das artes mecânicas e liberais, o grau de seu gênio, concedendo a ele a palma da honra e da distinção.

Quando as nações se sucedem umas às outras na carreira das investigações e descobertas, a última é sempre a mais sapiente. Sistemas de ciência formam-se de modo gradual. A história do globo é marcada por gradações, e cada época, uma vez encerra-

Ensaio sobre a história da sociedade civil

da, lega às que a sucedem um conhecimento aprimorado. Os romanos eram mais sapientes do que os gregos; e, nesse sentido, qualquer um dos atuais estudiosos europeus é mais versado que os célebres do passado. Seria por isso superior a eles? Os homens devem ser apreciados não pelo que sabem, mas pelo que são capazes de fazer; por sua capacidade de adaptar materiais aos diferentes propósitos da vida; pelo vigor e pela determinação com que perseguem objetivos políticos e divisam expedientes de guerra e defesa nacional. Mesmo na literatura, devem ser apreciados pelas obras de seu gênio, não pela extensão de seu conhecimento. As possibilidades de observação eram extremamente limitadas em uma república grega, e a agitação da vida ativa parecia incompatível com o estudo; mesmo assim, foi nelas que o espírito humano angariou suas maiores habilidades e recebeu as informações mais elevadas, em meio ao suor e à poeira das batalhas.

É uma peculiaridade da Europa moderna depositar muito do valor do caráter humano no que se aprende no retiro e com os livros. A admiração justificada pela literatura antiga e a ideia de que, sem o auxílio dela, o sentimento e a razão humanos desapareceriam das sociedades levaram-nos a um limbo, no qual tentamos derivar da imaginação e do estudo aquilo que, na realidade, é matéria de experiência e sentimento. Por meio da gramática de línguas mortas e do filtro dos comentadores, tentamos alcançar belezas de pensamento e elocução que brotaram do animado espírito da sociedade e foram extraídas de impressões vivas de uma vida ativa. Nossos feitos se restringem, no mais das vezes, aos elementos das ciências e raramente chegam ao alargamento de habilidades e poderes que o conhecimento útil deveria nos propiciar. Como matemáticos que estudam os elementos de Euclides sem jamais pensar em mensuração, lemos a respeito de sociedades, mas não nos propomos a agir ao lado dos homens; repetimos a língua da política, mas não sentimos o espírito das nações; observamos as formalidades da disciplina militar, mas não sabemos como empregar as multidões de homens para realizar propósitos por meio da estratégia e da força.

Mas, alguém poderia dizer, por que apontar para males incuráveis? Se os assuntos públicos conclamam à ação, o gênio dos homens desperta; na falta de melhor emprego, o tempo dedicado ao estudo, não fosse por outra vantagem, serve para ocupar inofensivamente as horas de lazer, pondo limites ao cultivo de distrações ruinosas ou frívolas. Por isso empregamos tantas horas dos primeiros anos da vida sob vara adquirindo coisas que se perderão assim que atravessarmos os portões da escola. E, dado o caráter frívolo de nossos estudos e distrações, o espírito humano não sofre mais com o desprezo pelas letras do que com a falsa importância dada à literatura como meio de vida, não como auxílio à nossa conduta e meio de formação de um caráter que poderia ser feliz consigo mesmo e útil ao gênero humano.

Se o tempo dedicado ao relaxamento dos poderes do espírito e preenchido apenas pelos objetos que tendem a enfraquecê-lo e corrompê-lo fosse utilizado para fortalecer esses mesmos poderes, ensinando o espírito a reconhecer seus objetos e sua força, não nos sentiríamos tão inúteis em nossa maturidade e não nos dirigiríamos à mesa de jogo para desperdiçar nossos talentos e extinguir o fogo que arde no peito. Seria de esperar que os que participam do governo de seu país se julgassem capazes de agir e, quando o Estado mobilizasse suas armas e conselhos, encontrassem objetos interessantes sem ter de pôr

Ensaio sobre a história da sociedade civil

em risco suas fortunas pessoais para curar o tédio de uma vida insignificante e sem sentido. É impossível manter para sempre o tom especulativo; é impossível não sentir, vez por outra, que se vive entre homens.

Seção VI
Do sentimento moral

A observação, mesmo que superficial, do que se passa na vida humana nos leva a concluir que a preocupação com a subsistência é a principal mola das ações dos homens. Essa circunstância leva à invenção e à prática das artes mecânicas, serve para distinguir a distração do negócio e, para muitos, não admite objetos competindo por sua atenção e dedicação. As poderosas vantagens conferidas por propriedade e fortuna, uma vez despidas das recomendações que recebem da vaidade ou daquelas, mais sérias, advindas da independência e do poder, não vão além de uma provisão obtida para o desfrute animal; e caso a nossa solicitude a respeito fosse suprimida, cessariam não apenas a labuta do artesão, como também os estudos do erudito; cada um dos departamentos da vida pública se tornaria supérfluo, os senados seriam fechados e por toda parte haveria um deserto.

Deveríamos assim classificar o homem entre os brutos, distinguindo-o deles apenas pelas faculdades que o qualificam a multiplicar os dispositivos que convêm ao sustento e ao conforto da vida animal e pela extensão de uma fantasia que torna as preocupações com essa vida um fardo maior do que o são para as manadas com que ele compartilha as benesses da natureza? Fosse assim, a alegria derivada de seus êxitos e a tristeza

Adam Ferguson

dos desapontamentos perfariam a soma total de suas paixões. A torrente que aniquila suas posses ou a cheia que as enriquece lhe dariam toda a emoção de que é capaz, por ocasião de um mal que prejudicasse sua fortuna ou de um benefício que a preservasse e a aumentasse. Consideraria seus semelhantes apenas na medida em que afetassem seu interesse. Lucro ou prejuízo marcaria o desfecho de todos os trâmites, e epítetos como *útil* e *oneroso* serviriam para distinguir seus colegas de sociedade, como fazem para diferenciar as árvores frutuosas daquelas que apenas exaurem o solo ou atrapalham a vista.

Mas não é essa a história de nossa espécie. O que recebemos de nossos semelhantes é aceito com peculiar emoção, e cada língua possui termos em abundância que expressam, no trato entre os homens, algo diferente de êxito e decepção. A chama do coração arde em companhia, mas a consideração de um interesse particular não inflama; uma frivolidade ganha importância, quando ilumina as intenções e o caráter dos homens. O estrangeiro que pensou que Otelo, no palco, se enfurecia pela perda de um lenço de mão enganou-se tanto quanto o teorizador que imputa as mais veementes paixões humanas a impressões de lucro ou prejuízo.

Os homens se reúnem para deliberar sobre assuntos públicos; distinguem ciúmes de interesse. Muitas vezes, porém, em suas divergências, amistosas ou não, acende-se um fogo que considerações de interesse e segurança não podem conter. Os favores perdem seu valor, diante de sentimentos de generosidade, e o termo *infortúnio* tem um significado tênue, comparado aos de *insulto* e *perjúrio*.

Como atores e espectadores que somos, percebemos diferenças nas condutas dos homens, e um relato de ações transcorri-

Ensaio sobre a história da sociedade civil

das em épocas e países distantes do nosso é suficiente para nos levar à admiração e à piedade ou nos transportar com indignação e fúria. Essa sensibilidade propicia, em momentos tranquilos, um encanto pelas relações da história e pelas ficções da poesia, gera lágrimas de compaixão, acentua os movimentos do sangue, fornece ao olho os mais vivos relances de júbilo e de desprazer. A vida humana se torna um espetáculo interessante, que solicita mesmo aos indolentes tomar parte nas cenas com as quais se defrontam, como adversários ou amigos. Conjugada aos poderes de deliberação e razão, essa sensibilidade é a base da natureza moral e, além de ditar os termos de elogio e censura, permite classificar nossos semelhantes com os epítetos mais admiráveis e atraentes ou com os mais odiosos e desprezíveis.

É um prazer encontrar homens que negam em suas especulações a realidade das distinções morais, que esquecem nos detalhes posições gerais que eles mesmos defendem e dão vazão ao ridículo, à indignação e ao sarcasmo, como se esses sentimentos pudessem existir se as ações dos homens fossem indiferentes. Outros, com amargor, pretendem detectar a fraude por trás da criação das restrições morais, como se censurar uma fraude já não significasse escolher o lado da moralidade.[13]

Mas como explicar os princípios a partir dos quais os homens elegem seus caracteres preferidos e que lhes permitem sentir emoções tão veementes de admiração ou desprezo? E, caso se admita que não é possível fazê-lo, seriam por isso menos verdadeiros os fatos? Ou teríamos por isso de suspen-

---

13 Bernard Mandeville, *The Fable of the Bees: or Private Vices, Publick Benefits*, 1709 [Ed. bras.: *A fábula das abelhas: ou vícios privados, benefícios públicos*. São Paulo: Editora Unesp, 2017].

der os movimentos do coração, até que aqueles que se dedicam a moldar sistemas científicos tenham descoberto o princípio do qual tais movimentos procedem? Se queimamos um dedo, não precisamos de informações sobre as propriedades do fogo: se o coração se partiu ou o espírito está em êxtase, não temos tempo para especulações sobre tópicos de sensibilidade moral.

Para nossa sorte, em relação a isso e a outros artigos de especulação e teoria, a natureza procede em seu curso alheia aos intrometidos que se dedicam a buscar por seus princípios. O camponês ou a criança julgam, raciocinam e falam sua língua com um discernimento e uma consistência, no que tange à analogia, que desconcertam o lógico, o moralista e o gramático, ocupados com o princípio em que tudo isso se funda ou quando trazem sob uma regra geral algo tão familiar e coerente em casos particulares. Se nossa conduta é acertada, isso se deve mais a um talento para os detalhes e às sugestões de ocasiões particulares do que a um direcionamento encontrado em uma teoria ou em especulações gerais.

Na conclusão de toda investigação encontram-se fatos que não podem ser explicados, e se soubéssemos lidar com essa decepção, poupar-nos-íamos de boa quantidade de preocupações inúteis. Além do senso de nossa existência, temos de admitir muitas circunstâncias que chegam ao nosso conhecimento ao mesmo tempo e da mesma maneira, e que na verdade constituem o modo da nossa existência. Qualquer camponês poderia nos dizer que o homem tem seus direitos e que violá-los é uma injustiça. Se lhe perguntarmos o que ele quer dizer com o termo *direito*, provavelmente o constrangeríamos a substituir essa palavra por outra, menos significativa ou menos apropriada, pois estaríamos pedindo que explicasse um modo ori-

Ensaio sobre a história da sociedade civil

ginário de seu espírito, um sentimento a que se refere, quando tem de dar conta para si mesmo de uma aplicação particular de sua linguagem.

Direitos de indivíduos podem se referir a uma miríade de objetos e ser compreendidos sob diferentes rubricas. Antes que se estabeleçam a propriedade e as distinções hierárquicas, os homens têm o direito de defender sua própria pessoa e de agir livremente, têm o direito de dar ouvidos às apreensões de sua razão e aos sentimentos do coração, e não conseguem se associar, por um momento que seja, sem sentir que o tratamento que dão ou que recebem é justo ou injusto. Não nos concerne aqui, porém, levar a noção de direito a cada uma de suas aplicações; apenas raciocinar em prol de um sentimento de favorecimento a que essa noção está ligada no espírito.

Se é verdade que os homens se reúnem por instinto e atuam em sociedade graças a afeições de generosidade e amizade; que, mesmo anteriormente à familiaridade e ao hábito eles são, enquanto tais, objetos de atenção recíproca e de algum grau de consideração; que sua prosperidade é contemplada com indiferença; que suas aflições são vistas com comiseração; que as calamidades são medidas pela quantidade e pela qualidade dos homens que elas atingem; que o sofrimento de um semelhante atrai uma multidão de espectadores interessados; que mesmo para aqueles a quem não queremos bem relutamos em provocar o mal; então essas manifestações de disposição amigável parecem oferecer um fundamento suficiente para a apreensão moral, e o sentido de um direito que mantemos em relação a nós mesmos estende-se, por um movimento de humanidade e candura, a nossos semelhantes.

Adam Ferguson

O que leva a língua a falar, quando censuramos um ato de crueldade ou opressão? O que detém a realização de ofensas que podem desagradar nossos semelhantes? Em ambos os casos, provavelmente uma aplicação particular daquele princípio que, na presença dos pesarosos, gera a lágrima de compaixão e uma combinação de todos os sentimentos que constituem uma disposição benevolente, ou, se não uma disposição a realizar o bem, ao menos uma aversão a ser o instrumento do mal.[14]

Pode ser difícil, no entanto, enumerar os motivos das censuras e dos louvores às ações dos homens. Mesmo frente à moralização, cada uma das disposições do espírito humano participa na formação do julgamento. Assim como o ciúme é o vigia mais zeloso da castidade, também a malícia costuma ser a sentinela

---

14 Dizem que os homens são devotos do interesse. Sem dúvida, isso é verdade nas nações comerciais. Mas não se segue que, por uma disposição natural, sejam avessos à sociedade e às afeições recíprocas. Há provas em contrário, mesmo onde o interesse triunfa. O que pensar da força da predisposição à compaixão, à candura, à boa vontade, que, apesar da opinião corrente de que a felicidade humana consiste na posse do maior número possível de riquezas, privilégios e honrarias, garantem relações razoáveis entre as partes que disputam tais objetos, a ponto de renunciarem a seu suposto bem quando a obtenção deste se dá em detrimento alheio? E quantas coisas não se podem esperar do coração humano, em circunstâncias contrárias à opinião de que tudo depende da posse de fortuna, e sob a influência da ideia de que a felicidade humana não consiste nas indulgências dos apetites animais, mas nas do coração benevolente? Não na fortuna ou no interesse, mas no desprezo por eles, na coragem e na liberdade que surgem quando se acrescenta, a esse desprezo, uma conduta resoluta dirigida para o bem do gênero humano ou de uma sociedade em particular?

Ensaio sobre a história da sociedade civil

mais assídua das falhas de nossos vizinhos. Inveja, afetação e vaidade podem ditar nossos veredtos, e os piores princípios de nossa natureza podem estar na raiz de nosso pretenso zelo pela moralidade. Mas, se quisermos saber a razão de os bem--intencionados em relação ao gênero humano perceberem que, em cada caso, certos direitos pertencem a seus semelhantes e aplaudirem o respeito por esses direitos, a melhor explicação é que o homem que aplaude tem uma predisposição favorável pelo bem-estar daqueles a que seu gesto se refere. Mas o aplauso é expressão de um sentimento peculiar, expressão de estima, o inverso do desprezo. Seu objeto é a perfeição, o inverso do defeito. Não é um sentimento de amor pelo gênero humano, mas sim de apreciação das qualidades dos homens e dos objetos que desejamos, que dobra a força de cada desejo ou aversão, quando consideramos seu objeto na medida em que ele tende a elevar ou depreciar nossa natureza.

Quando consideramos que a realidade da propensão amistosa do espírito humano foi muitas vezes contestada, e observamos a prevalência de disputas motivadas por interesse e marcadas por paixões como o ciúme, a inveja e a malícia, pode parecer estranho que o amor e a compaixão sejam, ao lado do desejo de elevação, os mais poderosos princípios do coração humano, que em tantas ocasiões nos incitem com a mais irresistível veemência, e que, embora o desejo de autopreservação seja mais constante e uniforme, são eles, contudo, uma fonte mais abundante de entusiasmo, satisfação e alegria. Com um poder não inferior ao do ressentimento e da raiva, eles precipitam o espírito a sacrificar seu interesse próprio e o mantém inabalável em meio aos maiores perigos e dificuldades.

A disposição da qual a amizade depende reluz nos momentos de tranquilidade, e é prazerosa não só nos triunfos, como também nos pesares. Imprime graça à aparência externa e, manifestando-se no semblante, compensa a falta de beleza, propiciando um encanto que nenhuma compleição ou traços poderiam igualar. É a fonte de que as cenas da vida humana derivam a sua principal felicidade, e suas imitações na poesia, seu maior ornamento. Descrições da natureza, e mesmo representações de conduta vigorosa e coragem viril, não envolvem o coração se não forem misturadas à exibição de sentimentos generosos e do patético, que se manifesta nas lutas, triunfos e infortúnios de um afeto terno. A morte de Polites na *Eneida* não é mais comovente que a de muitos que pereceram nas ruínas de Troia; mas o velho Príamo estava presente quando o último de seus filhos foi morto, e as agonias do pesar e da dor levam o pai a deixar seu retiro para tombar pela mão que derramou o sangue de sua criança. O patético, em Homero, consiste em exibir a força dos afetos, não meramente em excitar terror e piedade, paixões que ele provavelmente nunca quis despertar.

Não surpreende que o princípio de humanidade, com sua tendência a se alumiar em entusiasmo, seu comando sobre o coração, o prazer que acompanha suas emoções e os efeitos que produz, merecedores de confiança e estima, termine por determinar o matiz de nossos louvores e censuras e, mesmo quando impedido de dirigir nossa conduta, dê ao espírito, por meio da reflexão, o conhecimento do que é desejável ao caráter humano. *Que fizeste a teu irmão Abel?*, foi a primeira expostulação em nome da moralidade, e se a resposta foi tantas vezes repetida, os homens reconheceram, em certo sentido, a responsabilidade embutida em sua própria natureza. Sentiram, falaram

Ensaio sobre a história da sociedade civil

e até mesmo agiram como protetores de seus semelhantes; tomaram os indícios de candura e afeição mútua como teste do meritório e do amável no caráter humano; transformaram a crueldade e a opressão no principal objeto de sua indignação e raiva. Pois, mesmo quando a cabeça se ocupa de projetos movidos pelo interesse, o coração se deixa seduzir pela amizade, e, enquanto os negócios são tocados com base em máximas de autopreservação, os momentos de relaxamento são dedicados à generosidade e à gentileza.

Portanto, a regra pela qual os homens costumam julgar ações externas é tomada junto à suposta influência de suas ações sobre o bem comum. Abster-se do dano é a grande lei da justiça natural, difundir a felicidade é a lei da moralidade; e, quando censuramos os favores que um ou poucos recebem à custa de muitos, referimo-nos à utilidade pública como grande objetivo para o qual as ações dos homens devem estar voltadas.

Deve-se reconhecer que se um princípio de afeto pelo gênero humano é a base de nossa aprovação e desgosto moral, vez por outra distribuímos aplauso e censura sem atentar com precisão ao grau em que nossos semelhantes foram prejudicados ou favorecidos, e sem considerar que, além de virtudes como candura, amizade, generosidade e espírito público, que se referem imediatamente a esse princípio, há outras que também merecem louvor, embora por outras razões. Seriam qualidades como temperança, prudência e fortaleza admiradas devido a um princípio de respeito por nossos semelhantes? Por que não, visto que elas tornam o homem feliz em si mesmo e útil para os outros? Quem se qualifica a promover o bem-estar do gênero humano não é um tolo, um covarde ou um desleixado. Como deixar mais claro que a temperança, a prudência e a for-

Adam Ferguson

taleza são necessárias ao caráter que amamos e admiramos? De minha parte, sei perfeitamente por que me parecem desejáveis, e também por que me parecem desejáveis a um amigo ou a qualquer pessoa que é objeto de minha afeição. Por que buscar por razões de aprovação, se essas qualidades são tão necessárias à nossa felicidade e respondem por uma parte tão grande da perfeição de nossa natureza? Quando as negligenciamos, deixamos de ter estima por nós mesmos e não mais reconhecemos o que é excelente.

Uma pessoa afetuosa seguidora da máxima de que ela mesma, como indivíduo, não é mais que uma parte do todo que exige seu respeito, encontra nesse princípio fundamento suficiente para todas as virtudes, para o desprezo pelos prazeres animais, que suplantariam o seu principal desfrute, e pelo perigo e pela dor, que a impediriam de buscar pelo bem público. "Um afeto veemente e constante amplia o objeto e reduz cada uma das dificuldades que o perigo põe no caminho. Perguntai aos que amaram", diz Epicteto; "eles sabem que digo a verdade."

"Tenho diante de mim", diz outro moralista eminente,[15] "uma ideia de justiça que, se eu pudesse seguir em todas as circunstâncias, me tornaria o mais feliz dos homens." Igualmente importante para a sua felicidade e boa conduta, se é que se pode separá-las, é que essas ideias sejam formadas de maneira adequada. Talvez não sejam mais que outros nomes para o bem do gênero humano, que é o objetivo dos virtuosos. Se a virtude for o bem supremo, seu melhor e mais significativo efeito é comunicar-se e difundir-se.

---

15 Montesquieu, *Lettres persanes*, 1721 [Ed. bras.: *Cartas persas*. São Paulo: WMF Martins Fontes, 2009].

Ensaio sobre a história da sociedade civil

A distinção dos homens por suas qualidades morais, a adoção de um partido por senso de justiça e a oposição a outro com uma indignação excitada pela iniquidade são indicações de probidade e da presença de um espírito animado, varonil e generoso. A proteção contra a parcialidade injusta e a antipatia infundada e a manutenção de uma compostura que, sem ferir a sensibilidade e o ardor, procede em cada caso com discernimento e penetração são marcas de um espírito vigoroso e cultivado. Ser capaz de acompanhar os ditames dessa disposição em meio às oscilações da vida humana, com o espírito sempre senhor de si mesmo, na prosperidade e na adversidade, de posse de todas as suas habilidades, quando o que corre perigo é a vida ou a liberdade, bem como quando se trata de simples questões de interesse, tal é o triunfo do espírito magnânimo e verdadeiramente elevado. "O desfecho deste dia está decidido", diz Epaminondas; "extrai este dardo de meu corpo e deixai-me sangrar."

Em que condições e por meio de qual instrução se formaria esse maravilhoso caráter? Seria encontrado nos celeiros de afetação, empertigamento e vaidade que propagam as modas e formam os mundanos? Nas grandes e opulentas cidades, em que os homens rivalizam por equipagem, roupas e reputação de fortuna? Seria nos admirados precintos da corte, em que se aprende a sorrir sem satisfação, a acariciar sem afeição, a duelar com as armas secretas da inveja e do ciúme e a depositar a importância pessoal em circunstâncias que nem sempre conseguimos dominar mantendo a honra? Não: ele se encontra apenas quando os grandes sentimentos do coração são despertados, quando o caráter dos homens, não sua posição e fortuna, é a principal distinção; quando as ansiedades causadas pelo

Adam Ferguson

interesse ou pela vaidade perecem na chama de emoções mais vigorosas; e quando a alma humana, tendo sentido e reconhecido seus objetos, como um animal que provou do sangue de sua vítima, não se deixa rebaixar a ocupações estranhas a seus talentos e à sua força.

Apenas tais ocasiões, operando sobre uma disposição afortunada, poderiam produzir esse admirável efeito. Quanto à mera instrução, os homens estarão sempre aquém de compreender seu significado e permanecerão insensíveis a seus ditames. Mas tudo só estará perdido quando tivermos formado um sistema de política e de maneiras; quando tivermos vendido nossa liberdade em troca de títulos, equipagem e distinções; quando não enxergarmos mais nenhum mérito além de prosperidade e poder, e nenhuma desgraça além de pobreza e negligência. Que instrução poderia curar um espírito maculado por essa desordem? Que canto poderia despertar para a liberdade um desejo que se tornou mesquinho e uma ambição frouxa? Que persuasão poderia trocar o sorriso polido por reais sentimentos de candura e humanidade?

Seção VII
Da felicidade[16]

Tendo considerado os poderes ativos e as qualidades morais que distinguem a natureza do homem, por que tratar de sua

---

16 A partir desta seção e até o fim da Parte I, Ferguson utiliza os termos *happiness* e *felicity* como sinônimos, embora haja uma discreta propensão a reservar o primeiro à felicidade individual, o segundo à felicidade nacional. (N. T.)

Ensaio sobre a história da sociedade civil

felicidade em um item à parte? Esse termo importante, o mais frequente e mais familiar em nossa conversação, talvez seja, refletindo bem, o menos compreendido. Serve para expressar nossa satisfação quando da gratificação de um desejo. É pronunciado com um suspiro, quando seu objeto está distante. Significa o que queremos obter e mal nos damos o trabalho de examinar. Calculamos o valor de cada objeto por sua utilidade e influência na felicidade, mas nos dispensamos de explicar o que seriam utilidade e felicidade.

São considerados mais felizes os homens que têm seus desejos gratificados com maior frequência. Mas, se a posse do que desejam e a fruição contínua fossem de fato exigidas para a felicidade, a maioria dos homens teria razão para se queixar de sua sorte. O que chamam de gozo costuma ser momentâneo, e o objeto dessa sanguínea expectativa, uma vez obtido, deixa de interessar ao espírito. Uma nova paixão se sucede, e a imaginação, como antes, almeja uma felicidade remota.

Quantas reflexões dessa espécie não são sugeridas pela melancolia e pelos efeitos do langor e do ócio em que mergulharíamos, se nos víssemos libertados de preocupações e problemas?

Se calcularmos com alguma exatidão o gozo e o sofrimento destinados ao gênero humano, provavelmente veremos que a dor predomina, pela intensidade, duração e frequência com que ocorre. A dedicação com que passamos de uma etapa a outra da vida, nossa relutância em retornar aos caminhos que trilhamos, nossa aversão a renovar os gracejos da juventude na velhice ou a voltar às brincadeiras infantis na idade adulta, têm sido apresentadas como provas de que nossa memória do

Adam Ferguson

passado e nosso sentimento do presente são tanto objeto de prazer quanto de desprazer.[17]

Mas essa conclusão, extraída, como tantas outras, de nosso suposto conhecimento de causas, não corresponde à experiência. Nas ruas das cidades e nos campos, vemos pessoas com semblante alegre, irrefletido, indiferente, sério, vivaz ou animado. O lavrador apita para sua equipe, o artesão se sente à vontade no trabalho; os joviais e alegres experimentam uma série de prazeres cuja fonte desconhecemos; mesmo os que atestam as misérias da vida humana, quando oferecem seus argumentos põem de lado a tristeza e encontram um passatempo tolerável na demonstração de que os homens são infelizes.

Os termos *prazer* e *dor* podem ser equívocos. Mas é um erro supor que, quando tomados, como em muitos dos raciocínios aqui apresentados, com referência a sensações de objetos externos, não importa se na memória do passado, na experiência do presente ou na apreensão do futuro, eles abarcariam todos os elementos da felicidade ou da miséria, ou que o bom humor seria sustentado, na vida comum, pela prevalência de prazeres que, por terem nomes próprios, são por isso os mais lembrados.

Na maior parte da sua existência, a mente se dedica a ocupações ativas, não somente a observar seus próprios sentimentos, de prazer ou dor, ou a recapitular a lista de suas faculdades, cujos nomes — entendimento, memória, previsão, sentimento, vontade e intenção — limitam-se a indicar diferentes operações.

Se, mesmo na ausência das sensações a que damos os nomes de *gozo* ou *sofrimento*, nossa existência passa pelos estados opos-

---

17 Pierre-Louis Moreau de Maupertuis, *Essai de philosophie morale*, 1751.

Ensaio sobre a história da sociedade civil

tos de *felicidade* e *miséria*, e o que chamamos de *prazer* ou *dor* ocupa uma pequena parte da vida humana, em comparação a concepções e realizações, a anseios e expectativas na conduta, na reflexão e nas relações sociais, segue-se que nossas ocupações ativas, ao menos no que se refere à duração, são as que merecem mais atenção de nossa parte. Em sua ausência, não há demanda por prazer, mas por atividade, e as queixas de quem sofre não são uma marca tão certa de desconforto quanto o olhar do langoroso.

E, no entanto, raramente consideramos que uma tarefa a desempenhar é uma das bênçãos da vida. Estamos sempre à espera de um período de puro gozo, quando o problema se dissipou; e menosprezamos a fonte da qual a maioria de nossas satisfações é de fato extraída. Perguntai ao homem ativo: "Onde se encontra a felicidade a que aspiras?". E talvez ele responda: "Ela se encontra no objeto que desejo neste momento". Se perguntarmos: "Por que não és miserável na ausência daquela felicidade?", ele responderá: "Porque espero alcançá-la". Mas seria a esperança o único suporte da mente, em meio a perspectivas precárias e incertas? Poderia a garantia do êxito preencher os intervalos de expectativa com emoções mais prazerosas? Dai ao caçador a sua presa para que não fatigue o corpo (*person*), ao jogador o ouro, para que não desgaste o espírito, e ambos provavelmente rirão de sua tolice: o jogador voltará às apostas para se desgastar, e o caçador devolverá a presa ao campo para ouvir novamente os cães ladrarem e segui-los em meio a perigos e dificuldades. Privai os homens de suas ocupações, realizai seus desejos: a existência se tornará um fardo, e a iteração da memória, um tormento.

Os homens deste país, diz uma dama, deveriam aprender corte e costura, pois então o tempo deixaria de ser um fardo para eles e para os seus. É verdade, diz outra dama; de minha parte, embora nunca olhe pela janela, estremeço quando o mau tempo se avizinha, pois sei que os cavalheiros virão nos importunar em busca de distração, e a visão de um marido aflito é um espetáculo melancólico.

As dificuldades e os percalços da vida humana supostamente maculam a bondade de Deus, mas muitos dos passatempos que os homens divisam para si mesmos estão repletos de dificuldades e perigos. O grande inventor do jogo da vida humana soube dar a cada jogador o seu lugar. Todos se queixam da sorte, mas, se ela fosse suprimida, o jogo perderia o atrativo. Quando a mente divisa ou executa um plano e o põe em prática, no fluxo da emoção e do sentimento, sua existência aflora e ela desfruta de si mesma. Muitas vezes, mesmo quando se sabe que o fim e o objetivo não têm utilidade, os talentos e a fantasia são empregados e o jogo ou a ocupação os distrai. Se queremos o repouso, é apenas para recuperar nossas forças limitadas, que se desgastaram. Quando a atividade nos exaure, a distração pode se dar na troca de ocupação. Não estamos sempre infelizes, nem quando nos queixamos. Há uma aflição agradável para o espírito, e a lamentação pode ser uma expressão de prazer. O pintor e o poeta sabem disso, e a recepção favorável de suas obras confirma que peças feitas para causar tristeza são uma fonte de entretenimento.

Portanto, é uma bênção, para um ser como esse, deparar com incentivos à ação, seja o desejo de prazer, seja a aversão à dor. A atividade é mais importante que o prazer almejado, o langor é um mal maior que o sofrimento.

Ensaio sobre a história da sociedade civil

As gratificações do apetite animal duram pouco, e a sensualidade é um destempero do espírito que seria curado pela rememoração, não fosse inflamado pela esperança. A morte da presa determina o fim da caçada tanto quanto o gozo da volúpia põe termo à lascívia. Os objetos dos sentidos, como eles da sociedade e matéria de desejo desinteressado, respondem por uma parte importante do sistema da vida humana; e, ao preservarem o indivíduo e perpetuarem a espécie, levam-nos a realizar propósitos da natureza. Mas depositar em seu usufruto a parte principal da felicidade é um erro especulativo, ainda maior na prática. Mesmo o senhor do serralho, cujo tesouro é formado pelos bens extorquidos de seus amedrontados súditos e pelas mais raras esmeraldas e diamantes extraídos das minas, que respira um ar perfumado e desfruta das belezas mais variadas, amadurecidas sob o sol tropical especialmente para o seu prazer, mesmo ele é um infeliz, mais desgraçado que qualquer um da horda daqueles cujos trabalhos e propriedades servem ao alívio de seu incômodo e à produção do seu gozo.

A sensualidade é facilmente sobrepujada por qualquer um dos hábitos de busca que costumam envolver o espírito ativo. Quando a curiosidade desperta, ou a paixão é excitada, mesmo no meio do banquete, quando a conversação se torna afável, jovial, ou séria, os prazeres da mesa são esquecidos. O jovem os abandona pelo jogo, o adulto declina deles pelos negócios.

Quando levamos em conta as circunstâncias que correspondem à natureza animal, e do homem em particular, como segurança, moradia, alimento e outros meios de gozo ou de preservação, poderíamos pensar que encontramos uma fundação sólida e sensível da sua felicidade. Mas os menos inclinados à moralização observam que a felicidade não está ligada à

Adam Ferguson

fortuna, embora a fortuna inclua os meios de subsistência e também os de indulgência sensual. Circunstâncias que requerem abstinência, coragem e conduta nos expõem à sorte e são de gênero doloroso. Mas os valentes e dedicados parecem se deleitar principalmente quando se encontram em meio a dificuldades e se veem obrigados a mobilizar todos os seus poderes. Spinola, ao ser comunicado que Sir Francis Vere morrera por não ter nada a fazer, declarou: "É o suficiente para matar um general".[18] Quantos não veem a própria guerra como um passatempo? É o caso dos que decidiram ser soldados, expondo-se aos maiores perigos e fadigas, marinheiros, enfrentando toda espécie de desconforto e adversidade, ou políticos, liderando partidos ou facções e trocando o descanso pela participação ativa nos assuntos de homens e nações que não lhes dizem respeito. Tais homens não escolheram a dor de preferência ao prazer. São incitados por uma disposição insaciável a exercer continuamente sua capacidade e resolução, triunfam em suas lutas e tombam exaustos, quando sua missão se realizou.

O que é o gozo, no sentido dado a ele por aquele jovem que, de acordo com Tácito, amava mais o próprio perigo do que as recompensas pela coragem? Que prazer se tem em vista quando o som da corneta ou do trompete, o ladrar dos cães ou o grito da guerra, despertam o ardor do esportista e do soldado? As ocasiões mais animadoras da vida humana são os chamados ao perigo e à dificuldade, não os convites à segurança e à tranquilidade; e o próprio homem, em sua excelência, não é um animal do prazer, destinado a desfrutar do que os elementos ofere-

---

18 Horace Walpole (ed.), *The Life of Edward Lord Herbert, of Cherbury,* 1764.

Ensaio sobre a história da sociedade civil

cem a ele; prefere, como seus companheiros, o cão e o cavalo, os exercícios naturais ao que se costuma chamar de desfrutes, inquietando-se no colo da tranquilidade e da afluência, exultando nas emergências que ameaçam sua existência. Os poderes de que foi dotado estão à altura de sua disposição para a ação, e os mais nobres atributos de sua natureza – generosidade, fortaleza e sabedoria – referem-se manifestamente às dificuldades que está destinado a combater.

Sabe-se que da mesma maneira que os prazeres animais se tornam insípidos quando o espírito é excitado por diferentes objetos, o sentido da dor é anulado pelas afecções mais veementes da alma. Feridas recebidas no calor da paixão, em meio à confusão, ao ardor e à consternação da batalha, só são sentidas quando o fermento da mente se apazigua. Mesmo tormentos infligidos com deliberação e metodicamente prolongados são suportados com firmeza e aparente calma, quando o espírito está tomado por um sentimento vigoroso, de religião, de entusiasmo ou de amor pelo gênero humano. As intermináveis mortificações dos devotos supersticiosos em diferentes períodos da Igreja cristã, as selvagens penitências por tantos anos suportadas de bom grado pelos religiosos do Oriente, o desdém da maioria das nações selvagens pela fome e pela tortura, a disposição ou a paciência do soldado no campo de batalha, as dificuldades suportadas pelo esportista em sua prática, tudo isso mostra o quanto nos enganamos quando medimos as misérias dos homens pela régua dos problemas e sofrimentos que eles têm de enfrentar. E antes que se diga que sua felicidade tampouco há de ser medida pelos desfrutes contrários, é bom lembrar que essa consideração foi feita por Régulo e Cincinato muito antes dos primórdios da filosofia. Fabrício já sabia disso, mesmo que só ouvisse argumentos em contrário.[19] É uma consideração de que todos estão cientes quando tomam parte em um jogo, e que qualquer selvagem poderia confirmar, quando, do alto de sua floresta, ele mira uma cidade pacífica e desdenha a plantação cujo dono ele não se digna a imitar.

Deve-se reconhecer que o homem, apesar de toda a atividade de seu espírito, é um animal no sentido pleno do termo. Quando o corpo adoece, a mente afunda; quando o sangue para de circular, a alma esvaece. A natureza, encarregada do cuidado de sua preservação, aconselhada por um sentido de prazer ou dor e advertida pelo medo instintivo da morte, não delegou ao entendimento a segurança do homem, tampouco o governo de suas oscilantes reflexões.

Da distinção entre a alma e o corpo se seguem consequências da maior importância, mas os fatos a que ora nos referimos não estão fundamentados em preceitos de gênero nenhum. São igualmente verdadeiros, admitamos ou rejeitemos a distinção em questão, supondo ou não que esse agente vivo é formado de uma única natureza ou é um agregado de muitas separadas. A história do homem não é outra só porque o materialista o trata como uma máquina. É um ser que, dada a multiplicidade de seus órgãos visíveis, realiza as mais variadas funções. Dobra suas juntas, contrai ou relaxa seus músculos à nossa vista. Seu coração segue batendo no peito e o sangue fluindo por suas artérias e veias. E realiza outras operações, que não saberíamos referir a um órgão corporal. Percebe, relembra, prevê; deseja e evita; admira e despreza. Goza seus prazeres e suporta suas dores. Todas essas diferentes funções se combinam, bem ou

---

19 Plutarco, Vida de Pirro. [In: *Vidas paralelas*. 6 vols. São Paulo: Paumape, 1990.]

Ensaio sobre a história da sociedade civil

mal, entre si. Quando a circulação do sangue é lânguida, os músculos relaxam, o entendimento torna-se lento, a fantasia, parva: quando o destempero se apodera dele, o médico deve atentar ao que ele pensa, como faz quanto ao que ele come, e examinar as ocorrências da paixão juntamente com os batimentos do pulso.

O homem, com toda a sua sagacidade, precaução e instinto que lhe foram dados para a preservação de seu ser, compartilha a mesma sorte dos outros animais e parece ter sido formado para morrer. Multidões de indivíduos perecem antes que a perfeição da espécie seja alcançada, e o indivíduo, tendo de optar entre o prolongamento de sua trajetória passageira por meio de uma conduta resoluta e o simples medo abjeto, frequentemente escolhe este e, acanhado, torna amarga a vida que tanto lhe interessa preservar.

Mesmo quando está livre desse destino mortificante, o homem parece atuar sem consideração pela extensão de sua vida. Quando pensa intensamente ou deseja com ardor, em vão outros prazeres e dores o assediam. No leito de morte, os músculos são tonificados pelo espírito e a mente parte mantendo pleno vigor, em meio a uma luta para alcançar o objetivo de sua labuta. Muley Moluck, preso ao leito e devastado pela doença, não abandonou a batalha, feneceu lutando. Seu último esforço foi levar um dedo aos próprios lábios, como sinal para esconder sua morte: foi provavelmente a precaução mais necessária das que tomou para não ser derrotado.[20]

Que reflexões poderiam nos auxiliar a adquirir esse hábito da mente, tão necessário para que possamos passar por muitas

---

20 Abeé de Vertot, *Histoire des révolutions de Portugal*, 1751.

Adam Ferguson

dentre as cenas da vida? Mesmo que não haja nenhuma, nem por isso a realidade da felicidade é menos evidente. Os gregos e os romanos consideravam o desprezo pelo prazer, a capacidade de suportar a dor e a negligência da vida como qualidades eminentes do homem e um dos principais objetivos de sua disciplina. Confiavam que o espírito vigoroso encontraria objetos dignos de aplicação da sua força e pensavam que o primeiro passo rumo à escolha resoluta desse objeto era livrar-se da baixeza de um espírito carente e medroso.

Os homens costumam perseguir oportunidades de exibir sua coragem, e não raro oferecem, em busca de admiração, um espetáculo que, para os que não consideram a fortaleza como um mérito intrínseco, é motivo de horror. Cévola manteve o braço no fogo para abalar a alma de Porsena. O selvagem expõe o próprio corpo à tortura para depois superar seu inimigo. O muçulmano rasga a carne para conquistar o coração de sua amada e exibe feliz suas feridas sangrentas, mostrando-se assim digno da estima dela.[21]

Certas nações levam a tal ponto a prática de infligir dor ou brincar com ela que chegam à beira da crueldade e do absurdo, enquanto para outras o sofrimento físico é o mais terrível dos males e, em meio a seus tormentos, amargam suas reais aflições com os terrores de uma imaginação fraca e deprimida. Não cabe a nós responder por nenhuma dessas tolices, tampouco avaliar sua força ou fraqueza com base nos hábitos ou concepções de uma nação ou época em particular, pois tratamos de uma questão relativa à natureza do homem.

---

21 Lady Mary Wortley Montagu, *Letters of the Right Honourable Lady Mary Wortley Montagu*, 1761 [conhecidas como *The Turkish Embassy Letters*].

Ensaio sobre a história da sociedade civil

Seção VIII
Continuação do mesmo assunto

Quem tenha comparado entre si as diferentes condições e maneiras dos homens sob diferentes circunstâncias de educação e fortuna, poderá constatar que a mera condição não determina felicidade ou miséria, e diferenças entre observâncias formais não implicam oposição em matéria de moralidade. Os homens exprimem afinidade ou animosidade por meio de diferentes ações, mas esses sentimentos são sempre o principal ponto em consideração na vida humana. Envolvem-se em diferentes projetos, aquiescem a diferentes termos, mas atuam a partir de paixões praticamente as mesmas. Não há medida precisa da acomodação exigida para se adequar às suas conveniências, nem grau determinado de perigo ou segurança sob o qual estariam condicionados a agir. Coragem e generosidade, medo e inveja, não são peculiares a uma condição ou ordem de homens, e não há nenhuma situação em que a raça humana não tenha mostrado que é possível aplicar com propriedade os talentos e virtudes de sua espécie.

O que é então esta misteriosa *felicidade*, que existe em situações tão variadas, a ponto de circunstâncias nocivas a ela em uma época ou nação serem favoráveis em outras? Ela não consiste na sucessão de meros prazeres animais, pois estes, exceto pela ocupação ou pela companhia que propiciam, preenchem uns poucos momentos da vida humana; repetidos em demasia, transformam-se em saciedade e desgosto, destroem a constituição a que são aplicados em excesso e, como um raio noturno, servem apenas para escurecer a treva que cindem. Felicidade não é um estado de repouso, tampouco a isenção imaginária de preocupações que, a distância, tantas vezes se afigura como objeto de desejo, mas que, de perto, produz um tédio e um langor mais insuportáveis do que a própria dor. Se as observações precedentes são justas, a felicidade se segue mais da busca que da consecução de um fim, e depende em especial, mesmo em uma vida próspera, do grau de mobilização da mente, não das circunstâncias nas quais estamos destinados a agir, dos materiais que se encontram em nossas mãos ou das ferramentas que empunhamos.

Se isso vale para a classe de ocupações denominadas *distrações*, que tomam a maior parte da vida dos homens tidos por mais felizes, vale também, muito mais do que se costuma pensar, para as tarefas em que o fim a ser atingido vale mais do que a ocupação em si mesma.

Até o avaro, eventualmente, pode considerar o cultivo de sua riqueza como um passatempo, desafiando seu herdeiro a ter mais prazer em gastar a fortuna do que ele teve em acumulá--la. Em vista de seu grau de indiferença em relação à conduta alheia e sua capacidade de se preocupar exclusivamente com um interesse particular, por que não conceder ao avaro uma vida divertida e prazerosa – especialmente se ele dominou o ciúme e a inveja que corroem o espírito cobiçoso –, e não apenas mais íntegra que a do perdulário, mas também que a do virtuoso, do estudioso, do homem de gosto ou de qualquer índole de pessoas que encontraram um método para passar o tempo inofensivamente, para as quais é provável que as diferentes aquisições e obras sejam tão inúteis quanto a bolsa para o avaro ou a mesa para os que participam de jogos de azar pelo prazer do desperdício?

Ensaio sobre a história da sociedade civil

Não demoramos a nos cansar de diversões que, distantes dos assuntos públicos, não cativam alguma paixão ou oferecem um exercício proporcional aos nossos talentos e às nossas faculdades. A caça e a mesa de jogo têm seus perigos e dificuldades. Os jogos de disputa animam nossa emulação e despertam uma espécie de zelo partidário. O matemático só se entretém com problemas intricados, o advogado e o casuísta com casos que testem sua sutileza e ocupem seu juízo.

O desejo por ocupações ativas pode, como todo apetite natural, chegar ao excesso. Os homens se perdem tanto em divertimentos quanto em vinhos ou bebidas alcoólicas. Uma aposta menor que ocupe uma paixão moderada pode distrair o jogador; mas a droga perde o efeito quando se torna familiar. Para cativar de novo a sua atenção e mobilizar o seu interesse, o jogo tem de ser sério; gradativamente, o jogador vai sendo levado em sua busca por diversão, até que termina por encontrá-la apenas em paixões como a ansiedade, a esperança e o desespero, despertadas pelos riscos que assumiu ao expor toda a sua fortuna.

Se os homens transformam assim suas distrações em algo mais sério e interessante do que sua ocupação principal, é difícil encontrar uma razão para que os assuntos públicos não sejam tomados como distrações e adotados em virtude da distração que oferecem, independentemente de consequências distantes e eventos futuros ligados a eles. Esse desejo é provavelmente a base sobre a qual repousa a jovialidade dos homens dotados de um temperamento alegre. Talvez seja a base mais sólida de fortaleza que a reflexão poderia assentar. A própria felicidade é garantida quando nossa distração se torna uma espécie de conduta, e a vida, considerada tanto em seu valor

Adam Ferguson

geral quanto em cada ocasião particular, transforma-se numa cena para o exercício do espírito e o compromisso do coração. "Farei de tudo", diz Bruto, "para que meu país não permaneça na servidão. Se o desfecho de minhas ações for favorável, será uma alegria para todos nós; se não, mesmo assim estarei contente." Como contentar-se na decepção? Como não se deixar abater quando o país foi esmagado? Mas a tristeza e o abatimento não trazem nenhum bem. Na ocorrência deles, é preciso suportá-los. "E por que viriam a mim?", diria o romano, logo acrescentando: "Segui minha mente e continuo a fazê-lo. Os eventos podem ter alterado as condições de minha atuação; mas poderiam me impedir de ser homem? Mostrai-me uma situação em que o homem não pode agir nem morrer, e reconhecerei que ele é um infeliz".

Quem é dotado de força de espírito para ver a vida humana sempre sob esse aspecto tem apenas de escolher bem suas ocupações, para se apoderar do estado de gozo e de liberdade de alma, que constitui, provavelmente, a felicidade peculiar a que está destinado por sua natureza ativa.

As disposições dos homens e, por conseguinte, suas ocupações costumam ser divididas em duas classes principais, as egoístas e as sociais. As primeiras são cultivadas na solidão e, se fazem referência ao gênero humano, é por meio de emulação, competição e inimizade. As últimas nos inclinam a viver com nossos semelhantes e fazer-lhes o bem, tendem a reunir os membros da sociedade e resolvem-se no cuidado mútuo de suas necessidades e prazeres, tomando a presença alheia como um motivo de alegria. Sob essa classe podem ser enumeradas as paixões entre os sexos, o afeto entre pais e filhos e entre os homens em geral, as ligações particulares e, acima de tudo,

Ensaio sobre a história da sociedade civil

o hábito da alma pelo qual consideramos nós mesmos como parte de uma comunidade amada e membros individuais de uma sociedade, cujo bem-estar é nosso objeto de zelo supremo e estabelece a grande regra de nossa conduta. Esse afeto é um princípio de candura que ignora distinções parciais e não se restringe a este ou aquele laço: seus efeitos se estendem para além de nossos conhecidos e, tanto no espírito como no pensamento, dão a sentir uma relação com o universo e a criação divina como um todo. "Por que", indaga Marco Aurélio, "iria alguém amar a cidade de Cécrops, mas não a de Deus?"

As emoções do coração não são indiferentes. Podem ser um ato de vivacidade e alegria; um sentimento de tristeza; um arrebatamento de prazer ou uma convulsão angustiada. E o exercício de nossas disposições, bem como de suas gratificações, é da maior importância para nossa felicidade ou miséria.

Cabe ao indivíduo preservar suas funções animais. Ele pode sobreviver na solidão e, afastado da sociedade, realizar muitas funções do sentido, da imaginação e da razão. A execução apropriada dessas funções lhe traz benefícios. E todos os exercícios naturais relacionados a si mesmo e a seus semelhantes não apenas o ocupam sem afligi-lo, como também, em muitos casos, são acompanhados de prazeres positivos e preenchem suas horas com uma ocupação agradável.

Mas há um ponto em que o cuidado de nós mesmos se torna fonte de ansiedades dolorosas e paixões cruéis, degenerando em avareza, vaidade e orgulho, e ao fomentar hábitos de ciúme e inveja, medo e malícia, torna-se tão destrutivo para nossos prazeres quanto hostil ao bem-estar alheio. Mas, pensando bem, esse mal não se deve ao cuidado excessivo de si mesmo, apenas a um equívoco na escolha de objetos. Olhamos para fora em

Adam Ferguson

busca de uma felicidade que só se encontra nas qualidades do coração; pensamos que dependemos de acidentes e nos isolamos e ficamos sozinhos; que dependemos da vontade de outros homens e nos tornamos servis e tímidos; que nossa felicidade depende de objetos disputados com nossos semelhantes e, na busca por ela, enredamo-nos na emulação, na inveja, no ódio, na animosidade e na vingança, o que leva ao cúmulo da aflição. Em suma, agimos como se, para nos preservarmos, tivéssemos de manter intacta nossa fraqueza e perpetuar nossos sofrimentos. Culpamos nossos semelhantes por males que advêm do destempero da imaginação e da corrupção do coração, dedicando-lhes pontadas de decepção ou de malícia, e assim fomentando nossa miséria, surpreendemo-nos que o cuidado de nós mesmos não tenha efeitos positivos. Quem se lembra, porém, de que é por natureza um ser racional e um membro da sociedade, que, para preservar-se a si mesmo, deve preservar sua razão e os melhores sentimentos de seu coração? Alguém assim, eu digo, não sentiria tais inconvenientes e encontraria, no cuidado de si, apenas objetos de satisfação e triunfo.

A divisão de nossos apetites em benevolentes e egoístas provavelmente confundiu, em alguma medida, nossa concepção do verdadeiro objeto do prazer pessoal e do bem privado, o que por sua vez não contribui para uma ideia clara de virtude desinteressada. Costuma-se pensar que a gratificação de um desejo egoísta traz vantagens ou prazeres para nós, e que a benevolência redunda em prazeres e vantagens para os outros, quando, na verdade, a gratificação de cada desejo é uma satisfação pessoal, e como o seu valor é proporcional à qualidade ou à força do sentimento, pode acontecer de a mesma pessoa colher mais vantagens da felicidade que propiciou a outrem do que da que obteve para si mesma.

Ensaio sobre a história da sociedade civil

Portanto, se as gratificações decorrentes da benevolência pertencem a nós tanto quanto qualquer outro desejo, o exercício dessa disposição deve ser considerado como sendo, em muitas ocasiões, o principal ingrediente da felicidade humana. Cada ato de generosidade, de cuidado de um pai para com o filho, cada emoção do coração na amizade ou no amor, no zelo pelo bem público ou pelo do gênero humano, é um ato de gozo e satisfação. A piedade e a compaixão, a melancolia e o pesar, aliados a um afeto terno, compartilham dessa mesma natureza, e se não são prazeres positivos, são ao menos dores de natureza peculiar, que só trocaríamos por um prazer bastante concreto, que contribuísse à consecução de nosso objetivo. Mesmo os extremos das disposições dessa classe, se forem o inverso de ódio, inveja e malícia, nunca serão acompanhados de ansiedades, ciúmes e medos que esgarçam o espírito movido pelo interesse. Na verdade, se alguma paixão nociva surge de um pretenso compromisso com nossos semelhantes, é seguro condenar esse compromisso como ilegítimo. Se sentirmos desconfiança ou ciúme, nossa pretensa afecção provavelmente não será mais do que um desejo de atenção e consideração pessoal, motivo que com frequência nos inclina a nos ligarmos a nossos semelhantes, mas em nome do qual não raro estamos dispostos a sacrificar a felicidade deles. Consideramo-los como instrumentos de nossa vaidade, prazer ou interesse, não como recipientes de nossa boa vontade e amor.

Um espírito devotado a afetos dessa classe, por se ocupar de um objeto que normalmente poderia interessá-lo, não se contenta com as distrações ou os prazeres a que pessoas destemperadas são obrigadas a recorrer para aplacar seus desgostos, e a temperança torna-se fácil, quando as gratificações sensuais são suplantadas pelas do coração. A coragem também é mais fácil de ser adotada, ou melhor, mostra-se inseparável do ardor do espírito, quando este se encontra em sociedade, cultiva a amizade e atua pelo bem público, levando-nos a esquecer objetos de ansiedade ou medo pessoal e a dar atenção sobretudo ao objeto de nosso zelo, não a inconveniências, perigos e dificuldades pessoais que se apresentam a nós em nosso empenho para promovê-lo. Portanto, parece que a felicidade do homem consiste em fazer de suas disposições sociais a principal mola de suas ocupações, em afirmar-se como membro de uma comunidade pelo bem da qual seu coração arde em zelo e em dedicar-se à supressão dos cuidados pessoais que estão no fundamento de tão dolorosas ansiedades, medos, ciúmes e invejas. O sr. Pope exprime esse sentimento com as seguintes palavras:

O homem, como a generosa videira, sustenta vidas;
A força que ele recebe vem do abraço que ele dá.[22]

Se esse é o bem do indivíduo, é também o do gênero humano. Se aceitarmos que é assim, não mais pensaremos que a virtude nos impõe a tarefa de conceder aos outros o bem que nós mesmos recusamos, mas, isto sim, que ela pressupõe, no mais alto grau, a posse de uma felicidade que cabe a nós promover no mundo.

---

22 "Man, like the generous vine, supported lives;
The strength he gains, is from th'embrace he gives".
A mesma máxima se aplica por toda parte na natureza; *to love is to enjoy pleasure: to hate is to be in pain* [Amar é desfrutar de prazer; odiar é sentir dor].

Ensaio sobre a história da sociedade civil

Costumamos pensar que é nosso dever ser generosos e que nossa felicidade é receber o mesmo. Na verdade, porém, a coragem e o coração devotados ao bem do gênero humano são partes constitutivas da felicidade, pois a generosidade pressupõe uma felicidade àquele de quem ela procede, e o maior bem que homens dotados de fortaleza e generosidade poderiam produzir para seus semelhantes é compartilhar um caráter como esse. "Dareis o maior benefício à tua cidade", diz Epicteto, "não por ergueres tetos, mas por exaltares as almas de teus concidadãos, pois é melhor que grandes almas vivam em pequenas habitações do que escravos abjetos amontoados nas dependências de grandes mansões."[23]

Para o benevolente, a satisfação alheia é motivo de gozo; e a própria existência é uma bênção, num mundo governado pela sabedoria de Deus. Livre dos cuidados que levam à pusilanimidade e à baixeza, a mente torna-se calma, ativa, destemida, robusta, capaz de enfrentar os maiores desafios, e vigorosa no exercício dos talentos que adornam a natureza do homem. Sobre essa fundação, ergue-se o caráter admirável que, durante certo período de sua história, distinguiu as célebres nações da Antiguidade e tornou parte integrante de suas maneiras e de seu trato familiar os exemplos de magnanimidade que raramente ocorrem em governos menos propícios às afeições públicas, ou que, por serem pouco praticados e compreendidos, se tornam o objeto de admiração e de panegíricos exagerados. "Assim morreu Trasíbulo", diz Xenofonte, "ele que, tudo indica, foi um bom homem." Que valioso elogio, e quão precioso para os

---

23 Tradução da sra. Carter das máximas de Epicteto [Elizabeth Carter, *The Works of Epictetus*, 1758].

Adam Ferguson

que conhecem a história dessa pessoa admirável! Os membros desses ilustres Estados, habituados a se considerar como parte de uma comunidade ou ao menos como profundamente comprometidos com uma das ordens de homens do Estado, eram alheios a preocupações pessoais e tinham sempre em vista objetos que excitam na alma um grande ardor, que levam a atuar em nome de seus concidadãos e a praticar as artes da deliberação, da elocução, da política e da guerra, das quais dependem a fortuna das nações e dos homens como corpo coletivo. À força de espírito angariada nessas atividades e aos aperfeiçoamentos intelectuais realizados em sua perseguição, essas nações devem não apenas a magnanimidade e a superioridade de sua conduta política e militar, como também as artes da poesia e da literatura, que eram para elas como que o apanágio inferior de um gênio despertado, cultivado e refinado pelas primeiras.

Para o grego ou para o romano antigo, o indivíduo não era nada, a comunidade era tudo. Para o moderno, em tantas nações da Europa, o indivíduo é tudo, e a comunidade, nada. O Estado é uma mera combinação de departamentos em que a reputação, a riqueza e a eminência, ou o poder, são o prêmio por serviços prestados. Desde a sua primeira instituição, o governo moderno tem por natureza atribuir a cada indivíduo uma posição ou título fixo que cabe a ele manter por si mesmo. Nossos ancestrais em épocas rudes lutavam na arena doméstica por suas reivindicações pessoais nos recessos entre as guerras e preservavam, nessa disputa equilibrada pelo poder, uma espécie de liberdade, por mais que os indivíduos privados fossem submetidos a opressões e desmandos. Seus sucessores em tempos mais polidos reprimiram as desordens civis a que se resumia a atividade dessas épocas primevas; mas a tranquilidade conquistada é empregada não para

Ensaio sobre a história da sociedade civil

promover com zelo as leis e a Constituição do governo a que devem proteção, mas para que cada um pratique por si mesmo as diferentes artes da promoção ou do lucro pessoal, na medida em que suas instituições políticas o permitam. Por isso, o comércio, que, supõe-se, engloba todas as artes lucrativas, é o grande objetivo das nações e o principal estudo do gênero humano. Estamos tão acostumados a considerar a fortuna pessoal como nossa única preocupação que, mesmo sob instituições populares e em Estados onde diferentes ordens de homens são convocadas a participar no governo de seu país e onde as liberdades de que gozam não podem ser preservadas por muito tempo sem a vigilância e a atividade dos súditos, existem aqueles que, para usarmos um termo vulgar, não tendo de fazer fortuna, entregam-se a passatempos solitários ou se dedicam a coisas como jardinagem, edificações, desenho e música, com o auxílio das quais esperam preencher as lacunas de uma vida sem sentido, sem que com isso tenham de curar seu langor com uma contribuição benéfica a seu país ou ao gênero humano.

Os fracos e maliciosos estão bem quando se entregam a algo inocente e têm a sorte de encontrar uma ocupação que impeça os efeitos de um temperamento que outrossim voltariam contra si mesmos e seus semelhantes. Mas, os que foram abençoados com uma disposição afortunada, com capacidade e vigor, mergulham na lascívia quando uma de suas distrações ocupa indevidamente o seu tempo, e traem sua própria felicidade se acreditam que uma ocupação, ou passatempo qualquer, possa distraí-los melhor do que aquela que promove o bem de seus semelhantes.

Distrações dessa espécie não são escolhidas pelo mercenário, pelo invejoso, pelo malicioso. Só conhecem o seu valor as pessoas de caráter oposto, e é à experiência delas que apelamos. Guiadas pela mera disposição, sem o auxílio da reflexão, nos negócios, na amizade e na vida pública, muitas vezes elas se dão bem; e levadas com satisfação pela maré de suas emoções e sentimentos, desfrutam do momento presente sem recordações do passado ou esperanças para o futuro. É na especulação, e não na prática, que descobrem que a virtude é uma tarefa severa, de autonegação.

Seção IX
Da felicidade nacional

O homem é por natureza membro de uma comunidade, e o indivíduo, considerado em sua capacidade, não parece ter sido feito para si mesmo: deve abrir mão de sua felicidade e liberdade, quando elas interferem no bem da sociedade. É mera parte de um todo, e o louvor que pensamos digno de sua virtude integra um elogio mais abrangente, que concedemos ao membro de um corpo, à parte de uma estrutura ou mecanismo (*fabric or engine*), de ser bem adaptado ao lugar que ocupa e à produção do efeito que dele se espera.

Se isso se segue da relação entre parte e todo, e o bem público é o principal objetivo dos indivíduos, da mesma maneira é verdade que a felicidade dos indivíduos é o mais importante fim da sociedade civil. Pois em que sentido poderia a comunidade gozar de um bem, se os seus membros, considerados à parte, são infelizes?

Não é difícil conciliar os interesses da sociedade aos de seus membros. Se o indivíduo deve toda consideração à comunidade, ele recebe em troca, ao prestá-la, a maior felicidade de que

Ensaio sobre a história da sociedade civil

sua natureza é capaz; e a maior bênção que a comunidade poderia dar a seus membros é mantê-los ligados a ela. É assim o Estado mais feliz, o mais amado por seus súditos; e são mais felizes os homens cujo coração se engaja à comunidade, na qual encontra todos os objetos de generosidade e zelo, e um escopo para o exercício de cada talento e disposição virtuosa.

Apesar dessas máximas gerais, nosso maior problema permanece, qual seja, a justa aplicação delas a casos particulares. Nações variam quanto à extensão, ao número de habitantes, à riqueza e também às artes que praticam e às comodidades que adquirem. Essas circunstâncias não apenas afetam as maneiras dos homens, mas passam mesmo a concorrer, em nossa estima, com o próprio objeto dessas maneiras; são consideradas partes integrantes da felicidade nacional independentemente da virtude e conferem um título cuja posse é disputada pela vaidade de nossa e das outras nações, assim como os homens competem por riquezas e distinção.

Se essa medida de felicidade é ruinosa e falaciosa quando aplicada a indivíduos privados, não o é menos quando aplicada a nações. Riqueza, comércio, extensão territorial e conhecimento das artes são meios de preservação e legitimação do poder, desde que propriamente empregados. Se falham parcialmente, a nação se enfraquece; se são de todo suprimidos, a raça humana se extingue ali. Tendem a manter a população, não a promover sua felicidade; sustentam os desgraçados como os felizes; respondem a um propósito e, por isso mesmo, não servem a todos; e não têm nenhum valor quando empregados para manter o povo temeroso, rebaixado e servil.

Estados grandes e poderosos conseguem vencer e subjugar os fracos; nações polidas e comerciais são mais ricas e praticam artes mais variadas do que as rudes. Em todo caso, porém, a felicidade dos homens consiste nas bênçãos de um espírito cândido, ativo e resistente. Se considerarmos o estado de sociedade como aquele a que o gênero humano é levado por suas propensões, como um estado a ser valorizado pelo efeito que tem na preservação da espécie, no amadurecimento de seus talentos e no despertar de suas virtudes, não teremos de ampliar nossas comunidades para desfrutar dessas vantagens, pois com frequência elas são obtidas, em boa medida, onde nações pouco extensas permanecem independentes entre si.

O aumento de população é um objetivo importante. Mas não é certo que a melhor maneira de atingi-lo seja pela extensão das fronteiras de um Estado, pois do desejo de que os homens se multipliquem não se segue que o todo se reunirá sob um mesmo comando. Admiramos o Império Romano como um modelo de grandeza e esplendor nacional, mas essa grandeza foi ruinosa para a virtude e a felicidade do gênero humano, e também, como se viu, incompatível com as consideráveis vantagens de que esse povo de conquistadores outrora desfrutara em matéria de governo e maneiras.

A emulação entre as nações vem da divisão entre elas. Um emaranhado de Estados, como um bando de homens, encontra o exercício de sua razão e o teste de suas virtudes nas transações que realizam entre si, em pé de igualdade e com interesses à parte. Medidas tomadas por segurança, incluindo boa parcela da política nacional, são relativas, em cada Estado, ao que se percebe no exterior. Atenas era necessária ao exercício da virtude em Esparta, como o aço ao sílex na produção do fogo; e, caso as cidades gregas tivessem se reunido sob um único comando,

Ensaio sobre a história da sociedade civil

jamais teríamos visto um Epaminondas ou um Trasíbulo, um Licurgo ou um Sólon.

Portanto, quando raciocinamos em prol de nossa espécie, por mais que lamentemos os abusos vez por outra advindos da independência e da oposição de interesses, enquanto houver traços de virtude entre o gênero humano não é desejável que se reúna, sob uma única instituição, um grande número de homens que poderiam formar várias delas, tampouco que se deleguem os assuntos públicos a um único Senado, um único Legislativo, um único Poder Executivo que, devidamente separados, poderiam fornecer a muitos um exercício para sua habilidade e a possibilidade de alcançar a glória.

Não sei ao certo se há uma regra determinada para isso. Mas sei que a admiração pelo domínio irrestrito é um equívoco sério, pois talvez não exista outra situação em que o verdadeiro interesse do gênero humano seja tão prejudicado.

A medida de expansão desejável de um Estado precisa ser tomada a partir de seus vizinhos. Onde Estados são contíguos, devem ser quase iguais para que, dessa maneira, se respeitem mutuamente e possam manter a independência de que depende a vida política da nação.

Diante da união dos reinos da Espanha e da anexação dos grandes feudos franceses pela Coroa, as nações da Grã-Bretanha não poderiam permanecer separadas.

As pequenas repúblicas da Grécia, com suas subdivisões e balanço de poder, realizaram, em quase todas as cidades, o objetivo das nações. Cada pequeno distrito era viveiro de homens excelentes, e o que hoje é o recanto abandonado de um grande império foi outrora o campo no qual o gênero humano colheu suas maiores distinções. Já na Europa moderna, repúblicas de extensão similar são como arbustos à sombra de imensas árvores sufocadas por Estados vizinhos mais frondosos. Nesse caso, a desproporção entre forças anula em grande parte as vantagens da separação. Essas repúblicas são como o mercador na Polônia, tão mais desprezado e desprotegido por não ser nem senhor, nem escravo.

Comunidades independentes, por fracas que sejam, são contrárias a coalizões, não apenas quando têm ares de imposição ou são celebradas em tratados desiguais, mas também quando implicam a admissão de novos membros em pé de igualdade com os antigos. A anexação de reinos não é de interesse do cidadão, pois sua importância diminui à medida que o Estado é ampliado; já os ambiciosos encontram, com a ampliação de territórios, uma colheita mais abundante, de poder como de riqueza, pois a arte de governar se torna mais fácil. Daí o ruinoso progresso dos impérios, e mesmo de nações livres que, sob o propósito de adquirir domínios, terminam sufocadas pelos escravos que conquistaram.

O desejo de aumentar a força de uma nação é o único pretexto para a ampliação de seu território; mas essa medida, quando levada a extremos, frustra seus objetivos.

Apesar das vantagens de população e de recursos na guerra, a força de uma nação deriva do caráter, não da riqueza, tampouco do número de pessoas que a constituem. Se o tesouro de um Estado puder arregimentar bom número de homens e fornecer os equipamentos da guerra, as posses dos medrosos serão facilmente tomadas, a multidão temerosa tombará por si mesma, encostas serão escaladas, pois não haverá valor para defendê-las, e as armas só produzem consequências nas mãos dos valentes. O bando de homens para ao qual Agesilau se re-

Ensaio sobre a história da sociedade civil

feriu como sendo o muro de sua cidade era uma defesa mais resiliente e efetiva do que as rochas e o cimento que fortificavam outras cidades.

Não há por que dar ouvidos a um estadista que pretenda erguer uma defesa que suplante o exercício visível da virtude. Para o homem, como ser racional, é uma ordenação sábia que o emprego de sua razão seja necessário à sua preservação; é afortunado para ele que, na busca por distinções, sua consideração pessoal dependa de seu caráter; e o é também para as nações, que seu poder e segurança dependam de que se empenhem para fomentar a coragem e cultivar as virtudes de seu povo. Por esses meios, elas atingem seus objetivos externos e, ao fazê-lo, são felizes.

Costuma-se considerar a paz e a concórdia como os principais fundamentos da felicidade pública; mas os princípios da vida política e a escola dos homens são a rivalidade entre comunidades separadas e as agitações de um povo livre. Como conciliar esses imperativos discordantes e opostos? Talvez não seja necessário. Os pacíficos podem fazer o que estiver ao seu alcance para aplacar as animosidades e conciliar as opiniões dos homens, o que muitas vezes permite reprimir seus crimes e acalmar as piores paixões que vicejam entre eles. Entretanto, nada além da corrupção ou da escravidão poderia suprimir os debates que subsistem entre homens de integridade responsáveis por partes de equivalente importância na administração do Estado.

Uma perfeita concordância em matéria de opinião não é algo exequível, sequer em companhia seleta; e, supondo que fosse, o que seria da sociedade? "O legislador espartano", diz Plutarco, "parece ter disseminado as sementes da variedade e da discórdia

103

junto a seus compatriotas. Queria que os bons cidadãos entrassem em disputas, considerava a emulação como a centelha que acenderia suas virtudes e aparentemente compreendeu que a deferência que os homens concedem a opiniões, sem examiná-las, é a principal fonte de corrupção."

As formas de governo supostamente determinam a felicidade ou a miséria do gênero humano. Mas essas formas variam, adequando-se à extensão, à subsistência, ao caráter e às maneiras das diferentes nações. Em alguns casos, permite-se que a multidão governe a si mesma; em outros, restringe-se com severidade. Teria sido seguro, em uma época primitiva, confiar aos habitantes de um vilarejo qualquer a conduta de sua razão e a sugestão de visões inocentes; mas como confiar nos locatários de Newgate, com correntes atadas ao corpo e barras de ferro presas a suas pernas? Como esperar, diante disso, encontrar uma forma de governo adequada a todos os homens independentemente de sua situação?

Na seção seguinte, dedicamo-nos a assinalar as distinções e a explicar a terminologia utilizada a propósito de diferentes modelos de subordinação e de governo.

Seção X
Continuação do mesmo assunto

Uma observação comum afirma que os homens originalmente foram iguais. Por natureza, eles têm, é verdade, direitos iguais à sua preservação e ao uso de seus talentos; mas estão adaptados a diferentes posições e, quando classificados por uma regra extraída dessa circunstância, não sofrem injustiça no que tange seus direitos naturais. É óbvio que algum modo

Ensaio sobre a história da sociedade civil

de subordinação é tão necessário ao homem quanto à própria sociedade, e isso não só para alcançar os fins do governo, como também para responder a uma ordenação estabelecida pela natureza.

Anteriormente a qualquer instituição política, os homens estão qualificados, por uma grande diversidade de talentos, por diferentes matizes de sua alma e pelo ardor da paixão, a atuar nas mais variadas ocupações. Postos juntos, cada um encontrará seu lugar. Eles censuram ou aplaudem em conjunto, consultam e deliberam em partidos mais restritos, retiram ou concedem ascendência enquanto indivíduos e, com isso, muitos se condicionam a atuar em companhia e a preservar suas comunidades antes de qualquer distribuição formal dos ofícios.

Somos formados para atuar dessa maneira, e, se temos alguma dúvida em relação aos direitos do governo em geral, nossa perplexidade se deve mais às sutilezas dos especuladores do que à suposta incerteza dos sentimentos do coração. Absortos pelas resoluções de nossa companhia, movemo-nos com a multidão antes de termos determinado a regra pela qual sua vontade é auferida; seguimos um líder, antes de termos estabelecido o fundamento de suas pretensões ou ajustado a forma de sua eleição. Apenas depois de muitos erros, como magistrado e súdito, é que os homens pensam em submeter o governo a regras.

Portanto, se o casuísta indagar, a partir da consideração da variedade de formas com as quais a sociedade existe, em que medida um homem, ou muitos, está intitulado ao controle das ações de outros, ele poderia ter como resposta que esse direito não existe, desde que as ações em questão não tenham efeito prejudicial a seus semelhantes, mas que, caso contrário, os direitos de defesa e a obrigação de reprimir erros cometidos pertencem tanto a corpos coletivos quanto a indivíduos. Muitas nações rudes não têm tribunais para julgar seus crimes, reúnem-se, quando alarmadas por uma ofensa flagrante, e tomam medidas em relação ao criminoso, como fariam em relação a um inimigo.

Contudo, essa consideração – que outorga o título de soberania onde é exercida pela sociedade em sua capacidade coletiva ou por aqueles cujo poder sobre o todo lhes foi atribuído – igualmente legitimaria a pretensão ao domínio em qualquer lugar onde resida, mesmo onde é mantido apenas pela força?

Para responder a essa questão, é suficiente observar que compete a todo indivíduo ou a toda ordem de homens o direito a fazer justiça e promover o bem, e que os únicos limites ao exercício desse direito são dados pela ausência de poder. Portanto, quem queira empregá-lo nessa extensão não requer nenhuma convenção prévia para justificar sua conduta. Falar, porém, em direito de fazer mal e cometer injustiça é um abuso de linguagem e uma contradição em termos, que não compete mais a um corpo coletivo do que a um usurpador individual. Quando reconhecemos tal prerrogativa em um soberano, isso apenas exprime a extensão de seu poder e da força concedida a ele para agir segundo seu arbítrio. É como a prerrogativa assumida pelo líder de uma gangue de bandidos ou por um príncipe despótico à frente de suas tropas. Quando este ou aquele empunha a espada, o habitante ou o viajante podem se submeter por um senso de necessidade ou medo, mas não têm nenhuma motivação de dever ou justiça.

A multiplicidade das formas, entretanto, que as diferentes sociedades oferecem à nossa contemplação, é quase infinita. As classes em que se distribuem seus membros, a maneira como

Ensaio sobre a história da sociedade civil

estabelecem os poderes Legislativo e Executivo, as imperceptíveis circunstâncias que as levam a adotar diferentes costumes e a conferir aos governantes parcelas desiguais de poder e autoridade, dão origem a distinções permanentes entre as constituições mais similares entre si, tingindo os assuntos humanos com uma riqueza de detalhes que nenhum entendimento poderia compreender e nenhuma memória poderia reter totalmente.

Para um conhecimento geral e abrangente do todo, devemos aqui, como em tudo o mais, pôr de lado particularidades e singularidades que distinguem os diferentes governos, fixar a atenção em certos pontos em que concordam e estabelecer assim tópicos gerais sob os quais o objeto possa ser compreendido de maneira distinta. Uma vez que tenhamos destacado as características que respondem pelos pontos gerais de coincidência e extraído suas consequências para diferentes modos de legislação, execução e judicatura em arranjos institucionais relativos à política, ao comércio, à religião e à vida doméstica, teremos um conhecimento que, embora não substitua a experiência, a qual permanece indispensável, pode ser útil para dirigir nossas investigações e, em meio à condução dos assuntos públicos, imprimir ordem e método ao emaranhado de particularidades que ocorrem à nossa observação.

Quando recordo o que o barão de Montesquieu escreveu a respeito, não sei explicar muito bem por que me dediquei ao estudo das coisas humanas. A verdade é que minhas reflexões e sentimentos me instigam a tal e julgo-me capaz de enunciá-los mais diretamente para o leitor, pois estou mais próximo do homem comum. Caso o leitor sinta que é necessário, no sentido de preparar o caminho para o que se segue a respeito da história geral das nações, uma explicação preliminar dos

Adam Ferguson

tópicos sob os quais as variadas formas de governo podem ser classificadas, recomendo-lhe que consulte o que foi dito por esse profundo conhecedor da política e amável moralista. Em seus escritos se encontra o original do que menciono aqui e também, provavelmente, a fonte de muitas observações que, em diferentes lugares, posso ter repetido a título de inovação sem citar o autor.

Os filósofos antigos costumavam tratar do governo sob três rubricas: democrático, aristocrático e despótico. Ocupavam-se principalmente das variedades de governo republicano e davam pouca atenção a uma distinção muito importante, depois examinada pelo sr. Montesquieu, entre despotismo e monarquia. Ele também considerou que o governo poderia ser reduzido a três formas gerais e observou que, "para compreender a natureza de cada uma delas, é suficiente lembrar ideias familiares mesmo para homens de pouquíssima reflexão, que admitem três definições, ou melhor, três fatos: república é um Estado no qual o povo, em um corpo coletivo, ou parte do povo, possui o poder soberano; monarquia é aquele em que um homem governa de acordo com leis fixas e determinadas; e despotismo é aquele no qual um homem, sem lei ou regra de administração, pelo mero impulso da vontade ou do capricho, decide e executa tudo o que tem diante de si".

Repúblicas admitem uma distinção importante, já assinalada na definição geral, entre democracia e aristocracia. Na primeira, o poder supremo permanece nas mãos do corpo coletivo. Cada cargo da magistratura, quando da nomeação do soberano, é aberto a todo cidadão que, na execução de seu dever, se torna ministro do povo e responde a ele pelas tarefas que lhe são confiadas.

Ensaio sobre a história da sociedade civil

Na segunda, o soberano reside em uma classe, ou ordem de homens em particular, que, uma vez nomeada, ocupa o cargo de maneira vitalícia, ou então, devido a distinções hereditárias de nascimento e fortuna, elevada a uma posição de superioridade permanente. Os cargos da magistratura são todos preenchidos por membros dessa ordem, e tudo o que se refira à legislação, à execução e à jurisdição é decidido em assembleias por eles constituídas.

O sr. Montesquieu elencou os sentimentos ou máximas que os homens devem observar quando atuam nessas diferentes formas de governo.

Na democracia, devem amar a igualdade, respeitar os direitos de seus concidadãos e unir-se por vínculos comuns de afeto pelo Estado. Quanto a pretensões pessoais, devem se dar por satisfeitos com o grau de consideração que obtenham por habilidades medidas de maneira neutra em relação às de seus rivais. Têm de trabalhar pelo bem público, sem almejar o lucro, e rejeitar toda tentativa de criar laços de dependência pessoal. Candura, força e espírito elevado são, em suma, os requisitos da democracia; e a virtude é o princípio de conduta exigido para a sua preservação.

Que bela proeminência do governo popular! E como os homens não ansiariam por essa forma, se ela tendesse a efetuar o princípio que a orienta, ou fosse, em cada caso, indício certo de sua presença!

Mas talvez seja necessário ter o princípio para receber a forma; e, quando ele se extingue por completo, ela é assolada por males, se é que males adicionais são possíveis quando os homens já são infelizes.

Adam Ferguson

É um espetáculo triste, em Constantinopla ou na Argélia, que os homens pretendam atuar em pé de igualdade; pois, na verdade, querem apenas cortar as restrições do governo e se apoderar tanto quanto possível do espólio que normalmente cabe ao senhor a que servem.

Uma vantagem da democracia é que o principal grau de distinção são as qualidades pessoais, o que significa que os homens são classificados de acordo com suas habilidades e o mérito de suas ações. Embora todos aspirem ao poder, poucos governam o Estado. A maioria do povo, mesmo em sua capacidade soberana, limita-se a usar seus sentidos, a sentir quando uma nação tem problemas ou é ameaçada por calamidades públicas. Então, com o ardor típico das assembleias públicas, urge os governantes a agir ou a repelir os ataques que ameaçam a nação.

A mais perfeita igualdade de direitos não poderia excluir a ascendência de espíritos superiores, e as assembleias coletivas não seriam capazes de governar sem a direção de conselhos seletos. Nisso os governos populares se confundem com a aristocracia. Mas essa circunstância, por si mesma, não constitui o caráter de um governo aristocrático. Nele, os membros do Estado estão divididos em pelo menos duas classes, uma destinada a comandar, outra a obedecer. Méritos ou defeitos não poderiam elevar ou rebaixar uma pessoa de uma classe a outra. O único efeito do caráter pessoal é obter para o indivíduo um grau adequado de consideração dentro de sua ordem sem que se altere sua posição hierárquica. Ele aprende a se mostrar proeminente em certas situações, deferente em outras, a ocupar a posição de patrão ou de cliente, a ser soberano ou súdito de seu país. Os cidadãos como um todo podem se unir para executar

Ensaio sobre a história da sociedade civil

planos de Estado, mas nunca para deliberar medidas ou aplicar leis. O que na democracia pertence ao povo como um todo se restringe, na aristocracia, a uma parte. Membros da ordem superior podem ser classificados uns em relação aos outros de acordo com suas habilidades, mas mantêm uma ascendência permanente em relação aos de uma posição inferior. São a um só tempo os servos e os senhores do Estado, e pagam, com a presença de sua pessoa e com seu sangue, pelas honras civis e militares de que desfrutam.

Uma comunidade como essa não segue a máxima de que cada um reclame para si mesmo e admita para seus concidadãos uma perfeita igualdade de privilégio e posição. Nela, os direitos dos homens são modificados por sua condição. Uma ordem reclama mais do que está disposta a conceder; outra deve estar pronta para conceder o que não assume para si mesma. O sr. Montesquieu tem boas razões para dar ao princípio de tais governos os nomes de *moderação* e de *virtude*.

A elevação de uma dessas classes é uma arrogância moderada; a submissão da outra é uma deferência limitada. A primeira deve ter o cuidado de disfarçar o lado odioso de sua distinção, aplacar os efeitos nocivos que tem no arranjo do poder público e, com suas maneiras cultivadas e talentos aprimorados, mostrar-se qualificada para as posições que ocupa. A outra precisa aprender a conseguir, pelo respeito e por meio de ligações pessoais, o que não poderia obter pela força. Quando falta essa moderação em um dos lados, a Constituição vem abaixo. A plebe amotinada pode clamar pela igualdade admitida em Estados democráticos, ou uma nobreza sedenta de domínio pode eleger um dos seus como soberano ou aceitar uma indicação, e esse indivíduo, aproveitando-se de sua fortuna, popularidade

Adam Ferguson

ou habilidade, estará pronto para capturar o poder para a sua família, realizando assim um anseio que levou a ordem a que ele pertence para além dos limites da moderação e contaminou indivíduos privados com uma ambição irrestrita. Por esse motivo, há monarquias com vestígios recentes de aristocracia. Nelas, o monarca é apenas o primeiro dos nobres, tendo de se contentar com um poder limitado, com seus súditos dispostos em classes; aspirações a privilégio circunscrevem sua autoridade, e ele depara com uma força suficiente para confinar sua administração a certos parâmetros de equidade e a leis determinadas.

Em tais governos, o amor pela igualdade é prepóstero e a moderação, desnecessária. O objetivo de cada ordem hierárquica é a precedência, e todas elas exibem às claras suas vantagens próprias. Mesmo o soberano deve boa parte de sua autoridade aos retumbantes títulos e à cintilante equipagem que ele exibe em público. As ordens subordinadas reclamam importância para si por meio de amostras do mesmo gênero e portam sempre insígnias de nascimento ou ornamentos de fortuna. Pois o que mais poderia assinalar para o indivíduo sua relação com os demais súditos ou distinguir as incontáveis ordens que preenchem o intervalo entre a posição do soberano e a do camponês? O que mais poderia preservar, em Estados muito extensos, um semblante de ordem para membros com ambições e interesses à parte, destinados a formar uma comunidade, porém sem nenhum sentido de preocupação comum?

Em monarquias, o Estado costuma ter população e território em número e dimensão incompatíveis com governos republicanos. Há também grande desigualdade na distribuição da propriedade, o que faz o desejo de preeminência se tornar

Ensaio sobre a história da sociedade civil

a paixão predominante. Cada uma das ordens hierárquicas, se puder, exercerá sua prerrogativa, e o soberano tem sempre a tentação de ampliar a sua. Caso os súditos desistam de ter eminência e reclamem por igualdade, ele os atenderá, diminuindo assim pretensões com as quais de outro modo teria de se haver. A adoção de uma política como essa parece eliminar muitas das distinções indevidas e insatisfações incidentes em governos monárquicos; mas a condição de igualdade aproximada entre os súditos mal se distingue da escravidão, pois, para manterem sua posição, todos dependem da vontade de um senhor.

De acordo com Montesquieu, o princípio da monarquia é a honra. Os homens podem possuir boas qualidades, espírito altivo e mostrar fortaleza. Mas o senso de igualdade, que não admite brecha nos direitos pessoais do mais vil dos cidadãos, o espírito de indignação, que não bajula o favorecimento nem aceita um direito como concessão, o afeto público, fundado na negligência de considerações pessoais, nada disso é consistente com a preservação da Constituição, tampouco convém aos hábitos adquiridos por seus membros na posição que lhes foi atribuída.

Cada condição tem uma dignidade peculiar e aponta para regras de conduta que os homens de cada posição são obrigados a seguir. No trato entre superiores e inferiores, é objeto de ambição e vaidade refinar as vantagens da ordem a que se pertence, mas, para facilitar o intercurso na sociedade polida, é preciso disfarçá-las ou rejeitá-las.

Embora os objetos de consideração sejam dignidades vinculadas mais à posição que a qualidades pessoais, e as amizades não se formem por inclinação, nem as alianças por escolhas

Adam Ferguson

sinceras, os homens reunidos em uma monarquia são altamente suscetíveis à excelência moral e passíveis a diferentes graus de corrupção, ainda que permaneçam confinados a uma mesma ordem. Podem atuar de forma vigorosa como membros do Estado, amigavelmente no trato da sociedade privada ou mostrar-se cidadãos muito dignos, apesar de sua arrogância e presunção como indivíduos privados.

Na monarquia, os títulos de ordem, embora recebidos da Coroa, são direitos permanentes concedidos a um subordinado que exerce, dentro do Estado, um poder, determinado pela posição hierárquica de que goza e pela ligação com outros que, por comissão, cabe a ele liderar e proteger. Ainda que esses títulos não impliquem a participação em conselhos e assembleias públicas, e os indivíduos não saibam o que é um Senado, os sentimentos que inspiram têm peso na relação com o soberano, e cada indivíduo, em sua capacidade própria, delibera em alguma medida em nome do país. Desde que isso não esteja abaixo de sua dignidade, está pronto a servir à comunidade; mas, caso isso afete seu senso de honra, ele se recusa a fazê-lo, e sua negativa equivale à vontade do príncipe.

Atados por laços recíprocos de dependência e proteção, embora não aliados por um senso de interesse comum, os súditos de uma monarquia, como os de uma república, veem-se ocupados como membros de uma sociedade ativa e devem lidar com seus semelhantes de maneira liberal. Mas então se impõe a pergunta: como ficariam as nações europeias caso fossem suprimidos os princípios de honra que impedem que os indivíduos se tornem servis ou atuem como instrumentos de opressão nas mãos de outros? E se eles se rendessem às máximas do comércio e aos refinamentos de uma suposta filosofia? E se fossem

Ensaio sobre a história da sociedade civil

contaminados pelo ardor de um espírito republicano equivocado, traídos pela covardia de outros súditos ou submetidos à ambição dos príncipes?

Despotismo é monarquia corrompida, em que permanecem uma corte e um príncipe, mas desaparecem todas as ordens subordinadas; em que o súdito é informado de que não tem direitos, de que não pode ter propriedades ou ocupar cargos, independentemente da eventual vontade de seu príncipe. Tais doutrinas, fundadas em máximas de conquista, são inculcadas com o chicote e a espada, e só são acatadas com a ameaça dos grilhões e da prisão. O medo é, portanto, o princípio que qualifica o súdito a ocupar sua posição, e o soberano, que exibe com desenvoltura as insígnias do terror, tem razão de sobra para dar a essa paixão uma importância central. As medidas divisadas para os direitos dos outros também se aplicam aos seus e, ansioso por assegurar ou estender seu poder, ele constata que se tornou, como a fortuna de seu povo, uma criatura imaginária, um capricho da fantasia.

Em teoria, é possível determinar com precisão os limites ideais que permitem distinguir as constituições de governo; mas, na realidade, eles se misturam quanto ao princípio e à forma. Em qual sociedade não seriam os homens classificados por distinções externas bem como por qualidades pessoais? Em qual Estado não atuam sobre ele diferentes princípios, como justiça, honra, moderação e medo? O propósito da ciência não é disfarçar essa confusão, mas encontrar, em meio à multiplicidade e à combinação de particulares, os principais pontos merecedores de atenção, aqueles que, se bem compreendidos, evitam o embaraço que poderia decorrer da variedade de casos singulares. Na mesma medida em que os governos exigem que os homens tenham virtude, honra ou medo, eles também se comprometem a fazê-lo, de certa forma, sob as rubricas de república, monarquia ou despotismo; com isso, vemos que a teoria geral se aplica, em alguma medida, a casos particulares. O fato é que as formas de governo se aproximam ou se afastam umas das outras em muitas gradações, com frequência insensíveis. Por admitir certas desigualdades de condição, a democracia se aproxima da aristocracia. Em governos populares, assim como nos aristocráticos, indivíduos privados mantêm uma espécie de poder monárquico, graças à sua autoridade pessoal ou mesmo à reputação de sua família. Há diferentes graus de limitação de monarcas, e mesmo o príncipe despótico não passa de um monarca cujos súditos reclamam por menos privilégios, ou está apto a submetê-los pela força. Essas variedades são etapas na história da humanidade e assinalam as situações provisórias e transitórias pelas quais ela passou, sustentada pela virtude ou abatida pelo vício.

Democracia e despotismo perfeitos parecem ser opostos extremos a que as constituições de governo podem alcançar. A primeira exige a virtude perfeita, o segundo, a corrupção total. Mas, quanto à forma, não havendo nada fixo nas hierarquias e distinções entre os homens além da posse casual e temporária do poder, as sociedades podem facilmente passar de uma condição em que cada indivíduo tem condição para reinar para outra em que estão todos igualmente destinados a servir. Em ambos, as mesmas qualidades – coragem, popularidade, destreza e conduta militar – promovem os ambiciosos à eminência. Essas qualidades permitem ao cidadão ou ao escravo passarem das fileiras ao comando de um Exército, de uma posição social obscura a uma de destaque. Em ambos, uma única pessoa

Ensaio sobre a história da sociedade civil

pode governar de maneira ilimitada; em ambos, a plebe pode derrubar as barreiras da ordem e as restrições da lei.

Supondo que a igualdade entre os súditos de um Estado despótico inspire seus membros e os torne confiantes, intrépidos e apaixonados pela justiça, o príncipe despótico deixa de ser um objeto de medo e é rebaixado à multidão. Se, ao contrário, a igualdade pessoal entre os membros de um Estado democrático for vista no mesmo nível que a avareza e a ambição, a monarquia pode ressurgir e ser apoiada pelos que esperam se beneficiar dela. Quando os rapaces e mercenários se reúnem em grupos, não importando qual líder escolham, se um César ou um Pompeu, a esperança da rapinagem ou da recompensa é aquilo que os mantém juntos.

Em sociedades corrompidas, a desordem costuma produzir uma mudança de cena, da democracia para o despotismo ou deste para aquela. Em uma democracia de homens corruptos, marcada por confusão sem lei, o tirano ascende ao trono empunhando armas manchadas de sangue. Os abusos e as fraquezas que ele mostra despertam, por seu turno, o espírito de motim e de revolta. Gritos de morte e desolação, que os governos militares costumam emitir para acovardar os súditos, ressoam pelos corredores e penetram os portões de aço do serralho. A democracia parece renascer em uma cena de desordem e tumulto; mas ambos os extremos são apenas surtos passageiros de paroxismo e langor, em um estado de destempero.

Quando os homens alcançam tamanha depravação, toda esperança parece perdida. A ascendência da multidão, não mais que a do tirano, não é suficiente para restituir a administração da justiça. Nem a licenciosidade dos tumultos, nem a tranquilidade da humilhação e da servidão, ensinam ao cidadão que ele nasceu para ser cândido e afetuoso com seus semelhantes. Por isso, se os especuladores quiserem buscar pelo estado de guerra permanente a que concedem o honorífico título de *estado de natureza*, poderão encontrá-lo na contenda entre o príncipe despótico e seus súditos, não nos primeiros ensaios de uma tribo rude e simples rumo à condição e aos arranjos das nações.

Parte II
Da história das nações rudes

Seção I
Das informações a esse respeito
auferidas da Antiguidade

A história humana está restrita a um período limitado, e por toda parte há sugestões de como teriam se iniciado as transações entre os homens. Nações que se distinguem pela posse das artes e pelo acerto de suas instituições políticas são oriundas de um original frágil e preservam, em suas histórias, indicações de um progresso lento e gradativo, ao cabo do qual viriam a se destacar. O passado de um povo, por mais que se diferencie do de outros e por mais camuflado que esteja, contém sempre alguma informação a respeito dessa questão.

Na história sagrada, encontramos os progenitores da espécie, um único casal, expulso do paraíso, herdeiro da terra, forçado a subsistir por si mesmo em meio a urzes e espinhos que o criador quis abundantes. Sua raça, que logo se viu reduzida a uns poucos, teve de enfrentar os perigos que aguardam uma espécie fraca, que ainda se encontra na infância. Transcorridas

Adam Ferguson

muitas épocas, nações mais respeitáveis surgiram a partir de uma ou de poucas famílias que pastoreavam os seus rebanhos nos desertos.

Os gregos são originários de tribos nômades cujas frequentes migrações atestam o estado rude e infantil de suas comunidades, e cujos feitos marciais, tão celebrados em histórias, não exibem mais do que os combates que travaram pela posse de um país, que, posteriormente, graças a um talento para a fábula e em virtude de suas artes e de sua política, tornou-se célebre na história humana.

A Itália se dividia em muitos cantões rudes quando um bando de salteadores, ou assim fomos ensinados a considerá-los, instalou-se com segurança às margens do Tibre. Um povo formado por representantes de um único sexo respondia pelo caráter dessa nação como um todo. Roma vigiou, por muito tempo, protegida por suas muralhas, o território dos seus inimigos e encontrou tão pouca resistência ao seu fraco poderio, quando ainda era jovem, quanto viria posteriormente a encontrar obstáculos que contivessem o progresso do seu extenso império. Como uma horda de tártaros ou de citas que tivesse se fixado num assentamento, a força dessa comunidade nascente era igual, se não superior, à das tribos vizinhas; o carvalho cuja sombra imponente se projeta sobre o solo foi uma planta frágil, que não se distinguia de outras pelas sementes que lhe deram origem.

Os gauleses e os germânicos chegaram ao nosso conhecimento trazendo marcas de uma condição que nos é familiar. Os habitantes da Britânia, no tempo das primeiras invasões, se assemelhavam, sob muitos aspectos, aos atuais nativos da América do Norte: ignoravam a agricultura, pintavam o próprio corpo e utilizavam, como vestimenta, peles de animais.

Ensaio sobre a história da sociedade civil

Parece ter sido esse, portanto, o começo da história em todas as nações, e em tais circunstâncias devemos buscar pelo caráter original do gênero humano. A investigação se refere a um período distante, e as nossas conclusões devem estar baseadas em fatos que se preservaram para o nosso uso. Todavia, muitas vezes preferimos adotar o método que põe tudo na dependência de conjecturas, que imputa cada uma de nossas vantagens às artes que possuímos e que imagina que a mera negação de todas as virtudes seria uma descrição suficiente do homem em seu estado original. Nós mesmos seríamos o suposto padrão de polidez e civilização; e onde os nossos traços não aparecem, consideramos que não haveria nada digno de ser conhecido. Mas é provável que aqui, como em muitos outros casos, não estejamos qualificados para oferecer, a partir do nosso suposto conhecimento de causas, um prognóstico de efeitos, ou mesmo para determinar quais teriam sido as propriedades e operações da nossa própria natureza fora das circunstâncias em que nos encontramos. Quem poderia, por mera conjectura, supor que o selvagem nu seria um janota e um jogador? Que teria orgulho ou vaidade, mesmo sem possuir distinções de título ou de fortuna? E que a sua maior preocupação seria adornar-se a si mesmo e se distrair? Mesmo supondo que ele compartilhasse dos nossos vícios e, no meio da floresta, rivalizasse com as tolices que praticamos nas cidades, ninguém jamais chegaria a ponto de afirmar que teria mais talentos e virtudes do que nós ou que seria dotado de uma penetração, de uma imaginação e de uma elocução muito fortes, de uma mente ardorosa, de uma afecção e de uma coragem que as artes, a disciplina e a política de poucas nações teriam como aperfeiçoar. E, no entanto, essas particularidades constam das descrições dos que tiveram oportunidade de testemunhar o gênero humano em sua mais rude condição. Para além do alcance de tais testemunhos, não é seguro aceitar ou dar informação a respeito.

Se conjecturas e opiniões formadas a distância não têm autoridade suficiente para respaldar uma história humana, por essa mesma razão as antiguidades domésticas de cada nação devem ser aceitas com cautela. Elas são, no mais das vezes, meras conjecturas ou ficções de épocas subsequentes, e mesmo que de início tenham a aparência de verdade, variam muito com a imaginação dos que as transmitem, além de receberem, a cada geração, uma forma diferente. Trazem a estampa dos tempos pelos quais passaram, na condição de tradições, e não das épocas a que as suas pretensas descrições se referem. A informação que oferecem não é como a luz refletida por um espelho, que delineia o objeto de que originalmente emana, mas sim como a dos raios que se quebram e se dispersam ao atravessar uma superfície opaca ou que não foi polida: apresentam as feições do corpo que por último refletiram.

As fábulas tradicionais, quando recontadas pelo vulgo, trazem as marcas de um caráter nacional e, embora se misturem a absurdos, com frequência elevam o lado imaginativo e comovem o coração; quando se tornam material da poesia e são adornadas pela destreza e pela eloquência de uma mente superior, instruem o entendimento e cativam as paixões. É nas mãos de meros antiquários, ou privadas dos ornamentos que a história as proíbe de usar, que elas se tornam impróprias para entreter a fantasia e perdem a razão de ser.

Seria absurdo citar, como autoridades em matéria de fato relativa à história humana, as fábulas da *Ilíada* ou da *Odisseia*, as lendas de Hércules, de Teseu ou de Édipo; mas elas podem,

Ensaio sobre a história da sociedade civil

oportunamente, ser mencionadas como testemunhos de concepções e sentimentos da época em que foram compostas ou do gênio característico do povo cuja imaginação as combinou, as admirou e as recitou com ternura.

É preciso admitir, portanto, que a ficção corrobora o gênio das nações, ao passo que a história, a esse respeito, nada tem a dizer que seja digno de crédito. A fábula grega, ao transmitir o caráter dos que a compuseram, lança luz sobre épocas de que não resta registro. Em parte alguma é tão evidente a superioridade desse povo quanto no veio de suas ficções e nas histórias dos fabulosos heróis, poetas e sábios, que, embelezadas por uma imaginação já formada pelo objeto pelo qual o herói é celebrado, serviram, mais tarde, para inflamar o ardente entusiasmo com que muitas repúblicas procederam na perseguição de objetivos de interesse nacional.

Essas nações desfrutaram, sem dúvida, da vantagem de ter um sistema de fábulas original que, por estar incorporado a tradições populares, serviu para difundir preceitos de aperfeiçoamento da razão, da imaginação e do sentimento, posteriormente introduzidos nas próprias fábulas ou inseridos em sua moral por homens de talentos mais finos. As paixões do poeta permeiam a mente do povo, e as concepções de homens de gênio, ao serem comunicadas ao vulgo, tornam-se um incentivo para que se forme um espírito nacional.

Uma mitologia tomada de empréstimo ao estrangeiro, uma literatura fundada em referências de outro país e repleta de alusões estranhas, são muito mais limitadas em seus usos. Falam somente ao erudito e, embora tenham a intenção de informar o entendimento e emendar o coração, podem, uma vez restritas a uns poucos, desencadear efeito contrário, fomentando a arrogância para ruína do senso comum e transformando a inocente canção do marinheiro que remava ou do pastor que conduzia o seu rebanho em algo vicioso, em motivo de pedantismo ou de vaidade dos estudiosos.

Nossa própria erudição, até onde vai a sua influência, talvez sirva, em certa medida, para deprimir o nosso espírito nacional. O fato de a nossa literatura derivar de nações de uma raça diferente, que floresceu num tempo em que os nossos ancestrais se encontravam em estado de barbárie, sendo, consequentemente, desprezados pelos que tinham conhecimento das artes literárias, autorizou a mesquinha opinião de que seríamos cria de nações inferiores e desprezíveis, em que a imaginação e o sentimento não surtiram efeito antes que o gênio fosse, de alguma maneira, inspirado pelos exemplos e orientado por lições vindas de fora. Os romanos, a quem devemos em especial os relatos sobre os nossos antepassados, reconheceram, na rusticidade de seus próprios ancestrais, um sistema de virtudes que talvez seja professado indistintamente por todas as nações simples: desprezo por riquezas, amor pela pátria, tenacidade para enfrentar dificuldades, perigos e fatigas. Todavia, envileceram os nossos antepassados, pois se pareciam com os deles, por ter artes defeituosas e por negligenciar as facilidades que elas poderiam oferecer.

Contudo, graças aos historiadores gregos e romanos, temos não só as mais autênticas e instrutivas, como também as mais interessantes representações das tribos de que descendemos. Esses sublimes e capazes autores compreenderam a natureza humana e souberam identificar suas feições e exibir seus caracteres em cada situação. Os primeiros historiadores da Europa

Ensaio sobre a história da sociedade civil

moderna não fizeram jus a eles. Foram no geral criados para a profissão de monges e, confinados a uma vida monástica, dedicaram-se exclusivamente a registrar o que gostavam de chamar de fatos, não se importaram com a destruição de muitas produções de gênio e mostraram-se incapazes, seja pelos assuntos que escolheram, seja pelo estilo das suas composições, de representar o ativo espírito do gênero humano nas diferentes condições nas quais ele se encontra. Para eles, uma narração constituía história, mesmo que não transmitisse conhecimento algum de homens, e a história estaria completa, ainda que, em meio a eventos e à sucessão de príncipes registrada em ordem temporal, busquemos em vão pelas características do entendimento e do coração, as quais, apenas elas, tornam interessantes ou úteis os relatos das transações entre os homens.

Por tudo isso, ignoraremos aqui, de forma deliberada, a história de nossos ancestrais depois que César e Tácito os deixaram; e talvez, até que tenhamos chegado a eventos conectados com a nossa maneira de proceder e integrados ao nosso presente sistema, tenhamos pouca ou nenhuma razão para esperar por um objeto que possa interessar ou informar a mente. Mas nem por isso devemos concluir que na Europa moderna os materiais seriam mais estéreis ou que a cena das coisas humanas seria menos interessante do que em cada um dos estágios pelos quais o gênero humano passou, exibindo os movimentos do coração e os esforços de generosidade, magnanimidade e coragem.

O julgamento a respeito do que tais épocas contiveram não terá sido justo antes que homens de gênio e habilidades incomuns, auxiliados pelas conquistas de uma época instruída e polida, tenham juntado os materiais que encontraram e co-

Adam Ferguson

nectado, com êxito, o relato histórico de épocas iletradas ao de eventos mais recentes. Mas, mesmo para eles, seria difícil transmitir, sob os nomes utilizados no estado atual da sociedade, uma justa apreensão do que teria sido o gênero humano em situações tão díspares e em épocas tão distantes daquela em que eles se encontram.

Ao auferirmos de historiadores com esse caráter a instrução que podem nos propiciar os seus escritos, com frequência não consideraremos os termos gerais que eles empregam para coletar as verdadeiras maneiras de uma época a partir de circunstâncias mínimas em que elas se apresentam. Títulos como *real* e *nobre* eram aplicados a famílias como os Tarquínios, os Colatinos ou os Cincinatos; mas Lucrécia ajudava as suas empregadas no serviço da casa e Cincinato arava a terra. As dignidades e mesmo os ofícios da sociedade civil eram conhecidos na Europa, muitos anos atrás, pelas mesmas denominações do presente; mas a história da Inglaterra mostra que um criminoso, que subsistia pelo roubo, participou de um solene banquete oferecido pelo rei aos seus cortesãos. Quando foi descoberto por Sua Majestade, que se ergueu para expulsá-lo, o indigno convidado se recusou a partir; seguiu-se uma disputa, e o rei foi morto.[1] Um chanceler e primeiro-ministro, cuja magnífica e suntuosa mobília era motivo de admiração e inveja, tinha os aposentos revestidos, a cada manhã, com palha e feno tratados no inverno, com juncos e ramos de árvores no verão. O próprio soberano, nessa época, dormia num leito de forragem

---

1 David Hume, *History of England*, 1754, livro I, cap.8, p.278 [Ed. bras.: *História da Inglaterra: da invasão de Júlio César à Revolução de 1688*. 2.ed. São Paulo: Editora Unesp, 2017].

Ensaio sobre a história da sociedade civil

de milho.[2] Tais feições pitorescas e marcas características dos tempos substituem, na imaginação, a suposta distinção entre monarca e súdito por aquele estado rústico de convivência em que os nossos ancestrais viviam e no qual agiam com vistas a objetos e com base em princípios que dificilmente compreendemos quando nos dedicamos a registrar suas relações ou a estudar seu caráter.

Tucídides, apesar do preconceito do seu país contra o nome de *bárbaro*, compreendeu que era nos costumes de nações bárbaras que ele deveria estudar as maneiras mais antigas dos gregos. Pode ser que os romanos tenham encontrado uma imagem dos seus ancestrais nas representações que fizeram dos nossos. E se algum dia um clã árabe se tornar uma nação civilizada ou uma nação americana se livrar do veneno inoculado pelos comerciantes da Europa, é possível que os relatos e as descrições de viajantes que temos sobre eles forneçam a esse povo a melhor explicação das suas origens. Na sua condição presente contemplamos, como se fosse num espelho, as feições dos nossos progenitores, e delas devemos extrair as nossas conclusões sobre a influência de situações nas quais, temos razão para acreditar, nossos pais foram postos.

Haveria algo que pudesse distinguir um germânico, ou um britão, quanto aos seus hábitos de mente ou de corpo, quanto às suas maneiras e concepções, de um americano que, tal como ele, munido de arco e flecha, precisa penetrar a floresta e é obrigado a subsistir, num clima severo e estável, exclusivamente da caça?

---

2 Ibid., p.73.

Adam Ferguson

Se, quando mais velhos, quisermos formar uma justa noção do nosso progresso individual desde o berço, teremos de recorrer à infância para, a partir do exemplo dos que ainda se encontram no período da vida que nos interessa descrever, obter uma representação de maneiras passadas que, de outro modo, não poderiam ser relembradas.

Seção II
Das nações rudes antes do estabelecimento da propriedade

De uma extremidade a outra da América, do extremo oeste de Kamschatka ao Rio Olga, do Mar do Norte aos confins da China, da Índia e da Pérsia, do Mar Cáspio ao Vermelho, com poucas exceções, e deste último, através do continente, às praias da costa ocidental africana, encontram-se por toda parte nações que denominamos bárbaras ou selvagens. Essa extensa porção da Terra, que inclui tão grande variedade de localização, de clima e de solo, exibiria, presumivelmente, todas as diversidades do gênero humano advindas da desigual influência do Sol, conjugada a diferentes regimes alimentares e modos de vida. Toda afirmação a esse respeito, porém, há de ser prematura, antes que tenhamos tentado formar uma concepção geral da nossa espécie em seu estado rude e aprendido a distinguir a mera ignorância da estupidez e a falta de artes da falta de capacidade.

Das nações que habitam essas ou outras partes menos cultivadas da Terra, algumas confiam, para a sua subsistência, principalmente na caça, na pesca ou em produtos naturais do solo; dão pouca atenção à propriedade e mal têm alguma su-

Ensaio sobre a história da sociedade civil

bordinação ou governo. Outras, que tomaram posse dos frutos da terra e dependem do pasto para a provisão, sabem o que é ser pobre ou rico. Conhecem as relações de patrão e cliente, de servo e senhor, e, pela medida da fortuna de cada um, determinam a sua posição em relação a outras. Essa distinção cria, necessariamente, uma substancial diferença de caráter e fornece dois títulos, sob os quais pode ser considerada a história humana em seu estado mais rude: o de selvagem, que não conhece ainda a propriedade, e o de bárbaro, para quem a propriedade, embora não seja garantida por leis, é um dos principais objetos de seu cuidado e desejo.

Parece bastante evidente que a propriedade é uma questão de progresso. Ela demanda, entre outras particularidades que são efeito do tempo, um método para definir o que é posse. O desejo mesmo por ela procede da experiência, e a indústria, graças à qual ela é obtida ou aprimorada, requer um hábito de agir tendo em vista objetos remotos que se imponham à tendência presente pela preguiça ou pelo divertimento. Esse hábito se adquire lentamente, sendo, na realidade, o principal fator a diferenciar as nações em que as artes mecânicas e comerciais se encontram em um estágio avançado de desenvolvimento.

Numa tribo que subsiste por meio de caça e pesca, as armas, os utensílios e as peles que o indivíduo carrega consigo são os seus únicos objetos de propriedade. O alimento do dia seguinte está solto na floresta ou escondido no lago; não é possível se apropriar dele antes de capturá-lo; e, mesmo então, por ser aquisição dos muitos que pescam ou caçam em conjunto, pertence à comunidade, sendo ou imediatamente utilizado ou acrescido aos estoques públicos.

Adam Ferguson

Mesmo onde as nações selvagens, como na maior parte da América, misturam, à prática da caça, alguma espécie de agricultura, elas continuam a observar, no que diz respeito ao solo e aos frutos da terra, a analogia com o seu principal objeto. Assim como os homens caçam juntos, as mulheres aram juntas a terra; e, após terem dividido o trabalho da semeadura, gozam juntas dos frutos da colheita. O campo por eles plantado, assim como o distrito em que têm o costume de caçar, é reclamado como propriedade pela nação, mas não é parcelado em lotes entre os membros desta. Em grupos, preparam o solo, plantam e colhem. A colheita é armazenada num granel público e, em momentos estipulados, é dividida em porções para a manutenção de diferentes famílias.[3] O que se obtém no mercado, quando há trocas com estrangeiros, é trazido para casa e destinado à reserva nacional.[4]

Assim como a pele e o arco pertencem ao indivíduo, a cabana e os seus utensílios são apropriados pela família; e da mesma forma como as tarefas caseiras são consignadas às mulheres, a administração da casa parece também caber a elas. As crianças são consideradas como pertencentes à mãe, e não é levada em conta a descendência da parte do pai. Os homens, antes de

---

3 Langford, *History of the Caribee Islands*, 1697.

4 Charlevoix, *Histoire et description générale de la Nouvelle France*, op. cit., livro III. O relato aqui oferecido das nações rudes, baseado amplamente nos habitantes originais da América do Norte, não depende tanto do depoimento desse ou de outros autores citados quanto de representações de testemunhas vivas que concordam com eles, e que, no comércio, na guerra ou no estabelecimento de tratados, puderam observar as maneiras desse povo. É necessário, contudo, em prol dos leitores que não tiveram ocasião de conversar com testemunhas vivas, citar autoridades impressas.

Ensaio sobre a história da sociedade civil

se casarem, permanecem na cabana em que nasceram; e após terem formado uma nova conexão com o sexo oposto, mudam de habitação e se acrescentam à família em que encontraram suas esposas. O caçador e o guerreiro fazem parte do tesouro da matrona; são reservados para situações perigosas ou difíceis; nos recessos dos conselhos públicos, nos intervalos da caça ou da guerra, são sustentados pelas mulheres, entregando-se languidamente a distrações ou à preguiça.[5]

Como o sexo masculino preza principalmente a coragem, o talento político e os feitos marciais, essa espécie de propriedade concedida ao outro sexo é, na realidade, uma marca de submissão, e não, como querem alguns autores, de prevalência das mulheres sobre os homens.[6] Trata-se de uma tarefa e uma ocupação com que o guerreiro simplesmente não quer se envolver; uma servidão, uma labuta contínua, com que não se obtém honra alguma, e cujo domínio pertence, efetivamente, aos escravos e hilotas de seu país. Se, porém, com esse arranjo entre os sexos, que permite aos homens desprezar artes sórdidas e mercenárias, o estabelecimento da escravidão tiver sido postergado por alguns séculos; se com essa terna, ainda que desigual aliança, as afeições do coração tiverem inviabilizado a severidade com que os escravos são tratados; então esse costume, como talvez muitos outros, oferece-nos razão para preferir as sugestões iniciais da natureza aos muitos refinamentos posteriormente acrescentados a ela.

Supondo que, em matéria de propriedade, os homens, onde quer que se encontrem, estejam na mesma condição em que os

---

5 Lafitau, *Moeurs des sauvages comparés aux moeurs des premiers temps*, op. cit.
6 Ibid.

Adam Ferguson

representamos, não há por que duvidar do que dizem os viajantes, a saber, que eles não admitem distinções hierárquicas ou de condição, e que não têm outro grau de subordinação a não ser a distribuição de funções segundo diferenças de idade, talento e disposição. Qualidades pessoais propiciam a ascendência de um indivíduo em ocasiões em que são requeridas; mas, em tempos de relaxamento, não deixam vestígio de prerrogativa ou poder. Então, um guerreiro que conduziu a juventude do seu país a trucidar o inimigo ou que se destacou na caça, retorna ao mesmo nível dos outros membros da sua tribo, pois, quando a única ocupação é alimentar-se ou dormir, ele se alimenta e dorme tão bem quanto eles.

Quando não há ganho algum com a dominação, uma das partes é tão arredia aos problemas concomitantes ao comando permanente quanto a outra à mortificação de uma submissão perpétua. "Eu adoro vitórias, eu adoro ações grandiosas", diz Montesquieu pela boca de Sylla, "mas não aprecio, de modo algum, os infindáveis detalhes do governo pacífico ou a pompa dos altos cargos." Esse autor exprimiu assim o que talvez seja um sentimento prevalecente no mais simples estado de sociedade, quando a fraqueza dos motivos sugeridos pelo interesse e o desconhecimento de promoções que não sejam por mérito ocupam o lugar do desdém.

Contudo, o caráter da mente nesse estado não se funda na mera ignorância. Os homens têm consciência da sua igualdade e defendem com tenacidade os seus direitos. Mesmo quando seguem um líder no campo de batalha, o comando permanece meramente formal: não acatam ordens e só aceitam tarefas militares que exijam mútua fidelidade e igual ardor na execução.[7]

---

7 Charlevoix, *Histoire et description générale de la Nouvelle France*, op. cit.

Ensaio sobre a história da sociedade civil

Há bons motivos para crer que essa descrição não se aplica indistintamente a sociedades diferentes, que realizaram progressos desiguais no estabelecimento da propriedade. Entre os caribenhos e outros nativos americanos que vivem em climas mais amenos, a dignidade do chefe ou é hereditária ou é eletiva e vitalícia; a distribuição desigual de propriedade cria uma subordinação visível.[8] Já entre os iroqueses e outras nações da zona temperada, os títulos de *magistrado* e *súdito*, *nobre* e *plebeu*, são tão pouco reconhecidos quanto os de *rico* e *pobre*. Os anciãos, sem estarem investidos de qualquer poder coercitivo, empregam a sua autoridade natural para aconselhar ou para influir nas resoluções de sua tribo: o líder militar é apontado segundo a superioridade de sua bravura e valor; o estadista se distingue apenas pela atenção que dá ao seu conselho; o guerreiro, pela confiança com que os jovens o seguem no campo de batalha; e, se a concordância entre eles supostamente constitui uma espécie de governo político, é tal que não se aplicam a ela os termos da nossa linguagem. Poder não é mais que uma ascendência natural da mente; o desempenho de funções não é mais que uma decorrência do caráter de um indivíduo; e enquanto a comunidade atua em aparente ordem, não há nenhum sentimento de disparidade no peito de seus membros.[9]

Nesses procedimentos acertados, embora informais – a idade dá direito a um assento no conselho, o vigor, o ardor e o valor mostrados no campo de batalha intitulam à liderança, a comunidade como um todo se reúne em ocasiões de emergên-

---

8 Lionel Wafer, *A New Voyage and Description of the Isthmus of America*, 1695 [conhecido como *Isthmus of Darien*].

9 Cadwallader Colden, *History of the Five Indian Nations of Canada*, 1727.

Adam Ferguson

cia –, pode-se considerar que se encontra a origem do Senado, do Poder Executivo e da assembleia popular, instituições pelas quais os antigos legisladores eram tão renomados. O Senado, tanto entre os gregos quanto entre os latinos, parece ter sido, pela etimologia do nome, composto por anciãos. O líder militar em Roma, à semelhança do guerreiro americano, conclamava os seus, e os cidadãos se alistavam voluntariamente para segui-lo no campo de batalha. As sugestões da natureza, que dirigiam a política das nações nas selvas da América, haviam sido adotadas, muito tempo antes, às margens do Eurotas e do Tibre; Licurgo e Rômulo encontraram o modelo de suas instituições no mesmo original que permite a todas as nações rudes realizar os primeiros tateios na combinação de talentos e na reunião de forças.

Nas nações da América do Norte, os indivíduos, embora sejam independentes, comprometem-se, mediante seus afetos e hábitos, a cuidar de uma família. As famílias, como tribos à parte, não estão sujeitas a nenhuma vigilância ou governo externo; tudo o que se passa no lar, mesmo brigas sangrentas e assassinatos, é assunto da família e de mais ninguém. Essas famílias são, ao mesmo tempo, partes de um cantão: as mulheres se juntam para plantar o milho; os anciãos se reúnem em conselhos; o caçador e o guerreiro acompanham os mais jovens em suas explorações. Tais cantões podem se agrupar para constituir um conselho nacional ou para realizar uma empreitada de interesse comum. Quando os europeus estabeleceram suas primeiras colônias na América, seis nações como essas formaram uma liga, com anfictionias ou estados-gerais, e graças à coesão da sua união e à habilidade dos seus conselhos, mantiveram domínio sobre as terras entre a foz do São Lourenço e a

Ensaio sobre a história da sociedade civil

do Mississipi.[10] Compreenderam, ao que parece, o que é uma confederação, e o que é uma nação à parte; estudaram a balança de poder; o estadista de cada país observava os desígnios e procedimentos dos outros e, eventualmente, alterava o peso da sua própria tribo em relação às demais. Firmaram alianças e tratados que, assim como os de nações europeias, foram mantidos ou quebrados de acordo com razões de Estado; preservaram a paz guiados por um senso de necessidade ou de conveniência, lançaram-se à guerra movidos por uma provocação ou ofensa súbita.

Assim, sem qualquer forma fixa de governo ou laço de união permanente, de modo a parecer mais com uma sugestão do instinto do que com uma invenção da razão, conduziram a si mesmos com o concerto e a força das nações. Os estrangeiros, sem identificarem o magistrado ou saberem a maneira com que o Senado é composto, ainda assim encontravam um conselho com o qual dialogar ou um bando de guerreiros contra o qual lutar. Sem política ou leis compulsórias, a sociedade doméstica é conduzida ordeiramente, a ausência de disposições viciosas é uma proteção mais eficiente do que um órgão público de combate ao crime.

Contudo, desordens podem ocorrer, em especial em tempos de lassidão, quando o uso excessivo de licores tóxicos, que eles apreciam imoderadamente, suspende o costumeiro recato do seu comportamento e, inflamando paixões violentas, envolve-os em querelas e brigas sangrentas. Quando uma

---

10 Lafitau, *Moeurs des sauvages comparés aux moeurs des premiers temps*, op. cit.; Charlevoix, *Histoire et description générale de la Nouvelle France*, op. cit.; Colden, *History of the Five Indian Nations of Canada*, op. cit. etc.

Adam Ferguson

pessoa é morta, dificilmente o assassino paga de imediato pelo que fez: tem de se explicar aos familiares e amigos da vítima: ou, se for estrangeiro, aos compatriotas do falecido; e mesmo aos próprios compatriotas, se o crime for de um gênero que alarma a sociedade. A nação, o cantão, a família, empenham-se, com presentes, em amenizar a ofensa cometida por um de seus membros; e, ao pacificarem as partes atingidas, tentam impedir algo que seria ainda mais grave para a comunidade, os efeitos subsequentes, como retaliações e animosidades.[11] Se o culpado preferir permanecer na comunidade em que cometeu o crime, certamente será punido. O amigo de sua vítima saberá disfarçar o ressentimento, sem suprimi-lo; e anos depois de cometido o crime, o assassino não deixará de pagar por seus atos.

Por isso, procuram ser calmos e circunspectos, precavendo-se contra as paixões, e imprimem ao seu comportamento comum ares de fleuma e compostura superior, que pareceriam inusitados em nações polidas. Entrementes, mostram-se, segundo Charlevoix, afetuosos no trato, e têm, na conversação, uma consideração e uma ternura mútua que não se encontram no cerimonial de sociedades polidas.

Esse autor notou ainda que, para certas nações da América do Norte, atos de generosidade ou de gentileza não entravam na noção de dever. Agiam por afeto, da mesma forma como por apetite, sem medir as consequências. Quando eram gentis, gratificavam um desejo; realizada uma ação, ela desaparecia da memória. Quando recebiam um favor, podia ser um sinal de amizade; e, não sendo esse o caso, as partes envolvidas não consideravam que a gratidão seria um dever da parte que rece-

---

11 Lafitau, *Moeurs des sauvages comparés aux moeurs des premiers temps*, op. cit.

Ensaio sobre a história da sociedade civil

beu, e seu descumprimento acarretaria em reprovação da parte ofertante. O espírito com que dão ou recebem presentes é o mesmo observado por Tácito entre os germânicos: deleitam--se com eles, mas não consideram a reciprocidade uma obrigação.[12] Tais oferendas (*gifts*) têm pouca consequência, a não ser quando selam uma negociação ou tratado.

A máxima favorita deles é que nenhum homem deve nada a outro e, portanto, não é obrigado a aceitar imposições ou tratamento desigual.[13] Nesse princípio, de conteúdo aparentemente refratário e arredio, eles descobriram, porém, o fundamento da justiça, e observam as suas regras com uma constância e uma candura que cultivo algum poderia aperfeiçoar. A liberdade com que tratam os supostos deveres de gentileza e amizade serve apenas para cativar o afetuoso coração de maneira ainda mais completa. Preferimos escolher o nosso objeto sem restrição alguma e consideramos a própria gentileza como uma tarefa, pois os deveres decorrentes de amizade nos são prescritos por regras. Mas, com nossa demanda por atenção, antes corrompemos do que melhoramos o sistema da moralidade; e com nossas demonstrações de gratidão e nossas frequentes propostas para reforçar a observância dessa regra, apenas traímos nossa ignorância a respeito de sua natureza e apresentamos sintomas de crescente sensibilidade ao interesse, com o qual medimos a conveniência da amizade e da generosidade e por meio do qual tentamos introduzir o espírito do tráfico no comércio dos afe-

---

12 Caio Cornélio Tácito, *Germania*: Muneribus gaudent, sed nec data imputant, nec acceptis obligatur ["Alegram-se com presentes, mas não se gabam pelo que dão e não se obrigam pelo que recebem". Tradução de Maria Cecília Albernaz Lins Silva de Andrade.].

13 Charlevoix, *Histoire et description générale de la Nouvelle France*, op. cit.

Adam Ferguson

tos. Como consequência desse procedimento, vemo-nos muitas vezes obrigados a declinar um favor com o mesmo espírito que recusamos um ato servil ou rejeitamos um suborno. Para o selvagem desprovido de refinamento, porém, todo favor é bem-vindo e todo presente é aceito, sem reserva ou reflexão.

O amor pela igualdade e o amor pela justiça originariamente eram o mesmo. E, por mais que a Constituição de diferentes sociedades conceda privilégios desiguais a seus membros e a própria justiça exija respeito por tais concessões, quem se esquece de que os homens, na origem, eram iguais facilmente se degenera em escravo, ou, se é senhor dos outros, não tem a dignidade de seus semelhantes. Esse ditoso princípio permite à mente sentir a sua independência, torna-a indiferente aos favores que outros homens podem oferecer, impede-a de cometer malfeitorias e abre o coração a afetos de generosidade e gentileza. Propicia, ao americano sem tutor, um sentimento de candura e uma preocupação com o bem-estar alheio que amenizam, em alguma medida, o arrogante orgulho de sua postura; e, em tempos de tranquilidade e paz, garantem a aproximação e o comércio com estrangeiros, sem a assistência de governo ou leis.

Entre esse povo, as fundações da honra são habilidades eminentes e grande fortaleza, não distinções de equipagem e fortuna. Os talentos estimados são os que a situação em que se encontram os leva a empregar: o conhecimento exato de um país, estratagemas na guerra. Um chefe caribenho, para demonstrar tais aptidões, era submetido a uma prova. Quando um novo líder precisava ser escolhido, um recruta recebia a missão de atravessar as florestas que levavam ao país inimigo; e, em seu retorno, pedia-se ao candidato que reconstituísse seus passos.

Ensaio sobre a história da sociedade civil

Escolhia-se, na fronteira, um riacho ou fonte, e a ele era solicitado encontrar o caminho mais curto até esse ponto, e ali fincar uma estaca.[14] São capazes, portanto, de acompanhar as pegadas de um animal selvagem ou de um ser humano, por muitas léguas em meio à floresta cerrada, e de se localizar, num continente silvestre e inabitado, com uma observação precisa que escapa ao viajante acostumado a outros instrumentos. Navegam com canoas estreitas em mares revoltos com uma destreza que iguala a do mais experiente piloto.[15] Têm uma visão aguçada das intenções e dos pensamentos daqueles com quem têm de lidar e, quando querem enganar alguém, recorrem a artes que mesmo os homens mais sutis dificilmente conseguem desvendar. Pronunciam-se em seus conselhos públicos com uma elocução nervosa e figurada; conduzem a negociação de tratados com um perfeito discernimento de seus interesses nacionais.

Embora demonstrem grande habilidade na detalhada condução de seus afazeres e sejam capazes de se adaptar a ocasiões particulares, não estudam nenhuma ciência e não saem à cata de um princípio geral. Parecem mesmo incapazes de extrair consequências, além daquelas de que tiveram experiência na caçada ou na guerra. Confiam que cada estação fornecerá a provisão que lhes é própria: consomem os frutos da terra no verão, enquanto no inverno são levados a buscar por presas nas florestas ou em desertos recobertos de neve. Não formulam, no momento presente, máximas que poderiam prevenir erros futuros; carecem das apreensões que, no intervalo entre uma paixão e outra, produzem deliberadamente vergonha, compaixão,

---

14 Lafitau, *Moeurs des sauvages comparés aux moeurs des premiers temps*, op. cit.
15 Charlevoix, *Histoire et description générale de la Nouvelle France*, op. cit.

Adam Ferguson

remorso ou controle sobre o apetite. Raramente se arrependem de uma violência cometida e não consideram que uma pessoa sóbria seja imputável por atos cometidos quando tomada por uma paixão ou em momentos de lassidão.

Suas superstições são vis e abjetas; e se fossem encontradas apenas em nações rudes, a nossa admiração pelos efeitos da polidez não teria limites: trata-se, porém, de um objeto a respeito do qual poucas nações podem censurar seus vizinhos. Se considerarmos as superstições de um povo qualquer, encontraremos poucas variações em relação às de outros. Não são mais do que uma repetição das mesmas fraquezas e absurdos, derivados de uma fonte comum, a confusa apreensão de agentes invisíveis, que supostamente guiariam todos os precários eventos que a antevisão dos homens não prevê.

No que depende do que é conhecido, ou do curso regular da natureza, a mente confia em si mesma. Mas, em situações estranhas e incomuns, torna-se joguete da sua própria perplexidade, e em vez de se basear em sua prudência e coragem, recorre à adivinhação e a uma infinidade de rituais que, por serem irracionais, são respeitados com ainda mais reverência. A superstição, por estar fundada em incerteza e ansiedade, é fomentada por ignorância e mistério. Suas máximas, porém, nem sempre se confundem com as da vida comum, tampouco a sua fraqueza e tolice abalam a vigilância, a penetração e a coragem com que os homens administram os seus afazeres. Um romano que consulta o futuro pelo pio das aves; um rei de Esparta que inspeciona as entranhas de um animal; Mitrídates, que requisita às suas mulheres que interpretem os seus sonhos; tais exemplos são suficientes para provar que uma infantil imbecilidade em

Ensaio sobre a história da sociedade civil

matéria de superstição pode ser consistente com uma conduta militar e política da mais alta excelência.

A confiança na eficácia de amuletos não é exclusiva de alguma época ou nação. Poucos, mesmo entre os esclarecidos gregos e romanos, conseguiram se livrar dessa fraqueza. No caso destes, ela não foi eliminada nem mesmo pelo mais alto grau de civilização. Só veio a ceder com a luz da verdadeira religião, ou do estudo da natureza, que nos leva a substituir por uma sábia providência, operando por causas físicas os fantasmas que aterrorizam e encantam os ignorantes.

O grande ponto de honra entre as rudes nações da América – como de resto em toda parte, quando os homens ainda não foram corrompidos – é a fortaleza. Mas a maneira como defendem a própria honra é muito diferente daquela adotada nas nações da Europa. O método de guerra mais comum é a emboscada, e empenham-se, ao surpreender o inimigo, em realizar a maior carnificina possível ou em capturar o maior número possível de prisioneiros com o menor dano para si mesmos. Consideram uma tolice se arriscar quando tomam o inimigo de assalto e não comemoram vitórias manchadas pelo sangue do seu próprio povo. Diferente do que acontece na Europa, não fazem questão de desafiar o inimigo abertamente, em pé de igualdade. Orgulham-se mesmo de se aproximar dele como raposas e de fugir como pássaros, não menos que de devorá-lo como leões. Na Europa, tombar no campo de batalha é considerado uma honra; na América, uma desgraça.[16] Reservam a fortaleza para as ocasiões em que são surpreendidos pelo inimigo ou caem em suas mãos, ou para quando são obrigados a

---

16 Ibid.

defender a própria honra e a de sua nação em meio a tormentos que requerem mais resistência do que valor.

Em tais ocasiões, jamais lhes ocorreria se furtarem ao conflito. Consideram infame evitá-lo, ainda que por meio da morte voluntária, e a maior afronta que se poderia cometer contra um prisioneiro é recusar-lhe as honrarias de um homem no momento em que está para ser executado. "Detém", diz um velho, em meio à sua tortura, "os golpes de tua faca; prefiro que me queimem vivo, para que aqueles cães, os teus aliados de ultramar, aprendam como perece um homem de verdade."[17] Em termos desafiadores, a vítima, nessas ocasiões terríveis, excita a animosidade dos seus algozes e a sua própria; e, se sofremos pela natureza humana, compadecidos dos seus erros, não podemos deixar de admirá-la por sua força.

Os povos entre os quais prevaleciam essas práticas tentavam compensar as baixas na guerra adotando prisioneiros como membros de família. A mesma mão que se erguia para torturar se estendia em sinal de adoção, o prisioneiro se tornava um filho ou um irmão do seu inimigo e adquiria todos os privilégios de um cidadão. No trato dos torturados, não pareciam guiados por princípios de ódio ou de vingança, observavam a honra da mesma forma quando infligiam e quando padeciam de seus tormentos; e, por uma estranha espécie de afeição ou ternura, eram tão mais cruéis quanto maior o respeito que tinham pela vítima: o covarde era imediatamente executado pelas mulheres, o valente se intitulava a passar por todas as provas de fortaleza que os homens pudessem inventar ou empregar. "É uma alegria para mim", diz o velho ao seu prisioneiro, "que um

---

17 Colden, *History of the Five Indian Nations of Canada*, op. cit.

Ensaio sobre a história da sociedade civil

jovem tão destemido me tenha sido destinado. Eu pretendia colocar-te no leito do meu sobrinho, que morreu nas mãos dos teus; tornar-te o predileto da minha ternura; consolar a minha velhice com a tua companhia. Mas, ferido e mutilado como te encontras, a morte é melhor que a vida. Prepara-te, portanto, para morrer como um homem."[18]

Talvez com vistas a essas mostras de resistência ou por admiração à fortaleza, o princípio que guia suas ações, os americanos se dedicam ciosamente, desde os primeiros anos, a endurecer os nervos.[19] As crianças são ensinadas a competir entre si para ver quem suporta as piores dores; os jovens só são admitidos na maturidade após passar por violentas provas de resistência; os líderes são submetidos à fome, a queimaduras e sufocamento.[20]

Seria de esperar que em nações rudes, em que os meios de subsistência são obtidos a duras penas, a mente nunca pudesse se erguer acima de si mesma na consideração desse objeto, e que o homem nessa condição oferecesse exemplos do mais mesquinho e mercenário espírito. O inverso, no entanto, é verdadeiro. Dirigidos, nesse particular, pelos desejos da natureza, os homens, no seu estado mais simples, aplicam-se aos objetos do apetite apenas na medida em que o apetite exige: os seus desejos de fortuna não vão além de uma refeição que gratifique a sua fome; não concebem como a posse de riquezas propiciaria

---

18 Charlevoix, *Histoire et description générale de la Nouvelle France*, op. cit.
19 Ibid.
20 O mesmo Charlevoix afirma ter visto um garoto e uma garota que amarraram seus braços um ao outro e colocaram um pedaço de carvão em brasa entre eles para ver quem suportaria por mais tempo a dor.

uma superioridade hierárquica, e não têm princípios de ganância, vaidade ou ambição; não conseguem se dedicar a tarefas que não cativem imediatamente a paixão, e não sentem prazer com ocupações que não ofereçam perigos a ser enfrentados ou honrarias a ser obtidas.

Os antigos romanos não foram os únicos a ver com maus olhos as artes comerciais e a mentalidade sórdida que delas decorre. Um mesmo espírito prevalece em todas as sociedades rudes e independentes. "Sou um guerreiro, não um mercador", disse um americano ao governador do Canadá, que lhe propôs bens em troca de prisioneiros, "tuas roupas e utensílios não me tentam. Meus prisioneiros estão agora em teu poder. Podes ficar com eles, se quiseres. Mas, se aceitares a oferta, eu capturarei outros, ou morrerei tentando; e se for essa a minha sorte, morrerei como um homem. Lembra-te, porém, que a minha nação te acusará como responsável pela minha morte."[21] Por causa dessas concepções, eles têm uma altivez e uma postura garbosa que os títulos de nobreza, tão louvados em nações polidas, dificilmente poderiam conferir.

Prestam muita atenção à própria aparência. Dedicam um tempo considerável e suportam muitas dores na execução de métodos para adornar o corpo e para maculá-lo com manchas coloridas, que eles constantemente retocam para que não percam o viço.

A aversão que mostram por todo tipo de ocupação que pareça aviltante faz que passem boa parte do tempo desocupados ou dormindo. É um homem que, na perseguição a um animal selvagem ou para surpreender o seu inimigo, atravessa cem

---

21 Charlevoix, *Histoire et description générale de la nouvelle France*, op. cit.

Ensaio sobre a história da sociedade civil

léguas de terra coberta de neve, recusa-se a se submeter, para obter alimento, a qualquer espécie de trabalho ordinário. "Estranho", diz Tácito, "que a mesma pessoa se mostre tão avessa ao repouso e tão propensa à preguiça."[22]

Os jogos de azar não foram inventados por nações polidas. Homens inquiridores buscam em vão por sua origem em documentos da mais remota antiguidade, e é provável que tenham surgido em épocas demasiado longínquas e rudes para que as conjecturas dos antiquários possam alcançá-las. O selvagem traz as suas peles, seus utensílios e suas contas para a mesa de jogo. Encontra nela as paixões e agitações que a dedicação a uma tediosa indústria não poderia excitar. Enquanto o lance não se resolve, ele puxa os cabelos e bate no peito com uma fúria que os apostadores mais experientes aprenderam a reprimir. Muitas vezes, parte nu da mesa de jogo, sem nenhuma de suas posses; ou então, se houver escravidão vigente, sacrifica a própria liberdade por uma chance de recuperar as perdas.[23]

Visto que enfermidades, vícios e qualidades respeitáveis pertencem à espécie humana em seu mais rude estado, tudo indica que o gosto pela sociedade, pela amizade e pelo afeto público, a penetração, a eloquência e a coragem seriam propriedades originais e não efeitos subsequentes de um dispositivo ou invenção qualquer. Se o gênero humano é qualificado para aperfeiçoar as suas maneiras, os materiais a serem dilapidados foram fornecidos pela natureza, e o efeito desse aperfeiçoa-

---

22 Tácito, *Germania*, op. cit.: Mira diversitas naturae, ut idem hominess sic ament inertiam et oderint quietem.

23 Tácito, *Germania*, op. cit.; Lafitau, *Moeurs des sauvages comparés aux moeurs des premiers temps*, op. cit.; Charlevoix, *Histoire et description générale de la Nouvelle France*, op. cit.

Adam Ferguson

mento não é inspirar sentimentos de ternura e generosidade ou dotar os principais constituintes de um caráter respeitável, mas corrigir os eventuais abusos da paixão e impedir que uma mente que sente as melhores disposições em sua força máxima não seja arrastada pelo apetite brutal e pela violência ingovernável.

Supondo que Licurgo fosse convidado a fazer um plano de governo para os povos que descrevemos, constataria que, em muitos particulares importantes, eles estão preparados para receber as suas instituições. Como a igualdade em matéria de propriedade já estaria estabelecida, não teria de recear o surgimento de facções a partir dos interesses opostos dos pobres e dos ricos; o Senado e a assembleia do povo estariam constituídos; a disciplina, em certa medida, estaria adotada; o lugar dos hilotas seria ocupado pelas tarefas consignadas ao sexo feminino. Mas, mesmo com todas essas vantagens, ele teria uma lição muito importante a ensinar à sociedade civil, que uns poucos devem aprender a comandar, muitos a obedecer: precisaria tomar todas as precauções necessárias contra a futura intrusão das artes mercenárias, contra a admiração pelo luxo e a paixão pelo interesse; mas talvez a tarefa mais difícil fosse ensinar os cidadãos a controlar o apetite, a manter-se indiferentes ao prazer e a desprezar a dor, e, sobretudo, a atuar uniformemente no campo de batalha e com precaução, para evitar que o inimigo os surpreenda tanto quanto se esforçam para surpreendê-lo.

Por carecerem dessas vantagens, nações rudes em geral, embora mostrem resistência em meio a dificuldades e fatigas, tenham gosto pela guerra e se destaquem por seus estratagemas e pela capacidade de instilar terror no Exército de um inimigo

Ensaio sobre a história da sociedade civil

mais organizado, invariavelmente se dobram, no curso de sucessivos enfrentamentos, às artes e à disciplina superiores de nações mais civilizadas. Não por outra razão os romanos varreram as províncias da Gália, da Germânia e da Britânia; não por outra razão os europeus se impõem, crescentemente, às nações da África e da América.

Certas nações, fiando-se em sua superioridade militar, julgam-se destinadas ao domínio. César parece ter esquecido o que são as paixões, bem como os direitos do gênero humano, quando se queixou de que os britões, após terem enviado à Gália uma proposta de submissão, talvez para dissuadi-lo de uma invasão, continuaram a lutar pela liberdade e a se opor ao seu desembarque na ilha.[24]

Talvez não haja circunstância tão notável na descrição do gênero humano quanto o mútuo desprezo e a aversão com que se consideram diferentes nações em variados estágios de desenvolvimento da arte comercial. Obcecadas pelos próprios interesses, cada uma considera a sua própria condição como padrão da felicidade humana, arroga-se a preferência em relação às demais e, em sua prática, prova, para além de toda a dúvida, a sinceridade dessa presunção. O selvagem, menos ainda que o cidadão, não se deixa persuadir a abandonar o modo de vida em que foi treinado: ele adora o desprendimento (*freedom*) de uma mente que não se deixa constranger por nenhuma tarefa e que não reconhece nenhum superior. Por mais tentado que se sinta a se misturar com nações polidas, no primeiro momento de

---

24 Júlio César, *De Bello Gallico*, livro IV: Caesar questus, quod quum altro in continentem legatis missis passem a su potissent, bellam sine caesa intulissent [Ed. port.: *A Guerra das Gálias*. Lisboa: Edições Sílabo, 2016].

liberdade (*liberty*) ele retorna às florestas: nas ruas das cidades populosas, vemo-lo abatido e debilitado; pelo campo descoberto e cultivado, ele vagueia deprimido; anseia pela fronteira, pela floresta, onde, por ter uma constituição preparada para suportar as dificuldades e os obstáculos que se apresentam, ele pode desfrutar de um delicioso desprendimento em relação a toda preocupação, e onde as únicas regras de comportamento prescritas são os simples ditames do coração.

Seção III
Das nações rudes a partir das impressões de propriedade e interesse

Um provérbio em voga entre as nações de caçadores dos confins da Sibéria diz: *que os nossos inimigos sejam obrigados a viver como tártaros, que tolamente se preocupam com o sustento do seu gado.*[25] Parece que, em sua concepção, a natureza, ao prover as florestas e o deserto com animais de caça, tornou desnecessária a tarefa do pastor; o homem teria apenas o trabalho de selecionar e capturar a presa.

A indolência do gênero humano, ou antes a sua aversão a qualquer ocupação a que não se dedique por um instinto e uma paixão imediatos, retarda o progresso da indústria e da apropriação dos seus resultados. No entanto, verificou-se que, mesmo enquanto os meios de subsistência permanecerem comuns e a reserva pública não for dividida, a propriedade de diferentes objetos será reconhecida: a pele e o arco pertencem ao indivíduo, o casebre mobiliado, à família.

---

25 Bahadour Khan, *Histoire généalogique des tartars*, op. cit.

Ensaio sobre a história da sociedade civil

Quando os pais começam a desejar para os filhos uma provisão melhor do que a fornecida pela administração promíscua de muitos parceiros, quando trabalham e aplicam sua destreza separadamente, eles almejam uma posse exclusiva e buscam tanto a propriedade do solo quanto o uso dos seus frutos. Quando o indivíduo não encontra entre os seus associados uma mesma inclinação a destinar cada objeto ao uso público, apodera-se dele uma preocupação em relação a sua fortuna pessoal, e ele se alarma ao ver que os outros reúnem provisões para si mesmos. Urge-o tanto a emulação e o ciúme quanto o senso de necessidade. Isso faz considerações de interesse individual se alojarem em sua mente, e quando cada apetite presente estiver suficientemente gratificado, passa a atuar com vistas ao futuro ou vangloria-se por ter obtido o que se tornou um objeto disputado e um motivo de estima geral. Com base nesse motivo, e desde que haja restrições à violência, ele pode se dedicar às artes lucrativas e a uma tarefa tediosa e aguardar pacientemente pela distante retribuição do seu trabalho.

Assim, o gênero humano adquire indústria por muitos e lentos degraus. É ensinado a considerar o seu interesse; é refreado em sua ânsia de rapina; tem garantida a posse do que obteve justamente; e, por esses métodos, os hábitos do lavrador, do artesão, do comerciante, são gradualmente formados. Uma colheita obtida dos simples produtos da natureza ou um rebanho de gado são, em nações rudes, a primeira espécie de riqueza. As circunstâncias de solo e de clima determinam se o habitante deve se dedicar principalmente à agricultura ou ao pastoreio, se deve fixar residência ou se deslocar com todas as suas posses. Na Europa ocidental, na América, do sul ao norte, com poucas exceções, na zona tórrida, e em toda parte onde o clima

149

Adam Ferguson

é mais ameno, o gênero humano se dedica a alguma espécie de agricultura e se predispõe ao assentamento. Nas regiões Norte e Leste da Ásia, depende inteiramente dos rebanhos e se desloca constantemente, em busca de novas pastagens. As artes relacionadas ao assentamento sempre foram praticadas e cultivadas de diferentes maneiras pelos habitantes da Europa. Aquelas que são consistentes com a perpétua migração permaneceram inalteradas, desde as épocas mais remotas da história, entre os citas e os tártaros. A tenda, transportada em carroças, o cavalo, utilizado para toda sorte de trabalho, para a guerra, para o laticínio, pelo açougueiro, tais são, dos relatos mais antigos aos mais recentes, as riquezas e a equipagem desses povos nômades.

Contudo, há entre as nações rudes, seja qual for sua forma de subsistência, certos pontos em que praticamente coincidem, a partir das primeiras impressões de propriedade. Homero ou viveu com um povo nesse estágio de progresso ou se sentiu compelido a exibir o seu caráter. Tácito os escolheu como assunto de um tratado. E, se é certo que o gênero humano, nesse estado, é digno de contemplação, dispomos de vantagens singulares para reunir os seus traços. O seu retrato foi delineado pelo hábil pincel desses célebres autores, que oferecem, em perspectiva unificada, elementos que se encontram dispersos nos relatos dos historiadores ou em nossas eventuais observações sobre as maneiras de homens que ainda permanecem num estado similar a esse.

Ao mudarem da condição que descrevemos para a que iremos examinar, os homens mantêm muitas características. Continuam avessos ao trabalho, com gosto pela guerra, admirando a fortaleza e, no dizer de Tácito, mais pródigos de sangue do

150

Ensaio sobre a história da sociedade civil

que de suor.[26] Ornamentam as suas roupas de maneira extravagante e empenham-se para preencher com esportes arriscados e jogos de azar os intervalos de uma vida dedicada à violência. As ocupações servis são destinadas às mulheres ou aos escravos. Nota-se que como os indivíduos têm interesses separados, os laços de sociedade se tornam menos firmes, e as perturbações domésticas, mais frequentes. E como os membros da comunidade se distinguem entre si pela desigualdade de posses, prepara-se o terreno para uma subordinação mais permanente e palpável.

Essas particularidades se instauram no gênero humano quando da passagem do estado selvagem para aquele que pode ser chamado de bárbaro. Membros de uma mesma comunidade entram em querelas, por competição ou por retaliação. Reúnem-se em torno de líderes, que se destacam por sua fortuna e pelo lustre de seu berço. Combinam o desejo de espólio ao amor pela glória e, compartilhando da opinião de que o que é adquirido pela força pertence com justiça ao vencedor, tornam-se caçadores de homens e resolvem toda contenda na ponta da espada.

Cada nação é um bando de ladrões que espoliam, sem restrição ou remorso, seus vizinhos. O gado, diz Aquiles, pode ser capturado em qualquer campo. Os heróis de Homero que pilhavam as costas do Mar Egeu não eram movidos por outra razão que a sede de possuir o bronze e o ferro, o gado, os escravos e as mulheres das nações que ali habitavam.

Um tártaro montado a cavalo é um predador que só quer saber onde encontrar gado e o que tem de fazer para possuí-

---

26 Tácito, *Germania*, op. cit.: Pigrum quin immo et iners videtur, sudore acquirere quod possis sanguine parare.

151

Adam Ferguson

-lo. O monge, que incorreu no desgosto de Mangu Chan, caiu novamente em suas graças ao prometer-lhe que o papa e os príncipes cristãos lhe entregariam todo o seu gado.[27]

Similar espírito reinava, sem exceção, em todas as nações bárbaras da Europa, da Ásia e da África. As antiguidades de Grécia e Roma, as fábulas de todos os poetas antigos, contêm exemplos da sua força. Foi esse espírito que primeiramente trouxe os nossos ancestrais às províncias do Império Romano e, a seguir, mais do que a reverência pela cruz, levou-os ao Oriente, para repartir com os tártaros os espólios do Império Sarraceno.

A partir das descrições apresentadas na seção anterior, poderíamos ser levados a crer que o gênero humano, em seu estado mais simples, estaria à beira de erigir repúblicas. O amor pela igualdade, o hábito de se reunir em conselhos públicos, o zelo de cada um pela tribo a que pertence, tais são qualificações que o habilitariam a atuar sob essa espécie de governo, e parece que não haveria senão uns poucos passos para chegar ao seu estabelecimento. Bastaria que se definisse o número de representantes nesses conselhos, que se estabelecessem as formalidades de seus encontros e que se atribuísse uma autoridade permanente para reprimir desordens e impor regras em prol de uma justiça que, por inclinação, os homens reconhecem e seguem por conta própria.

Esses passos, porém, não são tão fáceis como parecem. A resolução de escolher entre iguais um magistrado a quem doravante será atribuído o direito de controlar as ações de cada

---

27 Willem van Rubroeck, *Itinerarium*, século XIII [Ed. inglesa: *Travels*, 1747].

Ensaio sobre a história da sociedade civil

um é algo que não passa pela cabeça de homens simples, e persuasão alguma poderia levá-los a adotar essa medida ou mesmo lhes mostrar a sua utilidade. Mesmo depois de escolher um líder militar, as nações não o investem de autoridade civil. O chefe, entre os caribenhos, não tinha a pretensão de decidir disputas domésticas; os termos *jurisdição* e *governo* eram desconhecidos em sua língua.[28]

Antes que essa importante alteração possa ser admitida, os homens devem estar acostumados à distinção hierárquica; e antes de reconhecer que a subordinação é requerida, devem ter chegado a condições desiguais por meio do acaso. Ao desejar propriedade, não querem mais do que assegurar a sua subsistência; mas os valentes, que lideram na guerra, têm, mesmo assim, a maior parcela dos espólios. Os eminentes gostam de divisar honrarias hereditárias; e a multidão, que admira o pai, concede prontamente a mesma estima ao filho.

Com o tempo, as posses se tornam hereditárias e o lustre da família brilha cada vez mais forte. Hércules, que talvez tenha sido um guerreiro extraordinário, tornou-se, para a posteridade, um deus, e aos seus descendentes foram destinados a realeza e o poder soberano. Quando distinções de fortuna são conjugadas às de berço, o chefe desfruta de proeminência, seja nas festividades, seja no campo de batalha. Seus discípulos assumem suas respectivas posições, em linha de subordinação; e, em vez de se considerarem a si mesmos como parte de uma comunidade, são classificados como discípulos de um chefe e designados a partir do título do líder. Encontram um novo objeto de afeto público na defesa da pessoa e da posição do chefe;

---

28 Langford, *History of the Caribee Islands*, op. cit.

emprestam suas posses para formar o patrimônio dele; orientam-se pelo seu sorriso e pela sua carranca; e consideram a mais alta distinção a que poderiam aspirar a participação nos festejos que eles mesmos financiaram com as suas contribuições.

Assim como o estado anterior do gênero humano parecia apontar para a democracia, este parece exibir rudimentos de governo monárquico. No entanto, ainda está longe do que em épocas posteriores será conhecido pelo nome de *monarquia*. A distinção entre líder e discípulo, entre príncipe e súdito, é imperfeitamente assinalada; os seus respectivos objetivos e ocupações não são diferentes; as suas mentes são igualmente incultas; alimentam-se do mesmo prato; dormem juntos no chão; os filhos do rei, assim como os do súdito, pastoreiam os rebanhos; um criador de porcos era um conselheiro na corte de Ulisses.

O chefe que se distingue suficientemente da tribo a ponto de excitar a sua admiração e tocar a sua vaidade, pela suposição de que todos teriam em comum uma mesma ascendência nobre, é objeto de veneração, não de inveja: ele é considerado como o laço de conexão comum, não como o senhor de todos; destaca-se em ocasiões de perigo, toma para si a resolução dos problemas; a sua glória pode ser medida pelo número dos que o acompanham, por sua magnanimidade superior e seu valor; a dos seus seguidores, pela prontidão com que se expõem a si mesmos para defendê-lo.[29]

A prática frequente da guerra tende a fortalecer os laços da sociedade, a da pilhagem leva os homens a demonstrações de

---

29 Tácito, *Germania*, op. cit.

Ensaio sobre a história da sociedade civil

mútua fidelidade e coragem. O que ameaçava arruinar e desorganizar cada uma das boas disposições que se encontram no coração humano, o que parecia banir a justiça das sociedades dos homens, tende, na realidade, a unir a espécie em clãs e fraternidades, ameaçadoras, de fato, e hostis entre si, mas, no interior de cada uma, fiéis, desinteressadas e generosas. A exposição a perigos e a experiência da fidelidade e do valor despertam o amor por essas virtudes, tornando-as objeto de admiração e dando lustre aos que as possuem.

Influenciado por grandes paixões, como o amor pela glória e o desejo de vitória, incitado pelas ameaças de um inimigo ou aguilhoado pela vingança, suspenso entre a perspectiva da ruína e a da conquista, o bárbaro consome preguiçosamente cada momento de relaxamento. Recusa-se a se rebaixar à indústria ou ao trabalho mecânico: o caçador e o guerreiro dormem enquanto as mulheres ou os escravos trabalham por ele. Mas mostre-lhe uma querela, ao longe, e ele é todo robusto, impetuoso, astuto, voraz: não há limites para a sua violência, fadiga alguma é capaz de aplacar a sua prontidão.

Mesmo na condição que estamos descrevendo, o gênero humano é generoso e hospitaleiro com estranhos, gentil, afetuoso e dócil para com os seus.[30] Para ele, amizade e inimizade são termos da maior importância. Não costuma misturá-los, identifica o seu inimigo e escolhe o seu amigo. Isso ocorre mesmo na pilhagem, que é o principal objeto de glória, quando o espólio é considerado como o selo da vitória. Nações e tribos são

---

30 Giovanni Carpine, *Crônicas, 1245-1330* [Ed. bras.: *Crônicas de viagem: franciscanos no Extremo Oriente antes de Marco Polo (1245-1330)*. Porto Alegre: EDIPUCRS, 2000]; Van Rubroeck, *Itinerarium*, op. cit.; César, *A Guerra das Gálias*, op. cit.; Tácito, *Germania*, op. cit.

as suas presas; o viajante solitário, que não lhe poderia trazer mais do que uma reputação de generosidade, não é molestado, e chega a ser tratado com esplêndida munificência.

Embora se isolem em pequenos cantões com seus respectivos chefes e se vejam com desconfiança e animosidade, eles se reúnem em corpos maiores quando pressionados pela guerra e por inimigos terríveis. Como os gregos em sua expedição a Troia, seguem um líder de destaque e formam um reino com muitas tribos separadas. Mas tais coalizões são passageiras e parecem mais repúblicas do que monarquias. Os chefes inferiores continuam sendo importantes e se pronunciam, com ares de igualdade, nos conselhos convocados pelo líder geral, assim como o povo se pronuncia nos conselhos por eles convocados.[31] Haveria motivo para supor que homens que vivem juntos na mais perfeita familiaridade, e entre os quais distinções hierárquicas são assinaladas apenas obscuramente, renunciariam aos seus sentimentos e inclinações pessoais ou aceitariam se submeter a um líder que não pode nem impressioná-los nem corrompê-los?

É preciso recorrer à força militar para extorquir, ou à venalidade para comprar, a lealdade do tártaro ao seu príncipe: "Irei aonde ele quiser que eu vá, retornarei quando quiser que eu retorne, matarei quem ele indicar, considerarei a sua voz como se fosse uma espada".[32]

A esse ponto se rebaixa o teimoso coração do bárbaro, em consequência de um despotismo que ele mesmo estabeleceu; e os homens que, tanto na Europa quanto na Ásia, se encontram

---

31 Kolbe, *Description of the Cape of Good Hope*, op. cit.
32 Simon de St Quintin, *Cartas* [in: Vincent of Beauvais, *Speculum historiale*, século XIII].

Ensaio sobre a história da sociedade civil

nesse insípido estado de desenvolvimento das artes comerciais, provaram o gosto amargo da escravidão política. Quando o interesse prevalece no coração de cada um, o soberano e o seu partido não escapam à infecção: empregam a força com que foram investidos para transformar o povo numa propriedade e se apoderar de seus bens em benefício e prazer próprios. Se um povo toma as riquezas como o padrão do bem e do mal, deve recear os poderes com que investiu o príncipe. "Os suiones", diz Tácito, "têm as riquezas em alta estima. Não por outra razão eles não têm armas e foram reduzidos à escravidão."[33]

Quando se encontra nessa condição detestável, o gênero humano, escravizado, interessado, insidioso, trapaceiro e sanguinário, exibe as chagas, se não da mais incurável, certamente da mais lamentável espécie de corrupção que existe.[34] A guerra é reduzida à prática de rapina para enriquecer o indivíduo; o comércio é transformado num sistema de embustes e imposições; o governo se alterna entre a opressão e a omissão.

Seria bom para a raça humana, quando guiada pelo interesse e não governada por leis, que, dividida em nações de extensão moderada, ela deparasse, em cada cantão, com uma fronteira natural, que limitasse a sua expansão e fornecesse ocupação suficiente na manutenção da independência, impedindo-a assim de estender os seus domínios.

Entre os homens de épocas rudes, a disparidade hierárquica não é suficiente para dar a suas comunidades a forma de uma monarquia legal; e, num território de extensão considerável, governado por um único chefe, o espírito belicoso e turbulen-

---

33 Tácito, *Germania*, op. cit.

34 Jean Chardin, *Voyages en Perse et autres lieux de l'Orient*, 2v., 1711.

to dos habitantes parece demandar as amarras do despotismo e da força militar. Onde restar algum grau de liberdade, os poderes do príncipe serão, como na maioria das monarquias rudimentares da Europa, extremamente precários, e dependerão principalmente do caráter pessoal do soberano. Onde, ao contrário, os poderes do príncipe estiverem acima do controle do povo, estarão, da mesma maneira, acima das restrições da justiça. Voracidade e terror se tornarão os motivos predominantes de conduta e formarão o caráter das únicas classificações em que se dividirão os homens, a saber, a de opressores e a de oprimidos.

Essa calamidade ameaçou a Europa por séculos no curso da conquista e do assentamento de seus novos habitantes.[35] Ocorreu, de fato, na Ásia, onde conquistas similares foram feitas: mesmo os tártaros, sem o opiáceo ordinário da efeminação ou a fraqueza servil, provocados pelo luxo, foram surpreendidos enquanto cuidavam de seus rebanhos. Entre esse povo, no coração de um grande continente, surgiram guerreiros robustos e inventivos, que submeteram, por meio da surpresa ou de habilidades superiores, as hordas vizinhas. Aumentaram, em seu progresso, sua população e sua força; e, tal como uma torrente que avulta à medida que se precipita, tornaram-se fortes demais para que qualquer oposição pudesse ser feita à sua passagem. Os membros da tribo conquistadora, por muito tempo, foram os guardas do príncipe e, embora pudessem compartilhar do seu espólio, serviram voluntariamente de instrumento para a

---

35 David Hume, *The History of England under the House of Tudor.* "Parecia não faltar mais que uns poucos regimentos de tropas sob o comando da Coroa para se estabelecer um perfeito despotismo naquela casa."

Ensaio sobre a história da sociedade civil

opressão. Dessa forma, o despotismo e a corrupção se espalharam por regiões reconhecidas pela liberdade selvagem de sua natureza: foi assim que o poder, outrora o terror de províncias efeminadas, desfez-se e o próprio celeiro das nações ruiu.[36]

Onde escapam dessa calamidade, as nações rudes precisam do exercício de guerras estrangeiras para manter a paz doméstica; e quando nenhum inimigo de fora aparece, elas têm tempo para contendas privadas e empregam, nessas discórdias domésticas, a coragem que, em tempos de guerra, é empregada na defesa de seu país.

"Entre os gauleses", diz César, "há subdivisões não apenas em todas as nações e em todos os distritos ou aldeias, mas em quase todas as casas; todos têm de recorrer a um patrono para sua proteção."[37] Nessa distribuição de facções, não só as contendas de clãs, mas igualmente as querelas de famílias, e mesmo as diferenças e competições individuais, são decididas pela força. O soberano, sem a ajuda da superstição, tenta em vão empregar sua jurisdição ou obter a submissão às decisões da lei. Para um povo acostumado a conseguir suas posses por meio da violência e que despreza a fortuna conquistada sem a reputação da coragem, a espada é o único árbitro. Cipião ofereceu sua mediação para pôr fim à competição de dois espanhóis pela sucessão: "Já recusamos a arbitragem dos nossos", disseram, "pois não submetemos nossa diferença ao julgamento dos homens, e mesmo entre os deuses, só apelamos a Marte".[38]

---

36 Ver *History of the Huns*.

37 César, *A Guerra das Gálias*, op. cit., livro VI.

38 Tito Lívio, *The History of Rome* [Ed. bras.: *História de Roma*. 6 vols. São Paulo: Paumape, 1990].

É amplamente sabido que as nações da Europa levaram esse modo de proceder a um grau de formalidade desconhecido de qualquer outra parte do mundo. O juiz civil e criminal, na maioria dos casos, não podia fazer mais que determinar a paliçada e deixar que as partes decidissem sua causa no combate. Esses povos consideravam que o vitorioso tinha a seu favor o veredito dos deuses e, quando porventura abandonavam essa forma extraordinária de proceder, trocavam-na por outro apelo à sorte ainda mais caprichoso, o qual igualmente consideravam uma revelação do julgamento dos deuses.

Essas ferozes nações da Europa eram tão afeitas ao combate que o praticavam como exercício e esporte. Na ausência de querelas reais, desafiavam umas às outras para uma disputa de habilidade, que frequentemente terminava com o perecimento de uma das partes. Quando Cipião celebrou o funeral de seu pai e de seu tio, os espanhóis vieram em pares para lutar e, com a exibição pública de seus duelos, reforçar a solenidade.[39]

Nesse estado selvagem e sem lei, em que os efeitos da verdadeira religião seriam tão desejáveis e tão salutares, a superstição com frequência disputa a preferência mesmo com a admiração pelo valor, e uma ordem de homens como os druidas entre os antigos gauleses e britões[40] ou de pretensos adivinhos, como no Cabo da Boa Esperança, encontra, no crédito que se dá à feitiçaria, um modo de adquirir poder. Seus encantamentos mágicos competem com a própria espada. À maneira dos druidas, eles podem fornecer os primeiros rudimentos de governo; ou, como o suposto descendente do Sol entre os natchez ou o

---

39 Ibid.
40 César, *A Guerra das Gálias*, op. cit.

Ensaio sobre a história da sociedade civil

lama entre os tártaros, dar uma amostra, ainda que incipiente, do despotismo e da escravidão absoluta.

Geralmente temos dificuldade de conceber como o gênero humano poderia subsistir sob costumes e maneiras tão diferentes dos nossos, e tendemos, por isso, a exagerar a miséria de tempos bárbaros, imaginando o que nós mesmos sofreríamos numa situação a que não estamos acostumados. Mas cada época tem os seus consolos, assim como os seus sofrimentos. No intervalo entre as agressões, o intercurso amigável entre os homens é, mesmo na mais rude condição, afetuoso e alegre.[41] Nas épocas rudes, a pessoa e a propriedade dos indivíduos estão asseguradas, pois se cada um tem os seus inimigos, tem também os seus amigos, e se uns estão dispostos a molestá-lo, os outros estão prontos para protegê-lo. A própria admiração pelo valor, que em alguns casos tende a santificar a violência, inspira certas máximas de generosidade e honra que tendem a impedir que se cometam malefícios mais graves.[42]

---

41 Laurent D'Arvieux, *Voyages du chevalier d'Arvieux en Arabe*, 1732.

42 Prisco, quando serviu como embaixador de Átila, foi abordado em grego por um homem em trajes de cita. Exprimiu sua surpresa e indagou o que fazia ali, em companhia tão selvagem. Ao que homem lhe respondeu que fora primeiro cativo e depois escravo até obter a liberdade em troca de um feito notável. "Sou mais feliz aqui", acrescentou, "do que jamais fui em Roma. Pois aquele que viva com os citas, se conseguir aguentar a fadiga da guerra, nada mais tem para molestá-lo; desfrutai em paz de vossas posses, enquanto continuais expostos a invasões inimigas e ao mau governo. Sois proibidos de portar armas para autodefesa, sofreis com a omissão e os desmandos dos indicados para vos proteger, os males da paz são ainda piores que os da guerra, nenhuma punição jamais é infligida aos poderosos ou ricos, não se concede mercê aos pobres e,

Adam Ferguson

Assim como toleram os defeitos de sua política, os homens convivem com aqueles do seu modo de vida. Os sobressaltos e as fadigas da guerra tornam-se uma recreação para os que estão acostumados a elas, as suas paixões têm um tônus que não se acomoda a ocupações menos animadas ou desafiadoras. Os anciões da corte de Átila choravam ao ouvir relatos de feitos heroicos que eles mesmos não mais poderiam realizar.[43] Nas nações celtas, quando a idade tornava o guerreiro inapto para a atividade, era costume, para abreviar o langor e a falta de sentido de uma vida inativa, que ele se entregasse à morte, pelas mãos de seus amigos.[44]

Apesar desse espírito feroz, as nações rudes do Ocidente foram subjugadas pela política e pela guerra mais regular dos romanos. O ponto de honra, que os bárbaros da Europa adotaram como indivíduos, mostrou-se prejudicial a eles, na medida em que os tornava avessos, mesmo em suas guerras nacionais, a assaltar o inimigo de surpresa ou a aceitar os eventuais benefícios da adoção de estratégias de batalha. Embora separadamente fossem robustos e intrépidos, quando se reuniam em grandes corpos dependiam da superstição e se tornavam suscetíveis ao pânico.

Eram sanguíneos às vésperas da batalha, pela consciência de sua força e coragem pessoal; eram desmedidos na elação que se seguia ao êxito, na depressão que sucedia a adversidade; e,

---

embora vossas instituições tenham sido concebidas com sabedoria, produzem efeitos perniciosos, graças aos homens corrompidos que as geram" (*Excerpta historica quae Constantini de legationibus*).

43 D'Arvieux, *Voyages du chevalier d'Arvieux en Arabe*, op. cit.

44 Ubi transceadit florentes virbus annos/ Impatiens aevi spernit novisse senactam. Silius, I, 225.

Ensaio sobre a história da sociedade civil

por considerarem cada evento como uma decisão dos deuses, eram imprudentes e não estavam preparados para extrair o máximo de suas forças para contornar infortúnios ou aumentar vantagens.

Resignando-se ao governo do afeto e da paixão, eram generosos e fiéis com aqueles com quem se comprometiam; implacáveis, brutais e cruéis com os seus desafetos. Prisioneiros da lassidão e do uso imoderado de licores tóxicos, deliberavam questões de Estado no calor da hora e, nesses mesmos momentos, temerariamente concebiam planos militares ou punham fim a discórdias domésticas com o punhal ou a espada.

Na guerra, preferiam morrer a ser aprisionados. Os exércitos dos romanos testemunharam, na captura ou no cerco de suas cidades ou acampamentos, mães prestes a matar os próprios filhos para que não fossem aprisionados; a adaga do pai de família, manchada de vermelho, com o sangue dos seus, pronta para penetrar, por fim, o peito daquele que a empunhava.[45]

Em todos esses particulares, percebemos o mesmo espírito vigoroso que torna respeitável a desordem e qualifica os homens, em condições propícias, a estabelecerem as bases da liberdade (*liberty*) doméstica e a defenderem, contra inimigos estrangeiros, a independência e a liberdade (*freedom*) nacionais.

---

45 Dião Cássio, *Roman History*, XLI, II.

Parte III
História da política e das artes

Seção I
Da influência do clima e da localização

O que observamos até aqui sobre a condição e as maneiras das nações deriva principalmente do que se passa em climas temperados, mas aplica-se também, em alguma medida, à condição rude do gênero humano em diferentes partes do globo. Porém, se quisermos acompanhar a história das realizações ulteriores de nossa espécie, teremos de entrar em tópicos que estreitarão os nossos limites. O gênio da sabedoria política e das artes civis parece ter escolhido como morada certos lugares da Terra, selecionando seus favoritos entre raças particulares de homens. Em sua capacidade animal, o homem está qualificado para sobreviver em todos os climas. Reina junto ao leão e ao tigre no calor do sol equatorial, associa-se ao urso e ao cervo para além do círculo polar. Com sua disposição versátil, assume hábitos relativos a diferentes condições, e seu talento para as artes lhe permite suprir eventuais deficiências. Os climas intermediários, no entanto, parecem ser os mais favoráveis à sua natureza, e, como quer que expliquemos o fato, foi sem dúvida na zona temperada que esse animal alcançou as maiores glórias de sua espécie. As artes, que ele tantas vezes reinventou, a extensão de sua razão, a fertilidade de sua fantasia e a força de seu gênio na literatura, no comércio, na política e na guerra, atestam suficientemente uma vantagem de sua localização ou uma superioridade natural de espírito.

É verdade que as raças mais notáveis de homens foram rudes antes de ser polidas. Em alguns casos, retornam à rusticidade, e não se deve julgar o seu gênio a partir da situação atual das artes, das ciências e da política.

O cidadão selvagem tem um vigor, uma capacidade, uma sensibilidade da mente, que caracterizam tanto o senhor quanto o escravo, e os mesmos poderes podem ser voltados para os mais variados propósitos. Um grego moderno é trapaceiro, servil e desonesto em virtude do mesmo temperamento que tornava seu ancestral engenhoso, robusto e franco, no campo de batalha ou no conselho nacional. Um italiano moderno destaca-se pela sensibilidade, pela agilidade e pela arte, e emprega as capacidades do antigo romano em trivialidades, exibindo, em frívolas cenas de divertimento e aplauso, o fogo e as paixões com que Graco ardia no fórum e abalava as assembleias de um povo severíssimo.

Em alguns climas, as artes comerciais e lucrativas tornaram-se o principal objeto dos homens e sobreviveram a todos os desastres; em outros, foram negligenciadas, mesmo em meio às flutuações da fortuna; nos climas temperados da Europa e da Ásia, tiveram épocas de admiração e de desprezo.

As artes são desprezadas em um estado de sociedade pelo mesmo espírito ardoroso e princípio ativo que fazem que em

Ensaio sobre a história da sociedade civil

outros elas sejam praticadas com êxito. Quando os homens são tomados por suas paixões, excitados pelas lutas em que seu país se envolve e pelas ameaças que pairam sobre ele; quando o trompete soa e o alarme dispara, envolvendo a sociedade como um todo, e o coração bate com mais força; seria tolice ou estupidez reservar um tempo ao estudo tranquilo ou buscar aperfeiçoamentos cujo objeto é a mera conveniência ou conforto.

As frequentes vicissitudes e reveses da fortuna que as nações experimentam no mesmo solo em que as artes prosperaram são, provavelmente, efeitos de um espírito vivaz, inventivo e versátil, que permite aos homens levar os propósitos nacionais aos extremos. Ergueram às alturas o edifício do império despótico, justamente onde compreenderam os fundamentos da liberdade. Pereceram nas chamas que eles mesmos inflamaram, e talvez tenham sido os únicos capazes de exibir os maiores aperfeiçoamentos intercalados às mais vis corrupções de que o espírito humano é capaz.

Nesse quadro, o gênero humano ascendeu duas vezes no compasso da história, de começos rudes a elevadíssimos graus de refinamento. Em cada época, estivesse destinado, por uma disposição momentânea, a edificar ou a destruir, deixou vestígios de um espírito ativo e veemente. O calçamento e as ruínas de Roma estão sepultados no pó, abalados pelos pés dos bárbaros, que marcharam com desdém sobre os refinamentos do luxo e desprezaram as artes cujo uso a posteridade dos romanos viria a redescobrir e admirar. As tendas do árabe selvagem estão armadas, mesmo em nossos dias, sobre as ruínas de cidades magníficas; e quem sabe se os campos desolados às margens da Palestina e da Síria não serão mais uma vez celeiro de nações infantes. Pode ser que o capitão de uma tribo árabe, a exemplo do fundador de Roma, tenha semeado uma planta que virá a florescer no futuro ou deitado as fundações de um edifício que, em uma época distante, poderá se tornar grandioso. Grande parte da África sempre foi desconhecida. O silêncio da fama a respeito de suas revoluções é, na ausência de provas, um argumento pela fraqueza do gênio desse povo. A zona tórrida, por toda parte no globo, apesar de conhecida pelos geógrafos, forneceu à história poucos materiais, e embora em muitos lugares as artes da vida se encontrem com um grau razoável de desenvolvimento, em nenhuma parte amadureceram projetos de sabedoria política ou desabrocharam virtudes referentes à liberdade, necessárias a um país na conduta dos assuntos civis.

No Novo Mundo, as artes mais simples da mecanização e da manufatura realizaram os maiores avanços entre os habitantes da zona tórrida. Na Índia e nas regiões do hemisfério visitadas pelo sol vertical, as artes da manufatura e a prática do comércio são mais antigas e sobreviveram melhor às ruínas do tempo e às revoluções do império.

O sol que amadurece o abacaxi e o tamarindo inspira, ao que parece, uma suavidade capaz de amenizar os rigores do governo despótico. Tamanho é o efeito da disposição gentil e pacífica dos nativos do Oriente, que conquistadores e hordas de bárbaros não conseguiram destruir o que o amor pelo conforto e pelo prazer havia produzido — ao contrário do que ocorreu com os obstinados nativos da Europa.

Transferidos de um senhor a outro sem muita resistência, os nativos da Índia continuam a se dedicar à sua indústria e a aquiescer no gozo da vida e na expectativa do prazer animal. As guerras de conquista não se prolongam a ponto de exasperar os partidos envolvidos ou de devastar as terras pelas quais

Ensaio sobre a história da sociedade civil

lutam; mesmo o invasor bárbaro deixa intocadas as atividades comerciais que não provocam sua ira. Senhor de opulentas cidades, limita-se a acampar em suas cercanias, entregando a seus sucessores a possibilidade de compartilhar, gradualmente, dos prazeres, vícios e delicadezas proporcionados por suas aquisições. Os que o sucedem se prontificam a fomentar a colmeia, à medida que vão degustando o mel e poupam os habitantes suas habitações, pois são eles que alimentam a manada de que se apoderaram.

A moderna descrição da Índia repete a antiga, e o estado atual da China deriva de uma antiguidade remota sem paralelo na história humana. A sucessão dos monarcas se alterou, mas nenhuma revolução afetou o Estado. A ignorância e a barbárie do africano e do samoiedo não são menos uniformes que as do chinês e do indiano, que, além disso, a darmos crédito aos relatos, praticam a manufatura e adotam políticas calculadas para regular suas transações comerciais e protegê-los em sua dedicação às artes, sejam elas da servidão ou do lucro.

Se passarmos dessas representações do que os homens fizeram para uma descrição mais minuciosa do animal em si mesmo nos diferentes climas que ocupou e em toda a diversidade de têmpera, aparência e caráter, encontraremos um gênio variado que corresponde aos efeitos de sua conduta e que é resultado de sua história.

Na perfeição de suas faculdades naturais, o homem possui uma sensibilidade pronta e delicada; imaginação e reflexão extensas e variadas; é atento, penetrante e sutil em relação a seus semelhantes; tem propósitos firmes e decididos; devota-se com igual ardor à amizade e à inimizade, zeloso de sua honra e independência, que ele não troca por segurança e lucro. Em

Adam Ferguson

meio a toda sorte de corrupção e aperfeiçoamento, retém uma sensibilidade natural, se não uma força nativa, e o comércio pode ser uma bênção ou uma maldição, dependendo da direção imprimida ao seu espírito. Mas o alcance da atividade de sua alma parece limitado nos extremos de calor e frio, e os homens têm menos importância, seja como amigos, seja como inimigos. Em um dos extremos, são estúpidos e lentos, têm desejos moderados, seu modo de vida é regular e pacífico; no outro, suas paixões são fervorosas, seu juízo é fraco e são viciados, por temperamento, nos prazeres animais. Em ambos, o coração é mercenário e se deixa facilmente comprar; em ambos, o espírito está preparado para a servidão, aqui subjugando-o com o receio do futuro, ali tornando-o indiferente em relação a tudo, inclusive ao presente.

As nações europeias que colonizaram ou conquistaram territórios ao norte ou ao sul de sua zona climática enfrentaram pouca resistência e se sentiram à vontade para estender seus territórios até o oceano ou até a saciedade da conquista. A Rússia, sem muitas aflições ou esforços que geralmente precedem as conquistas, anexou ao seu domínio grandes províncias, às quais seu soberano mal se dignou a despachar emissários, contentando-se em enviar geômetras para que mensurassem e delimitassem as fronteiras do império. Executou assim um plano que os romanos realizaram com legiões e cônsules.[1] Esses modernos conquistadores se queixam de rebeliões quando encontram resistência e surpreendem-se ao ser tratados como inimigos na cobrança de tributos.

---

1 Ver *Russian Atlas*.

Ensaio sobre a história da sociedade civil

Mas parece que encontraram nações no litoral do Mar do Leste[2] que questionaram seu título ao reino e consideraram nula a imposição de taxas. Aqui talvez possa ser encontrado o gênio da Europa antiga e, sob o nome de ferocidade, o espírito de independência nacional,[3] que, no Ocidente, disputou território com as vitoriosas legiões romanas e frustrou as tentativas dos monarcas persas de submeter as cidades gregas aos limites de seus extensos domínios.

Nota-se facilmente que há impressionantes diferenças entre os habitantes de climas muito diversos um do outro, tal como entre as variedades de animais. O cavalo e o cervo são, respectivamente, emblemas do árabe e do lapão. O nativo da Arábia é, como o animal que dá fama a seu país, vivo, ativo e diligente na prática de exercícios, solto na floresta ou treinado pela arte. Em seu estado rude, essa raça de homens foge para o deserto para preservar sua liberdade e, perambulando em bandos, ameaça as fronteiras de impérios e semeia terror nas províncias sobre as quais seus acampamentos móveis avançam.[4] Incitados pela perspectiva de conquista ou dispostos a atuar segundo um plano, ampliam seu domínio e impõem, sobre vastas porções de terra, um sistema forjado por sua imaginação. Dotados de propriedades e colônias, oferecem um exemplo de invenção original e engenho superior na prática das artes e no estudo das ciências. O lapão, ao contrário, é como o animal que vive sob o mesmo clima, duro, infatigável e paciente, mesmo quando não tem o que comer; destemido em vez de medroso, prestativo

---

2 Os tchutzi.
3 Notas de Bahadour Khan à *Histoire généalogique des tartars*, op. cit.
4 D'Arvieux, *Voyages du chevalier d'Arvieux en Arabe*, op. cit.

numa região particular e incapaz de mudança. Nações inteiras vêm atuando, ao longo dos séculos, nas mesmas condições e, com inabalável fleuma, aceitam denominações como *dinamarquês*, *sueco* ou *moscovita*, impostas por aqueles que fragmentaram seus domínios com as linhas demarcatórias de seus respectivos impérios.

Não é apenas nos extremos que essas variedades de gênio se deixam identificar. Suas contínuas mudanças mantêm o passo com variações de clima com as quais parecem estar conectados. E, embora a capacidade, a penetração e a dedicação em algum grau não sejam méritos de nações tomadas como um todo, nem exclusividade de um povo qualquer, a frequência desigual com que ocorrem e a medida variável com que se encontram em cada país são suficientemente claras, pelas maneiras, pelo tom da conversação, pelo talento para os assuntos públicos, pelos divertimentos e pelo dom à composição literária que predominam em cada um deles.

Devemos às nações antigas e modernas da Europa meridional a invenção e a consolidação da mitologia e das primeiras tradições, que continuam a fornecer materiais à fantasia e a fertilizar a alusão poética. Devemos a elas as histórias românticas de cavalaria e as subsequentes modalidades de estilo mais racionais, que inflamam o coração e a imaginação e formam o entendimento.

Os frutos da indústria foram mais abundantes no norte, onde também o estudo da ciência conheceu os avanços mais sólidos. Os esforços da imaginação e do sentimento foram mais frequentes e mais bem-sucedidos no sul. As praias do Báltico se tornaram famosas por Copérnico, Tycho Brahe e Kepler; as do Mediterrâneo foram celebradas por dar à luz uma variedade

Ensaio sobre a história da sociedade civil

de homens de gênio e por ser férteis não apenas em homens de ciência, mas também em poetas e historiadores. A erudição vem do coração e da fantasia, mas permanece atrelada ao juízo e à memória. O registro fidedigno das transações públicas com pouca consciência da importância relativa de outros fatos, os tratados das nações, o nascimento e a genealogia dos príncipes, tais coisas são fielmente preservadas na literatura das nações setentrionais, à custa das luzes do entendimento e dos sentimentos do coração. A história do caráter humano, a interessante memória, fundada tanto nas irrefletidas práticas cotidianas quanto nos trâmites formais da vida pública, as tiradas engenhosas, o ridículo cortante, o tenro patético, a elevada força da elocução, limitaram-se, com exceções, tanto em tempos modernos quanto nos antigos, às latitudes nas quais vicejam o figo e a vinha.

Essa diversidade natural de gênio está baseada, em grande parte, na estrutura animal do homem. Observa-se que a vinha floresce nos mesmos lugares em que o homem não tem de se esforçar muito para que seu sangue fermente. Muitas nações meridionais proíbem os licores espirituosos por causa de seus efeitos adversos, e em outras eles são pouco apreciados, por amor à decência e devido à presença de um temperamento suficientemente cálido. No norte, porém, desfrutam de um encanto peculiar, pois despertam o espírito e dão um sabor da viva fantasia e da ardorosa paixão, recusadas pelo clima.

Os desejos escaldantes e as paixões fogosas, que no primeiro desses climas ocorrem entre os sexos, são substituídos no outro pela sóbria consideração ou pela tolerância em relação ao desgosto recíproco. É uma mudança que se verifica quando se atravessa o Mediterrâneo, quando se segue o curso do Mississipi, quando se escalam as montanhas do Cáucaso e se viaja dos Alpes e dos Pirineus rumo às praias do Báltico.

O sexo feminino domina na fronteira da Louisiana valendo--se do duplo mecanismo (*engine*) da superstição e da paixão. No Canadá, as mulheres são escravas, valorizadas em especial pela capacidade de suportar a fadiga e realizar o serviço doméstico.[5]

O ardor incandescente e o torturante ciúme do serralho e do harém, que por tanto tempo reinaram na Ásia e na África, mal permitem, em partes do sul da Europa, que se note uma diferença entre a religião e as instituições civis. Em um clima mais ameno, uma latitude acima, essas paixões se tornam menos intratáveis, convocando o espírito sem consumi-lo e estimulando os feitos românticos. Mais ao norte, transforma-se em espírito de galanteio, que mobiliza o engenho e a fantasia mais do que o coração, que prefere a intriga ao gozo e substitui o sentimento e o desejo por afetação e vaidade. Ao deixar o sol para trás, a mesma paixão se recompõe como hábito de convivência doméstica, ou é congelada em um estado de insensibilidade no qual os sexos, deixados a si mesmos, jamais escolheriam se unir um ao outro.

Essas variações de temperamento e de caráter não correspondem aos graus medidos desde o Equador até o polo; tampouco a temperatura do ar depende exatamente da latitude. Variedades de solo e diferentes localizações, a proximidade ou a distância em relação ao mar, afetam, como se sabe, a atmosfera e podem ter efeitos diretos na composição da estrutura animal.

É notável como o clima da América não é o mesmo que o da Europa, embora estejam em paralelos correspondentes. Lá,

---

5 Charlevoix, *Histoire et description générale de la Nouvelle France*, op. cit.

Ensaio sobre a história da sociedade civil

extensos pântanos, grandes lagos, florestas antigas, decrépitas e densas, além de outras circunstâncias típicas de terras sem cultivo, carregam o ar com vapores nocivos que dão ao inverno uma aspereza redobrada, e por meses a fio os inconvenientes da zona frígida são sentidos na temperada, com nevoeiros, nevascas e geadas incessantes. Já os samoiedos e os lapões, ainda que em latitudes mais baixas, têm sua contraparte nas praias americanas; os canadenses e iroqueses têm alguma semelhança com os antigos habitantes de climas amenos da Europa; o mexicano, como o asiático da Índia, depende do prazer e por isso afundou na efeminação. Vizinho de selvagens livres, deixou-se submeter à superstição e à permanente edificação de governo despótico.

A Tartária se encontra em boa parte nos mesmos paralelos da Grécia, da Itália e da Espanha, mas tem um clima bem diferente, pois, enquanto as praias do Mediterrâneo e mesmo do Atlântico são agraciadas por uma suave troca de estações, as partes orientais da Europa e setentrionais da Ásia são afligidas por extremos. Em uma estação, as pragas do verão escaldante quase alcançam o mar gelado, e os habitantes são obrigados a se isolar dos insetos nocivos por trás das mesmas nuvens de fumaça que, em outras estações do ano, lhe dão abrigo do frio. Quando o inverno retorna, a transição é rápida e, com uma aspereza praticamente igual em todas as latitudes, devasta a face da Terra desde os confins setentrionais da Sibéria até os pés da Cordilheira do Cáucaso na fronteira com a Índia.

Apesar dessa distribuição climática desigual, responsável pela sorte e pelo caráter nacional inferiores dos asiáticos do norte comparados aos dos europeus nos mesmos paralelos, foi observada, ainda assim, semelhante gradação de temperamento e disposição acompanhando-se o meridiano em ambas as regiões: o tártaro do sul exerce em relação ao tungue e ao samoiedo uma proeminência similar à de certas nações do sul da Europa em relação às do norte.

No hemisfério Sul há poucos objetos similares a esses. Ali, a zona temperada permanece desconhecida, exceto por dois promontórios: o Cabo da Boa Esperança e o Cabo Horn, ambos em latitudes moderadas. Mas, com exceção das nações do Peru e do México, o selvagem sul-americano é similar à sua contraparte setentrional, e o hotentote lembra muito, sob certos aspectos, o bárbaro europeu: tenaz na defesa de sua liberdade, conhece rudimentos de política e é dotado de um vigor nacional que distingue sua raça de tantas tribos africanas mais expostas aos raios verticais do sol.

Mas essas observações se restringem a aspectos mais superficiais da história humana, ou ao que pode ser inferido da obscura história de muitas nações que habitam vastas regiões da Terra, e continuamos sem ter como explicar a maneira como o clima afeta o temperamento ou interfere no gênio dos habitantes.

A têmpera do coração e as operações intelectuais da mente dependem, em alguma medida, da condição dos órgãos animais, como mostra a experiência. Há diferenças entre um homem e outro quando saudáveis ou doentes, e dependendo da dieta, dos ares e do exercício. Mesmo nesses casos familiares, não temos como conectar a causa a seu suposto efeito, e embora o clima inclua uma variedade de tais causas e possa, por uma influência regular, afetar o caráter dos homens, não poderemos explicar a atuação dessas influências antes de ter compreendido algo que provavelmente nunca entenderemos, a saber, a estru-

Ensaio sobre a história da sociedade civil

tura dos órgãos mais finos a que as operações da alma estão conectadas.

Quando identificamos na condição de um povo as circunstâncias que determinam seus desejos e regulam seus hábitos e sua maneira de vida, e em vez de referirmo-nos à suposta origem física de suas disposições, atribuímos a elas a causa de uma conduta determinada, falamos de efeitos e causas cuja conexão é conhecida. Compreendemos, por exemplo, por que uma raça de homens como os samoiedos, que em boa parte do ano permanece confinada à escuridão ou isolada em cavernas, tem maneiras e concepções diferentes dos homens que são livres em todas as estações, ou que, em vez de buscar alívio para o frio extremo, procuram se proteger contra a opressão do sol ardente. O fogo e o exercício são os remédios para o frio, o repouso e a sombra para o calor. O holandês é laborioso e industrioso na Europa; na Índia, torna-se preguiçoso.[6]

Extremos de calor ou de frio talvez sejam, de um ponto de vista moral, igualmente prejudiciais ao gênio criativo humano, pois ou apresentam dificuldades que são insuperáveis ou estimulam fortemente a indolência e a preguiça, impedindo de um lado as primeiras manifestações do engenho, limitando de outro o seu progresso. Inconveniências em grau intermediário excitam o espírito e mesmo, no melhor dos casos, estimulam seus esforços. "É nas situações menos favoráveis", diz o sr. Rousseau, "que as artes mais floresceram. Eu poderia mostrá-las no

---

6 Os marinheiros holandeses recrutados para o cerco de Malaco rasgaram ou queimaram as velas que lhes foram dadas para que fizessem tendas, poupando-se assim do trabalho de ter de fazê-las ou erguê-las (Cornelis Matelief, *Voyage*, ed. inglesa, 1608).

Egito, onde se disseminaram a partir das cheias do Nilo, ou na África, onde elevaram-se aos céus a partir de solo rochoso e areias estéreis; já nas áridas margens do Eurotas, não conseguiram fincar raízes."[7]

Onde quer que os homens dependam do trabalho para a sua subsistência e tenham de lidar com dificuldades, as deficiências de sua condição serão supridas pela indústria, e, enquanto terras secas, tentadoras e férteis são deixadas sem cultivo,[8] o pântano pestilento é laboriosamente drenado e o mar é contido por poderosas barragens cujos materiais e custos dificilmente poderiam ser pagos pela colheita. Docas são abertas e recebem uma multidão de embarcações em locais que só poderiam acomodar navios mais pesados se fossem especialmente calculados para tal. Edifícios elegantes e magníficos são erguidos em fundações exíguas. Tudo o que facilita a vida humana se torna abundante onde a natureza não preparou uma recepção para o homem. É vão esperar que a morada das artes e do comércio seja determinada pela posse de vantagens naturais. Os homens fazem mais quando têm dificuldades a enfrentar do que quando desfrutam de supostas bênçãos. As sombras do carvalho estéril e do pinheiro são mais favoráveis ao gênio dos homens que as da palmeira e do tamarindo.

Do que foi observado, seria de esperar que entre as vantagens que consentem às nações entrar no curso da política e no das artes estariam as circunstâncias que lhes permitem se dividir e sustentar-se em comunidades distintas e indepen-

---

7 Paráfrase de Rousseau, Discurso sobre a origem da desigualdade entre os homens, op. cit., parte I. (N. T.)
8 Compare-se a condição da Hungria à da Holanda.

Ensaio sobre a história da sociedade civil

dentes. A sociedade e a concorrência entre os homens não são mais necessárias para formar o indivíduo do que a rivalidade e a competição entre as nações o são para revigorar os princípios da vida política em um Estado. Suas guerras e tratados, suas rivalidades recíprocas e as medidas que tomam uns contra os outros respondem por mais da metade das ocupações do gênero humano e fornecem materiais a suas grandes e principais ocupações. Por essas razões, conglomerados de ilhas, um continente dividido por barreiras naturais, grandes rios, cadeias de montanhas e braços de mar são mais adequados como celeiros de nações independentes e respeitáveis. Quando as distinções entre os Estados são claramente fixadas, pode surgir, em cada divisão, um princípio de vida política, e a capital de cada distrito se comunica facilmente com o sangue vital e o ânimo nacional de seus membros, como o coração em um corpo animal.

As nações mais respeitáveis são sempre aquelas com litoral em ao menos uma de suas partes. O mar talvez seja a barreira mais forte em épocas de ignorância, porém não é suficiente para suplantar os cuidados com a defesa nacional. Mas, quando as artes se encontram em estágio avançado, oferece amplo escopo e facilidade à prática do comércio.

Nações prósperas e independentes se encontravam distribuídas pelas margens do Pacífico e do Atlântico; cercavam o Mar Vermelho, o Mediterrâneo e o Báltico. No entanto, na Ásia, com exceção de umas poucas tribos que se retiraram para as montanhas às margens da Índia e da Pérsia, ou que se estabeleceram de forma rudimentar nas angras e praias do Cáspio ou do Negro, quase não há povos merecedores do nome de nação. A planície ilimitada é atravessada por amplas hordas em perpétuo deslocamento, expulsas ou perseguidas, devido a

Adam Ferguson

hostilidades mútuas. Embora nunca se reúnam para caçar ou em busca de pasto, não merecem a distinção de nações, que é dada pela posse do território e lavrada pelo afeto profundo por um local nativo. Movem-se em tropas, sem o arranjo e o concerto de nações, e tornam-se facilmente acessos de cada novo império, como a China e a Moscóvia, com os quais traficam meios de subsistência e materiais de prazer.

Nações que formam um sistema bem constituído não dependem, para a manutenção de seu nome próprio e de sua independência política, de barreiras erguidas pela natureza. O ciúme entre elas leva à manutenção de uma balança de poder. É esse princípio – mais do que o Reno, o Oceano, os Alpes ou os Pirineus na Europa moderna, mais do que os estreitos das Termópilas, as montanhas da Trácia ou as baías de Salamina e Corinto na Grécia antiga – que tende a manter a separação dessas nações de clima favorável e que responde pela felicidade nacional, pelo lustre de sua fama e por seus avanços civis.

Se quisermos acompanhar a história da sociedade civil, nossa atenção deve se voltar principalmente para tais exemplos; devemos dar adeus às regiões da Terra nas quais, devido aos efeitos de sua localização e de seu clima, nossa espécie parece ser obstada em suas ocupações nacionais ou inferior quanto aos poderes da mente.

Seção II
História das instituições políticas[9]

Até aqui, observamos os homens reunidos em termos de igualdade ou dispostos a admitir uma subordinação fundada

---

9 Na primeira edição: "História da subordinação". (N. T.)

voluntariamente no respeito e no apego por seus líderes, mas, em todo caso, sem um plano regular de governo ou um sistema de leis.

O selvagem, cuja fortuna se resume a seu casebre, sua pele e suas armas, contenta-se com essa provisão e com o grau de segurança que pode obter por si mesmo. Não encontra, no trato com seus iguais, objeto de discussão que precise ser referido a um juiz, nem nas mãos alheias os emblemas da magistratura ou as insígnias do comando perpétuo.

O bárbaro, embora possa ser induzido pela sua admiração de qualidades pessoais ou pelo lustre de uma raça heroica a se alistar sob as bandeiras de um líder e a ter um papel subordinado em sua tribo, ignora que o que faz por escolha pode vir a se tornar obrigação. Os afetos que o levam a atuar desconhecem formalidades, e quando provocado ou envolvido em disputas, recorre à espada como última palavra em todas as questões de direito.

Entretanto, os assuntos humanos continuam a progredir. O que numa geração era propensão a seguir a espécie se torna, nas épocas subsequentes, princípio de união nacional. O que na origem era uma aliança para a defesa comum se transforma em um plano deliberado de força política e os cuidados com a subsistência, em anseio pelo acúmulo de riquezas e em fundamento das artes comerciais.

Quando os homens seguem a determinação presente de seu espírito e lutam para eliminar inconveniências ou ganhar vantagens evidentes e contíguas, chegam a fins que mesmo sua imaginação não poderia ter antecipado, e seguem seu caminho, como outros animais, na trilha de sua natureza, sem perceber qualquer finalidade. O primeiro a dizer: "Aproprio-me deste

Adam Ferguson

campo e o deixarei a meus herdeiros" não percebeu que estava deitando as fundações das leis civis e das instituições políticas. O que primeiro se alistou sob um líder não percebeu estar oferecendo um exemplo de subordinação permanente e um pretexto para que os rapaces tomassem suas posses e os arrogantes exigissem os seus préstimos.

Os homens em geral predispõem-se à formação de projetos e esquemas; mas quem o fizer por outrem encontrará um oponente em cada um que faça projetos por si mesmo. Como ventos que vêm não sabemos de onde e varrem tudo o que encontram pela frente, as formas de sociedade derivam de uma origem obscura e distante, surgem muito antes do nascimento da filosofia, vêm dos instintos dos homens, não de suas especulações. A multidão de homens é regida, nas suas instituições e maneiras, pelas circunstâncias, e raramente desvia de seu caminho para seguir os planos de um único arquiteto.

Cada passo e cada um de seus movimentos, mesmo nas épocas ditas ilustradas, se dão sem consideração pelo futuro, as nações como que tropeçam em instituições que resultam, na verdade, da ação humana, e não da execução de um desígnio humano.[10] Cromwell disse que um homem nunca vai tão longe como quando ignora seu destino, e temos ainda mais razão para afirmar que as comunidades realizam as maiores revoluções precisamente quando não têm a intenção de mudar. Mesmo os mais refinados políticos, com seus projetos, nem sempre sabem para onde estão levando o Estado.

A nos fiarmos pelo testemunho da história moderna e pelas partes certificadas da antiga, e examinando as práticas das na-

---

10 Cardeal de Retz, *Memoirs*, 1717.

Ensaio sobre a história da sociedade civil

ções das quatro partes do mundo, não importa se bárbaras ou polidas, teremos pouquíssimas razões para discordar dessa afirmação. Nenhuma Constituição é formada por acordo, nenhum governo é copiado a partir de um plano. Os membros de um Estado menor reclamam igualdade, os de um maior se veem reunidos em classes que de certa maneira deitam as fundações da monarquia. Passam de uma forma de governo a outra em transições suaves, e com frequência adotam uma Constituição nova sob uma denominação antiga. As sementes estão armazenadas na natureza humana; brotam e amadurecem com a chegada das estações. A prevalência de uma espécie em particular muitas vezes deriva de um ingrediente imperceptível que se encontra misturado ao solo.

Por isso, devemos ter precaução em relação aos relatos tradicionais acerca dos legisladores antigos e fundadores de Estados. Há muito seus nomes são celebrados; seus supostos planos sempre foram admirados; mas o que provavelmente foram consequências de uma situação prévia passou a ser tomado como efeito de um desígnio. Autor e obra estão para sempre conjugados, como causa e efeito. É a forma mais trivial de considerar o estabelecimento das nações. Atribuímos a um desígnio prévio algo que viemos a conhecer pela experiência, que nenhuma sabedoria humana poderia ter previsto, e que, sem o humor e a disposição predominantes em uma época, nenhuma autoridade permitiria a um indivíduo executar.

Se, mesmo em épocas de intensa reflexão, os homens, em busca de melhorias, permanecem atrelados a suas instituições, e atuando em meio a notórios inconvenientes não conseguem se liberar das amarras do costume, qual não seria sua disposição na época de um Rômulo ou de um Licurgo? É certo que

183

Adam Ferguson

não estariam mais dispostos a adaptar esquemas de inovadores ou a sacudir as impressões do hábito, não seriam mais maleáveis e abertos, se o seu conhecimento não o era, tampouco seriam mais capazes de refinamento, quando seu espírito era mais limitado.

Alguém poderia imaginar, talvez, que as nações rudes teriam um senso mais agudo de suas próprias deficiências e a consciência da necessidade de reformar suas maneiras, predispondo-se a adotar de bom grado um plano qualquer de aperfeiçoamento ou a acatar propostas plausíveis sem contestação: acreditamos que a lira de Orfeu realizou em uma época o que a eloquência de Platão produziu em outra. Mas assim não compreendemos a característica das épocas simples, quando o homem reconhece menos os defeitos e, portanto, é menos propenso a adotar reformas.

A realidade de certas instituições, em Roma ou Esparta, é incontestável. Mas é provável que os governos desses Estados tenham surgido da localização e do gênio do povo, não de projetos de indivíduos, que o guerreiro e o estadista célebres, considerados os fundadores dessas nações, tenham apenas atuado com destaque entre aqueles que se dispuseram a adotar as mesmas instituições, e que seus nomes tenham passado à posteridade como inventores de práticas que já se encontravam em uso e auxiliaram a formar suas maneiras e gênios, assim como os de seus compatriotas.

Foi observado que em muitos particulares os costumes de nações simples coincidem com o que é atribuído à invenção dos primeiros estadistas, e que o modelo de governo republicano, com um Senado, uma assembleia popular e mesmo uma

Ensaio sobre a história da sociedade civil

igualdade de propriedade ou comunhão de bens, não é exclusivo da invenção ou do engenho de homens singulares.

Se considerarmos Rômulo como o fundador do Estado romano, teremos de aceitar que alguém que matou seu irmão para reinar sozinho não teria por que se submeter ao controle de um Senado, nem referir as decisões de sua soberania ao conselho de um corpo coletivo. O gosto pela dominação é, por natureza, avesso a restrições, e esse militar, como todo líder em épocas rudes, provavelmente teve de lidar com uma classe de homens prontos a se intrometer em suas decisões e sem os quais ele não poderia levá-las adiante. Deparou-se com ocasiões nas quais, como que ao som de um trompete, o povo se reunia em um mesmo corpo e chegava a resoluções que seriam vãs para outros indivíduos contestar ou tentar controlar. Roma, que começou com o mesmo plano geral de toda sociedade grosseira (*artless*), encontrou aperfeiçoamentos duradouros na busca por expedientes temporários e moldou sua estrutura política (*political frame*) ao ajustar as pretensões dos partidos àquelas que surgiam no Estado.

Desde os primórdios da sociedade, os homens aprenderam a desejar riquezas e a admirar a distinção. Movidos pela avareza e pela ambição, são por vezes levados ao saque e à conquista, mas sua conduta ordinária é pautada por outros motivos, como a preguiça e a intemperança, ou afeições e animosidades pessoais, que os restringem e os desviam da realização de seu interesse. Esses motivos e hábitos os tornam ora calmos, ora furiosos, bebem da fonte da paz e da desordem civil, ao mesmo tempo que desautorizam aqueles que pretendem manter uma usurpação permanente. Em toda comunidade, a escravidão e a rapina são ameaças que vêm primeiro de fora, e a guerra, de ataque

Adam Ferguson

ou de defesa, é a principal ocupação de toda tribo. O inimigo ocupa seus pensamentos, e não têm tempo para discórdias domésticas. Toda comunidade, porém, quer se manter protegida; e, à medida que esse objetivo vai sendo realizado com o reforço de barreiras, o enfraquecimento dos inimigos e a costura de alianças, os indivíduos começam a refletir no que têm a ganhar ou a perder. O líder não hesita em ampliar as vantagens de sua condição, seu partidário torna-se cioso dos direitos que poderiam ser violados, e partidos que antes se reuniam por afeto ou hábito, ou em nome de sua preservação comum, passam a discordar na defesa de reivindicações por privilégios ou ganhos.

Em toda sociedade, quando as animosidades facciosas despertam e as pretensões à liberdade se opõem às de domínio, os membros têm oportunidade de se tornar ativos. Discutiram, talvez, em pontos de interesse; oscilaram entre diferentes líderes; mas nunca antes haviam se reunido como cidadãos para resistir às investidas do soberano ou defender seus direitos comuns, como um povo. Se, nessa disputa, o príncipe encontra homens para defendê-lo contra os que se opõem às suas pretensões, a espada que fora brandida contra inimigos estrangeiros pode ser voltada para o peito de seus súditos, que são seus semelhantes, e os intervalos entre guerras no estrangeiro passam a ser preenchidos com guerras civis. Nomes como Liberdade, Justiça e Ordem Civil ressoam nas assembleias públicas e, na ausência de alarmes, dão materiais em abundância para que a animosidade fermente na vida social.

Se o que se sabe dos pequenos principados que se formaram na Antiguidade, na Grécia, na Itália e por toda a parte na Europa concorda com o caráter do gênero humano aqui descrito, quando do surgimento da propriedade, do interesse e

Ensaio sobre a história da sociedade civil

das distinções hereditárias, também a descrição que ora oferecemos dos primeiros passos das instituições políticas rumo a uma Constituição legal concorda com as sedições e guerras domésticas ocorridas nesses mesmos Estados, a expulsão de seus reis e o questionamento de suas prerrogativas ou dos privilégios dos súditos.

A forma primitiva dessa Constituição depende de várias circunstâncias relativas à condição das nações, como a extensão do principado em seu estágio rudimentar, o grau de disparidade a que os homens foram submetidos antes que contestassem os abusos de poder e do que chamamos de *acidentes*, como o caráter pessoal de um indivíduo ou os eventos de uma guerra. Em suas origens, toda comunidade é pequena. A propensão que leva os homens a se reunirem não é a mesma que depois os incita a expandir os limites de um império. Pequenas tribos, se não se reúnem por objetivos comuns ou em nome da segurança, são avessas a coalizões. E se diferentes nações se combinam em busca de um mesmo objetivo, logo depois se separam e voltam a adotar máximas de Estados rivais, como na imaginária confederação dos gregos para destruir Troia.

Há provavelmente uma determinada extensão nacional que permite que as paixões humanas se comuniquem facilmente de um, ou de poucos, ao todo, e há um limite para o número de homens reunidos em um corpo. Enquanto a sociedade não ultrapassa esses limites, e seus membros podem ser reunidos sem dificuldade, o Estado raramente deixa de atuar, diante de disputas políticas, segundo máximas republicanas, estabelecendo uma democracia. Na maioria dos principados rudes, a prerrogativa do líder deriva do lustre de sua linhagem e da lealdade de sua tribo. Os que ele comanda são seus amigos, súditos e soldados. Se, devido a uma alteração das maneiras, eles deixam de reverenciar sua dignidade e reclamam por igualdade ou questionam excessos de sua prerrogativa, seu poder deixa de ter fundamento. Quando o súdito se rebela e um partido ou corpo coletivo de dimensão considerável decide atuar por si mesmo, o pequeno reino se torna uma república, como aconteceu com Atenas.

Mudanças de condição e de maneiras, que no progresso do gênero humano dão origem, no interior de uma nação, a um líder ou príncipe, criam, ao mesmo tempo, uma nobreza e ordens hierárquicas com reivindicação à distinção. A superstição também cria ordens de homens que, intitulados sacerdotes, dedicam-se à busca de um interesse à parte. Por sua união e determinação, sem mencionar sua ambição, eles devem ser tidos como aspirantes ao poder. Essas diferentes ordens são, em geral, os elementos que formam os corpos políticos, cada uma delas atraindo para si uma parcela do povo. O próprio povo pode vir a se tornar um partido, e essa multidão de homens, não importa como são classificados ou distinguidos, transforma-se, com suas pretensões dissonantes e pontos de vista conflitantes, em barreira e restrição ao poder, desempenhando um importante papel no ajuste e na preservação da forma do Estado, pois traz aos conselhos nacionais as máximas e concepções de uma ordem em particular e faz valer um interesse próprio.

As pretensões de uma ordem em particular terminam em tirania quando não são contidas por um poder colateral; as de um príncipe, em despotismo; as da nobreza e dos sacerdotes, em abusos de aristocracia; as da plebe se dissolvem em confusão e anarquia. Mas esses desfechos não são óbvios nem

Ensaio sobre a história da sociedade civil

costumam ser objeto dos partidos; o fato é que as medidas propostas por um partido, uma vez adotadas, podem gradualmente levar a extremos.

Nas disputas pelo poder e nas interrupções que os interesses opostos permitem, a liberdade pode ter uma existência permanente ou temporária e a Constituição é capaz de adquirir formas tão variadas quantas forem as combinações fortuitas produzidas pelas múltiplas partes.

Para que uma comunidade desfrute de alguma liberdade política, é suficiente, talvez, que seus membros, individualmente ou como partes de diferentes ordens, insistam na garantia de seus direitos. Na república, o cidadão deve defender sua igualdade com firmeza e restringir a ambição de seus concidadãos a limites razoáveis. Na monarquia, cabe aos membros de cada ordem hierárquica manter as honras de sua posição privada ou pública, sem sacrificá-las em nome de uma corte, tampouco em nome de reivindicações da plebe, pois essas dignidades, por serem em alguma medida independentes de fortuna, são calculadas para dar estabilidade ao trono e obter respeito do súdito.

Nas disputas partidárias, o interesse do bem público e as máximas de justiça e candura costumam ser negligenciados, mas dessa espécie de corrupção nem sempre se seguem as fatais consequências imaginadas. O interesse público permanece muitas vezes intacto, não porque os indivíduos estejam dispostos a considerá-lo como a finalidade de sua conduta, mas porque cada um está decidido a preservar seu próprio interesse. A liberdade é garantida pela perpetuação das diferenças e oposições, não pelo zelo por um governo equânime. Por isso, é provável que as melhores leis, em Estados livres, não sejam ditadas pelo interesse ou pelo espírito de uma única ordem de homens; ao contrário, são alteradas, contrapostas e corrigidas por diferentes mãos, até que por fim expressem aquele meio-termo e composição aceitos pelos partidos em contenda.

Quando consideramos a história humana sob essa perspectiva, não é difícil identificar, nas comunidades menores, as causas que fazem a balança pender para o lado da democracia, e aquelas que, em Estados maiores, dão origem à monarquia. Em diferentes condições e épocas, os homens juntam e combinam as diferentes formas, produzindo, no lugar das constituições simples que mencionamos,[11] uma mistura entre elas.

Homens que emergem do estágio de rusticidade e simplicidade atuarão com o mesmo espírito de igualdade ou de moderada subordinação a que estão acostumados. Quando se agrupam nas cidades ou nos limites de territórios pequenos, sofrem o contágio das paixões, e a importância de cada indivíduo é proporcional à sua imagem frente à multidão e ao diminuto número de pessoas. Indivíduos que aspiram ao poder e à dominação são considerados demasiadamente próximos para se impor aos demais, e não têm força suficiente para conter o humor refratário de um povo que resiste às suas pretensões. Conta-se que Teseu, rei da Ática, reuniu em uma cidade os habitantes dos doze cantões, juntando assim, em uma mesma democracia, membros antes separados de sua monarquia, precipitando com esse método a queda do poder real.

O monarca de um território extenso tem muitas vantagens na manutenção de sua posição. Ele pode sustentar a magnificência do Estado real e deslumbrar a imaginação do povo com a exibição da riqueza que eles próprios lhe concederam, sem com

---

11 Parte I, Seção 10.

Ensaio sobre a história da sociedade civil

isso incorrer no desgosto de seus súditos. Pode usar os habitantes de um distrito contra os de outro e sentir-se, mesmo assim, forte por manter sua autoridade geral, pois as paixões que levam ao motim e à rebelião só se apoderam de uma parte de seus súditos por vez. A distância do local de sua habitação em relação àqueles que recebem seu comando aumenta ainda mais a misteriosa veneração e o respeito dedicados ao seu governo.

Essas diferentes tendências, se conjugadas a acidentes, corrupções e outras circunstâncias, podem desviar um Estado de sua inclinação e produzir exceções às regras gerais. É o que aconteceu em alguns principados gregos tardios e italianos modernos, e também na Suécia, na Polônia e no Império Germânico. As províncias unidas dos Países Baixos e os cantões suíços são provavelmente as maiores comunidades que, mantendo a união das nações, conseguiram resistir, por um tempo considerável, à tendência ao governo monárquico; e a Suécia é o único exemplo de uma república que se estabeleceu em um grande reino sobre as ruínas de uma monarquia.

O soberano de um distrito menor ou de uma única cidade, quando não sofre, como na Europa moderna, o contágio das maneiras monárquicas, mantém precariamente a posse de seu cetro e está em constante alerta contra motins populares, guiado pela desconfiança e sustentando-se pela severidade, pela prevenção e pela força.

Em uma nação maior, como a Alemanha e a Polônia, os poderes popular e aristocrático podem deparar com dificuldades similares para manter suas prerrogativas, e, contra a ameaça de uma usurpação monárquica, são obrigados a negar ao magistrado supremo até mesmo a responsabilidade necessária ao Poder Executivo.

Adam Ferguson

Quando os atuais Estados da Europa foram instituídos, eles deitaram as fundações para futuras monarquias e estabeleceram as condições para governos regulares e extensos. Os gregos provavelmente teriam se encontrado em situação similar, caso tivessem efetuado conquistas lideradas por Agamenon e firmado colônias na Ásia; então, seu progresso teria sido outro, e não se teria resolvido na instituição de múltiplas repúblicas independentes. Habitantes originais de um país distribuídos em cantões separados chegam gradualmente à coalizão e à união que tribos conquistadoras instituem de um só golpe. César encontrou na Gália cerca de cem nações independentes, que não se uniram nem mesmo diante do inimigo comum. Os invasores germânicos que se estabeleceram nas terras dos romanos criaram, em um único distrito, diversas colônias separadas, mas muito mais extensas do que aquelas que os gauleses conseguiram assentar ao longo de séculos, mediante alianças e tratados ou como resultado de suas guerras.

As sementes das grandes monarquias e as raízes do domínio sobre extensos territórios se encontravam disseminadas por toda parte nas colônias do Império Romano. Não temos uma estimativa precisa do número de invasores, que, de maneira aparentemente coordenada, cobiçaram e capturaram, durante alguns séculos, esses prêmios tão tentadores. Quando esperavam encontrar resistência, angariavam forças proporcionais a elas, e se tinham a intenção de se estabelecer, nações inteiras se moviam para conquistar uma parte do espólio. Espalhados por uma província extensa, não estariam seguros se não se mantivessem unidos e não reconhecessem a autoridade do líder sob o qual haviam lutado; e, como um Exército cujas divisões se encontram estacionadas em diferentes postos, mantinham-se

Ensaio sobre a história da sociedade civil

prontos para se reunir, sempre que a ocasião exigisse uma operação ou uma deliberação coletiva.

Cada destacamento tinha um posto a guardar e cada capitão subordinado desfrutava de posses, das quais extraía sua própria subsistência e o provimento dos que o seguiam. A subordinação militar oferecia o modelo de governo, e os oficiais eram pagos com feudos proporcionais à sua hierarquia.[12] Havia uma classe de pessoas destinada ao serviço militar, outra à lavoura e ao cultivo da terra para benefício do senhor. O oficial melhorava seu título gradualmente, primeiro pela conversão de sua concessão temporária em título vitalício, e depois a conversão deste, sob certas condições, em uma concessão hereditária.

Por toda parte o título de nobreza se tornou hereditário, formando, em cada Estado, uma poderosa ordem permanente. Seus detentores mantinham o povo em servidão e questionavam as demandas do soberano, as quais se recusavam a honrar, e eventualmente empunhavam armas contra ele. Ergueu-se assim uma poderosa barreira contra o despotismo central. Em compensação, tais nobres, com seus capitães militares, eram os tiranos dos distritos e impediam o estabelecimento da ordem ou a administração regular das leis. Aproveitavam-se de reinos pobres e de minorias para violar as prerrogativas do soberano ou, transformando a monarquia em eletiva, limitavam ou sabotavam o poder monárquico com sucessivos tratados e injunções. Em alguns casos, como o do Império Germânico, as prerrogativas do príncipe foram reduzidas ao mero título, e a união nacional foi preservada pelo respeito a umas poucas formalidades insignificantes.

---

12 William Robertson, *The History of Scotland*, livro I.

Adam Ferguson

Onde quer que a disputa entre soberano e vassalos com amplas prerrogativas hereditárias anexadas à Coroa tivesse um resultado diferente, os senhores feudais eram privados de seus poderes e os nobres, reduzidos a meros súditos, obrigados a honrar sua condição e a exercer sua jurisdição em dependência estrita ao príncipe. Este, por sua vez, julgava de seu interesse reduzi-los a um estado de sujeição como o do povo, e estendia sua autoridade protegendo o lavrador e o dependente contra a opressão de seus superiores imediatos.

Nem todos os príncipes da Europa tiveram o mesmo êxito na execução desse projeto. Protegeram o povo e pavimentaram o caminho para as artes comerciais e lucrativas, mas, com isso, também prepararam o despotismo no Estado e, com as mesmas políticas com que aliviavam muitas das opressões do súdito, aumentaram os poderes da Coroa.

Onde o povo era representado constitucionalmente no governo e houvesse uma instância a garantir o usufruto de sua riqueza e o reconhecimento de sua dignidade pessoal, essas políticas se voltaram contra a Coroa. Formou-se um poder que restringia a prerrogativa e estabelecia o governo da lei, oferecendo um novo espetáculo na cena da história humana: uma monarquia misturada a uma república, um extenso território governado por séculos sem o recurso à força militar.

Tais foram os passos que levaram certas nações da Europa à sua presente configuração institucional, em alguns casos chegando à elaboração de constituições legais; em outros, ao exercício mitigado do despotismo; ou ainda à continuidade na luta contra a forte tendência a esses diferentes extremos.

Os progressos do império nas primeiras épocas da Europa foram rápidos e ameaçaram sepultar o espírito de independên-

Ensaio sobre a história da sociedade civil

cia das nações em um túmulo, como o que os conquistadores otomanos haviam preparado para si mesmos e para a pobre raça que eles destruíram. Os romanos estenderam seu império de maneira lenta e gradual, cada aquisição era resultado de longas e exasperantes guerras; para protegerem as novas posses, viram-se obrigados a implantar colônias e a recorrer a uma série de medidas. Já o senhor feudal, a partir do momento em que conquistava um território, tomado pelo desejo de estendê-lo e ampliar o número de vassalos, buscava, por mera investidura, a anexação de novas províncias, tornando-se o senhor de Estados até então independentes, sem, no entanto, reformar substancialmente os seus procedimentos políticos.

Principados separados estavam, como peças de uma máquina, prontos para ser reunidos, ou, como materiais de uma edificação, prontos para ser erguidos. Uniam-se e separavam-se facilmente em decorrência de suas lutas. As únicas garantias da independência dos Estados fracos eram a desconfiança em relação aos fortes e uma vigilância geral em relação à balança de poder. O afortunado sistema político adotado pelos Estados europeus para a preservação dessa balança, o grau de moderação na elaboração dos tratados, que se tornou habitual mesmo para as monarquias vitoriosas e mais poderosas, honram o gênero humano e dão alguma esperança de que uma felicidade duradoura possa ser derivada da noção – talvez jamais tão forte em qualquer outro período ou para um número tão grande de nações – de que os conquistadores sempre correm o risco de se arruinar a si mesmos, juntamente com seus inimigos.

Em tais Estados percebem-se com mais clareza as muitas partes que formam o corpo político, como em uma estrutura

Adam Ferguson

de amplas dimensões, e observam-se uma concorrência e uma oposição de interesses cujo efeito é reunir ou separar diferentes ordens de homens e levá-los, pela defesa de suas respectivas reivindicações, a estabelecer diferentes formações políticas. Mesmo as repúblicas de menor dimensão consistem de tais partes e são formadas por membros animados por um espírito similar. Oferecem assim exemplos de como os governos se tornam diversificados pela combinação fortuita de partidos e pelas diferentes vantagens de cada um quando envolvido em conflito.

Em toda sociedade há uma subordinação casual que independe de suas instituições formais e com frequência é adversa à sua Constituição. Ao mesmo tempo que a administração e o povo falam a linguagem de uma forma particular de governo e parecem não admitir pretensões ao poder que não seja por uma nomeação legal, em um caso, ou sem as vantagens de títulos hereditários, em outro, essa subordinação casual, surgida possivelmente da distribuição de propriedade ou de outra circunstância que conceda um grau incomum de influência, dá a tônica do Estado e determina o seu caráter.

Em Roma, a ordem plebeia foi durante muito tempo considerada inferior e era excluída dos cargos mais altos de magistratura, mas, com o tempo, adquiriu força suficiente, como corpo, para fazer que essa distinção indigna fosse suprimida. Mesmo assim, os indivíduos que a formavam continuavam a agir como se pertencessem a uma classe subordinada e, por ocasião de disputas, concediam o sufrágio aos patrícios, que outrora os haviam protegido e cuja autoridade pessoal eles podiam sentir como algo palpável. Assim, a ascendência das famílias patrícias permaneceu por algum tempo tão regular quanto

Ensaio sobre a história da sociedade civil

possível graças a reconhecidas máximas aristocráticas. À medida que os cargos mais elevados eram preenchidos por plebeus, os efeitos da antiga distinção começavam a ser anulados ou enfraquecidos. Era fácil burlar leis feitas para ajustar as pretensões das diferentes ordens. A plebe se tornou uma facção, e a aliança com ela era a via mais garantida para a dominação. Clódio, que fora adotado por uma família plebeia, se qualificou a tornar-se tribuno do povo; e César, quando adotou a causa dessa mesma facção, abriu caminho para a usurpação e a tirania.

Em tais cenas de instabilidade e transição, as formas de governo reduzem-se a meros procedimentos que variam de uma época a outra. As facções estão sempre prontas a se aproveitar de todas as vantagens, e os homens, quando maltratados por um partido, não hesitam em buscar a proteção de seu rival. Catão uniu-se a Pompeu contra César, precavendo-se assim contra uma eventual reconciliação entre partidos que, unidos, se voltariam contra a liberdade da república. Esse personagem ilustre distinguiu-se em sua época como um adulto em meio a crianças, elevando-se por sobre seus oponentes tanto pela justeza de seu entendimento e pelo alcance de sua penetração quanto pela viril fortaleza e pelo desinteresse com que lutou para frustrar as intenções da ambição vã e infantil que estava à beira de provocar a ruína do gênero humano.

Embora constituições de governos livres raramente, ou nunca, surjam de projetos de um arquiteto, ainda assim costumam ser preservadas pela vigilância, pela disposição e pelo zelo de indivíduos. Felizes daqueles que compreendem e escolhem cuidar desse objeto! Feliz é o gênero humano quando não o escolhem tarde demais! Esse objeto foi utilizado para evocar a vida de um Catão ou de um Bruto quando se está à iminência de uma revolução fatal; para alimentar em segredo a indignação de um Trásea ou de um Helvídio; e para ocupar a reflexão de especuladores em momentos de corrupção. Mas, mesmo em tais exemplos tardios e ineficazes, não deixa de ser afortunado conhecer e valorizar um objeto tão importante para o gênero humano. A busca e o amor por ele, por mais frustrados que sejam, dão à natureza humana o maior lustre de que é suscetível.

Seção III
Dos objetivos nacionais em geral e das instituições e das maneiras relativas a eles

O modo como a subordinação ocorre nos governos é acidental; as próprias formas de governo surgem principalmente da distribuição original dos membros do Estado em classes e das várias circunstâncias pelas quais uma ordem vem a se tornar dominante. Contudo, em todo governo há certos objetivos que reclamam a atenção dos estadistas e exigem concepções e raciocínios, ao mesmo tempo que levam a comunidade a adotar, em certa medida, as instituições por meio das quais o magistrado exercerá o seu poder. É o caso da defesa nacional, da distribuição de justiça, da preservação e da prosperidade do Estado. Se tais objetivos forem negligenciados, a cena mesma em que os partidos disputam por poder, privilégios ou igualdade desapareceria, e a sociedade deixaria de existir.

A devida consideração por esses objetivos é rogada em cada assembleia pública e produz, nas disputas políticas, apelos ao senso comum e à opinião dos homens, que, na disputa contra

Ensaio sobre a história da sociedade civil

a visão privada de indivíduos e as reivindicações partidárias, são os grandes legisladores das nações.

As medidas exigidas para a realização da maioria dos objetivos nacionais estão interligadas e devem ser aplicadas em conjunto; muitas vezes, são as mesmas. A força arregimentada para a defesa contra inimigos pode ser empregada para manter a paz doméstica. Leis concebidas para assegurar os direitos e liberdades do povo podem encorajar o aumento da população e a prática do comércio. E toda comunidade tem de assumir em cada caso a forma mais adequada à preservação das vantagens e à prevenção de infortúnios, sem se preocupar como seus objetivos serão classificados ou diferenciados pelos especuladores.

Mas as nações, como os indivíduos privados, têm seus fins favoritos e dedicações prediletas, o que dá uma diversidade a suas maneiras e instituições. Chegam aos mesmos fins por diferentes meios e, como homens que fizeram fortuna com diferentes profissões, retêm hábitos vindos de sua vocação principal, não importa a condição em que se encontrem. Os romanos se tornaram ricos perseguindo suas conquistas; e, provavelmente, durante algum tempo sua população aumentou, mesmo quando do sua predisposição à guerra parecia ameaçar o mundo com a desolação. Algumas nações modernas chegam ao domínio e à expansão com base em máximas de comércio, e embora não tenham outra intenção além de acumular riquezas, prosseguem em sua escalada imperial.

Os caracteres do guerreiro e do comerciante combinam-se de modos variados. Formam-se em diferentes graus pela influência de circunstâncias que, em grau maior ou menor, dão origem à guerra e despertam o desejo de conquista, ou deixam o povo tranquilo para aumentar suas riquezas domésticas, ou,

Adam Ferguson

com os frutos de sua indústria, para adquirir de estrangeiros o que lhes é negado por seu solo e por seu clima.

Os membros de toda comunidade ocupam-se em maior ou menor medida de questões de Estado à proporção que sua Constituição admita a participação nos trâmites do governo e chame sua atenção para os assuntos públicos. Um povo se torna próspero ou negligencia melhorias proporcionalmente ao emprego de seus talentos na prática das artes da sociedade. Um povo tem maneiras aprimoradas ou corrompidas em proporção ao encorajamento que recebe para agir em consonância com máximas de liberdade e justiça, ou, do contrário, rebaixa-se à vilania e à servidão. Quaisquer que sejam, porém, as vantagens obtidas ou os males evitados pelas nações, são incidentes ocasionais, que dificilmente se tornam matéria de política ou contam entre as razões de Estado.

Arriscamo-nos ao ridículo quando pedimos que as instituições políticas se restrinjam a estimular os talentos dos homens e a inspirar sentimentos liberais. É preciso motivar o interesse ou dar a esperança da obtenção de vantagens, para animar o desejo e direcionar as ações dos homens comuns. Se são corajosos, engenhosos e eloquentes, é por necessidade ou por ganho. Eles magnificam os usos da riqueza, da população e de outros recursos de guerra, mas muitas vezes se esquecem que nada pode ser obtido sem a direção de capacidades hábeis e o suporte do vigor nacional. Por isso, é de esperar que a inclinação pela política se deva, nos diferentes Estados, antes à consideração pela segurança pública e pelo desejo de garantir a liberdade pessoal e a propriedade privada do que à consideração de efeitos morais ou do aperfeiçoamento do gênero humano.

Ensaio sobre a história da sociedade civil

Seção IV
Da população e da riqueza

Quando tentamos imaginar o que os romanos sentiram diante das primeiras notícias de que o melhor de sua cidade perecera em Canas; quando pensamos o que o orador tinha em mente ao declarar "que a juventude está para um povo como a primavera para as estações"; quando nos contam da alegria com que o caçador e o guerreiro americano defendem a honra de sua família e de sua nação; sentimos os mais poderosos motivos para desejar o aumento e a preservação do número de nossos concidadãos. O interesse, o afeto e as perspectivas políticas combinam-se para recomendar esse objetivo, que só pode ser tratado com desdém pelo tirano que antepõe a ele o seu benefício, pelo estadista que se furta às responsabilidades que lhe cabem ou pelo povo que se torna corrupto e considera seus concidadãos como rivais em interesse e competidores em matéria de lucro.

Em sociedades rudes e também em pequenas comunidades em geral, que se envolvem em disputas e enfrentam dificuldades constantes, a preservação e o aumento do número de seus membros são uma preocupação de máxima importância. O americano estipula sua derrota pelo número de homens perdidos e a vitória pelo número de prisioneiros, e não por ter batido em retirada ou mantido a posição no campo de batalha. Um homem com quem possa se associar em todas as suas ocupações e criar laços de amizade, em quem possa encontrar um objeto para seus afetos e um socorro em suas lutas, é para ele o bem mais preciso de sua fortuna.

Pondo de lado a questão da amizade individual, a sociedade, quando se ocupa em formar um grupo capaz de defendê-la ou de fazer frente ao inimigo, leva em conta acima de tudo o aumento da população. Cativos que possam ser adotados ou crianças de ambos os sexos que possam ser criadas para servir ao poder público são considerados o mais rico espólio do inimigo. A prática dos romanos de conceder aos vencidos o privilégio da cidadania e casos como o da coalizão posterior ao Rapto das Sabinas não são ocorrências excepcionais ou incomuns. Políticas similares foram adotadas e pareciam naturais e óbvias onde a força do Estado estivesse nas mãos de uns poucos e onde os homens fossem valorizados por si mesmos, independentemente de condição ou fortuna.

Portanto, se em épocas rudes, quando os homens viviam em pequenos grupos, a Terra era pouco povoada, não era por negligência daqueles a quem caberia povoá-la. É provável que a medida mais efetiva para o aumento da espécie fosse impedir a coalizão entre as nações e obrigar os homens a agir em corpos pequenos, cujo objetivo principal seria a preservação da população. É verdade que apenas isso não bastaria, e provavelmente devemos acrescentar o estímulo à constituição de famílias, que os homens recebem de políticas calculadas para tanto, e os meios de subsistência derivados da prática das artes.

Uma mãe que enfrenta dificuldades para obter alimento não se dispõe a aumentar a prole, pois não terá condições de sustentá-la. Conta-se que na América do Norte ela acrescenta às reservas de um temperamento frio ou moderado a abstinência, à qual se submete por conta dessa dificuldade. Parece-lhe uma questão de prudência, e também de consciência, esperar que a criança seja capaz de se alimentar de carne de caça e de andar, antes de correr risco com o novo fardo pelas florestas.

Em latitudes mais quentes, talvez devido ao temperamento que o clima confere ou à facilidade de subsistência, o núme-

Ensaio sobre a história da sociedade civil

ro de homens aumenta mesmo que não se tenha em vista esse objetivo, e o comércio entre os sexos torna-se lascivo, desvinculado de qualquer preocupação com o crescimento populacional. Há lugares em que políticas bárbaras são adotadas com o intuito de anular ou restringir as intenções da natureza. Na Ilha de Formosa, proíbe-se que os homens se casem antes dos 40 anos, e as mulheres que engravidam antes dos 36 sofrem aborto por ordem do magistrado, o qual, para tanto, emprega uma violência tal que, além de extinguir a vida do bebê, põe em risco também a da mãe.[13]

É provável que a permissão das autoridades chinesas para que os pais matem ou abandonem suas crianças tenha o objetivo de aliviar o fardo trazido por uma prole numerosa. Porém, apesar do que nos contam a respeito dessa prática tão repugnante ao coração humano, ela provavelmente não tem efeito na restrição da população; ao contrário, como tantas outras medidas, surte efeito oposto ao pretendido. Os pais se casam sabendo disso, e as crianças são salvas.

Por mais importante que se considere a questão da população, dificilmente se encontram, na história da política civil, instituições sábias ou efetivas calculadas para ela. As práticas de nações rudes ou fracas são ineficazes ou não superam os obstáculos impostos por seu modo de vida. O aumento da indústria, o aperfeiçoamento das artes, a extensão do comércio, a segurança das posses e o estabelecimento de direitos são, na verdade, os meios mais efetivos para promover a população. Mas sua motivação é outra: têm em vista a satisfação do interesse e da segurança pessoais, valendo para homens que já existem, não para o aumento da população.

---

13 Osborne, *A Collection of Dutch Voyages and Travels*, op. cit.

Em todo caso, se um povo tem boas instituições políticas e dedica-se com êxito à indústria, é provável que sua população cresça em proporção a essas benesses. A maioria dos outros planos concebidos com esse propósito serve apenas para frustrar as expectativas dos homens e desviar sua atenção.

Os planos de estadistas podem ser úteis para desenvolver uma colônia ou amenizar perdas causadas por peste ou guerra, mas se, ponderando o aumento da população em geral, menosprezarmos sua liberdade e felicidade, nossas medidas serão fracas e ineficazes. Não passaremos da superfície e permaneceremos às voltas com uma sombra, pois negligenciaremos uma preocupação substancial e, em plena decadência, nos restringiremos a paliativos que deixam intactas as raízes do mal. Otávio recuperou ou impôs as leis romanas relativas à população; mas pode-se dizer que, a exemplo de outros soberanos em situação similar, administrou um veneno quando pensava ter encontrado o remédio e apenas gerou um enfraquecimento ou paralisia dos princípios vitais ao tentar, com aplicações superficiais, restaurar o esplendor de um corpo moribundo e doente.

É uma bênção para os homens que esse importante objetivo nem sempre dependa da sabedoria dos soberanos ou da política de indivíduos. Um povo que queira ser livre dá a si mesmo condições melhores de seguir as propensões da natureza do que se dependesse de deliberações de conselhos de Estado. Quando os soberanos ou arquitetos se arrogam senhores dessa matéria, o máximo que conseguem é não prejudicar ainda mais um interesse que não são capazes de promover e evitar violações que não poderiam reparar.

"Quando as nações se dividiam em pequenos territórios e republiquetas", diz o sr. Hume, "nos quais cada um tinha sua

Ensaio sobre a história da sociedade civil

própria casa e seu próprio campo, e os condados possuíam capitais livres e independentes, os homens viviam bem e tudo favorecia a indústria, a agricultura, os casamentos e o aumento da população."[14] No entanto, provavelmente não havia um esquema para recompensar os casados ou punir os solteiros, para naturalizar os estrangeiros ou proibir o expatriamento de nativos. Todo cidadão percebia que suas posses estavam seguras e seriam transmitidas a seus descendentes, e não havia perspectiva de opressão ou de carência. Todas as demais funções da natureza eram livres; por que a que alimentava o celeiro não o seria também? A natureza exige dos poderosos que sejam justos, mas não confiou a realização de suas obras a planos visionários. Que combustível o estadista poderia acrescentar ao fogo da juventude? Se não abafá-lo, o efeito desejado será certo. Caso oprima e degrade os homens com uma mão, não adianta fazer como Otávio e estender a outra, oferecendo prêmios ao casamento e punições à esterilidade. Em vão convidam-se estrangeiros, se os nativos permanecem na incerteza em relação ao seu estatuto e receiam não apenas a perspectiva de uma família numerosa, como também que não haja o suficiente para sua própria subsistência. O soberano arbitrário que trata assim os seus súditos deve o que resta de seu povo aos poderosos instintos da natureza, não a um plano de sua autoria.

Em situações auspiciosas, os homens se multiplicam e, em poucas gerações, ocupam todas as terras que lhes ofereçam subsistência. Podem eventualmente fazê-lo mesmo em situa-

---

14 David Hume, Of the Populousness of the Ancient Nations, in: *Political Essays*, 1752 [Ed. bras.: Da população das nações antigas. In: *Ensaios morais, políticos e literários*. Rio de Janeiro: Topbooks, 2004]. (N. T.)

Adam Ferguson

ções próximas à decadência. As frequentes guerras dos romanos e de outras comunidades prósperas, e mesmo a peste e o mercado de escravos, podem ser abastecidas se encontrarem uma drenagem regular que não seque sua fonte e se cuidarem da geração de filhos sem perturbar as famílias de onde eles provêm. Se os homens puderem contar com uma provisão estável, o estadista que premia o casamento, atrai estrangeiros e impõe restrições à saída dos nativos se comportará como a mosca da fábula, que se admira de ter girado a roda e movido a carruagem, sem se dar conta de que apenas acompanhou o que já se encontrava em movimento: remou para impulsionar a catarata e abanou para acelerar o vento.

Projetos de colonização vigorosa e adensamento súbito, por mais bem-sucedidos que sejam, são sempre onerosos para o gênero humano. Conta-se que mais de 100 mil camponeses eram anualmente deslocados como gado para Petersburgo nas primeiras tentativas de firmar ali um assentamento, e que anualmente pereciam por falta de subsistência;[15] o índio só se estabelece às margens de bananais e, a cada novo membro da família, acrescenta uma árvore às existentes.[16]

Se a banana-da-terra, o cacau ou a palmeira fossem suficientes para sustentar os habitantes, a raça dos homens de climas quentes se tornaria tão numerosa quanto as árvores de uma floresta. Mas, em muitas partes da Terra, devido à natureza do solo e do clima, os produtos espontâneos quase não existem, e os meios de subsistência são fruto do trabalho e da destreza.

---

15 Philip Johann von Strahlenberg, *An Historico-Geographical Description of the North and Eastern Parts of Europe and Asia*, 1738.

16 Dampier, *Voyages and Descriptions*, op. cit.

Ensaio sobre a história da sociedade civil

Se um povo aumenta a indústria e aprimora as artes, mantendo em simultâneo a frugalidade, sua população aumentará proporcionalmente. Por essa razão, os campos cultivados da Europa são mais populosos do que as florestas da América selvagem ou as planícies da Tartária. Mas o aumento populacional que acompanha o acúmulo de riquezas também tem seus limites. O termo *necessidades da vida* é vago e relativo, com um significado para o selvagem, outro para o cidadão polido, referindo-se à fantasia e aos hábitos de vida. Quando as artes se aprimoram e as riquezas aumentam, quando as posses de indivíduos e suas perspectivas de lucro correspondem ao que se exige para sustentar uma família, eles se dedicam a suas atividades com alacridade. Mas, quando a posse, por sobressalente que seja, fica abaixo do padrão, e uma fortuna supostamente suficiente para um casamento encontra obstáculos para ser alcançada, o aumento de população é limitado e os números começam a cair. O próprio cidadão se vê como que regredindo ao estado do selvagem, receia que suas crianças morram de fome e abandona uma situação de plenitude exuberante só porque não tem uma fortuna tal como a exigida por sua posição ou seus anseios. É um mal que não se deixa curar pelo acúmulo de riquezas, pois materiais raros e custosos, quaisquer que sejam, serão sempre requisitados, e se a seda e as pérolas se tornassem comuns, os homens buscariam por outros ornamentos, que apenas os ricos podem obter. Caso tenham os caprichos satisfeitos, renovarão suas exigências, pois a única coisa que pode reconfortar sua imaginação insaciável é o acúmulo constante de riquezas, não a obtenção de certa quantidade delas.

Adam Ferguson

O interesse leva os homens a trabalhar e a praticar artes lucrativas. Se for garantido ao trabalhador que ele terá o fruto de seu esforço, se lhe for dada a perspectiva de independência ou liberdade, ele terá encontrado um fiel ministro na aquisição de riqueza e um fiel guardião das provisões que obtém. O estadista aqui, como no caso da população, fará muito se não atrapalhar. É o bastante se, no início da atividade comercial, ele souber reprimir as fraudes a que ela se expõe. O comércio continuado é o ramo de atividade em que os homens menos se expõem ao erro, comprometidos que estão com efeitos verificados em sua própria experiência.

Em épocas rudes, o comerciante é mesquinho, fraudulento e mercenário, mas, com o avanço e o progresso de sua arte, sua perspectiva se amplia e ele adota máximas: torna-se pontual, liberal, fidedigno e empreendedor, e em períodos de corrupção generalizada, preserva todas as suas virtudes, exceto a força de defender suas aquisições. Precisa apenas do Estado para protegê-lo; e, com frequência, é seu membro mais inteligente e mais honrado. Conta-se que mesmo na China, em que a trapaça, a fraude e a corrupção reinam em todas as ordens de homens, o grande mercador prontifica-se a transmitir confiança e a buscar por ela, e, enquanto seus compatriotas agem sob as restrições de uma política própria para ladrões, ele se pauta por razões de comércio e por máximas humanas.

Se o número da população está ligado à riqueza nacional, a liberdade e a segurança pessoal são a grande fundação de ambos. E, como essa fundação repousa no Estado, a natureza assegurou a multiplicação e a indústria de seus membros, implantando os desejos mais ardentes na estrutura humana e dando à mente uma preocupação uniforme e constante. Por

Ensaio sobre a história da sociedade civil

isso, o principal objetivo da política, quanto a isso, é garantir à família os meios de subsistência e de assentamento, proteger os industriosos que se dedicam a uma ocupação e promover a conciliação entre, de um lado, as restrições da política e as afeições sociais dos homens, e, de outro, os interesses e ocupações de indivíduos particulares.

Em matéria de profissão, de indústria e de comércio, o praticante experiente é o mestre, e o teorizador, um aprendiz. O comércio tem por objetivo enriquecer os indivíduos; quanto mais cada um ganha para si mesmo, mais contribui para a riqueza de seu país. Se for necessário protegê-lo, ele deve sê-lo; se houver crimes e fraudes, que sejam reprimidos; para além disso, não é assunto do governo. O político refinado que se intrometa nesse assunto multiplicará as interrupções e os motivos de queixa, pois, quando o mercador se esquece de seu próprio interesse e faz planos para o país, as visões e quimeras se avolumam, e a base sólida do comércio é solapada. Ele deveria saber que, quando só tem em vista sua vantagem própria, sem dar motivos de queixa, o interesse do comércio é resguardado.

Uma política adotada na França até recentemente partia da suposição de que a exportação de grãos exaure o solo e impôs severas restrições a esse ramo de atividade. Já o proprietário de terras e o fazendeiro inglês recebiam um crédito como estímulo à exportação, o que favorecia a venda de sua mercadoria. Os resultados mostram que o interesse privado é um patrono mais eficiente do comércio e da prosperidade do que os refinamentos introduzidos pelo Estado. Uma nação elabora um refinado plano de assentamento no continente norte-americano e deixa pouco à conduta de comerciantes e homens imprevidentes; outra permite aos homens livres decidir o que é melhor e que pensem por si mesmos. A indústria ativa e as

209

perspectivas tacanhas de uma redundaram em assentamentos prósperos, enquanto os grandiosos projetos de outra permaneceram meras ideias.

Mas não sou versado nesse tópico, tampouco ele é central para o meu objetivo. Especulações sobre o comércio e a riqueza foram realizadas pelos mais talentosos autores, e em breve o público terá à disposição uma teoria da economia nacional que nada ficará a dever a qualquer outra teoria científica consagrada.[17] Mas, tendo em vista o que eu disse sobre os negócios humanos, nada me parece tão importante como ter cautela, virtude que não falta aos autores a que me refiro, para não considerar tais artigos como a soma da felicidade nacional ou como principal objetivo dos Estados. Na ciência, tomamos os diferentes objetos em separado; na prática, seria um erro não tê-los em vista simultaneamente.

Uma nação, em busca de ouro e metais preciosos, negligencia fontes domésticas de riqueza e se torna dependente de seus vizinhos para as necessidades mais básicas. Outra, obcecada com o aperfeiçoamento de seus recursos domésticos e com o aumento da atividade comercial, torna-se dependente de estrangeiros para preservar tudo o que adquiriu. É uma tristeza ver como na conversação o interesse dos mercadores dá o tom dos raciocínios e como esse tópico se transformou na grande preocupação dos conselhos nacionais, para os quais a interposição dos governos nunca, ou muito raramente, é justificada, exceto pela proteção que oferecem a essa atividade.

---

17 Pelo sr. Smith, autor da *Teoria dos sentimentos morais* [Ed. bras.: 2.ed. São Paulo: WMF Martins Fontes, 2015. Ferguson se refere à *Investigação sobre a riqueza das nações*, publicada em 1776 – Ed. bras.: *A riqueza das nações*. 3.ed. São Paulo: WMF Martins Fontes, 2016].

Ensaio sobre a história da sociedade civil

Queixamo-nos da falta de espírito público; mas qualquer que seja o efeito prático dessa deficiência, ela não se verifica na especulação: em nossos raciocínios, estamos eternamente às voltas com o bem público. Mas a falta de perspectiva nacional costuma ser melhor do que possuir aquela que expressamos: gostaríamos que as nações fossem como uma companhia de comerciantes que só pensam em monopólios e lucros de comércio e, como eles, confiassem sua proteção a uma força que não possuem.

Visto que os homens, a exemplo de outros animais, vivem em multidões em que as necessidades da vida são acumuladas e as reservas de riqueza, ampliadas, tais situações nos levam a desconsiderar a felicidade e o caráter moral e político de um povo; e, ansiosos em propagarmos o rebanho, não vemos além do rancho e do pasto. Esquecemo-nos de quantas vezes uns poucos trataram muitos como presas; que, para os pobres, nada é tão tentador quanto os cofres dos ricos; e, quando o preço pela liberdade é pago, o peso da espada do vitorioso pode cair sobre o vencido.

Qualquer que seja a conduta das nações em relação a esse ponto, certo é que muitos de nossos argumentos em prol do aumento da riqueza e da população nos precipitam a uma situação em que os homens, expostos à corrupção, não têm como defender suas posses e terminam por se submeter à opressão e à ruína. Cortamos as raízes, mas esperamos por ramos vigorosos e folhagem espessa.

Acontece de aqueles que se dedicam aos assuntos públicos, levados pela opinião de que as virtudes dos homens estariam garantidas, voltarem sua preocupação para o número e a riqueza da população. Outros, que detestam a corrupção, preocupam-se apenas com a preservação das virtudes nacionais. A sociedade humana deve muito a ambas as classes. Se elas se opõem entre si, é por um mal-entendido, pois, mesmo unidas, não são suficientemente fortes para combater o nefasto partido que reduz tudo ao interesse pessoal e que só se ocupa com a segurança e o aumento de suas próprias reservas.

Seção V
Da defesa nacional e da conquista

Impossível determinar o quanto a política de um Estado se refere à guerra ou à segurança nacional. "Nosso legislador", declara o cretense em Platão, "pensava que as nações estão por natureza em estado de hostilidade. Tomou medidas conformes a isso e, vendo que as posses do derrotado são transferidas ao vitorioso, concluiu que seria ridículo propor um benefício a seu país antes de ser capaz de protegê-lo contra a conquista."

Creta, que supostamente oferece um modelo de política militar, costuma ser considerada como o original a partir do qual as célebres leis de Licurgo foram copiadas. Parece que os homens precisam de um objetivo palpável que oriente sua maneira de proceder e mostre alguma utilidade externa, mesmo na escolha das virtudes. Esparta tinha uma disciplina militar; e o senso de sua utilidade no campo de batalha, mais do que a força de leis não escritas ou tradicionais, pode ter induzido esse povo a observar por tanto tempo muitas regras que não parecem necessárias a outras nações, exceto na presença de um inimigo.

Cada uma das instituições desse povo oferecia uma lição de obediência e fortaleza, e de zelo pelo bem público. É notável,

Ensaio sobre a história da sociedade civil

porém, que tenham preferido obter unicamente por meio de suas virtudes o que outras nações não hesitam em comprar com seu tesouro, e é sabido que, no curso de sua história, passaram a considerar sua disciplina apenas em função dos efeitos morais que ela era capaz de produzir. Haviam tido a feliz experiência de um espírito corajoso, desinteressado e devotado às melhores afeições, e estudado para saber como preservar seu caráter, renunciando a interesses de ambição e a esperanças de glória militar, mesmo que fosse sacrificando parte de seu povo.

O destino dos espartanos que sobreviveram ao campo de batalha, não o dos que pereceram com Cleombroto em Leuctra, é que encheu os casebres da Lacedemônia com tristeza e reflexão.[18] O medo de que seus cidadãos fossem corrompidos pelo contato com estrangeiros servis e mercenários os levou a abandonar a liderança na guerra contra os persas, deixando aberta a Atenas, por cinquenta anos, sem rivais, a carreira da ambição e do lucro que lhes propiciou tantas aquisições de poder e de riqueza.[19]

Tivemos oportunidade de observar que em Estados rudes a guerra é sempre a principal ocupação, e que, em tempos bárbaros, pelo fato de os homens geralmente se dividirem em pequenos partidos, as hostilidades entre eles são perpétuas. Essa circunstância dá ao líder militar uma ascendência constante no país e inclina os povos, em épocas de guerra, à monarquia.

A condução de um exército é o que há de menos contencioso entre os súditos, e surpreendemo-nos ao constatar que

---

18 Xenofonte, *Anabasis.*

19 Tucídides, *History of the Peloponnesian War*, livro I [Ed. bras.: *História da Guerra do Peloponeso.* 3.ed. São Paulo: WMF Martins Fontes, 2013].

Adam Ferguson

os romanos, passadas muitas épocas de experiência militar, e tendo enfrentado os exércitos de Aníbal em sucessivos encontros, associaram dois líderes à frente de um mesmo exército e deixaram que se ajustassem entre si alternando o comando diariamente. Em outras ocasiões, porém, o mesmo povo pensou que seria conveniente, em tempos de aguda emergência, suspender o exercício de todas as magistraturas subordinadas e delegar a autoridade inteira do Estado a uma única pessoa.

As repúblicas geralmente têm constatado ser necessário, na conduta da guerra, depositar grande confiança no ramo executivo de seu governo. Quando um cônsul em Roma proclamava sua leva e fazia o juramento militar, ele se tornava, desde aquele momento, senhor do tesouro público e das vidas dos que estavam sob seu comando.[20] Nas mãos do litor, o machado e as varas deixavam de ser simples emblema de magistratura ou símbolo vazio: ao comando do pai, eram manchados com o sangue dos próprios filhos e caíam inapelavelmente sobre os amotinados e desobedientes de todas as condições.

Em todo Estado livre existe a necessidade permanente de distinguir entre as máximas da lei marcial e as da lei civil, e quem não aprende a obedecer implicitamente ao líder militar que o Estado escolheu, renunciando à sua liberdade pessoal no campo de batalha com o mesmo espírito magnânimo que mostra nas deliberações políticas de seu país, ainda não aprendeu a principal lição da sociedade civil, e só tem condições de ocupar um lugar em uma sociedade rude ou em um Estado corrupto, no qual os princípios do motim e da servidão,

---

20 Políbio, *Histórias*, livro VI.

Ensaio sobre a história da sociedade civil

por estarem combinados, são adotados, alternadamente, de maneira equivocada.

Por consideração às necessidades da guerra, nações inclinadas ao governo popular ou aristocrático recorreram a instituições que beiram a monarquia. Mesmo onde o cargo mais alto do Estado era administrado por muitas pessoas em conjunto, o poder e a autoridade que lhes pertenciam poderiam ser transferidos, em ocasiões excepcionais, a uma única, e, em situações de emergência, quando a estrutura política era abalada ou ameaçada, o poder monárquico era aplicado, como uma escora, para proteger o Estado contra a fúria da tempestade. Daí a nomeação dos ditadores em Roma e dos *stadtholders* nas províncias unidas dos Países Baixos; e assim também, em governos mistos, a prerrogativa real é eventualmente ampliada com a suspensão temporária das leis, e então as barreiras que protegem a liberdade são eliminadas e o rei é investido de poderes ditatoriais.[21]

Portanto, não tivessem os homens outro objetivo além da guerra, é provável que preferissem sempre o governo monárquico a qualquer outro; ou ao menos todas as nações, para evitarem a conspiração e a cabala, delegariam ao Poder Executivo uma autoridade ilimitada. Porém, felizmente para a sociedade civil, os homens têm objetivos de outra espécie, e a experiência ensina que, por mais que a condução de exércitos exija um comando unificado e absoluto, uma força nacional nunca é tão eficaz como quando seus homens são tratados com equidade, e os cidadãos mais simples podem se considerar tão destinados a comandar bem quanto a obedecer. Assim, o ditador

---

21 Na Grã-Bretanha, a suspensão do *habeas corpus*.

encontra um espírito e uma força prontos para amparar suas decisões, então ele mesmo é formado, os líderes se oferecem à escolha pública, a prosperidade do Estado se torna independente de indivíduos, e uma sabedoria que nunca morre, aliada a um sistema permanente e regular de procedimentos militares, pode sustentar uma luta prolongada, enfrentando os maiores infortúnios. Com essa vantagem, os romanos, que tiveram sucessivos líderes de distinção, se mostraram quase sempre preparados para enfrentar seus inimigos na Ásia e na África, enquanto a fortuna destes, ao contrário, dependia de homens singulares como Mitrídates e Aníbal.

O soldado tem uma honra a defender e um modo de pensar que se manifestam em sua espada. Em Estados livres e não corrompidos, essa honra é o zelo pelo bem público, a guerra é para o soldado uma questão passional, e não simplesmente de vocação. Seus efeitos, sejam eles positivos ou negativos, são sentidos ao extremo: o amigo terá as mais sinceras provas de lealdade, o inimigo sofrerá a mais severa animosidade. Esse sistema permitiu às célebres nações antigas travar a guerra como parte das mais elevadas conquistas da civilidade e o mais alto grau de refinamento.

Em sociedades pequenas e rudes, o indivíduo se vê atacado sempre que há uma guerra nacional e não pode delegar sua defesa a outrem. "O rei da Espanha é um grande príncipe", disse um chefe americano ao governador da Jamaica, que preparava um conjunto de tropas para participar de uma empreitada contra os espanhóis, "queres mesmo declarar guerra a ele com uma força tão reduzida?" Foi-lhe dito que haveria um reforço de tropas da Europa, e que o governador não mais seria o comandante supremo. "Mas então quem são esses", indagou ele,

Ensaio sobre a história da sociedade civil

"que compõem essa multidão de espectadores? Não são o seu povo? Por que não marchais juntos em uma guerra tão importante?" Foi-lhe respondido que os espectadores eram mercadores e outros habitantes que não estavam no serviço militar. "Mas continuariam a ser mercadores", insistiu esse estadista, "se o rei da Espanha vos atacasse diretamente? De minha parte, não penso que mercadores deveriam ter o direito de viver em qualquer país; quando vou à guerra, apenas as mulheres ficam em casa." Ao que parece, esse guerreiro simples considerava os mercadores pessoas neutras, que não entravam nas querelas de um país, ignorando assim como a própria guerra pode se tornar objeto de comércio, como os balcões de negócios são capazes de mobilizar poderosos exércitos, com que frequência o sangue humano, sem nenhuma animosidade nacional, é comprado e vendido como letras de câmbio, e quantas vezes os príncipes, os nobres e os estadistas, em muitas nações polidas, podem, por isso, ser considerados mercadores.

No progresso das artes e da política, os membros de um Estado se dividem em classes, e, quando tem início essa distribuição, nenhuma distinção é mais séria do que entre guerreiro e habitante pacífico: ela é suficiente para instaurar os homens numa relação de senhor e escravo. Mesmo quando os rigores da escravidão instituída são minimizados, como foram na Europa moderna em consequência da proteção e do direito de propriedade concedidos aos artesãos (*mechanic*) e lavradores, essa distinção continua a separar o nobre do vil, apontando para a classe de homens destinada a dominar (e reinar em) um país.

Certamente os homens não puderam entrever que, na busca pelo refinamento, eles inverteriam essa ordem, ou mesmo que poriam o governo e a força militar das nações em mãos dife-

Adam Ferguson

rentes. Mas seria igualmente inesperado que uma ordem que antes dominava retomasse sua posição? E que o cidadão pacífico, apesar de suas distinções de privilégio e hierarquia, voltasse um dia a se ajoelhar diante da pessoa a quem confiou a espada? Na eventualidade de tais revoluções, poderia o novo senhor reanimar o espírito dos nobres e dos livres? Poderia ele renovar o caráter do guerreiro e o do estadista? Temo responder. Montesquieu observa que o governo de Roma, mesmo sob os imperadores, se tornou, nas mãos das tropas, eletivo e republicano. Mas, quando as guardas pretorianas se tornaram a república, nunca mais se ouviu falar de um Fábio ou de um Bruto.

Enumeramos alguns itens sob os quais um povo pode ser classificado quando emerge da barbárie. São eles nobreza, povo, dependentes do príncipe. Os sacerdotes não foram esquecidos. Em tempos de refinamento, o Exército deve ser acrescentado à lista. Com a separação entre os departamentos de governo civil e de guerra, e dada a proeminência ao estadista, os ambiciosos naturalmente delegam o serviço militar aos que estão contentes com sua condição subordinada. Os que têm a maior parte na divisão da fortuna e o maior interesse na defesa de seu país, tendo deposto a espada, agora pagam pelo que não fazem mais, e os exércitos, não apenas os destacamentos estacionados no estrangeiro, mas também os domésticos, são sustentados por salários. Inventa-se uma disciplina que obriga o soldado a realizar pelo hábito e pelo medo de punição as árduas tarefas que o amor do bem público e do espírito nacional não mais inspira.

Quando consideramos a brecha que uma instituição como essa representa no sistema das virtudes nacionais, observamos com desgosto que a maioria das nações que completaram a

Ensaio sobre a história da sociedade civil

carreira das artes civis adotou, de uma forma ou outra, essa medida. Os Estados envolvidos em guerras ou que têm posses distantes a defender, os príncipes ciosos de sua autoridade ou que queiram desfrutar das vantagens de um corpo já disciplinado, não são os únicos a recorrer ao emprego de tropas estrangeiras ou a manter exércitos permanentes, mas mesmo aquelas repúblicas que não se encontram em tais situações e não têm as mesmas preocupações que as monarquias se lançaram no mesmo caminho.

Se as disposições militares ocupam um lugar tão considerável na política doméstica das nações, as consequências concretas da guerra são igualmente importantes na história humana. Glória e espólios foram os primeiros objetos de querelas; o reconhecimento de superioridade ou a rendição foram os preços da paz. O amor pela segurança e o desejo de domínio em igual medida levaram os homens a desejar uma superioridade de força. Seja como vencedores ou como derrotados, eles tendem a uma coalizão, e nações poderosas não perdem de vista a ampliação de seus limites, com a aquisição de uma província ou mesmo de um forte em sua fronteira.

As máximas da conquista nem sempre se diferenciam daquelas da autodefesa. Se um Estado vizinho é perigoso ou problemático, uma máxima recomendada por considerações de segurança, bem como de conquista, reza que ele deva ser enfraquecido ou desarmado, e se, uma vez derrotado, ele queira renovar o embate, que seja oficialmente governado. Roma nunca adotou outras máximas; e por toda parte enviou suas insolentes legiões com o pretexto de preservar a paz para si mesma e para seus aliados, paz essa que somente ela, diga-se, tinha o poder de perturbar.

Adam Ferguson

A igualdade dessas alianças que as cidades-estado gregas formaram entre si manteve, por algum tempo, sua independência e autonomia, e foi esse o período mais radiante e feliz de sua história. Prolongou-se graças à vigilância e às severas condutas por elas adotadas, mais do que pela moderação de suas assembleias ou pelas peculiaridades de política interna que, ao contrário, impediam o seu progresso. Os vitoriosos às vezes se contentavam com que governos subjugados adotassem formalidades similares às suas. Difícil dizer qual seria o passo seguinte, nas imposições. Mas, quando consideramos que um partido lutava pela imposição de tributos e outro pela dominação na guerra, não admira que os atenienses, movidos por sua ambição nacional e pelo desejo de riquezas, e os espartanos, embora originariamente quisessem apenas defender a si mesmos e a seus aliados, tenham ambos desejado se tornar os senhores da Grécia e se preparado para impor um ao outro o jugo que ambos, juntamente com seus confederados, foram obrigados a suportar de estrangeiros.

Nas conquistas de Filipe, o desejo de autopreservação e de segurança parece ter se misturado à ambição natural do príncipe. Voltou seus exércitos, sucessivamente, contra os lugares em que fora antes derrotado, em que o haviam repelido ou provocado, e, após ter subjugado os gregos, propôs-se a liderá-los contra o antigo inimigo destes, a Pérsia. Estabeleceu assim o plano que foi executado por seu filho.

Os romanos, após se tornarem senhores da Itália e conquistadores de Cartago, sentiram-se alarmados com o poderio da Macedônia e cruzaram um novo mar em busca de um novo campo no qual pudessem exercer sua força militar. Na realização de suas guerras, da data mais remota à mais recente de

Ensaio sobre a história da sociedade civil

sua história, os romanos, sem terem a intenção de realizar a conquista que terminaram por fazer, sem preverem, provavelmente, os benefícios que poderiam amealhar com a sujeição de províncias distantes, ou alheios à maneira com que governariam suas novas aquisições, continuaram mesmo assim a capturar tudo o que se interpunha a eles; e, estimulados por uma política que os envolvia em guerras permanentes, que levava a sucessivas vitórias e anexações de províncias, estenderam as fronteiras de um Estado que, poucos séculos antes, se confinava às cercanias de um vilarejo, até o Eufrates, o Danúbio, o Weser, o Forth e o Oceano.

Não adianta afirmar que o gênio de uma nação é avesso à conquista. Seus verdadeiros interesses podem sê-lo, mas todo Estado que esteja preparado para se defender e obter vitórias sente-se, do mesmo modo, tentado a conquistar.

Por toda parte na Europa, formaram-se exércitos mercenários disciplinados, prontos a marchar pela Terra, onde tudo o que impede que avancem como uma torrente são precárias formas políticas e balanças de poder provisórias. E se as águas irrompessem, que inundações não veríamos? Reinos e impérios efeminados se espalham do Mar da Coreia ao Oceano Atlântico. Qualquer Estado pode se tornar, com a derrota de suas tropas, uma província, qualquer Exército hoje combatido pode ser contratado amanhã, e toda vitória conquistada pode reforçar o poderio militar do vencedor.

Os romanos, com artes de comunicação inferiores tanto por mar quanto por terra, mantiveram seu domínio de parte considerável da Europa, da Ásia e da África, sobre nações ferozes e intratáveis. Do que não seriam capazes as frotas e armadas da Europa, com o acesso que têm a todas as partes do mundo por

Adam Ferguson

meio do comércio, se prevalecessem essas máximas ruinosas de que a grandeza da nação deve ser medida pela extensão de seu território ou que o interesse de um povo consiste em reduzir seus vizinhos à servidão?

Seção VI
Da liberdade civil

Se a guerra, de pilhagem ou de defesa, fosse o principal objetivo das nações, todas as tribos almejariam, desde o seu primeiro estágio, se tornar uma horda tártara, e os seus êxitos as levariam a um império tão extenso quanto o dos tártaros. O líder militar se imporia ao magistrado civil, e as atividades públicas de toda sociedade se resumiriam à capacidade de fugir com todas as suas posses ou de perseguir com a máxima força possível.

Aquele que primeiro ensinasse os citas, nas margens do Volga ou do Jenisca, a montar a cavalo, a transportar algodão sobre rodas, a cercar seu inimigo quando o ataca bem como quando foge dele, a manejar com máxima destreza a lança e o arco, e, mesmo quando atingido, a lançar seus dardos ao vento para atingir o agressor; aquele que ensinasse seus compatriotas a utilizar o mesmo animal para todos os propósitos relacionados ao leite, à carne e ao campo de batalha; alguém assim, eu digo, seria reputado o fundador de sua nação, ou então, como um Ceres ou um Baco para os gregos, seria investido com as honras de um deus, como prêmio por invenções tão úteis. Em tais nações, os nomes de um Hércules ou de um Jasão seriam transmitidos à posteridade, mas os de um Licurgo ou de um

Ensaio sobre a história da sociedade civil

Sólon, os heróis da sociedade política, não teriam nenhuma fama, real ou fabulosa, nos registros dos séculos.

Os membros de uma tribo de bárbaros belicosos podem nutrir entre si os mais poderosos sentimentos de afeição e honra, sem que com isso deixem de ser, para o resto dos homens, uma turma de bandidos e ladrões.[22] Podem ser indiferentes ao interesse e superiores ao perigo, mas nosso senso de humanidade, nossa consideração pelos direitos das nações, nossa admiração pela sabedoria e pela justiça, mesmo nossa efeminação, fazem-nos desviar com desprezo ou com horror de uma cena que exibe tão poucas de nossas qualidades e que serve como um reproche a nossas fraquezas.

Na condução dos negócios relativos à sociedade civil, os homens encontram exercício para seus melhores talentos e o objeto de seus melhores afetos. Graças às vantagens oferecidas pela sociedade civil, a arte da guerra é levada à perfeição, pois é então que os recursos à disposição dos exércitos e as complexas molas (*springs*) que devem ser ativadas em sua conduta são devidamente compreendidos. Os guerreiros mais célebres foram também os mais célebres cidadãos: comparado a um romano ou a um grego, um capitão trácio, germânico ou gaulês não passava de um noviço. O nativo de Pela aprendia os princípios de sua arte com um Epaminondas ou um Pelópidas.

Se, como foi observado na seção precedente, as nações devem ajustar sua política à possibilidade de guerras no estrangeiro, elas devem igualmente manter a paz doméstica. Mas não pode haver paz quando não há justiça. Ela pode resistir a divisões, disputas e opiniões contrárias, mas não a erros deli-

---

22 D'Arvieux, *Voyages du chevalier d'Arvieux en Arabe*, op. cit.

berados. Os agressores e os agredidos se encontram, como os próprios termos mostram, em estado de hostilidade.

Onde homens desfrutam de paz, eles a devem ou ao respeito e ao afeto que têm uns pelos outros ou a restrições impostas por lei. São mais felizes os Estados que promovem a paz entre seus súditos adotando o primeiro desses métodos; mas não é incomum que o façam recorrendo ao segundo. O primeiro diminui as chances de haver guerra e competição, o segundo ajusta as pretensões humanas com estipulações e tratados. Esparta ensinou seus cidadãos a desconsiderar o interesse, outras nações livres asseguram o interesse de seus membros e consideram-no a principal parte de seus direitos.

A lei é um tratado com o qual os membros de uma comunidade concordam, e sob o qual o magistrado e o súdito continuam a desfrutar de seus direitos e a manter a paz da sociedade. O desejo de lucro é o principal motivo das injúrias, e, portanto, a lei se refere sobretudo à propriedade. Ela prevê os diferentes métodos de aquisição de propriedade, como prescrição, alienação e sucessão, e faz as provisões necessárias para assegurar a posse da propriedade.

Além da avareza, há outros motivos pelos quais os homens são injustos, como orgulho, malícia, inveja e vingança. A lei erradica os próprios princípios ou ao menos previne seus efeitos.

Qualquer que seja o motivo pelo qual um erro é cometido, pode haver diferentes danos a quem sofre. Ele pode ser prejudicado em seus bens, em sua pessoa ou na liberdade de sua conduta. A natureza fez dele o senhor de toda ação que não seja prejudicial aos outros. As leis dessa sociedade em particular talvez o intitulem a uma determinada condição e concedam a ele certa parcela no governo de seu país. Portanto, um dano que,

Ensaio sobre a história da sociedade civil

a esse respeito, o estabeleça sob uma restrição injusta pode ser chamado de violação de seus direitos políticos.

Onde o cidadão supostamente tem direitos de propriedade e de posição e é protegido no exercício deles, diz-se que ele é livre, e as próprias restrições que o impedem de cometer crimes são parte de sua liberdade. Nenhuma pessoa é livre, se alguma pode fazer o mal impunemente. Mesmo o príncipe despótico, sentado em seu trono, não é exceção a essa regra geral. Ele mesmo é um escravo, a partir do momento em que alega que a força decidirá uma contenda. O desprezo que mostra pelos direitos do povo se volta contra ele mesmo, e, em meio à incerteza geral de todas as ordens, nenhum título é tão precário quanto o seu.

Se os homens são levados a divergir quanto à interpretação que dão do termo liberdade, é porque com ele se referem ora à segurança da pessoa e de seus bens, ora à manutenção da dignidade hierárquica, ora à participação nos assuntos de importância política, ora, por fim, aos diferentes métodos que asseguram seus direitos; e toda nação livre tende a pensar que apenas ela é livre, medindo-a por seus próprios hábitos e pelo sistema de suas maneiras.

Alguns pensaram que a distribuição desigual de riquezas é uma ofensa, e postularam que a redistribuição da propriedade é o fundamento da justiça pública. Esse esquema é adequado ao governo democrático, e apenas nele foi admitido com algum grau de eficácia.

Novos assentamentos, como o do povo de Israel, e instituições singulares, como as de Esparta e de Creta, oferecem exemplos de como isso pode ser executado, mas, na maioria dos outros Estados, mesmo o espírito democrático não conseguiu ir além de prolongar a luta pelas Leis Agrárias, de obter, eventualmente, a extinção das dívidas do povo, mantendo viva em seu espírito a ideia de que, a despeito de todas as distinções de fortuna, podiam reclamar por igualdade.

O cidadão de Roma, de Atenas e de tantas outras repúblicas lutava por si mesmo e por sua ordem. A Lei Agrária foi proposta e debatida por anos a fio: ela serviu para despertar a mente, alimentou o espírito de igualdade e abriu um campo para que pudesse exercer sua força, mas jamais foi promulgada com seus efeitos plenos.

Muitas das instituições destinadas a proteger os fracos contra a opressão favorecem, ao assegurar a posse de propriedade, sua distribuição desigual e aumentam o prestígio dos que mais tendem a cometer abusos de poder. Em Atenas e em Roma, tais abusos ocorreram cedo.[23]

Com o intuito de limitar o acúmulo excessivo de riqueza em mãos particulares, foi proposto conter o aumento das fortunas privadas pela proibição de vinculações e pela limitação do direito de primogenitura nas sucessões. Para prevenir a ruína de propriedades de tamanho moderado e restringir seu uso – e, por conseguinte, o desejo por propriedades ainda maiores –, propuseram-se leis suntuárias. Esses diferentes métodos são mais ou menos coerentes com os interesses do comércio e podem ser adotados, em diferentes graus, por um povo cujo objetivo nacional é a riqueza. Têm seu grau de efeito, pois inspiram moderação, ou um senso de igualdade, amenizando as paixões que se acendem nos homens por ocasião de danos recíprocos.

---

23 Plutarco, Vida de Sólon [In: *Vidas paralelas*, op. cit.]; Tito Lívio, *História de Roma*, op. cit., livro I.

Ensaio sobre a história da sociedade civil

Parece que um dos objetivos principais das leis suntuárias e da divisão igualitária de riquezas é impedir a gratificação da vaidade e restringir a ostentação de fortunas superiores, enfraquecendo, assim, o desejo por riquezas e preservando, no peito do cidadão, a moderação e a equidade que devem regular sua conduta.

Essa finalidade não pode ser atingida em um Estado em que exista divisão desigual de propriedade e em que se permita que a fortuna conceda distinção e hierarquia. É difícil encontrar um método capaz de conter essa fonte de corrupção. De todas as nações cuja história é bem conhecida, Esparta parece ter sido a única a compreender o próprio desígnio e a maneira de sua execução.

Ali, a propriedade era de fato reconhecida por lei, mas tal que, graças a certas regulações e práticas, parece ter sido a mais eficaz já inventada pelos homens. As maneiras que prevalecem em nações simples anteriormente ao estabelecimento da propriedade foram em alguma medida preservadas,[24] a paixão por riquezas foi, por muito tempo, suprimida, e o cidadão aprendeu a considerar a si mesmo como propriedade de seu país, não como proprietário de uma fortuna privada.

Considerava-se vergonhoso comprar ou vender o patrimônio de um cidadão. Em cada família, os escravos eram encarregados de cuidar da produção da terra, pois os homens livres desconheciam as artes lucrativas. A justiça estava fundada no desprezo pelo atrativo comum dos crimes, e as disposições do coração dos homens eram o mecanismo aplicado pelo Estado para preservar a liberdade civil.

---

24 Ver Parte II, Seção 2.

O indivíduo estava isento de quaisquer encargos que pudessem recair sobre sua fortuna, era educado para servir ao poder público de maneira vitalícia, alimentava-se em um refeitório comum, onde não podia exibir outra distinção além de seus talentos e virtudes, suas crianças eram guardiãs e pupilos do Estado, e cada adulto se via como pai e responsável pela juventude de seu país, diferente daquele que se preocupa com uma família à parte.

Conta-se que esse povo tinha algum cuidado em se enfeitar e era reconhecido de longe pelas cores vermelha ou púrpura de suas vestimentas, mas não podia transformar sua equipagem, suas edificações ou seu mobiliário em objeto de fantasia ou do que chamamos de *gosto*. O carpinteiro e o mestre de obras estavam restritos ao uso do machado e do serrote: seu artesanato deve ter sido simples e provavelmente, com respeito à forma, permanecido inalterado ao longo dos anos. O engenho do artista era empregado no cultivo de sua própria natureza, não no adorno das habitações de seus concidadãos.

Segundo esse plano, havia senadores, magistrados, líderes militares e ministros de Estado, mas não homens de fortuna. Como os heróis de Homero, eles distribuíam as honras pela quantidade de comida e de bebida. Um cidadão que, por sua capacidade, se tornasse o árbitro da Grécia ficava honrado ao receber, no jantar, uma porção dupla de uma refeição frugal. Era ativo, penetrante, valente, desinteressado e generoso, e suas posses, sua mesa e seu mobiliário poderiam, aos nossos olhos, macular todas essas virtudes. Mas as nações vizinhas se voltavam para esse celeiro de estadistas e guerreiros com a mesma ânsia que requisitamos praticantes de diferentes artes aos países nos quais eles se destacam, cozinheiros na França, musicistas na Itália.

Ensaio sobre a história da sociedade civil

Pode ser que não tenhamos conhecimento suficiente das leis e instituições espartanas para compreender de que maneira os fins propostos por esse Estado eram realizados, mas a admiração por seu povo e a constante referência de historiadores contemporâneos à sua notória superioridade não nos permitem questionar os fatos. "Quando observei", diz Xenofonte, "que essa nação, embora não fosse a mais populosa, era o Estado mais poderoso da Grécia, senti-me maravilhado e tomado pelo sincero desejo de saber que artes a teriam levado à preeminência; mas, quando passei a conhecer suas instituições, a maravilha cessou. – Assim como um homem supera outro, e quem se dá ao trabalho de cultivar o espírito ultrapassa quem o negligencia, também os espartanos excedem todas as nações, por ser o único Estado no qual a virtude é tratada como um objetivo de governo."

Os objetos da propriedade, considerados com vistas à subsistência ou mesmo ao prazer, têm um efeito menor na corrupção dos homens e no fomento do espírito de competição e ciúme entre eles, mas, vistos em relação à distinção e à honra, em que a fortuna determina a posição hierárquica, eles excitam as paixões mais veementes e absorvem todos os sentimentos da alma humana. Combinam a avareza e a mesquinharia à ambição e à vaidade, e levam os homens à prática de artes sórdidas e mercenárias e à posse de uma suposta elevação e dignidade.

Ao contrário, onde essa fonte de corrupção é efetivamente detida, o cidadão é cioso de seus deveres, e o magistrado é reto, toda forma de governo é bem administrada, cargos de confiança provavelmente são ocupados por pessoas dignas deles; e, a despeito da regra pela qual os cargos e o poder são distribuídos, é provável que toda a capacidade e força subsistentes no Estado venham a ser empregadas a seu serviço. Pois, nessa suposição, a experiência e as habilidades são os únicos guias e os únicos títulos à confiança pública; caso os cidadãos sejam separados em diferentes classes, eles restringirão uns aos outros com suas respectivas opiniões, não pela oposição de desígnios movidos por interesse.

Os que censuraram o governo de Esparta consideraram-no · apenas pelo aspecto das formalidades. Não era um governo calculado para impedir a prática de crimes, equilibrando as disposições egoístas e parciais dos homens umas às outras, mas sim para inspirar as virtudes da alma, promover a inocência com a supressão de inclinações criminosas e derivar a paz doméstica da indiferença de seus membros em relação aos motivos comuns de disputa e desordem. Em vão se buscaria por uma analogia com outras constituições, nas quais sua principal característica não se encontrava. A soberania colegiada, o Senado e os éforos tinham contrapartes em outras repúblicas, em particular no governo de Cartago.[25] Mas que afinidade relevante haveria entre um Estado cujo único objetivo era a virtude e outro que tinha em vista a riqueza? Entre um povo cujos reis associados a ele viviam nos mesmos casebres e só tinham dinheiro para se alimentar no dia a dia e uma república comercial, em que, para se ocupar os altos cargos do Estado, era necessário ter posses?

Outras comunidades menores expulsaram seus reis, quando suspeitaram de suas intenções ou após ter sido tiranizadas por eles; em Esparta, a sucessão hereditária dos reis foi mantida.

---

25 Aristóteles, *Politics* [Ed. bras.: *A política*. 2.ed. rev. São Paulo: Edipro, 2009].

Ensaio sobre a história da sociedade civil

Outros Estados recearam as intrigas e conspirações de seus membros em competição por honrarias; em Esparta, a única condição para ocupar um cargo no Senado era ser convocado a tal. Um poder supremo de inquisição era atribuído a uns poucos homens, os éforos, escolhidos por sorteio e sem distinção entre as diferentes ordens do povo. Caso se queira encontrar um contraste a esse e a muitos outros artigos da política de Esparta, basta consultar a história humana em geral.

Esparta, apesar dos supostos equívocos de sua forma de governo, prosperou por muito tempo graças à integridade de suas maneiras e ao caráter de seus cidadãos. Quando essa integridade se rompeu, seus habitantes não languesceram na fraqueza das nações que mergulham na efeminação. Foram levados pela torrente das paixões violentas, que arrastou tantos outros Estados em meio à fúria de épocas bárbaras. Seguiram o curso de outras nações, após ter completado o da antiga Esparta: ergueram muros e começaram a adquirir posses, tendo negligenciado o seu aperfeiçoamento como povo; e, de acordo com esse novo plano, em sua luta pela vida política, sobreviveram ao sistema de Estados que pereceu sob a dominação macedônia, viveram para atuar conjuntamente em outro sistema que surgiu na Liga Aqueia e foram a última comunidade grega a se tornar uma cidade do Império Romano.

Alguém poderia pensar que nos detemos em demasia na história desse povo singular, mas é preciso lembrar que somente eles, nas palavras de Xenofonte, fizeram da virtude uma preocupação de Estado.

Contentemo-nos em derivar nossa liberdade de uma fonte diferente, em esperar pela justiça dentro dos limites estabelecidos aos poderes do magistrado e em confiar na proteção de leis feitas para assegurar tanto o Estado quanto a pessoa do súdito. Em nossas sociedades, um homem, para ser grande, tem de ser rico, o prazer é muitas vezes buscado na vaidade, o desejo por uma felicidade presumida inflama as piores paixões e é motivo de miséria, e a justiça pública, embora não inspire sentimentos de candura ou equidade, é a única capaz de impedir que crimes sejam cometidos.

Essa descrição convém aos homens dominados pelas paixões da riqueza e do poder. Mas sua descrição é, em todo caso, mista: nos melhores, há uma mistura de maldade; e nos piores, uma pitada de bondade. Sem outras instituições de preservação de suas maneiras além das leis penais e as restrições políticas, elas derivam, de um sentimento instintivo, um amor pela integridade e pela candura e, do contágio da vida social, uma estima pelo que é honrável e digno de louvor. De sua união e da oposição comum a inimigos estrangeiros, elas derivam um zelo pela comunidade e a coragem para manter os seus direitos. Se a negligência da virtude como objeto da política tende a pôr em descrédito o entendimento dos homens, o seu brilho e a frequência com que ela brota no coração restituem à natureza as honras que lhe cabem.

Em toda nação em que as maneiras são mistas, a segurança de cada indivíduo e de seus direitos políticos depende muito de cada um, porém mais ainda do partido ao qual se alinha. Por essa razão, todos os que têm um interesse em comum tendem a se reunir em partidos e, na medida em que o interesse o exija, a se apoiar mutuamente.

Se os cidadãos de uma comunidade livre pertencem a diferentes ordens, cada ordem tem suas próprias reivindicações e pretensões: relativamente a outros membros do Estado, ela é

Ensaio sobre a história da sociedade civil

um partido; quanto aos diferentes interesses de seus membros, é capaz de acomodar um sem-número de divisões. Mas, em todo Estado, há dois interesses, que todos percebem de imediato: o do príncipe e de sua corte, e o da nobreza — ou de outras facções que se opõem ao povo.

Se o poder soberano pertence ao corpo coletivo, parece desnecessário pensar em instituições complementares para assegurar os direitos do cidadão. Mas é difícil, se não impossível, para o corpo coletivo exercer esse poder de maneira suplementar à necessidade de cada outra cautela política.

Se as assembleias populares assumem todas as funções do governo, e se, da mesma maneira tumultuosa como expressam, com grande propriedade, seus sentimentos, o senso de seus direitos e sua animosidade em relação a inimigos estrangeiros ou domésticos elas pretendam deliberar acerca de matérias de conduta nacional, ou decidir sobre questões de equidade e justiça, então o poder público se expõe a múltiplas inconveniências, e os governos populares, de todos os outros, estariam mais passíveis a cometer erros de administração e a se mostrar fracos na execução de medidas públicas.

Para evitar tais desvantagens, o povo está sempre disposto a delegar parte de seu poder. Ele estabelece um Senado para debater e preparar, se não para determinar, questões que são encaminhadas a um corpo coletivo para uma decisão final. Remete o Poder Executivo a um conselho dessa espécie ou a um magistrado que preside seus encontros. Sob esse expediente necessário e comum, mesmo quando as formas democráticas são mais ciosamente preservadas, há um partido da minoria e outro da maioria. Um ataca, o outro defende; ambos estão prontos a assumir o poder. Mas, embora o próprio povo represente uma grande ameaça à liberdade, pois em épocas de corrupção torna-se facilmente o instrumento da usurpação e da tirania, no aspecto ordinário do governo o Executivo mantém ares de superioridade, e os direitos do povo parecem expostos à violação.

Embora os senadores se misturassem à turba nos dias em que o povo romano se reunia e o cônsul não fosse mais que o servo da multidão, assim que essa terrível assembleia se dissolvia os senadores se encontravam para prescrever medidas ao soberano, e o cônsul de lá saía armado com machado e varas para ensinar a cada romano, em sua respectiva capacidade, a submissão que ele devia ao Estado.

Assim, mesmo onde o corpo coletivo é soberano, ele se reúne apenas ocasionalmente e, embora em tais ocasiões ele determine cada uma das questões referentes a seus direitos e interesses como povo e afirme sua liberdade com força irresistível, nem por isso se julga seguro, e de fato não o está sem a existência de um poder mais constante e mais uniforme operando a seu favor.

A multidão é forte por toda parte, mas requer, para a segurança de seus membros, separados ou reunidos, uma direção (*head*) para orientar e empregar sua força. Conta-se que tal foi o propósito do estabelecimento dos éforos em Esparta, do Conselho dos Cem em Cartago e dos tribunos em Roma. Contando com esse recurso, o partido popular conseguiu, em muitos casos, lidar com seus adversários e chegou mesmo a marchar sobre poderes, aristocráticos ou monárquicos, com os quais de outra maneira não teria condições de lutar. Em tais casos, o Estado costumava sofrer com atrasos, interrupções e confusões que os líderes populares, movidos por uma inveja

Ensaio sobre a história da sociedade civil

pessoal ou enciumados dos grandes, não hesitavam em criar, nos procedimentos do governo.

Se, como acontece em algumas comunidades maiores, o povo tem apenas uma parte da legislatura, ele não consegue sobrepujar os poderes colaterais que, por também terem a sua parte, estão em condições de se defender. Quando atua mediante representantes, sua força pode ser empregada de maneira uniforme. E pode fazer parte de uma constituição de governo mais duradoura do que aquelas em que o povo possui ou reclama a posse da legislatura como um todo, comportando-se de modo tirânico quando reunido, e na posição de escravos de um Estado destemperado, quando disperso. Em governos propriamente mistos, o interesse popular tem um contrapeso no interesse do príncipe ou dos nobres, o que estabelece uma balança entre eles, respondendo pela liberdade e pela ordem públicas.

Todas as variedades de governo misto procedem de tais arranjos casuais entre diferentes interesses; e do grau de consideração que cada interesse consegue obter para si dependem a equidade das leis que eles promulgam e a necessidade que eles são capazes de impor, de aderir estritamente aos termos da lei e de sua execução. Os Estados estão, assim, diferentemente qualificados a conduzir os assuntos de legislação, e sua fortuna não é a mesma, na completude e na observância constante do Código Civil.

Em constituições democráticas os cidadãos sentem a posse da soberania e nem sempre têm a mesma preocupação dos súditos de outros governos, de que seus direitos sejam explicados ou assegurados por estatutos efetivos. Confiam em seu vigor pessoal, no suporte de seu partido e no senso de comunidade.

Adam Ferguson

Se o corpo coletivo tem tanto a função de juiz quanto a de legislador, raramente pensa em elaborar leis para sua própria conduta, e menos ainda segue uma regra determinada. Em um momento abre mão do que em outro havia promulgado, e em sua capacidade judicativa, mais ainda, talvez, do que na legislativa, é guiado por paixões e por uma parcialidade que surgem das circunstâncias do caso que tem diante de si.

Mas, nos governos mais simples de uma espécie diferente, seja uma aristocracia, seja uma monarquia, há uma necessidade de lei e uma variedade de interesses a serem ajustados na elaboração de cada estatuto. O soberano quer dar estabilidade e ordem à administração por regras expressas e promulgadas. O súdito quer saber as condições e os limites de sua obrigação. Ele se submete ou se revolta na medida em que os termos em que vive com seu soberano e seus concidadãos forem ou não consistentes com o senso de seus direitos.

Nem o monarca, nem o conselho de nobres, onde qualquer um detém a soberania, podem querer governar ou julgar de modo discricionário. Nenhum magistrado, temporário ou hereditário, se sente à vontade para negligenciar a reputação de justiça e equidade de que sua autoridade e o respeito prestado a sua pessoa dependem em grande medida. As nações, no entanto, foram afortunadas no teor e na execução de suas leis em proporção à admissão que deram às ordens do povo na legislatura, ou por representação, ou por outros meios. Em instituições dessa espécie, a lei é, literalmente, um tratado com que as partes envolvidas concordaram e deram a sua opinião, influenciando na definição de seus termos. Também os interesses afetados pela lei são consultados em sua confecção. Cada classe propõe uma objeção, sugere um aditivo ou uma emenda.

Ensaio sobre a história da sociedade civil

Procedem a ajustar, por estatuto, cada objeto de controvérsia e, enquanto desfrutem de sua liberdade, continuarão a multiplicar as leis e a acumular volumes, como se pudessem eliminar possíveis motivos de disputa, assegurando seus direitos meramente ao estabelecê-los por escrito.

Roma e Inglaterra, com seus governos mistos, um inclinando-se para a democracia, o outro para a monarquia, mostraram-se as grandes legisladoras dentre as nações. A primeira legou ao continente europeu a fundação e grande parte da superestrutura do Código Civil, a outra, uma ilha, levou a autoridade e o governo da lei a um ponto de perfeição nunca antes visto na história humana.

Em instituições favoráveis como essas, costumes conhecidos, a prática e as decisões das cortes, além dos estatutos positivos, adquirem autoridade de leis, e cada procedimento é conduzido por uma regra fixa e determinada. As melhores e mais efetivas precauções são tomadas para haver uma aplicação imparcial de regras e casos particulares, e é notável como, nos dois exemplos mencionados, encontra-se uma surpreendente coincidência nos métodos singulares de sua jurisdição. Em ambos, o povo de alguma maneira reservou para si o ofício de julgar, deixando a tarefa de decidir acerca dos direitos civis e das questões criminais a um tribunal de pares, que, no julgamento de seus concidadãos, prescrevem a si mesmos uma condição de vida.

Afinal, não é apenas nas leis que devemos buscar pela segurança da justiça, mas também nos poderes pelos quais ela foi obtida, e cuja falta de constante suporte a faria cair em desuso. Estatutos servem para registrar os direitos do povo e declaram a intenção dos partidos em defender o que a letra da lei

Adam Ferguson

expressa. Mas, sem o vigor para sustentar o que é reconhecido como um direito, o mero registro ou a intenção débil não têm nenhuma valia.

A plebe pode se insurgir contra a opressão, ou uma ordem de homens que possui vantagens provisórias pode obter cartas, concessões e estipulações em seu favor, mas, se não forem tomadas as medidas necessárias à sua preservação, os artigos escritos são com frequência esquecidos, juntamente com a ocasião que deu ensejo a eles.

A história da Inglaterra e de todo país livre oferece muitos exemplos de estatutos promulgados quando o povo ou seus representantes se reuniram, mas que nunca foram executados, quando deixados à discrição da Coroa ou do Executivo. As leis mais equânimes no papel são consistentes com o mais exacerbado despotismo em sua administração. O julgamento por júri, na Inglaterra, estava respaldado na lei, mas os procedimentos das cortes eram arbitrários e opressivos.

É digno de nossa admiração, como pedra de toque da liberdade civil, o estatuto que obriga que a acusação contra uma pessoa se torne pública, que cada um dos termos seja detalhado, e que exige que a pessoa se apresente para que se defenda em julgamento dentro de um prazo definido. Até hoje não se propôs fórmula mais sábia para conter abusos de poder. Mas, para que tenha êxito, requerem-se nada menos que uma estrutura (*fabric*) formidável como a constituição política da Grã-Bretanha e um espírito tão refratário e um zelo tão turbulento como os de seu afortunado povo.

Se mesmo a segurança da pessoa e o título de propriedade, definidos adequadamente na letra de um estatuto, dependem, para a sua preservação, do vigor e da vigilância de um povo livre

Ensaio sobre a história da sociedade civil

e do grau de consideração que cada ordem consegue reclamar para si mesma, é ainda mais evidente que o que chamamos de liberdade política ou de direito do indivíduo de atuar, dada sua condição, por si mesmo e em nome do bem público, só pode ter a mesma fundação. As formalidades do procedimento civil podem garantir que a pessoa seja libertada com suas posses intactas, mas os direitos do espírito só podem ser garantidos por ele mesmo.

Seção VII
Da história das artes

Conforme observamos, a arte é natural ao homem e a habilidade que ele adquire após sucessivas épocas de prática é apenas o aperfeiçoamento de um talento que ele possui desde sempre. Vitrúvio encontra os rudimentos da arquitetura em uma tenda cita. O armeiro encontrará os primeiros produtos de sua vocação na funda e no arco, e o carpinteiro, os da sua, na canoa do selvagem. Mesmo o historiador e o poeta encontrarão os primeiros esboços de suas artes na fábula e na canção, que celebram as guerras, os amores e as aventuras dos homens em sua condição mais rude.

Destinado ao cultivo de sua própria natureza e à melhoria de sua situação, o homem tem sempre algum objeto em vista, que mobiliza sua atenção, seu engenho e seu trabalho. Mesmo que não se proponha nenhuma melhoria pessoal, suas faculdades serão fortalecidas por exercícios que ele realiza sem se dar conta. Sua razão e seus afetos são assim proveitosamente mobilizados para os assuntos da sociedade, sua invenção e sua habilidade são exercidas na obtenção de habitação e alimento, ocupações particulares lhe são recomendadas conforme sua idade e o país em que vive: aqui ele se ocupa com a guerra e as deliberações políticas, ali com o cuidado de seu interesse, conforto e conveniência pessoal. Adéqua seus meios a fins e, multiplicando gradualmente os inventos (*contrivances*), chega à perfeição nas artes. Em cada passo de seu progresso, se a sua habilidade aumenta seu desejo, também terá tempo para se distender. Em vão sugere-se a ele um invento para o qual não tenha uso ou fala-se de bênçãos que ele não alcança.

Supõe-se que cada época realiza empréstimos das que a precederam, e que as nações recebem parte de sua instrução de artes do exterior. Os romanos teriam aprendido com os gregos, e os europeus modernos, com ambos. Esses poucos exemplos nos ensinam muitas vezes a proceder em não admitir nada de original nas práticas ou nas maneiras de um povo: o grego copiava o egípcio, e mesmo este era um imitador, apenas não temos mais o modelo que o formou.

Sabe-se que os homens se aprimoram pelo exemplo e pela troca; no caso das nações, os membros se estimulam e dirigem-se uns aos outros. Por que buscar no exterior a origem das artes, se toda sociedade tem os princípios em si mesma e não exige mais que uma ocasião propícia para trazê-los à luz? Quando ela se oferece a um povo, este não costuma desprezá-la; e, enquanto se mantenha, ele aprimora as invenções que ele mesmo realizou ou, por conta própria, copia de outros. Mas nunca emprega sua própria invenção ou vai ao exterior em busca de instrução acerca de objetos que não lhe servem para nada, e nunca adota um refinamento para o qual não tenha uso.

Invenções são com frequência acidentais, mas é provável que um acidente que escape ao artista de uma era seja aproveitado

Ensaio sobre a história da sociedade civil

pelo da seguinte, que está mais preparado para utilizá-lo. Se as circunstâncias são favoráveis e o povo está determinado a fabricar os objetos de uma arte qualquer, cada uma das invenções é preservada ao ser inserida numa prática geral, cada modelo é estudado, e cada acidente, considerado. Se é que as nações tomam algo de empréstimo de seus vizinhos, provavelmente só se apropriam do que já estão prestes a inventar.

Uma prática singular de um país só se transfere para outro quando são dadas condições similares. Daí nossas frequentes queixas com relação à estupidez e à teimosia dos homens; daí a demora com que uma arte é comunicada de um lugar a outro. Enquanto os romanos adotavam as artes dos gregos, os trácios e os ilírios continuavam a tratá-las com indiferença. Tais artes se viram confinadas, por um tempo, às colônias gregas, depois passaram aos romanos. Mesmo no caso de sua disseminação por contatos comprovados, foram recebidas por nações independentes com a mesma lentidão com que se dá sua invenção. Progrediram mais rápido em Roma do que em Atenas; e, quando cruzaram as fronteiras do Império, foi na companhia de novas colônias pautadas por políticas romanas.

A raça moderna que tomou posse de províncias romanas cultivadas manteve as artes a que estava acostumada. O novo senhor caçava o javali ou pastoreava seus rebanhos em vez de semear campos férteis: construía casebres tendo palácios à vista, pôs abaixo os edifícios, esculturas, pinturas e bibliotecas dos antigos habitantes, estabeleceu seu assentamento em conformidade a um plano próprio e abriu perspectivas para novas invenções, sem perceber, a distância, até que ponto os progressos delas levariam à mais longínqua posteridade. O casebre da raça atual cresceu gradualmente, como a da anterior; e, em seu lugar, surgiram edificações públicas magníficas, alinhadas a um novo gosto. Mas esse gosto, com o passar das épocas, implodiu; o povo da Europa teve de recorrer aos modelos que seus antepassados haviam destruído e chorou sobre ruínas que não poderia restaurar.

Os vestígios literários da Antiguidade foram estudados e imitados, mas apenas depois que o gênio das nações modernas eclodiu. As rudimentares tentativas de poesia na Itália e na Provença eram similares aos primeiros esforços dos gregos e romanos antigos. É uma questão saber até que ponto teria ido o mérito de nossas obras sem o auxílio desses modelos, com sucessivos aperfeiçoamentos, ou ainda se o que ganhamos com a imitação supera o que perdemos quando abandonamos nosso sistema nativo de pensamento e nosso veio de fábula. Certo é que lhes devemos muito, tanto pelos materiais quanto pela forma de nossas composições, e, sem o seu exemplo, o teor de nossa literatura, de nossas maneiras e de nossa política seria diferente do atual. Pode-se afirmar com certeza, entretanto, que, por mais que as literaturas romana e moderna tragam o sabor do original grego, os homens nunca teriam bebido dessa fonte se não estivessem prontos para abastecer as suas próprias.

O sentimento e a fantasia, o uso das mãos e da cabeça, não são invenções de homens particulares; e se o florescimento das artes depende deles, muitas vezes é mais devido a um acerto da política do que a instruções do estrangeiro ou a uma suposta superioridade natural de outras nações em matéria de indústria e talentos.

Quando a atenção dos homens se volta para objetos particulares, as aquisições de uma época são legadas integralmente à seguinte, e os indivíduos são deixados em tranquilidade para

Ensaio sobre a história da sociedade civil

buscar o que lhes sugerem as suas necessidades, as invenções se acumulam e é difícil encontrar a origem de uma arte. Os passos que levam à perfeição são muitos, e não sabemos ao certo a quem conceder o maior elogio, se ao primeiro ou ao último a contribuir para o seu progresso.

Seção VIII
Da história da literatura

A partir das observações gerais feitas na seção anterior, podemos afirmar que as artes literárias, por serem, como as mecânicas, um produto natural da mente humana, também surgem, como elas, espontaneamente, onde quer que os homens estejam bem localizados. No caso de certas nações, não é preciso olhar além de suas fronteiras para encontrar a origem da literatura, não mais que a sugestão dos prazeres ou exercícios que os homens prósperos e livres se inclinam a cultivar por si próprios.

Tendemos a considerar as artes como se elas fossem estranhas ou adventícias à natureza do homem. Mas, não importa a situação em que os de nossa espécie se encontram, sempre lhe será sugerida uma arte pertinente à vida humana, como um meio para a obtenção de um fim útil. As artes mecânicas e comerciais surgiram do amor à propriedade e foram estimuladas pela perspectiva de segurança e de ganho. As artes literárias e liberais vieram do entendimento, da fantasia e do coração. São simples exercícios do espírito, em busca de prazeres e ocupações particulares, promovidas por circunstâncias que permitem à mente desfrutar de si mesma.

Os homens podem se sentir atraídos pelo passado, pelo presente e pelo futuro, e estão prontos para se dedicar a toda ocupação que oferece ensejo ao uso de seus poderes. Por isso, produções narrativas, de ficção, ou do raciocínio que tendam a mobilizar a imaginação ou a comover o coração continuam, ao longo das épocas, a chamar a atenção, e permanecem como uma fonte de deleite. Que a memória das transações humanas seja preservada na tradição ou por escrito, tal é a gratificação natural de uma paixão feita de curiosidade, admiração e gosto pelo entretenimento.

Às vezes, as produções do gênio se encontram plenamente realizadas antes mesmo que livros tenham sido escritos e a ciência tenha realizado avanços. O artista não requer o auxílio da erudição, quando a descrição de sua história diz respeito a objetos próximos de si e contíguos a ele e está relacionada à conduta e aos caracteres de homens com os quais ele mesmo agiu, e em cuja ocupação e fortuna teve um papel.

Essa vantagem permite que o poeta seja o primeiro a oferecer os frutos de seu gênio e lidere a carreira das artes em que a mente está destinada a exibir os frutos de sua imaginação e a exprimir suas paixões. Toda tribo de bárbaros tem suas rimas passionais e históricas, que trazem a marca da superstição, do entusiasmo e da admiração pela glória, e que se apoderam do peito dos homens nos primeiros estágios da sociedade. Deleitam-se na versificação, pois a cadência dos números é natural à linguagem do sentimento e, por não terem a vantagem da escrita, são obrigados a trazer o ouvido em auxílio da memória, facilitando assim a repetição e garantindo a preservação de suas obras.

Quando vemos a linguagem que os selvagens utilizam em ocasiões solenes, fica claro que o homem é poeta por natureza. Não importa se obrigado pelos defeitos de sua língua, pela

Ensaio sobre a história da sociedade civil

escassez de expressões apropriadas ou seduzido pelo prazer que a fantasia sente ao aproximar objetos por analogia, ele reveste com imagens e metáforas cada uma de suas concepções. "Plantamos a árvore da paz", disse um orador americano, "enterramos o machado sob suas raízes; daqui em diante, repousaremos sob a sua sombra, reunir-nos-emos para alumiar a corrente que mantém juntas as nossas nações." Tais são as coleções de metáforas que as nações utilizam em suas arengas públicas. Também são adeptos, no uso das línguas, das vivas figuras e da robusta liberdade que os eruditos julgam tão adequadas para expressar as rápidas transições da imaginação e os ardores do espírito passional.

Se nos perguntarem como poderiam os homens ser poetas ou oradores antes de ter recebido o auxílio da erudição do estudioso e do crítico, eu devolveria a questão indagando como é possível que os corpos caiam por conta de seu próprio peso antes que as leis da gravitação tenham sido registradas nos livros. O espírito, assim como o corpo, tem leis, exemplificadas no curso da natureza, que o crítico coleta, mas apenas depois que o exemplo as mostrou tais como são.

As nações rudes, provavelmente incitadas pela conexão física mencionada entre as emoções da imaginação acalorada e as impressões da música e de sons patéticos, repetem suas histórias em verso e terminam por dar a elas forma de canção. Quanto a isso, a história primitiva de todas as nações é uniforme. Nos primeiros tempos da Grécia, sacerdotes, estadistas e filósofos expunham suas instruções em poemas, misturando-se aos que lidavam com canções e fábulas heroicas.

Não surpreende, por isso, que em todas as nações a poesia seja a primeira espécie de composição, tampouco que um estilo aparentemente tão difícil e tão distante do uso comum seja, quase que em termos universais, o primeiro a alcançar a maturidade. O mais admirado poeta viveu para além do que alcançam a história e também, praticamente, a tradição.[26] A canção do selvagem, desprovida de arte, a lenda heroica do bardo, têm por vezes sentimentos de magnífica beleza que nenhuma modificação da linguagem poderia aperfeiçoar e nenhum refinamento crítico poderia reformar.[27]

O poeta simples, que trabalha sob as supostas desvantagens de um conhecimento limitado e uma compreensão rudimentar, tem impressões que mais do que compensam a falta de habilidades. Os melhores objetos da poesia, os caracteres do violento e do valente, do generoso e do intrépido, grandes perigos, testes de fortaleza e fidelidade, são exibidos em sua visão ou transmitidos em tradições vivas como a verdade, pois acredita-se nelas como se fossem verdadeiras. Seu trabalho não é, como os de um Virgílio ou um Tasso, relembrar os sentimentos ou as cenas de uma época distante da sua. Ele não precisa que o crítico lhe diga que é necessário relembrar o que outro poeta teria pensado ou a maneira como ele teria se exprimido.[28] As paixões simples, a amizade, o ressentimento e o amor são movimentos de seu espírito, e ele não tem por que copiar. Simples e veemente nas concepções e sentimentos, não precisa diversificar seus pensamentos ou seu estilo, desviando-se

---

26 Homero. (N. T.)

27 Ver James Macpherson, *Translations of Gallic Poetry* [os posteriormente famosos "poemas de Ossian"].

28 Longino, *On the Sublime* [Ed. bras.: *Do sublime*. São Paulo: WMF Martins Fontes, 1996].

Ensaio sobre a história da sociedade civil

assim de seu melhor juízo. Ele oferece as emoções do coração em palavras sugeridas pelo coração, pois são as únicas que conhece. E, assim, por mais que admiremos o juízo e a invenção de Virgílio e de outros poetas tardios, esses termos não cabem a Homero. Embora seja inteligente e tenha concepções sublimes, não poderíamos antecipar as luzes de seu entendimento ou os movimentos de seu coração. Parece falar por inspiração, não por invenção, e na escolha de seus pensamentos e expressões, é como se fosse guiado por um instinto sobrenatural, não pela reflexão.

A linguagem dos primeiros tempos é, sob certo aspecto, simples e limitada, e, sob outro, variada e livre. Permite liberdades negadas aos poetas posteriores.

Em épocas rudes, os homens não estão separados por distinções hierárquicas ou de profissão. Vivem da mesma maneira e falam o mesmo dialeto. O bardo não tem de escolher sua expressão entre a pronunciação particular das diferentes condições; basta preservar sua língua dos erros peculiares ao artesão (*mechanic*), ao camponês, ao erudito e ao cortesão, encontrando assim a elegante propriedade e a justa elevação isentas da vulgata de uma classe, do pedantismo de outra, da leviandade de uma terceira. O nome de cada objeto e de cada sentimento é fixo e, caso sua concepção tenha a dignidade da natureza, sua expressão terá uma pureza que não depende de escolha.

Essa aparente limitação na escolha das palavras lhe permite romper com os moldes comuns da construção e, na forma de uma língua que não foi estabelecida por regras, encontrar uma cadência própria, adequada ao tom de seu espírito. A liberdade que toma quando diz coisas impressionantes em linguagem elevada parece antes uma melhoria que uma violação da gramática. Com isso, ele lega às épocas posteriores um estilo e torna-se um modelo de juízo para a posteridade.

Mas, qualquer que seja a disposição primitiva do homem para a poesia, ou o benefício que ele extraia do cultivo dessa espécie de literatura, e não importa se a maturidade precoce das composições poéticas se deve ao fato de ser a primeira estudada ou de ter um encanto que atrai pessoas do mais vivo gênio, mais qualificadas a aperfeiçoar a eloquência de sua língua nativa, é um fato notável que não somente em países nos quais o veio de composição era original e se deu naturalmente, mas mesmo em Roma e na Europa moderna, onde os eruditos desde cedo imitaram os modelos estrangeiros, encontram-se poetas que são lidos com prazer, enquanto os autores de prosa da mesma época são negligenciados.

Assim como Sófocles e Eurípides precederam os historiadores e moralistas gregos, também Névio e Ênio, que escreveram a história romana em verso, além de Lucílio, Plauto e Terêncio, sem esquecer de Lucrécio, vieram antes de Cícero, Salústio ou César. Dante e Petrarca são anteriores a qualquer bom prosador italiano; Corneille e Racine provocaram a bela época da composição em prosa na França; na Inglaterra, tivemos não somente Chaucer e Spenser, mas Shakespeare e Milton, quando ainda se davam as primeiras incursões na história e na ciência, com autores que só merecem a nossa atenção pela matéria de que tratam.

Helânico, que é considerado um dos primeiros escritores gregos em prosa, que precedeu Heródoto ou foi seu contemporâneo, declarou explicitamente sua intenção de eliminar da história todas as representações aberrantes e ficções extrava-

Ensaio sobre a história da sociedade civil

gantes que os poetas haviam introduzido nesse gênero.[29] A falta de registros ou de autoridades relativas a transações remotas pode tê-lo impedido, como de fato impediu seu sucessor imediato, de dar à verdade todas as vantagens que ela poderia ter obtido com a transição para a prosa. No entanto, em certos períodos do progresso da sociedade, uma proposição como essa é acolhida favoravelmente. Quando os homens se ocupam de assuntos políticos ou das artes comerciais, eles anseiam por informação e instrução, e também por comoção. Interessam-se pelo que há de real nas transações do passado; tomam-nas como fundamento de reflexões e raciocínios que aplicam aos assuntos presentes; e informam-se a respeito das diferentes empreitadas e projetos com que começam a se envolver. Suas maneiras, as práticas da vida cotidiana e a forma da sociedade fornecem ao escritor moral e político os seus objetos de reflexão. Entende--se que o engenho apurado, o sentimento justo e a representação correta, transmitidos em linguagem comum, constituem por si mesmos o mérito literário, e, aplicados mais à razão do que à imaginação e às paixões, recebem uma admiração que se justifica pela instrução que promovem.

Os talentos dos homens se aplicam aos mais variados assuntos, e suas investigações se dirigem aos mais diferentes objetos. O conhecimento é importante em cada departamento da sociedade civil e é necessário à prática de todas as artes. As ciências da natureza, da moral, da política e da história têm seus respectivos admiradores; e mesmo a poesia, que preservou o acesso à região da imaginação cálida e da paixão entusiástica, se mostra em uma crescente variedade de formas.

---

29 Apud Demétrio de Faleros, *Da retórica.*

Adam Ferguson

A esse ponto foram as coisas, sem exemplos estrangeiros ou a direção das escolas. A carroça de Téspis foi transformada em teatro não para satisfazer os eruditos, mas para agradar à plebe de Atenas. Essa mesma plebe decidia o prêmio do mérito poético, tanto antes quanto depois da invenção das regras. Os gregos não conheciam outra língua além da sua e, para se tornarem eruditos, estudavam apenas o que eles mesmos haviam produzido. A infantil mitologia, que segundo se diz teriam copiado da Ásia, não promoveu seu amor pelas artes, nem explica o êxito com que as cultivaram.

Quando o historiador se impressiona com os eventos que testemunhou ou dos quais inteirou-se e anima-se a relatá-los com suas reflexões e paixões, quando o estadista, que tem de saber falar em público, se prepara para ocasiões importantes com discursos esmerados, quando a conversação dissemina-se e refina-se e os sentimentos e reflexões sociais dos homens são postos por escrito, estão dadas as condições para que um sistema de conhecimentos possa surgir no bojo da vida ativa. A própria sociedade é a escola e suas lições são ministradas no trato com problemas concretos. Um autor escreve a partir de observações que fez sobre um objeto, não do que é sugerido pelos livros, e toda produção traz também a marca de seu caráter como homem, não apenas de sua proficiência como estudante ou especialista. Fica a questão de saber se o empenho na busca por modelos rarefeitos e instrução hermética, por meio de alusões obscuras em linguagem desconhecida, não apagaria o fogo de um autor, relegando-o a uma classe mais baixa.

Considerando-se a sociedade como a escola das letras, é provável que suas lições variem em cada Estado nas mais diferentes épocas. Por algum tempo, a severa dedicação do povo romano à

Ensaio sobre a história da sociedade civil

política e à guerra suprimiu as artes literárias, e parece ter sufocado o gênio do historiador e do poeta. As instituições de Esparta desprezavam abertamente tudo o que não estivesse conectado às virtudes práticas de um espírito vigoroso e resoluto. Esse povo classificava os encantos da imaginação e os esplendores da linguagem ao lado das artes do cozinheiro e do perfumista. Alguns autores mencionam suas canções de louvor e fortaleza, e foram preservadas coleções de seus ditos e tiradas espirituosos, materiais que indicam as virtudes e habilidades de um povo ativo, não a proficiência nas ciências ou o gosto pela literatura. Dotados das virtudes do coração essenciais à felicidade, estavam cientes de seu valor e eram indiferentes aos inúmeros objetos que os homens em geral têm tanta dificuldade de avaliar. Sua concepção invariável lhes dava um ponto de vista cortante sobre as tolices do gênero humano. "Quando ireis praticá-la?", costumavam indagar a homens idosos às voltas com questões sobre a natureza da virtude.

Enquanto esse povo concentrava seus estudos em uma única questão – como melhorar e preservar a coragem e os afetos desinteressados do coração humano –, seus rivais, os atenienses, davam vazão a refinamentos em cada reflexão e paixão. Com os prêmios e distinções que conferiam aos esforços do engenho para favorecer o prazer, o ornamento e as conveniências da vida, com a variedade de condições de seus cidadãos, com as desigualdades de fortuna e a diversidade de papéis na guerra, na política, no comércio e nas artes do lucro, eles despertaram tudo o que havia de bom e de mau nas disposições dos homens. Todas as vias que levam à eminência foram abertas: eloquência, fortaleza, destreza militar, emulação, denúncia, facciosidade e traição, a própria musa sendo cortejada para dar lustre a um povo vivaz, perspicaz e turbulento.

Adam Ferguson

Esse exemplo nos permite concluir com segurança que, embora os negócios públicos possam rivalizar com o estudo, o retiro e o lazer, não são o principal requisito à melhoria e talvez nem mesmo ao exercício dos talentos literários. As mais impressionantes manifestações de imaginação e sentimento têm alguma referência ao gênero humano, são excitadas pela presença de homens e pelo contato entre eles e mostram-se mais vigorosas quando ativadas no espírito pela operação de suas principais molas (*springs*), pela emulação, pela amizade e pela oposição que subsiste em um povo avançado e ambicioso. Nas momentosas ocasiões em que uma sociedade livre e mesmo licenciosa é posta em movimento, seus membros se tornam capazes de realizar as mais diferentes tarefas; e os mesmos eventos que deram emprego a Temístocles e Trasíbulo inspiraram, por contágio, o gênio de Sófocles e o de Platão. O petulante e o engenhoso encontram iguais oportunidades para seus talentos, e monumentos literários se tornam repositórios de inveja e tolice, bem como de sabedoria e virtude.

A Grécia, dividida em muitos pequenos Estados e, mais do que em qualquer outra parte do globo, agitada por contendas domésticas e guerras estrangeiras, deu o exemplo em cada espécie de literatura. A tocha foi passada a Roma, não quando o Estado deixou de ser guerreiro e suprimiu as agitações políticas, mas quando misturou o amor pelo refinamento, pelo prazer e pelo interesse nacional, cultivando uma inclinação ao estudo em meio às fermentações ocasionadas pelas guerras e pelas pretensões de facções opostas. A tocha reacendeu na Europa moderna, nos turbulentos Estados da Itália, e espalhou-se para o norte, juntamente com o espírito que abalou as estruturas da política gótica. Intensificou-se quando os homens se dividiram em partidos, sob denominações civis ou religiosas,

Ensaio sobre a história da sociedade civil

sem se entender em relação ao que consideravam como mais importante e mais sagrado.

O exemplo de diferentes épocas mostra que os dotes de liberalidade concedidos a sociedades eruditas e o lazer de que usufruíram para o estudo não são os meios mais plausíveis para excitar o gênio. Mesmo a ciência, suposta cria da ociosidade, murchou à sombra do retiro monástico. Homens distantes de objetos úteis de se conhecer, alheios aos motivos que animam um espírito ativo e vigoroso, só poderiam produzir o jargão da linguagem técnica e acumular a impertinência das formalidades acadêmicas.

Para falar ou escrever de maneira justa, a partir da observação da natureza, é necessário experimentar os sentimentos naturais. Quem conduz sua vida compenetrado e ardente provavelmente irá exercer uma força e uma sagacidade equivalentes na aplicação dos talentos literários. E, por mais que a escrita se torne uma profissão que demande a mesma dedicação e estudo que outras vocações, seus principais requisitos são o espírito e a sensibilidade de uma mente vigorosa.

Pode ser que, em um momento determinado, a escola extraia suas luzes e preceitos a partir da vida ativa, enquanto em outro os resíduos de espírito ativo são sustentados pelos monumentos literários e pela história das transações entre os homens, preservando-se assim os exemplos e a experiência de tempos passados, mais felizes. Mas, não importa como os homens se preparem para os grandes desafios da elocução ou da conduta, é uma grande decepção constatar que os feitos do caráter humano se restringiram ao domínio da especulação, e que foram negligenciadas qualidades como fortaleza e afeto público, tão necessárias para que o nosso conhecimento sirva à felicidade e à utilidade.

Parte IV
Das consequências do avanço das artes civis e comerciais

Seção I
Da separação das artes e profissões

É evidente que, embora incitado pelo senso de necessidade ou pelo desejo de conveniência, e estimulado por vantagens de localização ou de política, um povo não pode realizar grandes progressos no cultivo das artes da vida até que tenha separado e atribuído a diferentes pessoas as diversas tarefas que demandam peculiar destreza e atenção. O selvagem ou o bárbaro têm de construir e de plantar, e de fabricar por si mesmos, e preferem, no intervalo entre as emergências e fatigas, o desfrute da preguiça ao crescimento de sua fortuna. Provavelmente sentem-se desestimulados, dada a gama de suas necessidades, na dedicação à indústria, ou então sua atenção, dividida entre diferentes tarefas, os impede de adquirir habilidade para a administração de um objeto em particular.

O desfrute da paz e a perspectiva de poder trocar uma mercadoria por outra transformam gradualmente o caçador e o guerreiro em comerciante e mercador. Os acidentes pelos quais

255

Adam Ferguson

os meios de subsistência são distribuídos de maneira desigual, a inclinação e as oportunidades favoráveis, consignam aos homens diferentes ocupações, e um senso de utilidade os leva a subdividir as profissões ao infinito.

O artista constata que, quanto mais sua atenção se restringe a uma parte de seu trabalho, suas produções se tornam mais perfeitas e a quantidade delas aumenta em suas mãos. Qualquer um que se dedique à manufatura pode constatar que, quanto mais subdivide as tarefas de seus trabalhadores e mais braços emprega em artigos separados, mais as suas despesas diminuem e os seus lucros aumentam. O consumidor também espera que mercadorias de todas as espécies se tornem mais perfeitas assim do que se fossem fabricadas por uma única mão, de modo que o progresso do comércio se resume à contínua subdivisão das artes mecânicas.

Um ofício pode mobilizar a atenção inteira de um homem e ter um segredo que, para ser desvendado, requer um aprendizado regular. Nações de mercadores são formadas por membros que ignoram os assuntos humanos para além de sua ocupação particular, e contribuem para a preservação e a expansão de sua comunidade mesmo sem atentar para o interesse dela. Cada indivíduo se distingue por sua vocação e tem um lugar próprio. O selvagem, que desconhece toda distinção para além do mérito, do sexo e da espécie, e para quem a comunidade é objeto soberano de afeto, admira-se ao constatar que, em uma situação como essa, ser homem não basta para ter uma posição: horrorizado, ele retorna às florestas com desgosto e aversão.

Com a separação das artes e profissões, as fontes de riqueza são escancaradas, materiais de toda espécie são trabalhados até o máximo da perfeição, e cada mercadoria é produzida em

Ensaio sobre a história da sociedade civil

abundância. O Estado pode calcular seus lucros e dividendos pelo número da população, e conquistar com o tesouro e o poderio nacional aquilo que o selvagem o faz com sangue.

As vantagens advindas da separação das partes dos ramos inferiores da manufatura parecem se igualar às derivadas de um dispositivo similar nas altas esferas da política e da guerra. O soldado é dispensado de todo cuidado que não o de seu serviço, o estadista divide a administração do governo civil em setores, e os servidores públicos de todas as esferas cumprem suas obrigações sem ter conhecimento dos negócios públicos, apenas observando formalidades já estabelecidas pela experiência dos que os procederam. Como partes de uma máquina (*engine*), eles concorrem para um propósito sem qualquer iniciativa própria e, tão cegos quanto o mercador em relação a uma combinação geral, reúnem-se a ele ao fornecer ao Estado seus recursos, sua condução e sua força.

Atribui-se à natureza o artifício do castor, da formiga e da abelha. O das nações polidas é atribuído a elas mesmas, e indicaria uma capacidade superior à de espíritos rudes. Mas as instituições dos homens são, como as dos animais, sugeridas pela natureza e resultam do instinto dirigido pela variedade de situações em que os homens se encontram. Essas instituições surgem de melhorias sucessivas, realizadas sem qualquer discernimento de seu efeito geral, e trazem os assuntos humanos a um estado de complexidade que a maior capacidade de que a natureza humana dispõe jamais poderia projetar, pois, mesmo quando o todo funciona bem, não se pode compreendê-lo em sua extensão completa.

Quem poderia antecipar ou enumerar as diferentes ocupações e profissões pelas quais os membros de um Estado comer-

Adam Ferguson

cial se distinguem, ou a variedade de dispositivos acionados em diferentes células que o artista, atento ao seu ofício, inventa para abreviar ou facilitar sua tarefa? Na realização desse grandioso fim, cada geração, se comparada à anterior, pode parecer tola, pois o engenho humano, por mais alto que tenha se elevado em sucessivas épocas, continua a se mover no mesmo ritmo, pronto para dar o último passo, assim como deu o primeiro, no aperfeiçoamento comercial e no civil.

É de se duvidar que a medida da capacidade civil aumentaria com o avanço das artes. Muitas artes mecânicas não demandam nenhuma capacidade. Têm mais êxito quando o sentimento e a razão são suprimidos; a ignorância é a mãe da indústria, assim como da superstição. Reflexão e fantasia estão sujeitas a erro, mas o hábito de mover as mãos ou os pés independe de ambas. Por isso, as manufaturas prosperam mais quando a mente é menos consultada, e o ateliê pode ser considerado uma máquina (*engine*) cujas partes são os homens.

O selvagem derrubou a floresta sem machado, pesos foram erguidos sem ajuda de alavancas (*mechanical powers*). O mérito do inventor em cada ramo é provavelmente maior que o do executor, pois quem inventa uma ferramenta ou consegue trabalhar sem sua assistência merece ser considerado, por sua perspicácia, superior ao mero artista, que com sua assistência produz uma obra bem acabada.

Mas, se muitas partes da prática das artes não exigem habilidades ou tendem a contrair e limitar as perspectivas do espírito, outras levam a reflexões gerais que alargam o pensamento. Mesmo na manufatura, o gênio do mestre pode ser cultivado enquanto o do artesão subordinado é desperdiçado. O estadista é capaz de ter uma compreensão abrangente dos assun-

Ensaio sobre a história da sociedade civil

tos humanos, enquanto seus subordinados (*tools*) ignoram o sistema em que se combinam. O oficial pode ser proficiente no conhecimento da guerra, enquanto a habilidade do soldado se restringe a alguns movimentos das mãos e dos pés. Os primeiros podem ter ganhado o que os últimos perderam e, ocupados na conduta de exércitos disciplinados, praticam em larga escala as mesmas artes da preservação, do engano e da estratégia, que o selvagem exerce ao liderar um pequeno grupo ou em defesa própria.

Os praticantes das artes ou profissões oferecem matéria de especulação ao homem de ciência, e o próprio pensamento pode se transformar em um ofício à parte, numa época de separações. No fervilhar das ocupações e tarefas civis, os homens se mostram sob luzes variadas e sugerem matéria de investigação e fantasia, alumiando a conversação e ampliando seus horizontes. As produções da invenção são levadas ao mercado, e os homens estão dispostos a pagar por tudo o que possa informá-los ou diverti-los. Com isso, tanto os ociosos quanto os ativos contribuem para promover o progresso das artes e dar às nações polidas o ar de sagacidade superior com os quais parecem ter conquistado os mesmos fins buscados pelo selvagem na floresta: conhecimento, ordem e riqueza.

Seção II
Da subordinação consequente à separação das artes e profissões

Há um grau de subordinação que decorre da diferença entre talentos e disposições naturais, um segundo, consequente à repartição desigual da propriedade, e um terceiro, não menos

Adam Ferguson

sensível, que deriva dos hábitos adquiridos pela prática das diferentes artes.

Há ocupações liberais e ocupações mecânicas. Exigem diferentes talentos e inspiram sentimentos diversos. Coincidam ou não com nossas preferências pessoais, é razoável formar nossa opinião sobre a distinção merecida por homens de certas profissões e posições a partir da influência de seu modo de vida no cultivo dos poderes do espírito e na preservação dos sentimentos do coração.

O homem tem uma dignidade natural que lhe permite, mesmo em seu estado mais rude, e apesar das necessidades mais prementes, elevar-se em relação à consideração pela mera subsistência ou pelo interesse: ele atua movido pelo coração, levando em conta a amizade ou a oposição, e apresenta-se apenas em ocasiões de perigo ou dificuldade, deixando os cuidados ordinários aos fracos ou servis.

As mesmas concepções regulam, em todas as circunstâncias, as noções de dignidade e baixeza. Na sociedade polida, o desejo de evitar o caráter sórdido leva o homem a disfarçar seus cuidados no que diz respeito à sua preservação e sustento. Ele percebe que o mendigo que depende de caridade, que o trabalhador que labuta para comer, que o artesão (*mechanic*) cuja arte não requer nenhum gênio, são degradados pelo objetivo que perseguem e pelos meios que empregam para alcançá-lo. Profissões que requerem mais conhecimento e estudo, que mobilizam a fantasia e pressupõem o amor pela perfeição, que produzem o aplauso ou o lucro, põem o artista em uma classe superior e o aproximam de uma posição mais nobre, pois não está comprometido com nenhuma tarefa, segue apenas a disposição de sua mente e

Ensaio sobre a história da sociedade civil

desempenha na sociedade um papel a que é levado pelos sentimentos do coração ou convocado pelo poder público.

A esta última posição aspiravam os cidadãos nas repúblicas antigas, marcadas pela distinção entre homens livres e escravos. Em épocas mais primitivas, as mulheres e os escravos haviam sido postos à parte para fins de trabalho doméstico ou físico, e, com o progresso das artes do lucro, os escravos passaram a ser formados nas profissões mecânicas, fabricando mercadorias para benefício de seus senhores. Entendia-se que as únicas ocupações dignas de homens livres eram a política e a guerra. A honra de metade da espécie era sacrificada à da outra, assim como as pedras postas na fundação sustentam a estrutura geral de um palacete. Isso nos lembra de que, apesar de nossos encômios aos gregos e romanos, nenhuma instituição humana é perfeita.

Em muitas cidades-estado gregas, os benefícios para homens livres dessa cruel distinção não eram distribuídos de maneira equânime por todos os cidadãos. Como a riqueza não era dividida por igual, só os ricos estavam isentos do trabalho, os pobres tinham de trabalhar para sua subsistência. O interesse era a paixão governante de ambos, e a posse de escravos tornou-se, como a de outras propriedades lucrativas, objeto de avareza, não uma isenção de atenções sórdidas. Esparta foi o único lugar em que os efeitos dessa instituição foram obtidos integralmente e puderam ser desfrutados por um tempo considerável. Percebemos que isso é injusto e sentimos pelo hilota, que sofria com um tratamento desigual e severo, mas, quando pensamos na ordem superior de homens dessa cidade, quando vemos seu espírito nobre e magnânimo que não sentia medo diante do perigo, cujo interesse não levava à corrupção, e os consideramos como ami-

Adam Ferguson

gos ou cidadãos, esquecemo-nos facilmente, como eles mesmos, que escravos são dignos de ser tratados como homens.

Buscamos por sentimentos nobres e por uma mente aberta nas ordens de cidadãos que, por sua condição e fortuna, estão isentos de cuidados e atenções sórdidas. Tal é a descrição do homem livre espartano, e se a sorte do escravo antigo era mais miserável que a do indigente trabalhador e artesão moderno, é de se duvidar que as ordens superiores, que são respeitadas e têm posses, não estariam, proporcionalmente, abaixo da dignidade esperável de sua condição. Se as pretensões à justiça equânime e à liberdade terminarem por tornar todas as classes igualmente servis e mercenárias, teremos uma nação de hilotas, sem cidadãos livres.

Em todo Estado comercial, apesar de pretensões a direitos iguais, a condição dignificada de uns poucos inevitavelmente prejudica muitos. Estamos acostumados a pensar que, num arranjo como esse, a extrema vileza de algumas classes viria principalmente da falta de conhecimentos e de educação liberal, e projetamos nelas a imagem do que teria sido nossa espécie em seu estado rude e inculto. Mas esquecemo-nos assim das muitas circunstâncias que, em especial em cidades densamente povoadas, tendem a corromper as ordens inferiores de homens. A ignorância é a menor de suas máculas. A admiração pela riqueza alheia engendra inveja e servidão; o hábito de agir sempre com vistas ao lucro leva à submissão; e, para satisfazer a avareza e a lascívia, praticam-se os mais variados crimes. Nada disso é exemplo de ignorância, mas de corrupção e vilania. O selvagem não recebeu a mesma instrução que nós e ignora nossos vícios; não reconhece nenhum superior e não se porta como servo; não sabe de distinções de fortuna e não tem como sentir

Ensaio sobre a história da sociedade civil.

inveja; mobiliza seus talentos para atuar nas causas mais nobres da sociedade humana como conselheiro ou soldado; e, na formação de seus sentimentos, conhece tudo o que o coração exige que se conheça, sabe identificar o amigo de quem gosta e o interesse público que desperta seu zelo.

As principais objeções ao governo democrático ou popular são extraídas das desigualdades que surgem entre os homens como resultado da prática das artes comerciais. Deve-se reconhecer que homens de disposição sórdida, dedicados a ocupações tacanhas, quando participam de assembleias populares, por mais que tenham sido escolhidos, são pessoas inadequadas para comandar. Poderia alguém que só pensa em sua subsistência ou preservação ter a incumbência de conduzir uma nação? Quando a deliberação sobre questões de Estado lhes é permitida, introduzem nos conselhos a confusão e o tumulto, o servilismo e a corrupção, e muitas vezes os efeitos de facções ruinosas ou de resoluções mal concebidas e mal executadas se mostram irreversíveis.

Malgrado esses defeitos, os atenienses mantiveram um governo popular. O artesão era obrigado pela lei a estar presente em praça pública e a acompanhar debates sobre a guerra e a paz. Era tentado, por recompensas pecuniárias, a comparecer a julgamentos de causas civis e criminais. Apesar desse exercício, que tendia a cultivar seus talentos, o indigente não perdia de vista os ganhos e não abandonava os hábitos de sua vocação tacanha. Oprimidos pela percepção de sua disparidade de condição e fraqueza pessoal, estavam prontos a se resignar inteiramente à influência de um líder popular que bajulasse suas paixões e acalentasse seus medos, ou então, influenciados pela inveja, prontificavam-se a banir do Estado qualquer um que pertencesse a uma ordem superior de cidadãos; não bastasse isso, por negligência do bem público ou por má administração, punham em risco a própria soberania da cidade.

Muitas vezes, em tais casos, o povo é, na verdade, governado por um só ou por uns poucos, que sabem como conduzi-los. Péricles tinha uma autoridade de tipo principesco em Atenas; Crasso, Pompeu e César, juntos ou individualmente, possuíram, por um tempo considerável, a direção soberana de Roma. Não importa se em Estados grandes ou pequenos, a democracia é sempre preservada a duras penas, em meio a disparidades de condição e ao cultivo desigual do espírito, concomitantes a uma variedade de propósitos e aplicações que distinguem os homens no estágio das artes comerciais. Longe de nós, com isso, pleitear contra a forma da democracia, que, de resto, se encontra extinta; apenas mostramos o absurdo da pretensão de que todos os cidadãos desfrutem do mesmo respeito e influência, quando os homens deixaram de ser iguais.

Seção III
Das maneiras das nações polidas e comerciais

Quando os homens se encontram em seu estado rude, suas maneiras são bastante uniformes. Uma vez civilizados, dedicam-se a uma gama de atividades, atuam em um campo mais amplo e separam-se uns dos outros a grandes distâncias. Mas, caso sejam guiados por disposições similares e pelas mesmas sugestões da natureza, provavelmente continuarão a concordar, tanto no final quanto no início de seu progresso, em muitos pontos particulares. E se as comunidades admitirem entre seus membros aquela diversidade de ordens e de profissões que,

Ensaio sobre a história da sociedade civil

como já descrevemos, decorre do comércio, elas se assemelharão quanto aos efeitos dessa distribuição e de outras circunstâncias que lhes sejam comuns.

Em toda forma de governo, os estadistas tentam repelir as ameaças vindas do estrangeiro e as perturbações que os molestam em casa. E, em caso de êxito, em poucos anos seu país se tornará importante, com fronteiras estabelecidas longe da capital. O desejo de tranquilidade que se apodera dos homens e as instituições públicas que mantêm a paz da sociedade garantem um intervalo entre guerras no exterior e um antídoto às desordens domésticas. As contendas são decididas sem tumulto, e a autoridade da lei assegura a cada cidadão o desfrute de suas posses e direitos pessoais.

Dadas essas condições, às quais todas as nações prósperas aspiram e, em alguma medida, alcançam, os homens, tendo estabelecido as bases da segurança, passam a erguer uma superestrutura adequada às suas concepções. As consequências não são as mesmas em Estados diferentes e em diferentes ordens de homens de uma mesma comunidade; também para cada indivíduo, os efeitos variam conforme a sua posição. O estadista e o soldado podem agora padronizar seus respectivos procedimentos, os praticantes de cada profissão se dedicam a seus objetivos próprios, o que dá ao homem de prazer tempo para o refinamento e ao especulativo, lazer para a conversação ou para o estudo literário.

Nessa cena, matérias que não se referem às ocupações ativas dos homens são tomadas como objetos de investigação, e o próprio exercício do sentimento e da razão se torna uma profissão. As canções do bardo, as arengas do estadista e do guerreiro, a tradição e as histórias de tempos antigos são tomadas como

Adam Ferguson

modelos ou protótipos de artes que as diferentes profissões copiaram e aperfeiçoaram. As obras de fantasia, como os objetos da história natural, são distinguidas em classes e espécies. As regras de cada gênero particular são coletadas e classificadas, e monta-se uma biblioteca, como um armazém, a abrigar a manufatura de diferentes artistas que, com o auxílio do gramático e do crítico, ambicionam, cada um à sua maneira, instruir a cabeça e tocar o coração.

Uma nação é uma reunião heterogênea de diferentes caracteres e contém em sua forma política exemplos dessa variedade, que humores, temperamentos e concepções dos homens, tão diferentemente empregados, deverão fornecer. Cada profissão tem sua questão de honra e seu sistema de maneiras, o mercador tem a pontualidade e a honestidade; o estadista, a capacidade e a habilidade; o homem da sociedade, a boa educação e o espírito. Cada posição social possui uma carruagem, trajes e um cerimonial que a distinguem. Com isso, o caráter nacional é submetido ao da hierarquia e ao do indivíduo.

Essa descrição pode ser aplicada a Atenas e Roma, a Londres e Paris. Um observador rústico ou simplório notaria a variedade de habitações e ocupações dos diferentes homens, não o aspecto das diferentes nações. Encontraria nas ruas de uma mesma cidade uma diversidade tão grande quanto em territórios de povos à parte. Teria dificuldade para perfurar essa névoa e ver como o mercador, o artesão ou o erudito de um país difeririam dos de outro. Mas o nativo de uma província é capaz de identificar os estrangeiros, e, quando ele mesmo viaja, admira-se com o aspecto de um país estranho, no momento em que deixa as fronteiras do seu. Os ares da pessoa, o tom da

Ensaio sobre a história da sociedade civil

voz, a linguagem idiomática, o fluxo da conversação, patético ou lânguido, alegre ou severo, não são mais os mesmos. Muitas dessas diferenças podem surgir em nações polidas a partir dos efeitos do clima ou da moda, estes últimos mais discretos. Mas as principais distinções pelas quais podemos nos fiar derivam do papel que o povo é obrigado a representar como nação, dos objetivos que lhe são dados pelo Estado ou da Constituição do governo, os quais, prescrevendo aos súditos os termos de associação, têm grande influência na formação de suas concepções e hábitos.

O povo romano estava destinado a adquirir riquezas por meio de conquistas e da espoliação de províncias; os cartagineses, concentrados no tráfico de mercadorias e nos dividendos de seus assentamentos comerciais, enchiam as ruas de suas capitais com homens de diferente disposição e aspecto. O romano empunhava a espada quando queria ser grande, e o Estado tinha um exército pronto nas habitações de seu povo. O cartaginês se mantinha atrás do balcão, mas o projeto era similar, e, quando de uma emergência pública ou de uma guerra, aplicava os lucros na contratação de um exército estrangeiro.

O membro de uma república e o súdito de uma monarquia são necessariamente diferentes, pois têm papéis que lhes são assinalados pelas formas de governo de seus respectivos países. Um deles está destinado a viver entre iguais e a disputar a preeminência por meio de seus talentos e caráter pessoal, o outro nasceu numa posição fixa, que não admite pretensões à igualdade e na qual a precedência é tudo. Quando as instituições de seus países estão maduras, cada um deles encontra nas leis uma proteção de seus direitos pessoais, mas estes não são concebidos da mesma maneira e, moldados por conjuntos diferentes de opiniões, dão azo a disposições próprias. O cidadão republicano atua no Estado para defender suas pretensões, reúne-se a um partido para ter segurança, é líder, para ser grande. O súdito de uma monarquia refere-se a seu nascimento para sustentar a honra que reclama para si, exibe-se em uma corte para mostrar sua importância e empunha insígnias de dependência e favor para ganhar a estima do poder público.

Se instituições nacionais calculadas para a preservação da liberdade, em vez de conclamarem o cidadão a agir por si mesmo e defender seus direitos, oferecessem segurança, sem exigir como contraparte nenhuma atenção ou esforço, esse arranjo de governo, aparentemente perfeito, resultaria no enfraquecimento dos laços de sociedade e, com suas máximas de independência, afastaria e alienaria as diferentes ordens hierárquicas que deveria conciliar. Não haveria lugar nem para os partidos que se formam em repúblicas, nem para as assembleias de cortesãos que se reúnem em governos monárquicos, pois, na falta do sentido de interdependência entre seus membros, que as justifica, não teriam por que se reunir. As praças de comércio continuariam a ser frequentadas, e apenas distrações banais seriam apreciadas coletivamente, enquanto o domicílio privado se tornaria um local de reserva, longe dos aborrecimentos decorrentes de preocupações e atenções mútuas, estas consideradas pelo credo político como inócuas e mesmo desprezíveis no que se refere à honra.

É improvável que tal disposição prospere em repúblicas ou em monarquias. Pertence, propriamente falando, a governos mistos, nos quais a administração da justiça é assegurada, o súdito é tentado a buscar por igualdade, encontrando, porém, apenas independência, e nos quais o espírito de igualdade en-

Ensaio sobre a história da sociedade civil

sina a detestar as mesmas distinções que, por uma importância palpável, respeita com deferência.

Seja na república, seja na monarquia enquanto tal, seja ainda na mistura de ambas, os homens são obrigados a ter em consideração os seus concidadãos e a empregar talentos e mesuras para aumentar sua fortuna e mesmo para garantir sua segurança. Encontram nessas situações uma escola para o discernimento e a penetração, mas numa delas são ensinados a minimizar os méritos do caráter privado em prol das habilidades que têm peso em público, enquanto na outra aprendem a desprezar os talentos mais respeitáveis em prol de qualidades atraentes ou sedutoras para as distrações e a sociedade privada. Em ambas, são obrigados a se adaptar ciosamente à moda e às maneiras de seu país. Não há lugar para capricho ou humores singulares. O republicano deve ser popular, o cortesão, polido. Cabe ao primeiro se considerar sempre em boa companhia, ao segundo, saber se poupar, distinguindo-se apenas quando se encontra em companhia estimada. Em relação a seus inferiores, ele se porta com ares de protetor e aceita, por sua vez, a mesma postura em relação a si mesmo. Um espartano que temesse apenas não cumprir o próprio dever e amasse somente seus amigos e a cidade, talvez não precisasse se resguardar, como frequentemente ocorre numa monarquia, para sustentar sua dignidade, ajustar seus gastos e sua fortuna a seus desejos vãos, e posicionar-se em uma ordem hierárquica tão elevada quanto seu nascimento ou ambição possam alcançar.

Dito isso, talvez não haja algo tão injusto quanto aplicar ao indivíduo o suposto caráter de seu país, e nunca nos enganamos tanto como quando tomamos a noção que temos de um povo a partir do exemplo de uma única pessoa ou de um grupo reduzido. Somente a Constituição de Atenas poderia ter produzido um Cléon ou um Péricles, mas nem todos os atenienses eram como eles. Temístocles e Aristides viveram na mesma época, o primeiro aconselhava o que era lucrativo, o outro disse ao seu país o que era justo.

Seção IV
Continuação do mesmo assunto

A lei da natureza é para as nações tal como para os indivíduos: dá ao corpo coletivo o direito de se preservar a si mesmo, empregar sem perturbação os meios de vida, reter os frutos do trabalho e exigir a observância de estipulações e contratos. Em caso de violência, condena o agressor e garante o direito de defesa da parte prejudicada, reivindicando a retribuição. Mas sua aplicação é controversa e dá margem às mais variadas interpretações e práticas.

As nações concordam universalmente em distinguir o certo do errado e em reparar injúrias, pelo consentimento ou pela força. Para tanto, fiaram-se, desde sempre, em certa medida, no respeito aos tratados, agindo, ao mesmo tempo, como se a força fosse o árbitro último de suas disputas e o poder de se defender a si mesmas, a melhor salvaguarda de sua segurança. Guiadas por essas concepções, divergiram entre si não apenas quanto a formalidades, mas em questões da maior importância, relativas às práticas de guerra, aos efeitos do cativeiro e aos direitos de conquista e vitória.

Comunidades independentes se envolvem em guerras com alianças e adversários claros, adotam costumes que elas tomam como fundamento das regras ou das leis a serem observadas

Ensaio sobre a história da sociedade civil

ou alegadas em suas transações recíprocas. Mesmo na guerra, seguem um sistema e pleiteiam a observância de formalidades nos embates mais destrutivos.

Os antigos Estados da Grécia e da Itália derivaram suas maneiras na guerra da natureza de seus governos republicanos, os da Europa moderna o fazem a partir da influência da monarquia, que, pela sua prevalência nesta parte do mundo, tem influência considerável, mesmo sobre nações nas quais não se encontra estabelecida. As máximas desse governo distinguem o Estado de seus membros, o rei do povo, o que dá à guerra um caráter político e não de animosidade popular. Quando atacamos em nome do interesse público, resguardamos o privado e mostramos respeito e consideração pelos indivíduos, o que não raro detém o derramamento de sangue no ardor da vitória e garante ao prisioneiro de guerra uma recepção hospitaleira na cidade que ele veio destruir. São práticas tão consagradas que dificilmente a provocação de um inimigo ou a exigência de serviços poderiam justificar uma exceção a regras de respeito tácitas ou impedir que o líder que as viola se torne objeto de desprezo e horror.

A prática geral dos gregos e dos romanos era oposta. Tentavam ferir o Estado destruindo seus membros, devastando seu território e arruinando as posses de seus súditos. Se davam guarida, era para escravizar ou executar o prisioneiro de maneira solene, e o inimigo, uma vez desarmado, costumava ser vendido no mercado ou morto, impedindo-se assim que retornasse mais forte. Sendo esse o desfecho da guerra, não admira que batalhas fossem travadas com desespero, e cada fortaleza fosse defendida até o fim. As apostas no jogo da vida humana eram altas, o que explica o zelo com que era jogado.

No quadro dessas maneiras, o termo *bárbaro* não poderia ser empregado pelos gregos ou pelos romanos no sentido em que o utilizamos, para caracterizar um povo sem consideração pelas artes comerciais, profuso na disposição de sua própria vida, bem como na de outros, visceral em sua ligação com a sociedade e implacável em sua antipatia ao outro. Tal foi, em grande e reluzente parte da história, o seu próprio caráter, e de outras nações também, que, por isso mesmo, distinguimos pelas denominações de *bárbaro* ou *rude*.

Foi observado que essas célebres nações devem boa parte da estima de que desfrutam não aos materiais de sua história, mas à forma como foram transmitidos e aos talentos de seus historiadores e de outros escritores. Sua história foi relatada por homens que sabiam como chamar a atenção para os procedimentos do entendimento e do coração, mais do que para os efeitos externos, e também como exibir caracteres admiráveis e amáveis em ações que são hoje universalmente detestadas e condenadas. Como Homero, modelo da literatura grega, eram capazes de nos fazer esquecer os horrores do modo vingativo, cruel e impiedoso com que tratavam o inimigo, destacando a conduta ousada, a coragem e os afetos veementes com que o herói defendia a causa de seus amigos e de seu país.

Nossas maneiras são tão diferentes, e o sistema que regula nossas concepções é sob certos aspectos tão oposto a esse, que as práticas das nações antigas nos pareceriam insustentáveis. Se suas batalhas fossem registradas pelo simples jornalista, que se atém aos detalhes dos eventos sem lançar luz sobre o caráter dos atores, e que, a exemplo do historiador tártaro, relata a quantidade de sangue que jorrou no campo de batalha e o número de habitantes da cidade que foram massacrados, não

Ensaio sobre a história da sociedade civil

saberíamos como diferenciar os gregos de seus vizinhos bárbaros e não nos passaria pela cabeça que os romanos tinham alguma civilidade, exceto pelo período mais tardio de sua história e do declínio de seu império.

Seria interessante, sem dúvida, ver as observações de um viajante, como as daqueles que por vezes enviamos ao estrangeiro para inspecionar as maneiras dos homens, que fosse enviado à Grécia antiga para, sem qualquer conhecimento de história, inferir o caráter dos seus habitantes a partir da situação do país ou de suas práticas de guerra. "Este país", poderia ele dizer, "comparado ao nosso, tem um ar estéril e desolado. Vi nas estradas tropas de trabalhadores empregados nos campos, mas em nenhuma parte encontrei as habitações do feitor ou do senhorio. Foi-me dito que viver no campo era perigoso, e pessoas de todos os distritos se amontoavam nas cidades em busca de alguma segurança. Parece-me impossível que se tornem mais civilizadas até que tenham estabelecido um governo regular e cortes de justiça às quais possam encaminhar suas queixas. No presente, cada cidade, eu diria mesmo cada vilarejo, age por si mesma, e prevalece uma grande desordem. Mas não cheguei a ser molestado, pois, ficai sabendo, arrogam-se o nome de nações, e todas as suas maldades são cometidas em nome da guerra."

"Longe de mim tomar as liberdades dos viajantes ou rivalizar com o célebre autor da viagem a Lilliput,[1] mas não poderia deixar de comunicar o que senti, ao ouvi-los falar sobre seu

---

1 Jonathan Swift, *Gulliver's Travels*, 1726 [Ed. bras.: *Viagens de Gulliver.* São Paulo: Penguin Companhia, 2010]. (N. T.)

território, seus exércitos, suas receitas, seus tratados e alianças. Imagineis se os capelães ou guardas de Highgate ou Hampstead se tornassem estadistas ou generais, e começareis a ter uma ideia das concepções desse país singular. Passei por um estado cuja capital não tinha uma única casa digna do mais vil de vossos lavradores, e na qual nem mesmo um mendigo aceitaria cear com o rei. E, no entanto, são tidos como uma grande nação e têm nada menos que dois reis. Um deles eu vi; que potentado! Suas roupas mal davam para cobrir suas costas, e dirigiu-se à mesa de jantar acompanhado por seus súditos. Ninguém tem dinheiro, e fui obrigado a retirar comida do armazém público, pois não havia alimentos no mercado. Imaginaríeis que havia um serviço de mesa e muitos convidados à espera do ilustre estrangeiro; mas minha refeição se resumiu a um triste ensopado, que me foi servido por um escravo nu, que se restringiu a derramá-lo no recipiente. Crianças à espreita ameaçavam roubar minha refeição, prontas a aproveitar uma brecha de minha parte, tão hábeis na captura de restos de comida quanto um vira-lata. Em suma, a miséria do povo em geral, e a minha, enquanto ali estive, era indescritível. Pensaríeis que estavam determinados a impor a si próprios uma tortura; chegam mesmo a censurar um de seus reis, por ter se tornado querido. Durante minha visita, ele presenteou um de seus favoritos com uma vaca, e deu a outro um colete.[2] Foi dito publicamente que esse método de conquistar amigos equivalia a roubar o erário público. Meu senhorio me disse com seriedade que um homem nunca deve se comprometer com algo que enfraqueça o amor que deve à sua pátria, tampouco estabelecer ligações pessoais

---

2 Plutarco, Vida de Agesilau [In: *Vidas paralelas*, op. cit.]

Ensaio sobre a história da sociedade civil

para além da convivência com um amigo em relação ao qual ele pode, eventualmente, ser gentil."

"Perguntei-lhe por que eles não permitiam aos reis adquirir mais posses, ao que ele respondeu que lhes ofereciam a bênção de viver com os homens. Quando apontei para defeitos em suas casas e acrescentei que me surpreendia a má qualidade de seus templos, ele respondeu: 'O que seria de vós se encontrásseis a religião em paredes de pedra?'. É o suficiente como amostra de nossas conversas; e, por sentenciosas que fossem, confesso que não me queixaria de prolongá-las por mais tempo."

"Mas o povo deste lugar não é tão estúpido quanto parece. Há uma praça quadrada, bastante grande, utilizada como mercado, em torno da qual foram erguidas construções de qualidade tolerável. E fiquei sabendo que possui algumas embarcações, empregadas no comércio e, eventualmente, adaptadas para a guerra, um pouco como as de Lord Mayor. É reconfortante saber que uma delas em breve me levará para fora deste país. Interesso-me especialmente por suas cerimônias religiosas e venho coletando curiosidades a respeito. Copiei algumas inscrições, como vereis quando puderes ler meu diário, e então julgareis se tive uma recompensa para a minha fadiga e aos péssimos divertimentos a que fui submetido. Quanto aos habitantes, presumireis que não são muito simpáticos: pobres e sujos, mantêm o orgulho, um tipo que não vale nada consegue se sustentar com os frutos de seu trabalho. Caminham descalços e sem chapéu, envoltos nos mesmos trapos com que, imagina-se, se cobrem durante o sono. Em suas violentas práticas esportivas e exercícios, despem-se por completo, como canibais nus, e valorizam, sobretudo, feitos de destreza e força. Membros torneados, braços musculosos, a capacidade de se manterem sem o sono e em jejum, são considerados grandes qualidades. Que eu saiba, não têm um governo estabelecido. Às vezes a turba, outras os de melhor estirpe, fazem o que bem entendem, reúnem-se em grande multidões a céu aberto e raramente chegam a um acordo em suas discussões. Um camarada com suficiente presunção e boa voz se destaca facilmente. Algum tempo atrás, surgiu por aqui um coureiro que se apoderou de tudo que encontrou diante de si. Censurou tão abertamente o que outros haviam feito e falou tanto do que poderia ser feito que, por fim, foi enviado ao exterior para fazer valer suas palavras e ocupar-se do inimigo, e não de seu couro.[3] Imaginá-lo-íeis, talvez, que foi alistado como recruta – pois vos enganais, foi enviado como comandante da armada. Poucas vezes eles estão acordes por muito tempo, exceto quando se trata de assaltar seus vizinhos. Realizam incursões e roubam, pilham e matam tudo o que encontram pela frente." Podemos supor que assim teria escrito nosso viajante. E, ao ser informado da reputação adquirida por essas nações com o tempo, ele talvez pudesse acrescentar: "Não entendo como estudiosos, cavalheiros finos e damas se reúnem na admiração por um povo que em quase nada se assemelha a eles".

Para emitir um juízo acerca do caráter que explica sua atuação no campo de batalha e sua rivalidade com as nações vizinhas, é preciso observá-los em casa. Eram ousados e destemidos em suas discórdias civis, não hesitavam em chegar aos extremos e levar os debates à decisão pela força. Indivíduos se destacavam por seu espírito e vigor pessoais, não pelo valor de suas posses ou pela distinção de nascimento. Sua nobreza

---

3 Tucídides, *História da Guerra do Peloponeso*, op. cit., livro IV; Aristófanes.

Ensaio sobre a história da sociedade civil

pessoal fundava-se no senso de igualdade, não de precedência. O general de uma campanha servia como soldado na seguinte. Dispunham-se à aquisição de força física, pois as batalhas eram tanto um teste à força do soldado, que tinha de empunhar armas, quanto da conduta daquele que os liderava. Os vestígios de sua estatuária mostram uma graça máscula, um ar de simplicidade e facilidade que, por serem frequentes na natureza, eram familiares para o artista. Pode ser que o espírito emprestasse do corpo certo vigor e certa postura, sua eloquência e seu estilo tinham uma similaridade com o porte da pessoa. O entendimento era cultivado principalmente na prática dos negócios públicos. Os personagens mais respeitáveis eram obrigados a se misturar à multidão, e seu grau de ascendência sobre ela dependia de sua conduta, de sua eloquência e de seu vigor pessoal. Não tinham formas de expressão para denotar um respeito cerimonioso e resguardado. Passava-se da invectiva à zombaria, e os termos mais grosseiros eram com frequência empregados pelos oradores mais exímios e mais admirados. A única regra das discussões eram os ditames imediatos da paixão, que terminavam em palavras de reproche, violência e altercações. Felizmente, nunca portavam armas e consideravam que trazer consigo uma espada, em tempos de paz, era marca de barbarismo. Quando empunhavam armas nas divisões facciosas, o partido vencedor se impunha com a expulsão de seus opositores, sua proscrição e derramamento de sangue. O usurpador tratava de se manter por meio das execuções mais violentas e abruptas. Conspirações e assassinatos, por seu turno, eram as armas da oposição, e os mais respeitáveis cidadãos recorriam ao punhal sem hesitar.

Tal era o caráter de seu espírito em ocasionais fermentações domésticas, e não surpreende que irrompesse com uma violência e força proporcionais quando voltado contra rivais e inimigos estrangeiros. Os apelos à clemência eram desconsiderados nas operações de guerra. Cidadãos eram trucidados ou escravizados; cativos eram vendidos, mutilados ou condenados à morte.

Vistas por esse ângulo, as nações antigas não teriam como reclamar pela estima dos habitantes da Europa moderna, que estendem as cividades da paz à prática da guerra e valorizam os louros da indiscriminada leniência mais até do que os dos feitos militares ou do amor pela pátria. Mas, sob outros aspectos, mereceram e conquistaram nosso louvor. Sua ardente fidelidade ao país, o desprezo pelo sofrimento e pela morte, a concepção máscula de independência pessoal que fazia de cada indivíduo, apesar de instituições precárias e leis imperfeitas, o guardião da liberdade de seus concidadãos, o espírito ativo, em suma, a penetração, a conduta hábil e a força de espírito conquistaram para eles o primeiro lugar entre as nações.

Se as animosidades eram grandes, as afeições eram proporcionais a elas. Amaram coisas das quais somente sentimos pena, mostraram-se firmes e inexoráveis quando somos menos piedosos que irresolutos. Afinal, o mérito de um homem é inteiramente determinado por sua candura e generosidade em relação a seus associados, por seu zelo por objetivos nacionais e por seu vigor na manutenção dos direitos políticos – não pela simples moderação, que com frequência procede da indiferença ao interesse nacional e público e relaxa os nervos dos quais depende a força do caráter público e também do privado.

Com o advento das monarquias da Macedônia e de Roma, as nações passaram a ser consideradas como bens de um príncipe, os habitantes das províncias foram vistos como proprie-

Ensaio sobre a história da sociedade civil

dade lucrativa e a posse de uma província se tornou objeto de conquista. O cidadão pacífico mal se envolvia nas querelas dos poderosos, a violência do soldado era restrita pela disciplina. Ele lutava porque fora ensinado a portar armas e a obedecer, e se às vezes, no ardor da vitória, derramava sangue desnecessariamente, faltavam-lhe, exceto no caso de guerras civis, paixões que excitassem sua animosidade para além do campo e do dia da batalha. Os comandantes avaliavam os objetivos de sua empreitada e, uma vez cumpridos, depunham a espada.

Nas nações da Europa moderna, em que a extensão do território introduz uma distinção entre o Estado e seus súditos, estamos acostumados a pensar no indivíduo com compaixão, mas raramente no bem público com zelo. Aprimoramos as leis da guerra e os lenitivos para apaziguar seus rigores, temperamos o uso da espada com a polidez e aprendemos a fazer a guerra sob estipulações de tratados e cartéis, confiando na boa-fé do inimigo cuja ruína desejamos. A glória é mais facilmente obtida quando se salvam ou se protegem os vencidos do que quando são aniquilados. E o objetivo mais desejado é afinal alcançado quando se emprega a força em nome da justiça e da preservação dos direitos nacionais.

Essa é talvez a principal característica das nações modernas que recebem os epítetos de *civilizada* e *polida*. Vimos, porém, que ela não dá conta do progresso das artes entre os gregos, nem acompanha os avanços da política, da literatura e da filosofia. Não esperou pelos dividendos da instrução e da polidez entre os modernos; foi encontrada em um período inicial de nossa história e distinguiu, talvez mais que no presente, as maneiras de épocas que, de resto, eram rudes e desregradas. Há quatrocentos anos, um rei da França capturado pelo inimigo era tra-

Adam Ferguson

tado com a mesma distinção e cortesia que uma pessoa de sua estatura poderia esperar em uma época de polidez.[4] O príncipe de Condé, derrotado e capturado na Batalha de Dreux, passou a noite no mesmo leito que seu inimigo, o duque de Guise.[5]

Se a moral das tradições populares e o gosto das lendas fabulosas produzidas em épocas particulares fornecem indicações certas de suas noções e características, podemos presumir que a fundação do que hoje se toma por lei da guerra e das nações foi estabelecida nas maneiras da Europa juntamente com os sentimentos expressos nas histórias de cavalaria e galanteio. Nosso sistema de guerra difere tanto daquele dos gregos quanto os caracteres favoritos de nossos primeiros romances diferem daqueles da *Ilíada* e de outros poemas antigos. O herói da fábula grega, dotado de força, coragem e disposição superiores, tira vantagem do inimigo e mata sem arriscar a própria segurança; incitado pelo desejo de espólio ou pelo princípio da vingança, não se deixa deter por obstáculos como o remorso ou a compaixão. Homero, que de todos os poetas sabia melhor como exibir as emoções de um afeto incisivo, raramente tenta despertar a comiseração. A queda de Heitor é impiedosa, e seu corpo é profanado pelos guerreiros gregos.

Nossa fábula ou romance moderno, ao contrário, costumam combinar um objeto de pena, fraco, oprimido e indefeso, a outro, admirável, valente, generoso e vitorioso, ou envia o herói ao estrangeiro em busca de perigo e de oportunidades para provar o seu valor. Munido das máximas de uma refinada

---

4 Hume, *História da Inglaterra*, op. cit., livro III.
5 Arrigo Caterino Davila, *The History of Civil Wars in France*, ed. inglesa, 1678.

Ensaio sobre a história da sociedade civil

cortesia, a ser observada em relação ao inimigo, de uma escrupulosa honra, que não lhe permite tirar vantagem de artifícios ou surpresas, indiferente ao espólio, ele luta apenas por renome e emprega seu valor para salvar os oprimidos e proteger os inocentes. Caso vença, é elevado acima da natureza por sua generosidade e gentileza tanto quanto por sua destreza e valor militar.

Pode ser difícil, neste contraste entre o antigo e o moderno sistema de fábula, atribuir a uma nação dentre outras igualmente rudes, dependentes da guerra e ansiosas pela glória militar, a origem das concepções relacionadas à questão de honra, que varia muito. O herói da poesia grega atua segundo máximas de animosidade e hostilidade. Suas máximas na guerra são como as que prevalecem nas florestas americanas. Exigem que seja valente, mas permitem que pratique toda sorte de artimanha contra o inimigo. O herói do romance moderno professa um desprezo tanto pela estratégia quanto pelo perigo e reúne na mesma pessoa caracteres e disposições aparentemente opostos, como ferocidade e gentileza, o gosto pelo sangue e sentimentos de ternura e piedade.

O sistema da cavalaria, uma vez formado por completo, adota um respeito e uma veneração extraordinários pelo belo sexo, por formas consagradas de combate e por uma suposta junção entre o caráter heroico e o santificado. As formalidades do duelo e uma espécie de desafio jurídico eram conhecidas das antigas nações celtas da Europa. Os germânicos, mesmo em suas florestas nativas, prestavam certa devoção ao sexo feminino. A religião cristã legou a tibiez e a compaixão a épocas bárbaras. A combinação entre esses diferentes princípios pode ter contribuído para fundar um sistema no qual a coragem era dirigida pela religião e pelo amor, reunindo o belicoso e o amoroso. Com a mistura entre o caráter do herói e o do santo, o espírito ameno do cristianismo, embora muitas vezes transformado em veneno pela intolerância de partidos opostos, e nem sempre apto a subjugar a ferocidade do guerreiro ou a diminuir a admiração pela coragem e pela força, pode ter confirmado as concepções dos homens em relação ao que deve ser considerado meritório e esplêndido na resolução de suas querelas.

Na história primitiva e nas tradições dos gregos e romanos, os raptos são o motivo mais frequente de guerra. Os sexos sempre tiveram importância, um para o outro, no gênero humano. O entusiasmo do amor é mais poderoso nas vizinhanças da Ásia e da África, e a posse da beleza era provavelmente mais valorizada pelos compatriotas de Homero do que pelos de Amadis de Gaula ou pelos autores do moderno gênero do galanteio. "Diante de tanta beleza", exclamou o velho Príamo, "admira que as nações entrem em contenda pela propriedade de Helena?" Essa beleza teve, de fato, muitos proprietários diferentes, e, nesse ponto, o herói moderno se mostrou mais refinado, parecendo elevar-se até as nuvens. Adora a uma distância respeitosa e emprega seu valor para cativar a admiração de sua amante, não para se apossar dela. Uma fria e inabalável castidade se estabeleceu como um ídolo a ser adorado em meio aos trabalhos, sofrimentos e combates do herói e do amante.

As instituições feudais favoreceram esse sistema romântico ao elevar certas famílias a altíssimas posições. O lustre de uma linhagem nobre, reforçado por um imponente castelo repleto de parapeitos e torres, inflamava a imaginação e despertava uma veneração pela filha ou irmã do galante chefe, mulheres cuja honra consistia em serem inacessíveis e castas, que não

Ensaio sobre a história da sociedade civil

viam mérito para além da nobreza de espírito e da valentia e só permitia a aproximação com gentileza e respeito.

O autor de romances transformava em extravagância o que havia de originalmente singular nessas concepções e, sob a denominação de cavalaria, oferecia o resultado como modelo de conduta, mesmo no trato cotidiano. A fortuna das nações era determinada pelo galanteio, e a vida humana, em seu momento mais crucial, tornou-se uma caricatura de afetação e tolice. Guerreiros iam à luta para realizar as lendas que haviam estudado, príncipes e chefes de exércitos dedicavam o mais sério esforço em nome de uma amada, fosse ela real ou pura fantasia.

Quaisquer que tenham sido as origens dessas noções, com frequência tão desatinadas e tão ridículas, seus duradouros efeitos são inquestionáveis, inclusive em nossas maneiras. A questão de honra, a prevalência do galanteio em nossa conversação e em nossos teatros, muitas das opiniões que o vulgo aplica às condutas de guerra – por exemplo, a ideia de que é uma desonra para o chefe de um exército declinar da batalha quando desafiado em termos equânimes –, tudo isso, sem dúvida, são vestígios desse sistema antiquado. E é provável que a união entre a cavalaria e o nosso gênio político tenha sugerido as peculiaridades presentes nas leis das nações que distinguem os Estados modernos dos antigos. Se os graus de polidez e civilização forem medidos por essa conjunção ou pelo avanço das artes comerciais, pode-se dizer que ultrapassamos em muito as célebres nações da Antiguidade.

Parte V
Do declínio das nações

Seção I
Da suposta eminência nacional e das vicissitudes dos assuntos humanos

Nenhuma nação é tão infeliz a ponto de se considerar inferior ao restante do gênero humano. Poucas, na verdade, se consideram em nível de igualdade com as demais. A maioria elege-se a si própria como juiz e modelo da excelência no gênero, vê-se a si mesma como a primeira entre seus pares, e se tem alguma consideração por outras, é apenas na medida em que se assemelham a si própria. Uma nação se vangloria do caráter e da erudição de um punhado de seus membros, outra de sua política, de sua riqueza e de seus comerciantes, uma terceira de seus jardins e edificações, e as que não têm do que se gabar são imprestáveis, em função da ignorância. Antes do reinado de Pedro, o Grande, os russos se viam como dotados de todas as honrarias possíveis, e mostravam seu desprezo por *nemei*, ou *nações estúpidas* (a forma como denominavam seus vizinhos ocidentais na Europa). O mapa-múndi chinês era uma

Adam Ferguson

bandeja quadrada, cuja maior parte era ocupada pelas províncias desse grande império, com a mísera parte remanescente do gênero humano relegada a uns poucos cantos obscuros. "Se não utilizais nossas letras nem tendes acesso ao conhecimento depositado em nossos livros, que literatura ou ciência poderíeis possuir?", indagou um erudito chinês a um missionário europeu.[1]

A julgar pela etimologia, o termo *polido* referia-se originalmente ao estado das nações quanto a suas leis e governo, e homens civilizados eram os que punham em prática os deveres do cidadão. Acepções mais recentes se referem igualmente à proficiência das nações nas artes liberais e mecânicas, na literatura e no comércio, e civilizados são os homens eruditos, da moda e comerciantes. Qualquer que seja a sua aplicação, tudo indica que, se houvesse um nome ainda mais respeitável que esse, todas as nações, mesmo as mais bárbaras ou mais corruptas, o reclamariam para si, empregando o termo contrário para exprimir seu desgosto em relação ao que é diferente. Nomes como *estrangeiro* ou *alienígena* raramente são utilizados sem a intenção de exprimir censura. Já as palavras *bárbaro*, empregada por certos povos arrogantes, e *gentil*, utilizada por outros tantos, identificam o estrangeiro cuja língua e *pedigree* são diferentes dos seus.

Mesmo quando pretendemos fundar nossas opiniões na razão e justificar nossa preferência por uma nação em detrimento de outra, costumamos basear nossa avaliação em circunstâncias alheias ao caráter nacional e que não se inclinam

---

1 Giovanni Francesco Gemelli Carceri, *A Voyage Around the World*, ed. inglesa, 1704.

Ensaio sobre a história da sociedade civil

a promover o bem-estar do gênero humano. A conquista, ou a grande extensão de território, independentemente do povoamento, e a grande riqueza, não importa como distribuída ou utilizada, são títulos que nos permitem exaltar nossa própria nação e fomentar a vaidade de outras, assim como se faz com indivíduos privados por conta de sua fortuna ou de sua honra. Debatemos qual capital cresceu mais, qual rei tem os poderes mais absolutos, em que corte o pão do súdito é desperdiçado da maneira mais insensata. Mas essas são noções de mentes vulgares, e é certo que não levam muito longe.

Há poucos exemplos de Estados que tenham aprimorado as disposições originais da natureza humana mediante as artes da política ou que tenham tentado, por meio de precauções sábias e efetivas, impedir sua corrupção. O afeto e a força do espírito, que são os laços e o vigor das comunidades, são inspirações divinas e atributos originais da natureza humana. Suspeitamos que a política mais sábia das nações, com poucas exceções, parece se inclinar antes à manutenção da paz social e à repressão dos efeitos externos das paixões nocivas do que a fortalecer a disposição do coração para a justiça e a bondade. A introdução de uma variedade de artes oferece exercício ao engenho dos homens, que, envolvendo-se em uma gama de ocupações, investigações e estudos, tendem a se informar, mas também, com frequência, a corromper a mente. As oportunidades de adquirir distinção e fomentar a vaidade e a multiplicação dos objetos de desejo pessoal tendem a substituir, com a ansiedade pela aquisição de uma fortuna, a confiança e o afeto que manteriam um homem unido a seus semelhantes em prol de sua mútua preservação.

Adam Ferguson

Chegamos a um ponto de nossa investigação em que temos condições de verificar se essas suspeitas são ou não justificadas. Pois, se é importante saber no que consiste a verdadeira felicidade das nações, não menos fundamental é identificar quais as fraquezas e os vícios que levam os homens a macular essa felicidade, solapando, em uma época, todas as vantagens adquiridas na anterior.

A riqueza, a grandeza e o poder das nações costumam ser efeitos da virtude, e a perda dessas vantagens é geralmente uma consequência do vício.

Suponhamos que os homens tivessem descoberto e aplicado cada uma das artes com as quais os Estados são preservados e governados; que tivessem alcançado, com o empenho de sua sabedoria e magnanimidade, as admiradas instituições e vantagens de um povo civilizado e próspero, e que a parte subsequente de sua história contivesse, de acordo com a concepção mais vulgar, a exibição dos frutos maduros de seus esforços, que esperavam para florescer: então, esta primeira geração seria ainda mais digna de nossa atenção e admiração do que a situação precedente.

Mas o desfecho não correspondeu a essa expectativa. As virtudes dos homens reluzem mais durante suas lutas, não após a realização de seus objetivos. Estes, embora sejam alcançados pela virtude, são muitas vezes a causa da corrupção e do vício. Com sua aspiração pela felicidade nacional, os homens substituíram por artes que aumentam suas riquezas aquelas que aprimoram sua natureza. Fomentaram a admiração por si mesmos com os epítetos de *civilizado* e *polido*, mas deveriam ter sentido vergonha do que fazem, e mesmo quando agiram por um tempo guiados por máximas que tendem a convocar, revi-

Ensaio sobre a história da sociedade civil

gorar e preservar o caráter nacional, terminaram por se desviar de seu objetivo e tombaram presas do infortúnio e da negligência estimulados por sua própria prosperidade. A guerra, que oferece à inquieta mente humana uma de suas principais ocupações, afeta diretamente sua sorte com os mais variados desfechos. Enquanto a uma tribo ou sociedade ela abre o caminho que leva à eminência e ao domínio, encaminha outra à submissão e desfaz as esperanças de seus mais caros esforços nacionais. A célebre rivalidade entre Cartago e Roma oferecia, de parte a parte, um exercício natural para o espírito de ambição, que se impacienta diante da oposição e mesmo da igualdade. A conduta e a sorte dos líderes mantiveram a balança em suspenso por algum tempo; mas, qualquer que fosse o lado para o qual ela pendesse, uma grande nação cairia, um império e um governo despareceriam e estaria decidido se caberia ao siríaco ou ao latim armazenar a erudição da qual os eruditos de épocas futuras viriam se ocupar.

Estados caíram diante de inimigos estrangeiros antes de dar sinais de decadência interna, apesar de sua prosperidade e em períodos de ardente dedicação a objetivos nacionais. Atenas, no auge de sua ambição e glória, recebeu um golpe fatal ao tentar estender seu poder marítimo para além das águas gregas. Nações dos mais variados feitios, temidas por sua ferocidade, respeitadas por sua disciplina e experiência militares, com força ascendente ou em declínio, tombaram vítimas, uma por uma, da ambição e do arrogante espírito dos romanos. Exemplos como esses podem causar inveja de outros Estados ou pô-los em guarda, a presença de perigos similares pode oferecer exercício aos talentos de políticos e estadistas, mas o material mais comum da história são os simples reveses de fortuna, e não há mais por que se surpreender com eles.

Caso se verificasse que há nações que avançaram a partir de primeiros rudimentos até chegar à posse das artes que asseguram o domínio sobre outras e que souberam preservar essas vantagens em proporção à qualificação que as levou a adquiri-las, e, ainda, que essas mesmas nações se mantiveram em um curso de felicidade ininterrupta até ser destruídas por calamidades externas, retendo sua força até que um poder mais afortunado e vigoroso viesse a enfraquecê-la, então o objeto sobre o qual aqui especulamos não apresentaria grandes dificuldades nem daria lugar a muitas reflexões. Quando, porém, observamos em tantas nações uma espécie de retorno espontâneo à obscuridade e à fraqueza, e a despeito de advertências quanto aos perigos em que podem incorrer, elas se deixam submeter ora por poderes com que antes não teriam condições de competir, ora por forças que se acostumaram a negligenciar e a desprezar, o objeto se torna mais interessante, e sua explicação, mais difícil.

O fato é conhecido por uma variedade de exemplos. O império da Ásia passou mais de uma vez das mãos de grandes potências para as de poderes inferiores. As cidades-estado gregas, outrora tão belicosas, conheceram uma distensão de seu vigor e cederam o domínio que haviam disputado com os monarcas do Oriente a forças de um principado obscuro, que em poucos anos se tornou formidável e chegou à proeminência, sob a conduta de um único homem. O Império Romano, que por séculos não teve rivais, que submetera todas as nações que ousaram contestar o seu lugar e sem temer a concorrência de nenhuma outra potência, tombou por fim diante de um inimigo grosseiro (*artless*) e desprezível. Exposto em sua fronteira a invasões e pilhagens, e por fim à conquista, caiu primeiro nas extremida-

Ensaio sobre a história da sociedade civil

des, depois veio abaixo por todos os lados. Seu território foi desmembrado, e províncias inteiras apodreceram como uma árvore idosa cujos ramos não precisam ser arrancados com violência. A bravura com que Mário repelira os ataques de bárbaros em épocas pregressas, a força civil e militar que o cônsul e as legiões empregaram para estender o império, tudo isso desaparecera. A grandeza romana, fadada a afundar tal como emergira, foi lentamente ferida a cada embate. Viu-se então reduzida a suas dimensões originais, aos limites de uma única cidade; e dependendo, para sua preservação, da suspensão de um cerco, acabou extinguida de um só golpe: o ferrete que outrora havia espálhado suas brasas pelo mundo apagou-se tal como uma vela no soquete.

Tais fenômenos levaram à percepção generalizada de que o progresso das sociedades rumo ao ápice da chamada grandeza nacional seria tão natural quanto é necessário e inevitável o seu retorno à debilidade e à obscuridade. Imagens de juventude e velhice são aplicadas às nações, e supõe-se que as comunidades, a exemplo dos indivíduos humanos, teriam um período de vida e uma duração determinada, eventualmente prolongada por poderosos fatores uniformes ou abreviada pelo desgaste, que, levando ao momento fatal, permitiria que o estandarte fosse passado à frente, para que outras nações ascendam e ocupem seu lugar. Políbio afirmou que Cartago, que era bem mais velha que Roma, percebeu muito mais cedo sua decadência; e a vencedora também, pressupôs ele, trazia em si as sementes de sua própria mortalidade.

É uma imagem apropriada e sua aplicação à história humana se tornou familiar. Mas deve ser óbvio que nações são muito diferentes de indivíduos. A estrutura humana (*human frame*) tem

291

um curso geral determinado: em todos os indivíduos, é frágil e com duração limitada; o exercício a desgasta, a repetição de funções a exaure. Em uma sociedade, porém, os membros que a constituem são renovados a cada geração, a raça como que desfruta de uma juventude eterna, as vantagens são cumulativas e não há paridade com as debilidades típicas da velhice.

O assunto não é novo e cada leitor terá suas próprias reflexões a acrescentar. Mas as noções que sugerimos a respeito de um objeto tão importante, por especulativas que sejam, não podem ser infrutíferas. Embora os trabalhos do especulador tenham pouca influência na conduta dos homens, é escusável que um autor cometa o erro de acreditar estar fazendo um grande bem. Deixando para que outros julguem os efeitos de nossa especulação, procederemos agora à consideração das razões da inconstância humana, das fontes da decadência interna dos Estados e às ruinosas corrupções a que estão expostas nações em suposta condição de plena civilidade.

Seção II
Do engajamento temporário e do relaxamento do espírito nacional

A partir do que foi observado sobre as características gerais da natureza humana, está claro que o homem não é feito para o repouso. Cada uma de suas qualidades amáveis e respeitáveis é um poder ativo, e apenas seus esforços são dignos de louvor. Se os seus erros e crimes são movimentos de um ser ativo, suas virtudes e sua felicidade consistem, igualmente, no emprego de seu espírito, e todo o lustre que espalha ao redor de si para cativar ou envolver a atenção de seus semelhantes são como as

Ensaio sobre a história da sociedade civil

chamas de um meteoro, limitando-se a reluzir quando ele se move: quer dizer, os momentos de descanso e de obscuridade coincidem. Sabemos que as tarefas que lhe são atribuídas podem exceder ou estar aquém de seus poderes, que ele pode se agitar muito ou pouco, mas não há mediana precisa entre as situações nas quais ele é importunado e aquelas nas quais cai em langor. Sabemos que ele se dedica a uma gama de objetos que ocupam diferentes paixões, e que o hábito lhe permite adaptar-se a diferentes circunstâncias. Tudo o que podemos determinar a título geral é que, não importa os objetos com que se envolva, a estrutura de sua natureza exige que ele permaneça ocupado, e sua felicidade ordena que ele seja justo.

Investigaremos agora por que as nações perdem iminência, e as sociedades que chamaram a atenção dos homens com grandes exemplos de magnanimidade, conduta e êxito nacional perdem, em uma época, as honrarias e a palma de distinção conquistadas na anterior. Provavelmente as razões são diversas. Uma delas pode ser extraída da volubilidade e da inconstância do gênero humano, que se cansa de seus projetos e execuções mesmo quando o motivo para a existência deles permanece; outra razão vem da mudança de situação e da remoção dos objetos que excitaram seu espírito.

A segurança do poder público e o interesse próprio de cada Estado, as instituições políticas, as pretensões partidárias, o comércio e as artes, tais são os objetos que atraem a atenção das nações. As vantagens obtidas em alguns desses particulares determinam o grau de prosperidade nacional. O ardor e o vigor com que são perseguidos dão a medida do espírito nacional. Quando esses objetos deixam de ser estimulantes, as nações languescem, e quando são negligenciados por um tempo considerável, os Estados declinam e o povo degenera.

Adam Ferguson

O espírito das nações mais avançadas, empreendedoras, inventivas e industriosas é flutuante, e as que persistem adquirindo vantagens ou que as preservam têm períodos de ardor e também de remissão. O desejo por segurança pública é, em todas as épocas, uma poderosa motivação de conduta, mas opera, sobretudo, quando combinado a paixões ocasionais, quando provocações inflamam, êxitos encorajam ou mortificações exasperam.

Um povo, a exemplo dos indivíduos de que é composto, atua sob a influência de humores passageiros, esperanças sanguíneas, animosidades veementes. Ora dispõe-se a entrar em contendas nacionais, ora a trocá-las pela lassidão e pelo tédio. Em seus debates e contendas civis, podem ser ardentes ou indiferentes. Paixões epidêmicas emergem ou arrefecem por razões que podem ser triviais ou importantes. Partidos escolhem seus nomes e declaram suas intenções por mero capricho ou acidente, e omitem-se nas ocasiões mais momentosas. Se uma veia de gênio literário se abre por acaso ou tem início uma investigação inédita, de súbito as descobertas, verdadeiras ou não, se multiplicam, e a conversação se torna inquisitiva e animada. Se uma nova fonte de riqueza é encontrada ou abre-se uma perspectiva de conquista, a imaginação dos homens se inflama, e partes inteiras do globo se envolvem em aventuras nocivas ou bem-sucedidas.

Se pudéssemos encarnar o espírito de nossos ancestrais ou compartilhar suas visões quando eles deixaram seus antigos assentamentos e extrapolaram, como um dilúvio, as fronteiras do Império Romano, provavelmente veríamos que, após seu êxito inicial, um fermento se apoderou da mente dos ho-

Ensaio sobre a história da sociedade civil

mens, para os quais não havia empreitada árdua ou dificuldade insuperável.

As épocas subsequentes de atividade na Europa ocorreram quando o alarme do entusiasmo soou e os devotos da cruz invadiram o Leste para saquear o país e recuperar o sepulcro; povos de diferentes regiões lutaram por liberdade e tomaram de assalto o edifício da usurpação civil e religiosa; habitantes de uma metade do mundo, tendo encontrado meios para atravessar o Atlântico e dobrar o Cabo da Boa Esperança, lançaram-se sobre os da outra, e partidos, oriundos de toda parte, manchados de sangue, cometendo todos os crimes e ignorando o perigo, atravessaram a Terra em busca de ouro.

Em épocas tão extraordinárias, mesmo os fracos e os omissos participam da ação, por contágio, e Estados cuja forma não comporta princípios de uma atividade contínua, seja ela favorável, seja adversa, ao gênero humano, dão mostras paradoxais de ardor e exibem um vigor nacional, ainda que passageiro. No caso de tais nações, a volta da moderação equivale a um retorno à obscuridade, e as ambições de uma época se tornam a depressão da que a sucede.

Em Estados que possuem uma política doméstica acertada, a própria loucura pode se converter, no desfecho de convulsões violentas, em sabedoria, e um povo é capaz de recobrar seu ânimo habitual, curado de suas tolices e mais sábio pela experiência; ou ainda, com seus talentos aprimorados pela condução em cenas abertas pelo desvario, pode se mostrar mais qualificado para perseguir com êxito os objetivos de sua nação. A exemplo das antigas repúblicas após sedições alarmantes ou do reino da Grã-Bretanha no final das guerras civis, ele retém o espírito ativo recentemente despertado e exibe o mesmo vigor em toda ocupação, na política, na erudição ou nas artes. Por ter chegado à beira da ruína, conquista a maior das prosperidades. Os homens costumam se envolver em suas ocupações com um ardor desproporcional à importância do objeto. Seja à parte, em oposição, seja unidos em confederação, querem apenas um pretexto para agir. No calor da animosidade, esquecem-se da razão de sua controvérsia ou buscam em raciocínios formais um disfarce para suas paixões. Quando o coração se inflama, nenhuma consideração pode reprimir seu ardor; quando seu fervor diminui, nenhum raciocínio pode excitar e nenhuma eloquência é capaz de despertar suas antigas emoções.

Para haver constante emulação entre os Estados, é preciso um grau de igualdade para equilibrar suas forças, ou, na falta disso, um incentivo para que uma ou ambas as partes prossigam lutando. Longos intervalos entre guerras, não importando o estágio da sociedade civil, deprimem o espírito militar. A submissão de Atenas por Lisandro foi um golpe fatal para as instituições de Licurgo, e a posse tranquila da Itália, talvez uma felicidade para os homens, quase pôs fim ao progresso militar de Roma. Após alguns anos de repouso, Aníbal encontrou a Itália despreparada para sua investida, e os romanos prontos a render, nas margens do Pó, uma ambição marcial que, despertada por um perigo renovado, os conduziria até as margens do Eufrates e do Reno.

Mesmo Estados que se destacam por suas proezas militares vez por outra depõem as armas por lassidão e se cansam de contendas fúteis. Mas, caso mantenham o status de comunidades independentes, terão muitas oportunidades para recuperar e exercer o seu vigor. Ainda que em governos populares os homens eventualmente desconsiderem seus direitos políticos e às

Ensaio sobre a história da sociedade civil

vezes se mostrem omissos ou supinos. Mas, caso tenham uma reserva de poder para se defender, a suspensão de seu exercício não dura muito. Quando negligenciados, os direitos políticos sempre são violados, e é preciso que soe um alarme para que despertem as partes interessadas. O amor pela instrução e pelas artes pode levar os homens a outras ocupações e a se recolher por uma estação; mas, enquanto eles forem livres e o exercício do engenho não estiver suprimido, a comunidade, embora nem sempre seja defendida com o mesmo fervor, jamais deixará de progredir, e as vantagens adquiridas em uma época não se perderão por inteiro na seguinte.

Se quisermos encontrar as causas de corrupção terminal, devemos examinar as revoluções do Estado que suprimem ou detêm os objetos das ocupações liberais e do estudo, que privam o cidadão da oportunidade de atuar como membro de uma comunidade, esmagam seu espírito, rebaixam seus sentimentos e desqualificam sua disposição para os assuntos públicos.

Seção III
Do relaxamento do espírito nacional a que estão expostas as nações polidas

Nações que avançam em um processo de aperfeiçoamento têm de enfrentar inimigos estrangeiros em relação aos quais sentem animosidade e com os quais, em muitos conflitos, disputam por sua própria existência como povo. Em certos períodos, enfrentam inconvenientes e reveses em sua política doméstica, gerando uma avidez impaciente que as leva a propor reformas e novas instituições que lhes dão esperanças de felicidade nacional. Em épocas primitivas, toda arte é imperfeita

Adam Ferguson

e suscetível a muitos aperfeiçoamentos. Os primeiros princípios de cada uma das ciências são segredos a ser descobertos e publicados com aplauso e efusão.

Poderíamos imaginar que, em épocas de progresso, a raça humana teria o mundo aberto diante de si, a cada passo uma novidade, como batedores em busca de terras férteis. Desbrava novos terrenos com alegria e expectativas, dedica-se a cada empreitada com o ardor de homens que acreditam estar às portas da felicidade nacional e da glória permanente, e, na esperança de um êxito futuro, se esquece de decepções passadas. Por mera ignorância, espíritos rudes são intoxicados por todas as paixões e, parciais quanto à própria condição e a seus objetivos, pensam que qualquer outra situação é inferior àquela em que se encontram. Excitados em igual medida pelo sucesso e pelo infortúnio, são sanguíneos, ardentes e precipitados, e legam às eras mais instruídas que os sucedem monumentos de execução imperfeita e artes rudes em todos os gêneros, mas deixam também marcas de um espírito vigoroso e ardente, que seus sucessores nem sempre conseguem sustentar ou emular.

Essas considerações podem passar por uma descrição adequada de sociedades prósperas, ao menos em certos períodos de seu progresso. O espírito que propele seu avanço pode variar em diferentes épocas e ter seus paroxismos ou interrupções, devido à inconstância das paixões humanas e à casual ocorrência ou supressão de oportunidades para excitá-lo. Mas poderia esse espírito, que por um tempo conduz o projeto das artes civis e comerciais, encontrar uma pausa natural após a realização de seus propósitos? Estariam os exercícios suspensos porque os assuntos da sociedade civil foram resolvidos? As contínuas decepções reduziriam as esperanças sanguíneas ou a familia-

Ensaio sobre a história da sociedade civil

ridade com os objetos diminuiria o impacto da novidade? A experiência resfriaria o ardor do espírito? Estaríamos de volta à comparação entre o indivíduo e a sociedade? Haveria razão para pensar que, embora o vigor de uma nação não se desgaste, como no corpo natural, com a decadência física, adoece, mesmo assim, por falta de exercício, e morre quando paralisado? Podê-lo-iam as sociedades, com a realização de seus projetos, tornar-se indiferentes aos objetos que a animaram em uma idade mais rude, a exemplo de homens que, com os anos, desconsideram as distrações e ficam insensíveis às paixões juvenis? Seria o caso de comparar uma comunidade polida a um homem que, executados seus planos, erguida a sua casa, estabelecida a sua propriedade, em suma, exauridos os encantos de seus objetos e perdido o seu ardor, mergulha na languidez e na indiferença mais apáticas? Sendo esse o caso, encontramos outro símile conveniente ao nosso propósito. Mais uma vez, no entanto, a semelhança é provavelmente imperfeita, e a inferência que se segue a esse argumento, como a tantos outros por analogia, tende antes a encantar a fantasia do que a realmente informar sobre o que está em questão.

Os materiais da arte humana nunca se deixam exaurir por completo, e os usos da indústria não têm fim. O ardor de uma nação nunca é proporcional à oportunidade de agir, e o mesmo vale para a curiosidade do douto em relação aos objetos a serem estudados.

O ignorante e o grosseiro, para quem os objetos de ciência são novidade e cujo modo de vida é simples, costumam ser mais quiescentes e menos inquisitivos, não mais ativos ou curiosos do que aqueles que possuem mais conhecimento e desfrutam de mais conveniências. Quando comparamos as particulari-

Adam Ferguson

dàdes de que os homens se ocupam no nascimento e na idade avançada das artes comerciais, vê-se que, nesta última, elas aumentam e se multiplicam de forma considerável. Todavia, as questões em voga merecem resposta, e se, como resultado do comércio, os objetivos perseguidos pelos homens não são suprimidos ou não perdem parte de sua importância, veremos que eles ao menos se alteram e que, na consideração do espírito nacional, a negligência de uma parte não chega a ser compensada pela crescente atenção dada a outra.

É verdade que todas as nossas atividades costumam incluir a solução de um problema e preveem um ponto de repouso ao qual aspiramos. Queremos eliminar a inconveniência ou ter a possibilidade de encerrar nossos trabalhos. Quando conquistar a Itália e a Sicília, diz Pirro, poderei descansar. Esse estado é proposto em nossas ocupações nacionais e também nas pessoas, e a despeito de frequente experiência em contrário, é considerado, a distância, como o ápice da felicidade. A natureza, porém, sabiamente frustrou, no mais das vezes, nossos propósitos, retirando de nosso alcance a doce visão de uma tranquilidade absoluta. A obtenção de um fim é apenas o início de uma nova busca, e a descoberta de uma arte é o prolongamento do fio que nos conduz a outras investigações: temos a esperança de deixar o labirinto, mas nos enredamos cada vez mais em seus mais intricados caminhos.

Entre as ocupações que tendem ao exercício da invenção e ao cultivo dos talentos humanos, está a busca pela comodidade e pela riqueza, incluindo os diferentes inventos que servem à melhoria das manufaturas e ao aperfeiçoamento das artes mecânicas. E assim como os materiais do comércio podem ser acumulados sem qualquer limite determinado, também as artes

Ensaio sobre a história da sociedade civil

que o aprimoram admitem refinamentos ilimitados. Nenhuma medida de fortuna ou grau de habilidade é capaz de diminuir as supostas necessidades da vida humana. O refinamento e a abundância fomentam novos desejos e fornecem os meios e métodos para gratificá-los.

O cultivo das artes comerciais aumenta muito a desigualdade de fortuna, e a maioria das pessoas é obrigada pela necessidade, ou ao menos fortemente incitada pela ambição e pela avareza, a empregar todos os talentos que possua. Após milhares de anos dedicados à manufatura e ao comércio, os habitantes da China continuam a ser o povo mais laborioso e industrioso que existe.

Essa observação pode ser parcialmente estendida às artes elegantes e literárias. Elas também têm materiais inexauríveis e procedem de desejos insaciáveis. Mas o respeito prestado ao mérito literário é oscilante e varia ao sabor de modas passageiras. Quando as produções eruditas se acumulam, a aquisição de conhecimento ocupa um tempo que poderia ser dedicado à invenção. Os objetivos da mera erudição podem ser alcançados por talentos medianos ou inferiores, e a longa lista de precedentes diminui o lustre dos poucos de fato eminentes. Quando nos limitarmos a aprender o que outros ensinaram, nosso conhecimento provavelmente se tornará ainda menor que o de nossos mestres. Grandes nomes são repetidos com admiração mesmo depois que as razões desse sentimento foram esquecidas; e novos aspirantes são seguidamente rejeitados, não porque estejam aquém de seus predecessores, mas porque não os superam, ou, na realidade, porque o mérito daqueles é dado como certo e não sabemos julgar o de ambos.

Adam Ferguson

Quando as bibliotecas estão repletas e cada trilha da inteligência foi explorada, sentimo-nos propensos, conforme a admiração que tenhamos pelo que foi feito, a rechaçar novas tentativas. Tornamo-nos estudantes e admiradores, em vez de rivais, e substituímos pelo conhecimento dos livros o espírito inquisitivo e animado com que foram escritos.

As artes comerciais e lucrativas podem continuar a prosperar, mas sua ascendência se dá à custa de outras ocupações. O desejo pelo lucro sufoca o amor pela perfeição. O interesse resfria a imaginação e enrijece o coração, e, por recomendar as ocupações dependendo de quão lucrativas elas sejam, relega o engenho e a própria ambição ao balcão e à oficina.

À parte tais considerações, a separação de profissões, embora pareça prometer incrementos de habilidade e seja de fato a causa de as produções de todas as artes se tornarem mais perfeitas à medida que o comércio avança, também contribui, ao fim e ao cabo, em relação a seus efeitos últimos, para que se rompam os laços de sociedade, para que meras formalidades e regras de arte substituam o engenho e para que os indivíduos abandonem as ocupações que mais mobilizam os sentimentos do coração e da mente.

As *diferentes* vocações pelas quais se distinguem uns dos outros os membros de uma sociedade polida dependem da posse de talentos individuais ou de habilidades peculiares que os demais professam ignorar, e assim a sociedade passa a ser composta por partes, nenhuma das quais é animada pelo espírito que deveria prevalecer na conduta de uma nação. "Em uma mesma pessoa", diz Péricles, "vemos uma atenção voltada tanto para assuntos privados quanto públicos. Homens que se dedicam a profissões particulares mostram um conhecimento

Ensaio sobre a história da sociedade civil

mínimo dos assuntos da comunidade, e os que não atuam para o Estado devem ser considerados como perfeitamente insignificantes." Esse encômio aos atenienses foi oferecido por receio de que seus inimigos os acusassem do contrário ou que este em breve se tornasse realidade. Como de fato aconteceu, os assuntos públicos de Atenas e a conduta na guerra passaram a ser mal administrados quando essas e outras ocupações se transformaram em objeto de profissões separadas, e a história desse povo oferece amplas ilustrações de que os homens deixaram de ser cidadãos, e mesmo bons poetas e oradores, à medida que se distinguiram em tais profissões e em outros ofícios em particular.

Animais menos nobres que nós têm sagacidade suficiente para obter comida e encontrar meios para satisfazer seus prazeres solitários, mas é reservado ao homem consultar, persuadir, opor, inflamar a sociedade no peito de seu semelhante e abandonar o senso de seu interesse ou segurança pessoal, no ardor da amizade e da animosidade.

Quando nos envolvemos nas contendas que separam os homens sob denominações como país, tribo ou qualquer ordem de homens afetada por interesses comuns e guiada pela transmissão de paixões, o espírito reconhece seu lugar natural, e os sentimentos do coração e os talentos do entendimento encontram seu exercício natural. Sabedoria, vigilância, fidelidade e fortaleza são os caracteres exigidos nessa situação, qualidades que ela, por seu turno, tende a aperfeiçoar.

Em épocas simples e bárbaras, quando as nações são fracas e se encontram assoladas por inimigos, os amores pátrio, partidário ou faccioso são um só. A comunidade é uma união de amigos, seus inimigos são o restante do gênero humano. A

Adam Ferguson

morte ou a escravidão são os males mais comuns e mais receados, a vitória e a dominação são os objetivos a que aspiram. Toda sociedade próspera tem por objetivo o aumento de força e a extensão de fronteiras, pelo receio de que possa sofrer invasões estrangeiras. À medida que esse objetivo é atingido, aumenta a sensação de segurança. Distritos afastados da fronteira estão desacostumados ao alarme das invasões; os situados nas extremidades, longe da sede do governo, não sabem de intrigas políticas, e para ambos a comunidade é provavelmente um objeto demasiado extenso para ser concebido. Desfrutam da proteção de suas leis e exércitos, alardeiam o seu esplendor e poder, mas o reluzente sentimento de afeição pública que, em Estados menores, se mistura à ternura de um pai ou de um amante, de um amigo ou companheiro, perde muito de sua força devido à ampliação do objeto.

As maneiras de nações rudes devem ser reformadas. Suas querelas internacionais e discórdias domésticas são conduzidas por paixões extremas e sanguinárias. Uma situação mais tranquila tem muitos efeitos benéficos. Mas, caso as nações levem seus planos de alargamento e pacificação a ponto de seus membros não mais apreenderem os laços de sociedade e não se envolverem por afeto na causa de seu país, estarão errando pelo outro lado e deixando muito pouco a agitar o espírito dos homens, produzindo épocas de langor, se não de decadência.

Desse modo, os membros de uma comunidade podem ser levados a perder, como os habitantes de uma província conquistada, o senso de toda conexão, exceto pela gentileza e pela vizinhança, não deixando a eles nenhuma outra transação exceto as comerciais, isto é, conexões ou trâmites nos quais pode

Ensaio sobre a história da sociedade civil

haver probidade e amizade, mas onde não há lugar para o espírito nacional, sobre cujos altos e baixos iremos tratar agora.

O que observamos sobre a tendência do alargamento em afrouxar os laços de união política não pode ser aplicado a nações que, originalmente pequenas, nunca ampliaram muito as suas fronteiras, tampouco àquelas que, em estado rude, têm a extensão de um grande reino.

Em territórios de extensão considerável, submetidos a um único governo e dotados de liberdade, a união nacional é extremamente imperfeita em épocas rudes. Cada distrito é um partido separado, e os descendentes de diferentes famílias, opostos entre si sob as denominações de *tribos* ou *clãs*, raramente atuam em concerto. Suas disputas e animosidades são tão intensas que eles se assemelham mais a nações em guerra do que a um povo unido por conexões políticas. Mas, embora o espírito que adquirem nessas divisões, marcadas pela desordem, seja em si mesmo nocivo, muitas vezes sua força contribui para o poder do Estado.

A extensão nacional, a ordem civil e o governo regular podem oferecer vantagens da maior importância, mas disso não se segue que o arranjo feito para obter tais fins, cuja execução é capaz de exercitar e cultivar o que há de melhor nos homens, é dado a produzir efeitos permanentes e a assegurar a manutenção do espírito nacional do qual surgiu.

Teremos razões para recear os refinamentos políticos dos homens comuns se considerarmos que o repouso ou a inação, em grande medida, são o seu objetivo, e que eles com frequência moldam seus governos não apenas para prevenir a injustiça e o erro, mas também a agitação e o tumulto, e com as barreiras que erguem contra os males dos homens, impedem-nos de

305

Adam Ferguson

agir. Na opinião de tais políticos, as disputas de um povo livre equivalem à desordem e à violação da paz nacional. Corações ardentes? Situações críticas? Falta de segredos e de discrição? Defeitos de política? Os homens dotados de um gênio superior parecem imaginar que o vulgo não se inclina a agir ou a pensar. Um príncipe importante não hesita em ridicularizar a precaução que os juízes de países livres mostram ao se restringir estritamente à interpretação da lei.[2]

Aprendemos sem dificuldade a constringir nossas opiniões sobre o que seria seguro permitir aos homens fazer sem afetar a ordem pública. As agitações de uma república e a licenciosidade de seus membros causam desgosto e aversão nos súditos de uma monarquia. A liberdade dada ao europeu para percorrer ruas e campos se afigura ao chinês como prelúdio certo de confusão e anarquia. "Como podem os homens encarar o seu superior e não tremer? E conversar sem obedecer a um cerimonial preciso, por escrito? Como pode haver paz se as ruas não forem fechadas em horas certas? Que desordem selvagem não haveria se os homens pudessem fazer o que bem entendem?"

Se as precauções que os homens tomam em relação a seus semelhantes forem necessárias para reprimir seus crimes e não desencadeadas, em seus governantes, por uma ambição corrompida ou por uma inveja cruel, o procedimento deve ser aplaudido como o melhor remédio para os vícios humanos. A víbora deve ser mantida a distância, o tigre tem de permanecer preso. Mas, caso uma política vigorosa, adotada com o intuito de escravizar os homens e não de impedir que cometam crimes, mostre uma tendência a corromper as maneiras e aca-

---

2 Frederico II, *Memoirs of Brandenburg*, ed. inglesa, 1752.

Ensaio sobre a história da sociedade civil

bar com o espírito da nação; se a severidade for adotada para pôr fim às agitações de um povo livre, não para remediar suas corrupções; se formalidades forem aplaudidas como salutares porque tendem a silenciar a voz dos homens ou forem condenadas como perniciosas por permitir que sua voz seja ouvida; poderemos suspeitar que muitas das alardeadas melhorias da sociedade civil não passam de dispositivos para suprimir o espírito político e acorrentar as virtudes ativas, em vez de acabar com desordens.

Se um povo professar que cada detalhe dos refinamentos de sua política tem por objetivo único assegurar a pessoa e a propriedade do súdito, sem consideração por seu estatuto político, pode ser que a Constituição resultante seja livre, mas seus membros poderão, da mesma forma, se mostrar indignos da liberdade que possuem e despreparados para defendê-la. Uma Constituição como essa pode ter o efeito de submergir as ordens de homens em diferentes ocupações prazerosas, às quais eles se dedicam sem ser importunados, ou lucrativas, mas sem nenhuma consideração pela comunidade.

Se tal é a finalidade das lutas políticas, o desígnio, uma vez executado, de assegurar ao indivíduo a posse de sua propriedade e os meios de sua subsistência poderá eliminar as mesmas virtudes mobilizadas na empreitada. Um homem que, auxiliado por seus concidadãos, conteste a usurpação em defesa de suas posses ou de sua pessoa pode encontrar, na própria luta, uma ocasião para exercer a generosidade e o vigor de seu espírito. Mas aquele que, sob instituições políticas supostamente estáveis, entrega-se ao mero desfrute de sua fortuna transforma em fonte de corrupção as vantagens obtidas pela virtude alheia. Em determinadas épocas, a segurança dos indivíduos depen-

Adam Ferguson

de principalmente da força do partido a que eles aderem, mas, em tempos corruptos, eles se gabam de obter da comunidade uma segurança que outrora teriam de conquistar com vigilância e firmeza, com uma inabalável fidelidade aos amigos e com o exercício de cada talento que pudesse torná-los respeitáveis, temíveis ou amáveis. Portanto, se num período as circunstâncias são suficientes para excitar o espírito e preservar as maneiras dos homens, em outro requerem-se dos líderes, para o mesmo propósito, grande sabedoria e a preocupação com o bem da maioria.

Poder-se-ia pensar que Roma não morreu de letargia, tampouco pereceu devido à remissão de seus ardores políticos domésticos. Seu destempero parece ter sido de natureza mais violenta e aguda. Contudo, se as virtudes de um Catão ou de um Bruto foram exercidas no momento em que a república perecia, a neutralidade e o cauteloso retiro de um Ático encontraram segurança nessa mesma estação tempestuosa, e o povo, como um grande corpo, manteve-se inabalado, alheio à torrente de uma tempestade que destruiu os homens de classes superiores. Na percepção do povo, o sentido de comunidade fora perdido, e mesmo as animosidades entre as facções haviam arrefecido; a comoção só dizia respeito aos que porventura fossem partidários de um líder ou soldados legionários. Não foi por falta de homens eminentes que a república caiu na obscuridade. Se olharmos para os nomes eminentes na história humana, poucas épocas oferecem uma lista tão numerosa. Mas esses nomes se destacaram em uma luta pelo poder, não no exercício de direitos iguais. O povo fora corrompido; um império tão vasto precisava de um senhor.

Ensaio sobre a história da sociedade civil

Governos republicanos costumam ser ameaçados pela ascensão de facções particulares e pelo espírito motinoso de uma plebe corrompida que não se qualifica à administração do Estado. Mas, em outras formas de governo, nas quais a liberdade pode ser mantida a despeito da corrupção dos homens, o vigor nacional declina devido ao abuso daquela segurança que resulta da suposta perfeição da ordem pública.

A distribuição adequada do poder e dos ofícios e a devida execução das leis são práticas que põem fim às agressões e garantem a segurança da pessoa e da propriedade individual sem o recurso a amigos, conspirações e favores, o que constitui uma honra para o gênio da nação. Mas algo assim só pode ser estabelecido por um entendimento exercitado e uma conduta íntegra, verdadeiros testes do espírito resoluto e vigoroso que adornam os anais de um povo e legam às épocas futuras um objeto de admiração e aplauso. Se supusermos, porém, que o fim foi atingido de tal modo que os homens não mais atuem, no desfrute de sua liberdade, movidos por sentimentos liberais ou com vistas à preservação das maneiras públicas, se os indivíduos se consideram seguros sem qualquer vigilância ou esforço de sua própria parte, isso terminará por lhes ensinar a gozar de tudo o que é conveniente e necessário, ou, nas palavras de Catão, a valorizar suas casas, suas vilas, suas estátuas e quadros acima da república. De repente se darão conta, em seu íntimo, que estão fartos de sua constituição livre, que não se cansam de elogiar na conversação e de negligenciar na conduta.

As ameaças à liberdade não são objeto da presente consideração, mas nunca podem ser maiores do que no caso de omissão do povo, de cujo vigor pessoal dependem a instituição e a preservação de toda Constituição. Essa mesma bênção tampouco

Adam Ferguson

estará garantida nas mãos de homens que julgam desfrutá-la em segurança e cujo respeito pela comunidade se estende na mesma medida em que esta lhes ofereça empregos lucrativos, em prol dos quais estão prontos a sacrificar os mesmos direitos que tornam esses cargos dignos de ser ocupados.

Essas reflexões tendem a mostrar que o espírito nacional é com frequência transiente, não devido a um incurável destempero na natureza dos homens, mas por sua negligência ou corrupção voluntária. Seu espírito subsiste apenas, se tanto, na execução de uns poucos projetos, de aquisição de territórios ou de riqueza, e, como uma arma inútil, é posto de lado uma vez cumprido seu objetivo.

Instituições ordinárias relaxam o vigor e são ineficazes para a preservação do Estado, pois levam os homens a depender das artes e não das virtudes e a tomar o aumento de comodidades e riquezas pelo aperfeiçoamento da natureza humana.[3] Instituições que fortalecem o espírito, inspiram coragem e promovem a felicidade nacional jamais levam à ruína de uma nação.

Nossa admiração pelas artes não admitiria um lugar para essas instituições? Que os estadistas encarregados do governo das nações respondam por si mesmos. Cabe a eles mostrar se ascenderam a posições de eminência apenas para satisfazer seu próprio interesse, que eles fariam melhor em cultivar na obscuridade, e se têm a capacidade de compreender no que consiste a felicidade de um povo cujos interesses eles, com tanta prontidão, se dispõem a administrar.

---

3 Tito Lívio, *História de Roma*, op. cit., livro VII, cap.25: Adeo in quae laboramus sola crevimus Divitias luxuriamque.

Ensaio sobre a história da sociedade civil

Seção IV
Continuação do mesmo assunto

Não é raro que os homens descuidem mais de si mesmos justamente quando se dedicam à mais egoísta das ocupações, o aumento de suas riquezas, e, raciocinando em nome do país, se esqueçam das considerações que mais merecem a sua atenção. Para ir à guerra, é preciso ter homens e riqueza, mas são os homens que fazem as nações, e uma nação feita de homens degenerados e covardes é uma nação fraca, enquanto outra, composta por homens vigorosos, resolutos e animados pelo espírito público, é forte. As demais vantagens sendo idênticas, os recursos para a guerra podem decidir uma contenda, mas de nada servem em mãos dos que não sabem empregá-los.

A virtude é uma componente indispensável à força de uma nação. A capacidade e um entendimento vigoroso são igualmente necessários para a fortuna dos Estados. Ambos são aprimorados pela disciplina e pelos exercícios a que os homens se dedicam. Desprezamos a sorte dos que viveram sob certas instituições e foram obrigados a atuar ao mesmo tempo como senadores, estadistas e soldados. Nas nações comerciais, um desses papéis é suficiente para uma pessoa, e as finalidades de cada um podem ser mais facilmente atingidas quando eles são dissociados. Mas a primeira situação era marcada por circunstâncias que permitem às nações avançar e prosperar, enquanto na segunda há outras, que favorecem o relaxamento do espírito e a decadência nacional.

Temos boas razões para congratular nossa espécie por ter deixado uma condição bárbara de desordem e violência e entrado em um estado de paz doméstica e de política regular,

Adam Ferguson

quando depôs a adaga e desarmou as animosidades civis, adotando como arma os raciocínios dos sábios e a língua dos eloquentes. Mas não poderíamos deixar de lamentar que, em sua busca pela perfeição, tenha deslocado para trás do balcão cada um dos ramos da administração, empregando, em vez de estadistas e guerreiros, clérigos e contadores. Esse sistema, em seu ápice, ensina os homens a copiar as instruções militares de César ou a executar parte de seus planos, mas não a atuar como líderes em diferentes situações, como estadistas e no campo de batalha, em tempos de ordem ou de tumulto, de divisão ou de unanimidade, animando conselhos quando se deliberam sobre assuntos domésticos ou repelindo ataques do estrangeiro. A política da China é o mais perfeito modelo de arranjo voltado para o refinamento dos procedimentos corriqueiros de governo, e os habitantes desse império possuem, no mais alto grau, as artes das quais dependem, na concepção do vulgo, a felicidade e a grandeza das nações. O Estado adquiriu, em uma medida sem paralelo na história humana, um bom número de homens e todos os outros recursos necessários à guerra. Fizeram algo que só poderíamos admirar: rebaixaram os assuntos nacionais ao nível das capacidades mais inferiores, compartimentaram-nos, distribuindo-os em diferentes departamentos da administração, revestiram cada procedimento com cerimônias esplêndidas e formalidades majestosas, e, quando a reverência por estas não é suficiente para reprimir a desordem, adotam uma rigorosa e severa política de repressão, lançando mão de toda espécie de punição física para atingir esse propósito. O chicote e o porrete são aplicados a homens de todas as ordens, e o próprio magistrado que os emprega também os

Ensaio sobre a história da sociedade civil

teme. Um mandarim pode ser açoitado por ter castigado um batedor de carteiras com um número excessivo ou insuficiente de chicotadas.

Cada departamento de Estado é objeto de uma profissão em separado; cada candidato a um cargo público deve passar por uma educação determinada e, tal como nos cursos universitários, obter uma proficiência correspondente ao posto a que aspira. Os graduados são instruídos em questões de Estado, militares ou de receita, bem como de literatura, e embora o aprendizado ofereça o caminho mais rápido ao privilégio, ele se resume, na verdade, na capacitação em ler e escrever, pois o grande objetivo do governo é consumir os frutos que ele mesmo semeou. Mas, apesar de todos esses recursos e das preparações destinadas à sua utilização, o Estado é fraco e, em meio a todos os sábios em matéria militar e política, e aos milhões que servem à profissão militar, não encontra um único indivíduo apto a enfrentar os perigos que ameaçam o país e erigir uma defesa contra as repetidas incursões de um inimigo com reputação de grosseiro e ignóbil.

Difícil dizer em que medida a decadência dos Estados poderia ser detida pelo cultivo das artes das quais dependem a sua verdadeira felicidade e força; pelo cultivo, nas classes mais altas, de talentos para os conselhos e os campos de batalha, funções que não podem, sem grande desvantagem, ser separadas; e pelo fomento, no conjunto do povo, do zelo pelo país e do caráter militar que lhes permite defender por conta própria direitos que também são seus.

Pode chegar o dia em que cada proprietário terá de defender suas posses e cada povo livre, de lutar por sua própria independência. Essa situação extrema poderia ser evitada pela

Adam Ferguson

instituição de tropas contratadas, mas muitas vezes um povo precisa combater suas próprias tropas. Poder-se-ia alegar que tais extremos são uma possibilidade remota, mas, raciocinando sobre a fortuna geral do gênero humano, não podemos deixar de mencionar essa possibilidade e citar os casos em que ela se deu: verificou-se sempre que os polidos se tornaram presa dos rudes e o habitante pacífico foi submetido pela força militar.

Se a defesa do governo e de um povo depende de uns poucos, que fazem da conduta do Estado ou da guerra uma profissão; não importa se são nativos ou estrangeiros; se são convocados de súbito como a legião romana da Britânia; se voltam as armas contra seus empregadores como o Exército de Cartago, ou são vencidos e dispersados por um golpe de fortuna; a verdade é que a multidão de um povo covarde e sem disciplina se vê, em tais ocasiões, diante de um inimigo, seja estrangeiro, seja doméstico, como frente a uma peste ou terremoto: paralisado de espanto e terror e, por ser numeroso, pronto para fazer triunfar e enriquecer o espólio dos conquistadores.

Estadistas e líderes de exércitos, por estarem acostumados a observar formalidades, se sentem desconcertados com a suspensão das regras costumeiras, e não é preciso muito para que deem as costas ao seu país. Sua qualificação se restringe a seguir os ritos de uma carreira em particular, e, quando são forçados a deixar sua posição, mostram-se incapazes de atuar junto aos homens. Restringiam-se a observar formalidades cuja tendência não compreendem, e, como veem a situação, o próprio Estado desaparece quando os seus modos de procedimento são suspensos. Aos seus olhos, as posses e os recursos de um grande povo servem apenas como pretexto para a confusão e o terror.

Ensaio sobre a história da sociedade civil

Em épocas rudes, as palavras *comunidade*, *povo* e *nação* designam certo número de homens, e considera-se que a integridade do Estado estará mantida enquanto alguns de seus membros permanecerem. Os citas zombaram de Dario quando este tentou capturá-los em fuga; Atenas superou as devastações de Xerxes; e Roma, ainda rude, sobreviveu às incursões dos gauleses. A situação por vezes se inverte, em se tratando de Estados polidos e mercantis. A nação é um território, cultivado e aprimorado por seus proprietários; uma vez destruída a posse, mesmo que os senhores sobrevivam, o Estado estará desfeito.

A acusação de fraqueza e efeminação que, por vezes, é feita às nações polidas denota, provavelmente, uma enfermidade puramente intelectual. A força dos animais em geral e a do homem em particular dependem da alimentação e do tipo de trabalho a que estão acostumados. Alimentação nutritiva e trabalho árduo, que muitos têm em nações polidas e comerciais, garantem à comunidade uma reserva de homens dotados de força física e indiferentes à dificuldade e à labuta.

Mesmo a vida delicada e as comodidades não chegam a debilitar o corpo. Os exércitos da Europa realizaram um experimento: filhos de famílias opulentas, criados de maneira efeminada ou nutridos com ternura, tiveram de disputar com selvagens. Imitando suas artes, aprenderam, como estes, a atravessar florestas e, em cada uma das estações, a sobreviver no deserto. Talvez tenham assim recuperado uma lição que as nações civilizadas levaram séculos para desaprender: que a fortuna do homem só depende dele, contanto que ele permaneça senhor de si mesmo.

Poder-se-ia pensar, no entanto, que poucas nações antigas cujo destino deu azo a tantas reflexões sobre as vicissitudes dos assuntos humanos realizaram progressos significativos nas artes, às quais nos referimos, que enfraquecem o espírito, ou criaram as condições para que os perigos em questão viessem a surgir. Os gregos em particular, quando foram submetidos ao jugo dos macedônios, certamente não haviam levado as artes comerciais às mesmas alturas em que elas se encontram nas nações europeias modernas mais prósperas. Haviam se mantido em repúblicas independentes, o povo geralmente participava do governo, e na impossibilidade de contratar exércitos, eram obrigados, por necessidade, a assumir por conta própria a defesa de seu país. As frequentes guerras e comoções domésticas os haviam acostumado ao perigo e estavam familiarizados com situações alarmantes. Por tudo isso, eram considerados os melhores soldados e estadistas do mundo conhecido. O jovem Ciro contava com eles para realizar suas ambições imperiais na Ásia, e, após sua queda, 10 mil soldados gregos sem um líder se retiraram imunes às investidas da força militar dos persas. Por isso, o conquistador da Ásia considerava que seus planos não estariam realizados enquanto não houvesse formado um Exército com as repúblicas da Grécia que submetera.

É verdade que na época de Filipe o espírito militar e político dessas nações parecia estar consideravelmente abalado, devido, talvez, à variedade de interesses e ocupações, bem como de prazeres, a que seus membros se dedicavam, chegando mesmo a separar os papéis do civil e do militar. Fócio, segundo nos conta Plutarco, observou que os homens de sua época seguiam diferentes carreiras, alguns preferindo as militares, outros as civis, e decidiu, em vez disso, seguir os exemplos de Temístocles, Aristides e Péricles, líderes de uma época anterior igualmente preparados para ambas.

Ensaio sobre a história da sociedade civil

Vemos nas orações de Demóstenes a referência constante a esse estado de coisas. Ele exorta os atenienses a não apenas declarar a guerra como também a se armar para a execução de seus planos militares. Havia uma ordem de militares que não hesitava em servir ora a um Estado, ora a outro, e que, longe de casa, decidia por si mesma o melhor curso a tomar. Provavelmente eram superiores aos guerreiros de épocas anteriores, mas não estavam ligados a um Estado, e os habitantes das cidades não se consideravam qualificados para o serviço militar. A disciplina dos exércitos provavelmente melhorara, mas o vigor das nações entrara em decadência. Se Filipe ou Alexandre haviam derrotado um Exército grego composto principalmente por mercenários, que dificuldade teriam de se impor aos habitantes que os tinham contratado? Quando Alexandre invadiu o Império Persa com o auxílio desses mesmos mercenários, teve o cuidado de não deixar atrás de si vestígios de espírito marcial: afastou os militares de posições de comando nas províncias conquistadas e assegurou assim seu domínio sobre um povo rebelde e indômito.

Em certos casos, a divisão das artes e profissões tende a aperfeiçoar sua prática e a promover seus fins. Graças à separação das artes do tecelão e do sapateiro, temos roupas e sapatos melhores. Mas separar as artes que formam o cidadão e o estadista, as artes da política e da guerra, equivale a desmembrar o caráter humano e destruir as artes que alegamos melhorar. Essa separação tem o efeito de privar um povo livre do que é necessário à sua segurança e abre o flanco para uma eventual invasão estrangeira que terminaria em usurpação e na instalação de um governo militar.

É surpreendente constatar que instruções militares começaram a ser adotadas em Roma apenas na época da Guerra Címbria. Foi então que, segundo Valério Máximo, os soldados romanos começaram a aprender com os gladiadores o uso da espada. O mesmo autor relata que os antagonistas de Pirro e de Aníbal desconheciam os elementos mais rudimentares de seu ofício. Haviam, é certo, causado forte impressão nos invasores gregos, com a ordem e a disposição de seus acampamentos, induzindo-os, com o vigor e a firmeza de seu espírito, se não com vitórias, a pedir a paz. Mas o áspero romano talvez estivesse ciente das vantagens da ordem e da união sem ter de se rebaixar às artes inferiores do mercenário, e era suficientemente corajoso para enfrentar os inimigos de seu país, mesmo sem ter praticado o uso das armas sob a ameaça do açoite. Dificilmente lhe pareceria crível a ideia de que um dia nações refinadas e inteligentes reduziriam a arte da guerra a umas poucas formalidades técnicas; que cidadãos e soldados seriam tão separados quanto homens e mulheres; que o cidadão teria uma propriedade a qual não precisaria defender (nem saberia como fazê-lo); que o soldado seria designado para defender algo que outro fora ensinado a desejar, e que apenas ele mesmo saberia como capturar e manter em sua posse; que, em suma, um grupo de homens teria interesse na preservação de instituições civis, sem ter o poder de defendê-las, enquanto outro teria esse poder, mas sem qualquer inclinação ou interesse em exercê-lo.

E, no entanto, esse povo gradualmente pôs sua força militar na situação precisa a que essa descrição alude. Mário introduziu uma mudança capital no método de recrutamento, lotou as legiões com homens vis e indigentes que dependiam do sa-

Ensaio sobre a história da sociedade civil

lário para sobreviver, criou uma força baseada exclusivamente na disciplina e nas habilidades dos gladiadores, ensinou suas tropas a empregar a espada contra a Constituição de seu país e estabeleceu o exemplo de uma prática que logo foi adotada e aprimorada pelos que o sucederam.

Tudo o que os romanos queriam com seus exércitos era limitar a liberdade de outras nações e preservar a sua. Esqueceram--se que, reunindo soldados pagos e permitindo que um líder qualquer se apossasse de um Exército disciplinado, na verdade renunciavam a seus direitos políticos e permitiam que surgisse um senhor no interior do Estado. Em suma, esse povo, governado pela paixão do saque e da conquista, veio a perecer graças à operação de um mecanismo (*engine*) que eles mesmos haviam erigido para combater o gênero humano.

Os supostos refinamentos de uma época polida não são, portanto, desprovidos de riscos. Podem abrir uma porta para o desastre, tão ampla e acessível como as que eles haviam fechado. Se erguem muralhas e defesas, enfraquecem o espírito dos que os defendem; se formam exércitos disciplinados, reduzem o espírito militar da nação; e, ao colocar a espada nas mãos dos que têm um desgosto pelas instituições civis, preparam o governo da força sobre os homens.

É uma bênção para as nações da Europa que a disparidade entre o soldado e o cidadão pacato não seja tão grande como outrora na Grécia e em Roma. No uso dos exércitos modernos, o noviço aprende, sem dificuldade, tudo o que o veterano sabe, e felizes dos que não se deixam desanimar e prosseguem na descoberta das artes que favorecem o fortalecimento e a preservação de seu país, não seu enfraquecimento e ruína.

Adam Ferguson

Seção V
Do desperdício dos recursos nacionais

A força de uma nação vem de sua riqueza, do número e do caráter de seu povo. A história de seu progresso a partir de um estado rude é, em boa parte, um detalhamento das lutas que travou e das artes que praticou para se fortalecer ou se defender. Suas conquistas e colonizações, seu comércio, suas instituições civis e militares, sua habilidade na fabricação de armas e na elaboração de métodos de ataque e defesa, a distribuição de tarefas nos negócios privados ou na administração pública, tendem a permitir que se empreguem com vantagem as partes constitutivas da força nacional e os recursos destinados à guerra.

Se supusermos que, juntamente com essas vantagens, o caráter militar de um povo permanece intacto ou se aprimora, segue-se que o ganho de civilização representa um aumento real de força, e a ruína das nações não se deve a elas mesmas. É de suspeitar que Estados que apresentaram progresso limitado ou que entraram em decadência teriam encontrado um limite, por mais dispostos que estivessem a avançar, para além do qual não conseguiram ir, ou que, devido a uma remissão do espírito nacional e a uma fraqueza de caráter, não conseguiram extrair o máximo de seus recursos e vantagens naturais. Nessa suposição, eles passam de uma situação estacionária ao relapso e, num movimento retrógrado que dura séculos, chegam a uma condição de debilidade ainda maior do que aquela da qual partiram no início de seu progresso. Então, apesar de artes aparentemente superiores e de uma conduta com ares de dignidade, arriscam-se a ser presa de bárbaros, que eles, no ápice de seus feitos e de sua glória, haviam desdenhado e desprezado.

Ensaio sobre a história da sociedade civil

Quaisquer que sejam a riqueza natural de um povo e os limites para além dos quais incapaz de aumentá-la, provavelmente nenhuma nação jamais alcançou tais limites ou conseguiu postergar seus infortúnios e os efeitos da má conduta, até que sua provisão de materiais e a fertilidade de seu solo se exaurissem ou que sua população estivesse amplamente reduzida. Os mesmos erros políticos e fraquezas nas maneiras que impedem o uso apropriado dos recursos restringem o aumento e a melhoria da qualidade destes.

A riqueza do Estado é a soma da fortuna de seus membros. A arrecadação efetiva é a parcela de cada fortuna privada que o poder público acostumou-se a exigir para a realização dos propósitos de interesse nacional. Nem sempre essa arrecadação é proporcional ao que se supõe ser redundante na propriedade privada, correspondendo apenas àquilo que, em alguma medida, o proprietário julga sê-lo, e àquilo de que ele pode abrir mão sem com isso prejudicar seu modo de vida e suspender seus investimentos ou atividades comerciais. Tudo indica, portanto, que o aumento desmesurado de poupança privada é um prenúncio de debilidade nacional. A arrecadação do governo pode ser exígua mesmo que os súditos tenham propriedades suntuosas, o que ilustra o paradoxo de um Estado pobre cujos membros são ricos.

Com frequência cometemos o erro de tomar moeda por riqueza, como se um povo não se empobrecesse com desperdício de moeda que circula entre seus membros. O fato é que, se os homens empobrecem, é por meio de duas maneiras, pela suspensão de seus ganhos ou pelo exaurimento de sua subsistência. E a circulação de dinheiro dentro das fronteiras de um país, se não for consumido, não tenderá a diminuir sua rique-

321

za, não mais do que a circulação de um talião de mão para mão tende a diminuir a riqueza daqueles que assim o distribuem. Mas pode ser que, enquanto a moeda circula, as necessidades para o sustento da vida, que são o verdadeiro componente da riqueza, sejam parcamente consumidas, e a indústria que seria empregada para aumentar as reservas de um povo seja anulada ou prejudicada.

Exércitos numerosos, mantidos em casa ou no estrangeiro sem um objetivo nacional, são tantas bocas desnecessariamente abertas que exaurem os suprimentos públicos e tantas mãos que poderiam ser utilizadas nas artes lucrativas. Empreitadas malsucedidas são um desperdício, e perdas sofridas equivalem ao desperdício de capital que poderia ser empregado em serviços. Quando os helvécios decidiram invadir a província romana da Gália, eles queimaram as próprias habitações, jogaram fora os instrumentos da lavoura e consumiram em um ano as reservas de muitos. Com o fracasso do projeto, a nação minguou.

Em alguns casos, Estados tentaram disfarçar os riscos que corriam expandindo seu crédito em vez de empregar seu capital. Os empréstimos que puderam obter lhes deram recursos que financiaram seus investimentos. Levantando fundos transferíveis, pareciam deixar o capital para ser usado nas trocas, nas mãos dos súditos, quando, na verdade, era gasto pelo governo. Procederam com isso à execução de grandes projetos nacionais sem debilitar a indústria privada, mas deixando às gerações posteriores que respondessem, ao menos em parte, por débitos contraídos com vistas a um emolumento futuro. Nessa medida, o expediente é plausível e aparentemente justo. Os encargos, no entanto, vão crescendo, e se a nação afundar

Ensaio sobre a história da sociedade civil

em algum momento no futuro, os ministros esperam que ainda se mantenha à tona no presente. Por isso mesmo, essa medida, apesar das eventuais vantagens, é extremamente perigosa nas mãos de uma administração precipitada e ambiciosa, que não vê além do presente e imagina que o Estado será inexaurível enquanto o capital puder ser emprestado e os juros, pagos.

É conhecida a história de uma nação que, por algum tempo, rivalizou com as glórias do mundo antigo e rechaçou o domínio de um senhor que voltou contra ela as armas de um poderoso reino, rompeu com o jugo que a oprimia e, em pouco menos de um século, erigiu, com sua indústria e vigor nacional, um poder novo e formidável, que encheu de medo e apreensão os antigos potentados da Europa, transformando os emblemas de pobreza iniciais em insígnias de guerra e dominação. Isso foi obtido à custa do esforço de um espírito que despertou da opressão em busca de riqueza nacional e pela rápida antecipação de arrecadação futura. Mas, com isso, esse ilustre Estado não apenas trouxe preocupação aos negócios, como também sequestrou a herança das épocas vindouras.

Gastos nacionais de monta não implicam necessariamente sofrimento nacional. Se a arrecadação for bem aplicada, com vistas à realização de um objetivo valioso, os lucros obtidos serão mais que suficientes para cobrir os custos, a comunidade sairá ganhando e seus recursos continuarão a se multiplicar. Mas um gasto realizado em casa ou no estrangeiro, com base em arrecadações dadas ou em antecipação futura, se não trouxer retorno será por certo uma das causas da ruína da nação.

Parte VI
Da corrupção, e da escravidão política

Seção I
Da corrupção em geral

Se a fortuna das nações e sua tendência à grandeza ou à ruína tivessem de ser julgadas apenas a partir do balanço dos princípios expostos na seção anterior referentes a lucro e prejuízo, os argumentos políticos dependeriam unicamente da comparação entre os gastos públicos nacionais e a arrecadação, e entre os que consomem e os que produzem ou reúnem os bens de subsistência. As colunas dos industriosos e dos preguiçosos incluiriam homens de todas as ordens, e o Estado, ao qual só seriam concedidos magistrados, políticos e combatentes em quantidade estritamente necessária à defesa e ao governo, teria de incorporar entre as perdas cada um dos membros excedentes da lista dos militares e dos civis; todas as ordens de homens que, pela posse de uma fortuna, subsistam do ganho de outros, estes tendo de dedicar grande quantidade de tempo e de trabalho para suprir o seu consumo, devido ao refinamento de suas escolhas; todos aqueles cuja ocupação vã depende de pessoas com distinção hierárquica; todos os que se dedicam ao direito, à medicina e à teologia, juntamente com os eruditos cujos estudos não promovem ou aprimoram práticas comerciais lucrativas. O valor de cada pessoa seria, em suma, computado a partir do seu trabalho; e o do próprio trabalho também o seria, segundo a tendência a obter ou reunir meios de subsistência. As artes dedicadas a coisas supérfluas seriam proibidas, exceto quando seu produto pudesse ser trocado com nações estrangeiras por mercadorias necessárias ao sustento de homens úteis ao poder público.

Parecem ser essas as regras que um avaro empregaria para examinar o estado de suas próprias contas e daquelas de seu país, mas esquemas de perfeita corrupção são tão inviáveis quanto os de perfeita virtude. Os homens não são universalmente avaros e não se satisfazem com o prazer de acumular; precisam poder desfrutar de sua riqueza, sem o que não se dariam ao trabalho de se tornar ricos. É mais comum que a propriedade se encontre dividida de maneira desigual, e, por isso, somos obrigados a aceitar que os ricos esbanjem para que os pobres possam subsistir, e a tolerar certas ordens de homens que estão acima da necessidade de trabalhar, para que sua condição se torne um objeto de ambição, uma posição a que os laboriosos possam aspirar. Não só somos obrigados a admitir numerosos indivíduos que, em termos estritamente econômicos, são supérfluos, nas listas civil, militar e política, como também, por sermos homens e preferirmos, à mera subsistência, a ocupação, o aperfeiçoamento e a felicidade de nossa natureza, inevitavelmente desejamos que a maior quantidade possível de membros de uma comunidade possa participar de sua defesa e de seu governo.

Ensaio sobre a história da sociedade civil

O fato é que os indivíduos, enquanto perseguem em sociedade diferentes objetivos e adotam uma visão própria, promovem uma distribuição de poder e, em virtude de uma espécie de acaso, alcançam uma postura em relação aos assuntos civis mais favorável à natureza humana do que poderia ser calmamente divisada pela sabedoria.

Se a força de uma nação consistir de homens nos quais possa confiar e que se combinam, deliberadamente ou não, de maneira propícia para a sua preservação, segue-se que as maneiras são tão importantes quanto o número de homens e sua riqueza, e a corrupção delas deve ser considerada como a principal causa do declínio e da ruína de uma nação.

Quem quer que perceba as qualidades do homem em sua excelência poderá facilmente identificar, por esse parâmetro, seus defeitos e corrupções. Se um espírito inteligente, corajoso e afetuoso constitui a perfeição da natureza humana, falhas acentuadas em algum desses particulares só podem denegrir ou rebaixar o seu caráter.

Observamos que é feliz o indivíduo que escolhe corretamente sua conduta, que essa escolha o levará a perder, na vida social, o senso de interesse pessoal e, na consideração daquilo que cabe ao todo, a amenizar as ansiedades que se referem a ele mesmo como parte.

A disposição natural dos homens à generosidade e o calor de seu temperamento podem promover seu caráter a essa afortunada posição. Como isso se dá depende, no entanto, da forma da sociedade em que ele vive, mas ele pode, sem se corromper, acomodar-se a diferentes constituições de governo. A mesma integridade, o mesmo espírito vigoroso, que em Estados democráticos lhe dão uma tenacidade em relação à igualdade, são capazes de levá-lo, em uma aristocracia ou monarquia, a preservar as subordinações estabelecidas. Ele poderá cultivar, no que tange às diferentes ordens de homens submetidos ao mesmo jugo que ele, máximas de respeito e de candura e seguir, em suas ações, um princípio de justiça e de honra que considerações de segurança, privilégio ou lucro são incapazes de abater.

Nossas queixas quanto à depravação nacional mostram que corpos inteiros podem às vezes ser infectados por uma fraqueza epidêmica da cabeça ou por uma corrupção do coração que os desqualifica para as posições que ocupam, lançando assim, sobre os Estados de que são membros, por mais florescentes que sejam, a ameaça da decadência e da ruína.

Uma mudança para pior nas maneiras nacionais pode vir da interrupção das situações em que os talentos dos homens eram devidamente cultivados e exercitados ou de uma alteração nas opiniões prevalecentes acerca do que constitui a honra ou a felicidade. Quando meras riquezas ou o favorecimento da corte são suficientes para dar distinção, a mente é desviada da consideração das qualidades de que deveria depender. Magnanimidade, coragem e amor pelo gênero humano são sacrificados à avareza e à vaidade ou suprimidos pelo senso de dependência. O indivíduo considera sua comunidade apenas na medida em que ela possa servir à sua promoção pessoal ou lucro. Põe-se em competição com seus semelhantes e, urgido pelas paixões da emulação, do medo, do ciúme, da inveja e da malícia, obedece a máximas de um animal destinado a preservar sua existência individual e a alimentar seu capricho ou seu apetite à custa de sua espécie.

Essa corrupção fundamental torna os homens rapaces, sorrateiros e violentos, prontos a violar os direitos dos outros, ou

Ensaio sobre a história da sociedade civil

servis, mercenários e vulgares, prontos a abrir mãos dos seus.

Uma pessoa com o primeiro perfil que tenha talento, capacidade e presença de espírito será ainda mais miserável e sentirá de maneira mais cortante a agonia de paixões cruéis que causará, em seus semelhantes, o mesmo tormento que a dilacera. Já alguém com o segundo perfil, que tenha imaginação e razão, não cessará de apontar para falsos objetos de repulsão e desejo e de multiplicar as ocasiões de decepção e alegria fugaz. Em ambos os casos, e independentemente de supormos que homens corruptos são urgidos pela cobiça ou traídos pelo medo, ou de especificarmos os crimes que essas disposições podem levá-los a cometer, podemos afirmar, com Sócrates, "que um senhor só pode rezar para que não depare com um escravo assim, que, por seu turno, despreparado para a liberdade, deve implorar por um senhor misericordioso".

Um homem corrompido a esse ponto poderá ser comprado como escravo pelos que saibam tirar proveito de suas faculdades e de seus serviços e, desde que mantido dentro de certos limites, ser um bom vizinho, mas certamente será incapaz de atuar dentro de uma coalizão liberal, em concerto com seus semelhantes. Seu espírito pode passar sem a amizade ou a confiança; ele não está disposto a agir pela preservação de outros, nem merece que outros se arrisquem por ele.

O caráter dos homens costuma ser misto, tanto nas melhores quanto nas piores condições. As nações mais reputadas devem sua preservação não apenas à disposição benfazeja de seus membros, mas também às instituições políticas que impedem que os violentos cometam crimes e obrigam os covardes e os egoístas a contribuir com a defesa e a prosperidade públicas. Instituições como essas, aliadas a sábias precauções dos gover-

Adam Ferguson

nantes, permitem que as nações subsistam e prosperem sob os mais diferentes graus de corrupção ou de integridade pública.

Contanto que a maioria do povo supostamente atue de acordo com máximas de probidade, o exemplo dos bons e o alerta dos maus dão à nação uma aparência de integridade e de inocência. Quando os homens se tornam objetos de afeição e confiança recíproca, dispondo-se, em geral, a não causar ofensa, o governo pode ser discreto e tratar toda pessoa como inocente, até que se mostre culpada. E como, nesse caso, o súdito não ouve falar de crimes, não é preciso informá-lo das punições infligidas a pessoas de outro caráter. Mas, quando as maneiras de um povo são transformadas consideravelmente para pior, todo súdito deve permanecer em guarda, e cabe ao governo atuar de acordo com máximas de medo e desconfiança. O indivíduo se desqualificou a ser tratado com consideração, independência e liberdade, das quais abusou, e deve agora ser ensinado pela força e pelo medo a fingir inocência e a cumprir um dever que ele não se dispõe a respeitar. Deve ser referido ao chicote e ao porrete, que são argumentos em prol da precaução que o Estado agora requer dele por supor que é insensível aos motivos que recomendam a prática da virtude.

As regras do despotismo são feitas para governar homens corrompidos. Foram adotadas, em algumas ocasiões, mesmo pela república romana, e o machado ensanguentado, que aterroriza o cidadão criminoso e detém irrupções de vício casuais e temporárias, foi repetidas vezes entregue à vontade arbitrária do ditador. Terminaram por se estabelecer sobre as ruínas da própria república, quando o povo se tornara corrompido demais para ser livre ou o magistrado, na mesma situação, se recusava a abrir mão de seu poder ditatorial. Essa espécie

Ensaio sobre a história da sociedade civil

de governo é resultado natural de uma corrupção contínua e crescente, mas, sem dúvida, em alguns casos veio antes, sacrificando vestígios de virtude que mereciam uma sorte melhor ao ciúme dos tiranos, ansiosos por aumentar seu poder. Em tais casos, esse método de governo introjeta aquela mesma corrupção cujos efeitos externos visava remediar. Quando o medo é a única motivação ao dever, os corações se tornam rapaces e vis. E esse medicamento, se aplicado a um corpo saudável, certamente irá produzir o mesmo destempero que, em outros casos, estaria destinado a curar.

Tal é a maneira de governo que os cobiçosos e arrogantes gostariam de impor a seus semelhantes, apenas para saciar seus tristes desejos. A ela os medrosos e servis se submetem sem hesitar, e quando o gênero humano se divide entre rapaces e medrosos, mesmo as virtudes de um Marco Aurélio ou de um Trajano não podem mais que aplicar com candura e vigor o chicote e a espada e tentar encontrar, incutindo a esperança de recompensas ou a ameaça de punições, uma cura rápida e temporária para os crimes e imbecilidades dos homens.

Estados podem ser corruptos em maior ou menor medida. Um tem a corrupção como base; em outro, a justiça é o braço do soberano despótico. Mais comum é que o nome justiça seja utilizado para significar o interesse ou o capricho de um poder reinante. A sociedade humana, tão suscetível a uma variedade de formas, encontra aí a mais simples de todas. Os esforços e as posses de muitos são destinados a aplacar as paixões de um ou de poucos, e os únicos partidos que restam são o opressor que exige e o oprimido que não ousa recusar.

Mesmo nações inclinadas a um destino mais ameno, como foi o caso dos gregos, foram repetidas vezes conquistadas

Adam Ferguson

e submetidas a essa condição por forças militares. Também chegaram a isso no momento de depravação mais acentuada, quando, como os romanos, retornaram da guerra carregadas de espólios e entregaram-se livremente a disputas de facções e a crimes tão graves e frequentes, que não poderiam ser corrigidas por um governo comum, e num momento em que a espada da justiça, ensanguentada, e tantas vezes conclamada a suprimir as desordens que se acumulavam por toda parte, não respeitava mais as demoras e precauções próprias da administração ordinária das leis.[1]

Contudo, a história do gênero humano mostra que corrupção nesse ou em qualquer outro grau não é algo peculiar a nações em declínio, tampouco resultado de uma prosperidade conspícua e de grandes avanços nas artes comerciais. Na infância das instituições, os laços sociais costumam ser fortes, e os súditos, seja por ardente devoção a sua tribo, seja por acintosa animosidade contra um inimigo (e em ambos os casos por uma coragem veemente), estão aptos a urgir à defesa da fortuna de uma comunidade em crescimento. No entanto, o selvagem e o bárbaro deram alguns exemplos de nações inteiras com caráter fraco e medroso.[2] Ainda mais comum é encontrar exemplos que se encaixam nos casos de corrupção que descrevemos ao tratar de nações bárbaras, que fizeram da rapina, para além de uma prática de guerra, o seu comércio, não com vistas ao enriquecimento da comunidade, mas à preferência por coisas, como propriedade, em detrimento aos laços de afeto ou de sangue.

---

1 Salústio, *Bellum catilinarium* [Ed. bras.: *A conjuração de Catilina*. Petrópolis: Vozes, 1990.].

2 As nações bárbaras da Sibéria são em geral servis e medrosas.

Ensaio sobre a história da sociedade civil

Quando as artes comerciais se encontram em seu estágio mais inferior, as paixões por riqueza e domínio exibem cenas de opressão e servidão que não poderiam ser excedidas pela mais completa corrupção dos arrogantes, dos covardes e dos mercenários, fundada no desejo de obter uma fortuna ou no medo de perdê-la. Em tais casos, os vícios dos homens não são contidos por formalidades nem amenizados por medidas políticas, e assim podem correr livremente, produzindo de modo integral os efeitos que deles se esperam. Os partidos se reúnem ou se opõem de acordo com as máximas de gangues de assaltantes, e sacrificam ao seu interesse os mais ternos afetos da natureza humana. Um pai é capaz de atender à demanda do mercado de escravos vendendo seus próprios filhos, o casebre deixa de ser o santuário do estrangeiro fraco e indefeso, e os ritos de hospitalidade, com frequência sagrados nas nações mais primitivas, são violados, como qualquer outro laço de humanidade, sem medo ou remorso.[3]

Nações que em períodos posteriores de sua história se tornaram eminentes pela sabedoria de suas instituições civis e jurídicas podem ter passado, em épocas pregressas, por surtos de desordem sem lei aos quais esta descrição se aplica. A própria política que as conduziu à felicidade nacional foi concebida como simples remédio contra abusos aviltantes. O estabelecimento da ordem data da perpetração de estupros e assassinatos; a indignação e a justiça com as próprias mãos foram os princípios com base nos quais as nações expulsaram tiranos e emanciparam os homens, e explicam a existência de seus direitos políticos.

---

3 Chardin, *Voyages en Perse et autres lieux de l'Orient*, op. cit.

Governo e leis defectivos podem, em certos casos, ser considerados como sintomas de inocência e virtude. Mas onde o poder já se encontra estabelecido, onde os fortes não toleram restrições ou os fracos não conseguem se proteger, leis defectivas são a marca da mais perfeita corrupção.

O governo de nações rudes costuma ser defectivo, tanto porque os homens desconhecem os males que as nações polidas tentam remediar quanto por ainda não se encontrar uma cura para males flagrantes que há muito afligem a paz social. No progresso da civilização, novos destemperos irrompem e novos remédios são aplicados, embora estes nem sempre o sejam no momento da irrupção, e as leis, embora sugeridas para combater crimes, não são sintoma de corrupções recentes, elas expressam o desejo de encontrar um remédio que talvez possa curar um mal inveterado que há muito aflige o Estado.

No entanto, há corrupções sob as quais os homens ainda possuem o vigor e a resolução para se corrigir a si mesmos, como a violência e a raiva que eclodem na colisão de espíritos ferozes e destemidos, em lutas que por vezes prenunciam a aurora de melhorias civis e comerciais. Em tais casos, é frequente que os homens descubram remédios para males causados por sua própria impetuosidade mal dirigida e por uma presença de espírito excessivamente forte. Mas, se a uma disposição valente estiver unida um espírito fraco; se à admiração e ao desejo por riquezas somar-se uma aversão pelo perigo ou pelos negócios; se as ordens de homens cujo valor é necessário à defesa da comunidade deixarem de ser corajosas; se os membros em geral da sociedade não tiverem qualidades pessoais exigidas para ocupar cargos de igualdade ou de honra a que forem convidados pelos procedimentos do Estado; então a imbecilidade

Ensaio sobre a história da sociedade civil

dos homens, mais do que suas inclinações depravadas, os fará afundar, sem que possam emergir.

Seção II
Do luxo

Estamos longe de concordar na aplicação do termo *luxo* ou de saber em que medida seu sentido é consistente com a prosperidade de uma nação e a retidão moral da natureza humana. Às vezes, a palavra *luxo* é empregada para significar o modo de vida que nos parece necessário à civilização e mesmo à felicidade. Em nosso panegírico de épocas polidas, *luxo* é o mecenas das artes, o patrono do comércio, o propulsor da grandeza e da opulência nacional. Em nossa censura de maneiras degeneradas, é a fonte da corrupção e o presságio do declínio e da ruína da nação. É admirado ou desprezado; deve-se louvá-lo como ornamental e útil, ou proscrevê-lo como um vício.

Em meio à diversidade de nossos juízos, geralmente empregamos o termo de maneira uniforme para significar o complexo aparato que os homens concebem com vistas a uma vida confortável e tranquila. Suas casas, móveis, equipagens, vestimentas, serviçais domésticos e requintes à mesa servem antes ao prazer da fantasia do que à supressão de necessidades reais; são mais ornamentais do que propriamente úteis.

Portanto, se somos propensos a classificar como vício, sob o nome *luxo*, o desfrute de tais coisas, ou bem nos referimos implicitamente a hábitos como libertinagem, devassidão, prodigalidade, vaidade e arrogância, que por vezes acompanham a posse de uma fortuna muito grande; ou pressupomos uma medida do que é necessário à vida humana, e para além da qual todo desfrute nos parece excessivo ou vicioso. Mas se, ao contrário, o luxo é reconhecido como um dos elementos que contribuem para a prosperidade e o lustre de uma nação, consideramo-lo como uma consequência inofensiva da distribuição desigual de riqueza, método pelo qual as diferentes hierarquias da sociedade se tornam mutuamente dependentes e úteis. Os pobres aprendem a praticar as artes; os ricos os recompensam por isso; e, com o aparente desperdício de seus estoques, a comunidade é beneficiada, tornando-se cada vez mais rica graças à influência desse apetite desmedido por delicadezas, que lhe parece acenar com sua própria decadência e ruína.

É preciso, assim, escolher entre desfrutar do luxo e mesmo recomendá-lo como decorrência natural da arte do comércio, ou fazer como os espartanos e proibir inteiramente essa arte, por recearmos suas consequências ou por considerarmos que as conveniências que dela decorrem excedem as exigências da natureza.

Mas, não importa qual o estágio do progresso das artes, mesmo que freássemos o seu avanço continuaríamos a ser acusados de luxuriosos por aqueles que não foram tão longe como nós. Em Esparta, o construtor e o carpinteiro estavam restritos ao uso do machado e do serrote; mas um casebre espartano passaria na Trácia por um palácio. E se a disputa diz respeito ao que é materialmente necessário à preservação da vida humana como padrão do que é moralmente lícito, então, como as faculdades físicas discordam das morais, e a propósito de um mesmo objeto, cada um teria de encontrar por si mesmo a regra mais conveniente. No mais das vezes, o casuísta toma a prática de sua condição e época como padrão do gênero humano. Se numa dada época ou condição ele condena o uso

Ensaio sobre a história da sociedade civil

do coche, em outra ele condenaria o uso de calçados: a mesma pessoa que clama contra o primeiro provavelmente não teria poupado o segundo, se não se tratasse de um item herdado de épocas anteriores. Um censor do luxo nascido num casebre e acostumado a dormir sobre o feno jamais proporia que os homens retornassem às florestas e às cavernas em busca de abrigo, mas reconhece que é razoável e útil tudo o que já conhece, e só vê excesso e corrupção nos refinamentos mais recentes, de última geração.

O clero da Europa não se cansa de pregar contra novas modas e inovações no uso de roupas. Os modos dos jovens são motivo de censura dos mais velhos, os destes, por seu turno, não escapam ao ridículo daqueles. Só podemos concluir que os mais velhos são predispostos à severidade, os mais jovens, à leviandade.

O argumento contra as conveniências da vida, extraído da consideração superficial de que elas não são necessárias, cai tão bem ao selvagem, que se recusa a aprender os rudimentos da indústria, quanto ao moralista, que insiste que esta é dispensável. "Nossos ancestrais", ele diria, "abrigavam-se nas cavernas; obtinham alimento nas selvas; saciavam a sede nos riachos; e vestiam-se com as peles dos animais que abatiam. Por que deveríamos, de nossa parte, tolerar uma falsa delicadeza ou exigir da terra frutos que ela não pode dar? O arco empunhado por nossos pais nos parece pesado, e os animais selvagens se furtam a ele nas florestas."

O moralista encontra nos costumes de outras épocas tópicos de censura que lhe fornecem um repertório de acusações contra as maneiras da sua própria época. E se aqui nos sentimos embaraçados, talvez seja mais um sintoma da perplexidade que nos acomete sempre que tentamos definir caracteres morais por circunstâncias externas que podem ou não ser concomitantes a faltas da mente ou do coração. Um homem considera vício o uso de roupas de linho; outro não, desde que o tecido seja espesso. Ninguém poderia negar a uma pessoa que ela vista uma roupa mais leve ou mais pesada, que durma a céu aberto ou nos aposentos de um palácio, que ande de sapatos sobre carpetes ou de pés nus sobre a terra. A mente pode manter ou perder sua penetração e vigor, o coração pode sentir um afeto mais forte ou mais fraco pelo gênero humano, e é vão, em tais circunstâncias, querer buscar por distinções de virtude e vício, ou acusar de indolência o cidadão só porque ele tem esta ou aquela equipagem ou por vestir a mesma pele que outrora cobria o selvagem. A vaidade não se distingue por um traje em especial: manifesta-se inclusive no índio americano, em suas ricas plumagens e colares, em suas peles tingidas, no tempo que desperdiça com a pintura. Na selva ou nas cidades, o homem quer o mesmo: ali ele busca, com o rosto decorado e os dentes pintados, a mesma admiração que aqui corteja com vistosa equipagem e suntuosos bens.

As nações polidas, em seu progresso, com frequência superam as rudes em moderação e severidade de maneiras. "Os gregos", diz Tucídides, "havia não muito tempo, usavam, como os bárbaros, lantejoulas doiradas em seus cabelos e permaneciam armados em épocas de paz." A simplicidade no modo de vestir desse povo se tornou uma marca de polidez. É provável que meros materiais com os quais o corpo é nutrido ou coberto sejam irrelevantes para qualquer povo. Devemos procurar pelos caracteres dos homens nas qualidades da mente, não no aspecto de sua comida ou no estilo de seu traje. Os atuais ornamentos

Ensaio sobre a história da sociedade civil

do circunspecto e severo, a suposta conveniência, foram antes peraltices da juventude, ou concebidos para agradar o efeminado. De fato, a última moda é com frequência uma marca do janota; porém, mudamos muitas vezes nossas modas sem com isso multiplicar os janotas nem aumentar as medidas de nossa vaidade e tolice.

Seriam por isso desprovidas de fundamento e razão as estimativas dos moralistas mais severos de todas as épocas? Poderíamos nos dispensar do receio de que se cometa um erro, em se tratando do refinamento de artigos de subsistência ou convenientes à vida? O fato é que, se os homens frequentemente erram, não é porque tenham se habituado a um conforto excessivo ou em função de uma dieta mais requintada, mas sim porque preferem esses artigos em detrimento de seus amigos, de seu país ou dos homens em geral. E, se erram sempre, é porque admiram distinções superficiais ou benefícios frívolos, porque cedem diante dos menores obstáculos e são incapazes de cumprir com brio o seu dever. A consideração moral desse tópico não se destina a constranger os homens a certas espécies de habitação, de dieta ou de roupa, apenas a evitar que transformem meras conveniências no principal objeto de suas vidas. Se nos perguntassem: "Até que ponto deve ir a busca por comodidades triviais, sem desviar o homem de suas obrigações mais importantes?", responderíamos: "Deve ir até onde foi". Tal é a regra outrora adotada em Esparta; seu objetivo era preservar a integridade do coração para a comunidade e ocupar os homens no cultivo de sua própria natureza, não no acúmulo de riquezas e bens supérfluos. Os espartanos não esperavam do machado e do serrote uma vantagem política superior à que poderia advir do cinzel e da plaina. Quando Catão caminhou

Adam Ferguson

descalço e sem toga pelas ruas de Roma, provavelmente o fez por desdenhar aquilo que seus compatriotas mais admiravam, não porque tivesse a ilusão de que a virtude ou o vício se encontravam neste ou naquele adereço.[4]

O luxo, como predileção por artigos de vaidade e mercadorias exorbitantes, é ruinoso para o caráter humano; como simples usufruto das comodidades e conveniências que uma época oferece, seu valor depende antes do progresso realizado nas artes mecânicas e do grau de desigualdade na distribuição de fortuna entre os homens do que das predisposições particulares de cada um ao vício ou à virtude.

Diferentes graus de luxo são adequados a diferentes constituições de governo. O avanço das artes pressupõe uma distribuição desigual de fortuna, e a distinção que a fortuna confere torna ainda mais visível a separação entre as hierarquias. Por conta disso, o luxo, à parte seus efeitos morais, é adverso à forma democrática de governo, e só é seguro admiti-lo numa sociedade na qual os membros da comunidade se distribuem em hierarquias desiguais e onde a ordem pública se constitui em subordinação regular. Altos graus de luxo parecem salutares, e mesmo indispensáveis, a governos monárquicos e a governos mistos, nos quais, além de as artes e o comércio serem encorajados, são ressaltados os privilégios constitucionais e hereditários, tão importantes a esses sistemas. Trataremos de examinar nas próximas seções se, mesmo nesse caso, o luxo leva àquele abuso peculiar a épocas de grande refinamento e opulência.

---

4 Cornélio Nepos, *Latinos históricos*, XXIV. (N. T.)

Ensaio sobre a história da sociedade civil

Seção III
Da corrupção incidente em nações polidas

Luxo e corrupção costumam andar juntos e chegam a passar por sinônimos. Mas, para evitarmos disputas de palavras, entenderemos pela primeira o acúmulo de riqueza e o refinamento em seu desfrute, que são o objetivo da indústria e o resultado das artes mecânicas e comerciais; pela segunda, uma verdadeira fraqueza, uma depravação do caráter humano que incide em diferentes estágios dessas artes, encontrando-se em quaisquer circunstâncias ou condições externas. Resta saber quais as corrupções próprias das nações polidas, que se verificam em graus determinados de luxo e trazem certas vantagens, supostamente únicas.

Não é preciso traçar um paralelo entre as maneiras de nações inteiras, nos extremos de civilização e rudeza, para ver que os vícios dos homens não são proporcionais a suas fortunas ou que os hábitos de avareza e sensualidade não estão fundados em certos graus de riqueza ou em determinadas espécies de divertimento. Quando as situações dos homens variam, tanto por causa de sua posição pessoal quanto pelos refinamentos nacionais, prevalecem as mesmas paixões de interesse em todas as condições sociais. Elas surgem do temperamento ou de uma admiração adquirida pela propriedade, não de um modo de vida particular, típico de um grupo, nem de uma espécie particular de propriedade de que o desejo venha se ocupar.

Temperança e moderação são ao menos tão comuns entre os homens ditos superiores quanto entre os das classes mais baixas, e por mais que se atribua o caráter sóbrio à dieta frugal e a outros hábitos adotados por homens de todas as ordens hierárquicas em todas as épocas, sabe-se que a lascívia não precisa de materiais custosos, e que a licenciosidade não é menos recorrente sob tetos precários do que sob uma luxuosa cobertura. Tanto no palácio quanto na caverna, os homens se familiarizam com diferentes condições, recebem o mesmo prazer e são igualmente atraídos pela sensualidade. Se irão adquirir hábitos de intemperança ou de preguiça, depende de que abdiquem de outras ocupações e do desgosto da mente por outras atividades. Se os afetos do coração permanecerem despertos e as paixões do amor, da admiração e da raiva estiverem acesas, os caros móveis do palácio e as aconchegantes acomodações do casebre serão negligenciados: os homens, de pé, rejeitarão o repouso ou, se estiverem cansados, o abraçarão, seja nos lençóis de linho, seja no colchão de feno.

Mas disso não se deve concluir que o luxo e suas circunstâncias concomitantes, as quais ora servem para favorecer o seu aumento, ora são consequências dele para a sociedade civil, não teriam efeitos nocivos sobre as maneiras de uma nação. Se a ausência de perigos públicos que dão lazer para a prática das artes comerciais se prolongar por muito tempo, levando à imobilização do esforço nacional, se o indivíduo que não é convocado a servir seu país for deixado à busca de vantagens privadas, ele se tornará efeminado, mercenário e sensual, não porque os prazeres e vantagens ficaram mais atraentes, mas porque ele tem poucas obrigações e é estimulado a considerar com cuidado as vantagens pessoais e a buscar seu próprio interesse.

Se as disparidades de posição e fortuna necessárias à busca e ao desfrute do luxo vierem a introduzir falsos princípios de precedência e estima, e com base na mera circunstância de ser rico ou pobre uma ordem de homens se considerar a si mesma

Ensaio sobre a história da sociedade civil

superior posicionando outra como inferior; se uma delas se tornar criminosamente orgulhosa e a outra aviltantemente desprezível, e cada uma, a exemplo do tirano que pensa que a nação foi feita para ele, vier a pensar que os direitos do gênero humano não vão além de si mesma; então, embora a ordem mais elevada seja comparativamente a menos corrompida e preserve mais qualidades, devido à educação ou a um senso de dignidade pessoal, mesmo assim, como ela é imperiosa e arrogante, enquanto a outra é mercenária e servil, ambas terminarão por negligenciar a justiça e o mérito; a massa como um todo será corrompida, e as maneiras da sociedade mudarão para pior, à medida que seus membros deixem de atuar com base em princípios de igualdade, independência e liberdade.

Nessa perspectiva, e considerando-se em abstrato os méritos dos homens, a mera mudança de hábitos republicanos para hábitos monárquicos, do amor pela igualdade para o senso de subordinação, baseado em nascimento, títulos e fortuna, é uma espécie de corrupção do gênero humano. Mas é um grau de corrupção compatível com a segurança e a prosperidade de algumas nações, que admite a coragem vigorosa capaz de defender os direitos dos indivíduos e os dos reinos.

Sob a forma monárquica em sua plena vigência, uma fortuna maior é de fato uma marca que distingue as diferentes ordens de homens, mas há outras componentes sem as quais a riqueza não é admitida como fundamento para a precedência e em favor das quais chega a ser desprezada e desperdiçada. Refiro-me a nascimento e títulos, à reputação de coragem, às maneiras corteses, a certa elevação do espírito. Supondo-se que essas distinções sejam desconsideradas e a nobreza identificada unicamente pelas exuberantes posses que apenas o dinheiro pode obter e pelos gastos suntuosos que as fortunas mais recentes são mais aptas a sustentar, é preciso reconhecer que nesse caso o luxo corrompe tanto o Estado monárquico quanto o republicano e introduz uma fatal dissolução das maneiras que faz que homens de todas as condições, ansiosos por adquirir e exibir riquezas, deixem de ter outras ambições. Não mostram nem a elevação dos nobres, nem a fidelidade dos súditos; trocaram por uma vaidade efeminada o senso de honra que dá as regras à coragem pessoal, e por um servilismo indigno a lealdade que liga cada um a seu superior imediato e o todo ao trono.

As nações se expõem mais à corrupção quando as artes mecânicas avançaram muito e fornecem incontáveis artigos a ser aplicados como ornamento à pessoa, à mobília, à equipagem, às distrações, artigos tais que somente os ricos podem ter. Então, o respeito, a precedência e a hierarquia dependem inteiramente da fortuna.

Quando as artes se encontram em um estágio mais rude, a riqueza é dividida de forma desigual, mas a única diferença é que os opulentos mantêm abastecidos o granel e o estábulo, semeiam campos mais extensos e tocam seus rebanhos em pastos mais amplos que os de outros proprietários. Para usufruírem de sua magnificência, teriam de viver em meio à multidão, e, para assegurarem suas posses, precisariam se cercar de amigos que os apoiem em suas querelas. Sua honra e sua segurança dependem do número dos que os acompanham, e sua distinção pessoal vem de sua liberalidade e suposta elevação de espírito. Assim, a posse de riquezas permite ao homem adotar um caráter magnânimo e se tornar o guardião dos números ou objeto

Ensaio sobre a história da sociedade civil

de respeito e afeto públicos. Quando, porém, elementos mais robustos de riqueza e de rústica magnificência podem ser trocados por refinamentos e o produto do solo é convertido em equipagem e ornamento, então a combinação de muitos não mais é requerida para garantir a segurança pessoal, e o senhor passa a ser o único a consumir seus próprios bens. Refere a si mesmo o uso de seus objetos e emprega os materiais que serviam à generosidade para alimentar sua vaidade pessoal e gratificar uma fantasia mórbida e efeminada, tendo aprendido a relacionar, entre o que é necessário à vida, as armadilhas sugeridas pela fraqueza e pela tolice.

Contam-nos que o sátrapa persa, quando encontrou o rei de Esparta para uma conferência e o viu estendido na grama ao lado de seus soldados, envergonhou-se das providências que tomara para seu próprio conforto, ordenou que as peles e os tapetes fossem recolhidos, sentiu sua própria inferioridade e lembrou-se de que trataria com um homem, não com um cortesão vestido com roupas caras e magníficas.

Quando nos encontramos em circunstâncias que não são um teste para as virtudes e os talentos dos homens, acostumamo-nos ao ar de superioridade que as pessoas ricas derivam de seu cortejo e tendemos a perder o senso de distinção oriundo do mérito e das habilidades. Classificamos nossos concidadãos pela *figura* que eles exibem, por suas casas, vestimentas e equipagem, e pela extensão de seu séquito. Todos esses elementos entram em nossa avaliação do que é excelente. E, mesmo quando o próprio senhor se torna um cortesão de sua fortuna, continuamos a cortejá-lo e admiramos com uma mente cheia de inveja, servil e inferior, algo que em si mesmo nem sequer chama a atenção de crianças, mas que, ostentado como marca de distinção, inflama a ambição dos denominados grandes e infunde reverência e respeito na multidão.

Julgamos nações inteiras pelas produções de umas poucas artes mecânicas e nos iludimos pensando que falamos de homens quando nos desmanchamos em elogios a suas terras, roupas e palácios. O sentido com que utilizamos os termos *grande* e *nobre*, *alta estirpe* e *alta sociedade*, mostra que, em tais ocasiões, transferimos a ideia de perfeição do caráter para a equipagem. A própria excelência se tornou para nós uma cortesã, adornada, com altíssimo custo, à custa de muitos trabalhadores.

Para os que negligenciam as súbitas transições da imaginação, pode parecer que, como a riqueza não faz mais do que fornecer meios de subsistência e obter prazeres animais, a cobiça e a venalidade manteriam o passo com o receio de que algo nos falte ou com o apetite por gozos sensuais, e que a satisfação desse apetite e a eliminação daquele receio deixaria a mente tranquila em relação à aquisição de uma fortuna. Algo, porém, inflama as paixões do cobiçoso e do mercenário, para além dos meros prazeres adquiridos pela riqueza, como um sortimento variado de carnes, por exemplo. Gozos naturais se deixam satisfazer facilmente. O que nos torna cegos a toda outra vantagem para além da riqueza, e insensíveis a toda desgraça que não a dos pobres, é o peso da ideia de eminência que está conectada à fortuna, o senso de que a pobreza implica um rebaixamento. Essa concepção infeliz nos predispõe a abandonar todos os deveres, a nos submeter ao que há de mais indigno e a cometer impunemente crimes de toda espécie.

Aurangzeb era tão renomado pela sobriedade de sua conduta privada quanto pela suposta dissimulação que adotou como

Ensaio sobre a história da sociedade civil

estratagema para conquistar o poder, qualidades que não deixou de ter quando assumiu o trono do Industão. Sua dieta era simples, severa e abstêmia, e assim também os seus demais prazeres: levava a vida de um ermitão e preenchia seu tempo com os complicados assuntos de seu grande império.[5] Abandonou uma condição na qual, fosse o prazer seu objetivo, poderia ter alimentado sua sensualidade sem qualquer limite, mas preferiu uma situação de inquietude e preocupação, vislumbrou o ápice da grandeza humana na posse de uma fortuna imperial e não nas gratificações do apetite animal ou no gozo da tranquilidade. Elevando-se acima do prazer sensual e dos sentimentos naturais, destronou seu pai e assassinou seus irmãos para poder desfilar em uma carruagem incrustada de diamantes e pérolas seguida por uma fileira de elefantes, camelos e cavalos, exibindo assim, sob a luz do sol, diante de uma multidão admirada e abjeta, sua detestável majestade, na presença da qual os súditos se prostravam ao chão, esmagados pela sensação da grandeza de seu senhor e de seu próprio aviltamento.

Tais são os objetos que provocam o desejo de dominação e incitam os ambiciosos a se apoderar de seus semelhantes e a inspirar neles um senso de debilidade e inferioridade que os prepara para suportar a indignidade e se tornar propriedade de pessoas que eles consideram de ordem hierárquica e natureza muito superiores.

As correntes da escravidão perpétua parecem reluzir no Oriente, com a suntuosidade que obrigatoriamente acompanha a posse do poder tanto quanto pelo receio da espada e pelos

---

5 Carceri, *A Voyage Around the World*, op. cit.

Adam Ferguson

terrores das execuções militares. Nós também, no Ocidente, ajoelhamo-nos sem titubear diante da equipagem esplêndida, e mantemos reverencial distância da pompa das posses reais. Nós também nos sentimos aterrorizados pela carranca e encantados com o sorriso daqueles cujo favor converte-se em riquezas e honra, e cujo desgosto resulta no descaso e na pobreza. Também menosprezamos a honradez da alma humana, embasbacados diante do suntuoso desfile que acompanha a posse de uma fortuna. Uma procissão de elefantes revestidos de ouro pode transformar em escravo um povo que extrai corrupção e fraqueza de suas artes e inventos, tanto quanto daqueles que herdaram a servidão de seus ancestrais e são fracos por natureza, debilitados pelos encantos de seu solo e de seu clima.

Parece, assim, que o simples uso de materiais que constituem o luxo se distingue do vício enquanto tal. Se as nações com alto nível de desenvolvimento das artes comerciais se expõem à corrupção, é porque adotam, como princípio de distinção, a riqueza desvinculada da elevação e das virtudes pessoais e veem no interesse o caminho que leva à honra e à distinção.

Esse efeito do luxo pode corromper Estados democráticos ao introduzir uma espécie de subordinação monárquica desvinculada do senso de nascimento e das honras hereditárias que tornam fixas as fronteiras hierárquicas e ensinam os homens a agir com força e propriedade, de acordo com o que se espera dos de sua posição. Mas pode também corromper governos monárquicos, ao voltar o respeito exclusivamente para a riqueza, pôr na sombra o lustre das qualidades pessoais ou distinções de família e infectar as ordens de homens com uma mesma venalidade, servilismo e covardia.

348

Ensaio sobre a história da sociedade civil

Seção IV
Continuação do mesmo assunto

A crescente preocupação que os homens demonstram em aumentar seus lucros e refinar a delicadeza de seus prazeres à medida que as artes comerciais progridem, e mesmo em se dedicar à indústria e a maçantes hábitos de trabalho que os desonram, pode ser considerado indicador de uma crescente atenção ao interesse e à efeminação adquiridos no desfrute da tranquilidade e das conveniências. Cada arte que ensina o indivíduo a aumentar sua fortuna é, na realidade, um acréscimo a seu investimento privado e uma razão adicional para que sua mente descuide da comunidade.

Mas a corrupção não surge apenas do abuso das artes comerciais, depende ainda da situação política: os objetos que ocupam um espírito sórdido e mercenário necessitam do concurso de circunstâncias que permitam aos homens desfrutar em segurança daquilo que adquiriram.

A providência deu aos homens uma aptidão para se dedicar às mais elevadas tarefas a que são convocados, e é principalmente em tais ocasiões que eles adquirem e preservam as suas virtudes. Os hábitos de uma mente vigorosa são formados no trato com dificuldades, não no desfrute de uma posição pacífica. Penetração e sabedoria são frutos de experiência, não lições do retiro e do lazer. Ardor e generosidade são qualidades de um espírito despertado e animado na condução de situações que envolvem o coração, não dons da reflexão e do conhecimento. O mero engajamento em questões nacionais e políticas é confundido por vezes com a promoção do bem público, e esse

Adam Ferguson

equívoco é o mais propício a fomentar os vícios ou lisonjear as fraquezas de homens fracos e interessados.

Caso as artes ordinárias da política, ou antes a crescente indiferença por objetos de natureza pública, venham a prevalecer numa Constituição livre, pondo fim às disputas partidárias e silenciando o ruído da discórdia que costuma acompanhar o exercício dessa liberdade, é quase certo que se seguirá a corrupção das maneiras e a retração do espírito nacional. Então, nenhuma consideração pelo poder público, pelo interesse privado e pelo prazer animal tem força suficiente para ser objeto soberano de preocupação. Quando os homens, poupados da pressão das ocasiões importantes, voltam a atenção para trivialidades e levam tão longe quanto a fraqueza e a tolice permitem a sua *sensibilidade* e *delicadeza*, eles recorrem à afetação, para assim satisfazer as exigências e multiplicar as expectativas de sua fantasia mórbida e de sua mente debilitada.

Quando se encontram nessa condição, os homens lisonjeiam a própria imbecilidade, recobrindo-a com o nome de *polidez*. Estão convencidos de que o celebrado ardor, a generosidade e a fortaleza de épocas passadas beiravam o frenesi ou eram efeitos da necessidade, em homens que não tinham meios para desfrutar de tranquilidade e prazer. Congratulam-se por ter escapado de uma tormenta que requeria o exercício de virtudes tão árduas e gabam-se, com a vaidade típica da raça humana em sua condição mais vil, da afetação, do langor e da tolice que tomam pelo padrão da felicidade humana e como o exercício mais apropriado a uma criatura racional.

Um sintoma preocupante de uma época dada à degeneração é a dificuldade da mente humana para discernir o mérito, quando a conduta do espírito se enfraquece e o coração escolhe mal

Ensaio sobre a história da sociedade civil

os seus objetos. A preocupação com a própria fortuna passa por sabedoria, a omissão nos assuntos públicos e a indiferença dos homens são aplaudidas como sinais de moderação e virtude.

Nem sempre, é verdade, a fortaleza e a mente elevada foram empregadas na consecução de fins valorosos, mas são sempre dignas de respeito e necessárias à realização do bem do gênero humano nas mais difíceis situações. Se censuramos, portanto, sua má aplicação, devemos cuidar para não depreciar seu valor. Homens de moralidade severa e sentenciosa nem sempre se mostram suficientemente precavidos em relação a isso, e por vezes não se dão conta de que, com a sátira que empregam contra as mais nobres aspirações da alma humana, terminam por elogiar a corrupção.

Seria de esperar que numa época de vilania completa os talentos de um Demóstenes ou de um Cícero, ou mesmo o caráter magnânimo do equivocado macedônio ou o arrojo do líder cartaginês, fossem poupados da acrimônia de um satirista dotado da arte da declamação no mais alto grau e ao qual não faltariam objetos de crítica.

> *I, demens, et saevos curre per Alpes,*
> *Ut pueris placeas, et declamatio fias.*[6]

Essa passagem faz parte da censura tacanha (*illiberal*) que esse poeta dirige à pessoa e às ações de um líder que, por sua conduta e coragem na cena a que o satirista se refere, por pouco não salvou seu país da ruína que foi seu destino.

---

6 Juvenal, sátira décima ["Vai, louco, atravessai os Alpes gelados e torna-te o deleite dos aprendizes e o objeto dos declamadores"].

Adam Ferguson

Heroes are much the same, the point's agreed,
From Macedonia's madman to the Swede.[7]

Esse dístico composto por outro poeta dotado de belos talentos tenta denegrir um título a que poucos de seus leitores poderiam aspirar.

Se é inevitável que os homens errem, é preciso diferenciar tanto os erros quanto as virtudes. A ambição, o amor pela reputação pessoal e o desejo de fama, embora às vezes levem a cometer crimes, enredam os homens em buscas que têm de ser sustentadas por alguma das qualidades da alma humana. Por exemplo, se a reputação é o objetivo principal de um indivíduo, provavelmente ele terá de estudar as qualidades de que a verdadeira elevação da mente depende. Quando, porém, os alarmes silenciam e o desprezo pela glória é recomendado como um item de sabedoria, os hábitos sórdidos e as disposições mercenárias a que os membros de sociedades comerciais ou polidas se expõem quando desdenham os objetivos nacionais se mostram ao fim e ao cabo como o que há de mais efetivo para suprimir os sentimentos liberais, e de mais fatal para os princípios dos quais a comunidade extrai sua força e suas esperanças de preservação.

Ser feliz e independente é nobre no retiro como na vida pública. Pessoas felizes caracterizam-se por se sentir bem em qualquer condição que seja, na corte ou na cidade, no Senado

---

7 Alexander Pope, *An Essay on Man*, livro IV, vs.219-222 ["Heróis são sempre iguais, não há dúvida, do louco da Macedônia ao da Suécia" – epíteto pelo qual eram conhecidos, respectivamente, Alexandre da Macedônia e Carlos XII].

Ensaio sobre a história da sociedade civil

ou em privado. Mas, se tem preferência por alguma situação, é certamente aquela em que suas ações são mais úteis. A assimilação entre o retiro e a moderação e a virtude é um resquício daquele sistema no qual monges e ascéticos foram canonizados, e procede de um modo de pensar que parece contaminado pela corrupção moral, pois considera a vida pública como mera gratificação da vaidade, da avareza e da ambição, não como a melhor oportunidade para o mais justo e adequado emprego da mente e do coração.

A emulação e o desejo de poder são motivações pífias na conduta pública, mas, caso sejam o principal móbile para que os homens sirvam ao seu país, atenuar sua influência ou força é contribuir para a corrupção das maneiras nacionais e, então, a pretensa moderação das ordens mais elevadas tem um efeito fatal para o Estado. O amor desinteressado pela comunidade é um princípio sem o qual certas constituições de governo não podem sobreviver, mas, se considerarmos que poucas vezes ele foi a paixão governante, não teremos por que imputar à sua influência a prosperidade ou a preservação das nações.

Para uma das formas de governo provavelmente é suficiente que os homens valorizem sua independência, estejam prontos a se opor à usurpação e rechacem um tratamento indigno deles. Para a outra, basta que sejam tenazes em relação à sua posição hierárquica e às suas honras, e mostrem, em vez de zelo pela comunidade, vigilância em relação aos direitos que lhes pertencem. Um bom número de homens que mantenham certo grau de elevação e fortaleza pode restringir reciprocamente seus próprios erros e atuar nas variadas situações que as diferentes formas de governo preveem para seus membros. Mas, se o seu espírito for fraco, não importa como seja dirigido ou forma-

Adam Ferguson

do, colocará em risco a Constituição nacional, e por mais extensas que sejam as fronteiras do Estado, sua integridade não estará garantida.

Em Estados nos quais a propriedade, a distinção e o prazer são menosprezados como caprichos da imaginação e móbiles da paixão, a preservação da vida política pública depende, ao que parece, de certo grau de emulação e ciúmes entre partidos que se opõem e restringem-se mutuamente. O desejo de privilégios e ganhos que palpita no peito do cidadão são motivos para que se engaje nos assuntos públicos e pautam sua conduta política. Por isso, a supressão da ambição, da animosidade partidária e da inveja pública é quase sempre um sintoma de fraqueza, não uma reforma, mas um prelúdio a ocupações mais sórdidas e distrações mais ruinosas.

As classes superiores de governos monárquicos ou mistos devem se precaver contra tal revolução nas maneiras. Homens industriosos, e de negócios, que pertencem aos estratos inferiores têm suas ocupações preservadas e são protegidos por uma espécie de necessidade que decorre daquelas ocupações das quais depende seu descanso. Quanto aos membros das ordens superiores, caso abram mão do Estado e deixem de mostrar a coragem e a presença de espírito necessárias para exercer os talentos mobilizados na defesa do Estado e de seu governo, deixarão de ser, até pela posição que ocupam, o ornamento da sociedade, para tornar-se a escória; deixarão de ser os membros mais respeitados e aventurados para virar os mais miseráveis e corruptos. Diante dessa possibilidade, e na falta de toda ocupação de caráter viril, sentem uma insatisfação e um langor que lhes parecem inexplicáveis, deprimem-se em meio a distrações aparentemente agradáveis, ou, apesar da variedade e do capricho

Ensaio sobre a história da sociedade civil

de suas diferentes ocupações e passatempos, dão sinais de um estado de agitação, que, como o desconforto de uma doença, é prova não de contentamento e prazer, mas de sofrimento e dor. Um escolhe o cuidado com suas diferentes residências, sua equipagem e sua mesa, outro, distrações literárias e estudos frívolos. Os esportes campestres e as diversões da cidade, a mesa de jogos, cavalos, cães e vinho,[8] tudo isso vem preencher as lacunas de uma vida sem sentido e sem proveito. Referem-se às ocupações humanas como se toda a dificuldade se resumisse a encontrar algo para fazer, atêm-se a alguma atividade frívola como se nada fosse digno de sua ocupação, consideram o que tende ao bem de seus semelhantes como uma desvantagem para si, evitam tudo o que demande vigor ou envolva a prestação de um serviço ao país. Desperdiçamos nossa compaixão sentindo pena dos pobres; seria mais justo ter pena dos ricos, que são as grandes vítimas dessa mísera insignificância em que os membros de todo Estado corrupto mergulham, levados pela tendência de sua fraqueza e de seus vícios.

Nessas condições, os libertinos inventam os refinamentos e prazeres, incentivos a um apetite saciado que alimenta as corrupções de uma época dissoluta. Os efeitos nocivos do apetite brutal e da lascívia são mais flagrantes e talvez mais violentos em épocas rudes do que em períodos posteriores de comércio e luxo. Mas o hábito de buscar incessantemente o prazer animal onde ele não pode ser encontrado é tão fatal para as virtu-

---

8 Essas ocupações diferem entre si quanto à dignidade e à inocência, mas nenhuma delas ensina os homens a defender a fortuna abalada das nações, são todas desvios em relação à principal ocupação do homem, que é o bem do gênero humano.

Adam Ferguson

des da alma quanto para o desfrute da preguiça ou do prazer, e sinaliza uma abdicação dos assuntos públicos e a decadência iminente da nação, além de ser um desapontamento para nossas esperanças de felicidade privada.

Evitou-se deliberadamente nessas reflexões determinar a medida precisa que a corrupção teria atingido em alguma das nações que chegaram ao auge ou entraram em decadência. Quisemos apenas descrever a desídia do espírito, as fraquezas da alma e a debilidade nacional, que redundam na escravidão – um mal que merece ser considerado como objetivo máximo de nossa precaução e cujo advento põe termo às investigações acerca da fortuna evanescente das nações.

Seção V
Da corrupção como tendência
à escravidão política

Em certa medida, a liberdade é o apanágio das nações polidas. O selvagem tem liberdade pessoal, vive sem restrições e atua em pé de igualdade com os membros de sua tribo. O bárbaro é muitas vezes independente, ou porque as circunstâncias em que vive se alteram constantemente, ou porque tem coragem e empunha uma espada. Mas apenas a boa política pode oferecer a administração regular da justiça e constituir no Estado uma força pronta para defender os direitos de seus membros em qualquer ocasião que seja.

Exceto por alguns casos singulares, as artes políticas avançaram no mesmo passo que as comerciais. Na Europa, elas estão de tal maneira entrelaçadas que não poderíamos afirmar qual veio primeiro ou mais se beneficiou da influência recíproca

Ensaio sobre a história da sociedade civil

com que cada uma age e reage sobre a outra. Observou-se em algumas nações que o espírito comercial, na busca inabalável pela garantia de seus lucros, traçou o caminho para a sabedoria política. Um povo rico e zeloso de suas propriedades, tendo formado projetos de emancipação e graças a uma posição de importância adquirida recentemente, levou suas pretensões ainda mais longe, questionando as prerrogativas que seu soberano estava acostumado a empregar. Seria vão, no entanto, esperar que uma época dê o mesmo fruto que outra em decorrência apenas da posse de riquezas. Aquisições significativas de fortuna, quando recentes, acompanhadas de frugalidade e respaldadas em um senso de independência, podem dar ao proprietário confiança de sua força e predispô-lo a rechaçar a opressão. A bolsa que se abre, não a gastos pessoais ou à indulgência da vaidade, mas ao sustento dos interesses de uma facção ou à gratificação de paixões partidárias mais elevadas, dá ao cidadão rico uma importância considerável aos olhos dos que aspiram ao poder. Mas disso não se segue que, em tempos de corrupção, fortunas similares a essa tenham sempre o mesmo efeito.

Ao contrário, quando a riqueza se acumula somente nas mãos do avaro ou é desperdiçada nas do pródigo; quando herdeiros de fortunas familiares se veem exauridos e pobres em meio à afluência; quando os clamores do luxo silenciam as vozes dos partidos e facções; quando a esperança por recompensas merecidas ou o receio de se perder o que se possui com discrição mantêm os homens em constante estado de suspense e ansiedade; quando, em suma, a fortuna, em vez de ser considerada como instrumento de um espírito vigoroso, torna-se o ídolo do cobiçoso ou profuso, de uma mente rapace ou medrosa; então o fundamento sobre o qual a liberdade foi erguida poderá servir

Adam Ferguson

para sustentar uma tirania, e o que numa época despertou as ambições e alimentou a confiança do súdito poderá, em outra, incliná-lo à servidão e cobrar o preço da prostituição. Mesmo aqueles que, em uma época vigorosa, deram um exemplo de como nas mãos do povo a riqueza pode gerar liberdade, corroboram, em tempos degenerados, a máxima de Tácito de que *a admiração pela riqueza leva ao governo despótico*.[9]

Não é fácil ensinar homens que tiveram a experiência da liberdade e dos direitos pessoais a aceitar violações, é preciso prepará-los para que se submetam à opressão. Eles devem se submeter a esse funesto ritual, nas diferentes formas de governo, por mãos diferentes, produzindo assim o mesmo efeito por vias diversas. Seguem uma direção nas repúblicas, outra nas monarquias, outra ainda em governos mistos. Mas, onde quer que o Estado tenha efetivamente garantido a segurança dos súditos por meios que não preservam a sua virtude, é provável que haja uma omissão e a comunidade seja negligenciada. Quanto a isso, nações polidas de toda espécie parecem se deparar com um perigo proporcional ao grau em que, por algum tempo, desfrutaram da posse contínua de paz e prosperidade.

Dizemos que a liberdade é resultado do governo das leis e tendemos a ver estatutos não só como resoluções e máximas de um povo determinado a ser livre, como escritos em que seus direitos se encontram registrados, mas também como um poder erigido para protegê-lo, uma barreira que o capricho dos homens não poderia ultrapassar.

---

9 Tácito, *Germania*, op. cit., cap.44: Est apud illos et opibus honos; eoque unus imperitat ["Também têm em alta conta a riqueza, e por isso obedecem a um governante"].

Ensaio sobre a história da sociedade civil

Reconhecemos os poderes discricionários do paxá asiático quando ele alega decidir as controvérsias por meio de regras naturais de equidade. Mas e o juiz europeu, que toma suas decisões com base em uma interpretação própria das leis escritas, teria ele um poder mais limitado que o de um paxá? Teriam as numerosas palavras de um estatuto uma influência mais poderosa sobre a consciência e o coração do que a razão e a natureza? Estaria um partido menos seguro, num procedimento judicial qualquer, quando seus direitos são discutidos com base em uma regra aberta à interpretação do que quando são referidos a um sistema tão intricado que se tornou objeto de um estudo e de uma profissão à parte?

Se procedimentos formais, estatutos por escrito e outros constituintes da lei deixam de ser reforçados pelo mesmo espírito que os engendrou, eles servem apenas para recobrir e não para restringir as iniquidades do poder. O mais corrupto dos magistrados pode respeitá-los, desde que seja de seu interesse fazê-lo, mas os ignora ou rejeita sempre que se põem em seu caminho. A influência das leis, quando elas têm um efeito real na preservação da liberdade, não é um poder mágico que emana de prateleiras repletas de livros, mas influência de homens decididos a ser livres, e que, tendo concordado em lavrar por escrito os termos de acordo com os quais viverão no Estado ao lado de outros súditos como eles, estão determinados, com seu espírito de vigilância, a garantir que esses termos sejam cumpridos.

Aprendemos a condenar a usurpação pelo abuso ou extensão do Poder Executivo, independentemente da forma de governo. Em monarquias puras, esse poder costuma ser hereditário, de descendência determinada; em monarquias eletivas, é vitalício; em repúblicas, exercido por tempo limitado. Quando homens ou famílias com títulos provisórios são convocados a votar, sua ambição se volta para a perpetuação do poder, e não para sua extensão. Em monarquias hereditárias, o poder soberano é perpétuo por definição, e os príncipes mais ambiciosos querem, acima de tudo, estender sua prerrogativa. Outras repúblicas e comunidades estão expostas a ameaças que vêm não apenas dos que foram criados para ocupar cargos de confiança, mas de qualquer um que seja incitado pela ambição e conte com o apoio de uma facção.

Não é vantagem para um príncipe ou outro magistrado ter mais poder do que é compatível com o bem dos homens, tampouco é bom para si mesmos ser injustos. Essas máximas, porém, não oferecem muita segurança contra as paixões e desvarios humanos. Os investidos de algum poder, movidos por um desgosto pela restrição, não hesitam em eliminar os entraves à sua prerrogativa. Não só o monarca que porta uma coroa hereditária, como também o magistrado que ocupa um cargo por tempo limitado, adquire gosto pela distinção. O próprio ministro cujo assento depende da vontade de um príncipe e cujos interesses pessoais coincidem, sob todos os aspectos, com os do súdito, mostra um pendor pela extensão da prerrogativa e julga que as violações do direito do povo, do qual ele e sua família fazem parte, seriam vantajosas para si mesmo.

Apesar das melhores intenções, tendemos a pensar que o bem-estar dos homens depende não tanto de inclinações propícias ou do bom uso de seus talentos quanto da prontidão com que aceitam o que planejamos para o seu bem. A maior virtude de que um soberano até aqui deu mostra não é o desejo de fomentar o espírito de liberdade e independência no povo, mas sim — e isto já é muito, e bastante meritório — a observân-

Ensaio sobre a história da sociedade civil

cia firme na distribuição da justiça em matéria de propriedade, a disposição em proteger e respeitar os súditos, e em reparar danos e promover o interesse destes. Com base nesses critérios, Tito calculou o valor de seu tempo e decidiu como iria utilizá--lo. Mas a espada que, em mãos como as suas, era empunhada para proteger o súdito e promover a rápida e efetiva distribuição da justiça, foi utilizada por um tirano para derramar o sangue desse homem inocente e revogar os direitos dos seus. Os procedimentos humanitários temporariamente adotados, embora tenham suspendido a opressão, não romperam as amarras da nação; ao contrário, deram ao príncipe condições ainda melhores para que buscasse pela espécie de bem que mais lhe convinha, pois a liberdade desaparecera e não havia força capaz de contestar seus decretos ou impedir que fossem executados.

Teria Marco Aurélio estudado em vão o caráter de um Trásea, de um Helvídio, de um Catão, de um Dião ou de um Bruto? Teria ele aprendido em vão a entender a forma de uma comunidade livre, erguida sobre uma base de igualdade e justiça, ou de uma monarquia na qual as liberdades do súdito eram o mais sagrado objeto da administração?[10] Teria confundido os meios de como obter para os homens o que ele entendia ser uma bênção? Ou teria o poder absoluto que lhe fora concedido, em um poderoso império, impedido que ele executasse o que percebia como bem nacional? Neste caso, inútil bajular o monarca ou seu povo. O primeiro não poderia dar liberdade sem despertar um espírito que eventualmente se opusesse às suas próprias intenções, enquanto o último não teria como aceitar

---

10 Marco Aurélio, *Meditations*, livro I [Ed. bras.: *Meditações*. São Paulo: Iluminuras, 1995].

Adam Ferguson

essa bênção e, ao mesmo tempo, reconhecer que é direito de um senhor concedê-la ou suprimi-la. O clamor por justiça é firme e peremptório. Aceitamos favores com um senso de obrigação e gentileza, mas queremos reforçar nossos direitos, e o espírito de liberdade aí envolvido não poderia adotar um tom de súplica ou de gratidão sem trair a si mesmo. "Convenceste Otávio", diz Bruto a Cícero, "de que ele pouparia os cidadãos mais eminentes de Roma. E se não o fizer? Morreremos todos? Sim, melhor isso que dever a ele a nossa segurança."

A liberdade é um direito que todo indivíduo deve estar pronto a reclamar para si, e quem quer que pretenda concedê-lo como um favor nega-o efetivamente. Nem mesmo a instituições políticas que pareçam independentes da vontade e do arbítrio humanos poderia ser confiada a preservação da liberdade: elas podem alimentar, mas não têm como supervisionar o espírito firme e resoluto que permite à mente liberal resistir ao que é indigno dela e depender apenas de si mesma para sua segurança.

Tivesse, portanto, uma nação de ser moldada por um soberano, como barro nas mãos de um oleiro, o projeto de conceder liberdade a um povo servil seria, talvez, o mais difícil de todos, a ser executado em silêncio e com toda reserva possível. Os homens só estarão prontos para receber essa bênção se puderem compreender quais são os seus direitos e aprender a respeitar as justas pretensões da humanidade, à medida que adquirem a disposição de assumir por conta própria a responsabilidade do governo e da defesa nacional, preferindo essas obrigações de uma mente liberal ao gozo da preguiça ou às ilusórias expectativas de uma segurança comprada com a submissão e o medo.

Falo aqui com todo respeito e, se me permitem a expressão, indulgência pelos que estão investidos das mais altas prerroga-

Ensaio sobre a história da sociedade civil

tivas nos sistemas políticos das nações. Dificilmente se poderia atribuir a eles a responsabilidade pelo mergulho dos Estados na escravidão. O que esperar deles, que, por serem movidos por desejos humanos, são avessos ao desapontamento e à procrastinação, e que, dado o ardor com que perseguem seus objetivos, irrompem as barreiras que os deteriam em seu curso? Se milhões recuam diante de um único homem, e senados se mostram passivos como se os seus membros não tivessem opinião ou discernimento próprio, a que lado imputaríamos a queda dos amparos à liberdade? Ao súdito que abandonou seu posto ou ao soberano que se manteve no seu, sem nada fazer, e que continuará a governar de forma irrestrita enquanto um membro de sua administração não vier questionar seu poder?

É sabido que constituições estruturadas para a preservação da liberdade têm de possuir múltiplas partes, e senados, assembleias populares, cortes de justiça e magistraturas de diferentes ordens devem se harmonizar em busca de equilíbrio no exercício, na sustentação e na restrição do Poder Executivo. Se uma parte for atingida, o edifício vacilará ou virá ao chão; se um dos membros se omitir, outros irão se apresentar. Em assembleias constituídas por homens de diferentes talentos, hábitos e concepções, seria preciso algo de sobre-humano para que chegassem a um acordo em relação a pontos importantes. Diante de diferentes pontos de vista e opiniões, seria falta de integridade a abstenção de disputas. Portanto, a palavra unanimidade, considerada um elogio, é, na verdade, uma ameaça à liberdade. Ansiamos por ela e nos arriscamos a confundi-la com a omissão de homens que se tornam indiferentes à comunidade, movidos pela venalidade dos que vendem os direitos de seu país ou pelo servilismo dos que obedecem em silêncio a um líder que dominou seu espírito. O amor pela comunidade e o respeito às leis são pontos em que os homens tendem a concordar; mas, se em matéria de controvérsia o senso de um indivíduo ou de um partido for observado invariavelmente, a causa da liberdade terá sido traída de antemão.

O governante de um povo indolente ou abjeto não encontra dificuldade para estender seus poderes a todo momento. A execução das leis, as moções do Estado, as operações civis ou militares, tudo isso confirma a sua autoridade e é visto aos olhos da comunidade como o único objeto de veneração, medo e respeito. As mesmas instituições divisadas em uma época para limitar ou orientar o exercício do Poder Executivo podem servir, em outra, para eliminar obstáculos e facilitar o seu exercício, apontando para as vias nas quais terá curso livre sem causar ofensa ou disparar alarmes. Os mesmos conselhos instituídos para limitar violações permitirão, em tempos corrompidos, reforçar suas usurpações.

A paixão pela independência e o amor pelo domínio com frequência surgem em uma mesma fonte, e em ambos encontra-se uma aversão pelo controle. O mesmo indivíduo que numa situação não tolera um superior se recusa, em outra, a aceitar um igual.

O líder de uma facção republicana gostaria de ser como o príncipe de uma monarquia limitada, exceto pelo fato de que este respeita a Constituição de seu país. Quando ele alcança essa desejada posição, por mérito próprio ou devido à marcha dos assuntos humanos, abre-se para ele a carreira da ambição monárquica. Mas as circunstâncias em que está destinado a atuar são bem diferentes das que se oferecem a um rei. Encontrará homens desacostumados à desigualdade e será obrigado,

Ensaio sobre a história da sociedade civil

em nome de sua própria segurança, a manter a adaga ao alcance das mãos. Para garantir sua segurança, provavelmente teria de ser justo, mas, desde o primeiro momento de sua usurpação, entrega-se ao exercício do poder despótico. Um herdeiro de coroa está em situação invejável, pois não tem contas a prestar a seus súditos; e precisaria possuir um coração muito ruim para não se regozijar com a afeição do povo, que o admira, o apoia e ornamenta o seu reino. Mas, mesmo que não tenha a intenção explícita de imiscuir-se nos direitos de seus súditos, nem por isso as formalidades calculadas para preservar sua liberdade estão seguras em suas mãos.

A escravidão foi imposta ao gênero humano pelos caprichos de uma ambição depravada e por crueldades tirânicas perpetradas em momentos sombrios de desconfiança e terror. Tais demônios, porém, não precisam ser crias ou sustentáculos do poder arbitrário. Nunca houve política tão bem-sucedida como a romana no que tange à preservação da fortuna de uma nação. Mesmo assim, os súditos e príncipes imaginaram que a liberdade era um entrave ao exercício do governo, e que o poder despótico era mais adequado à execução rápida e incógnita de deliberações tomadas em conselhos públicos, para manter o que chamavam de *ordem política*[11] e resolver queixas

---

11 Com frequência nossa noção de ordem na sociedade civil é falsa. É tomada por analogia com objetos inanimados e mortos, consideramos as comoções e a ação contrárias à sua natureza, como se esta só fosse compatível com obediência, sigilo e questões que se resolvem silenciosamente, entre uns poucos. A boa ordem de tijolos em uma parede consiste em estarem nos lugares em que foram encaixados, e em caso de vacilo, a edificação virá abaixo. Mas a boa ordem de homens em sociedade consiste em estarem posicionados onde têm qua-

com expedição. Chegaram a pensar que, se pudessem garantir uma sucessão de bons príncipes, o governo despótico era o mais producente para a felicidade do gênero humano. Por essa linha de raciocínio, não poderiam censurar um soberano que, buscando empregar seu poder para bons propósitos, tenta estender seus limites e, do modo como vê as coisas, quer apenas se livrar das amarras que se interpõem no caminho da razão e impedem o efeito de suas amigáveis intenções.

Pronto para a usurpação, ele emprega, à frente do Estado, a força com que está armado para esmagar as sementes de uma aparente desordem em cada canto de seu domínio, suprime impiedosamente o espírito de discórdia e de contradição em seu povo, elimina os obstáculos ao governo vindos dos humores refratários e dos interesses privados de seus súditos, reúne as forças do Estado e emprega, contra seus inimigos, tudo o que possa obter por meio de impostos e tributos pessoais. É muito provável que, numa situação como essa, ele declare votos de promover o bem do gênero humano, enquanto põe abaixo cada uma das barreiras erguidas pela liberdade, além de estabelecer um despotismo, professando seguir os ditames do bem senso e do decoro.

Supondo que o governo conceda a seus súditos uma tranquilidade tal como a que se espera dele no melhor dos casos, e que os assuntos públicos, nos diferentes ramos do Legislativo

---

lificação para agir. A primeira é uma estrutura (*fabric*) feita de partes mortas e inanimadas, a segunda de membros vivos e ativos. Quando buscamos na sociedade pela ordem da inatividade e da tranquilidade, esquecemo-nos da natureza de nosso objeto e encontramos a ordem dos escravos e não a dos homens livres.

Ensaio sobre a história da sociedade civil

e do Executivo, caminhem com um mínimo de sobressalto para as artes do comércio e do lucro, afirmo que um Estado como esse (a China é um bom exemplo) está mais próximo do despotismo do que imaginamos, pois relega os assuntos públicos a departamentos isolados, nos quais sua condução se resolve nos detalhes e na observância de formalidades, dispensando tudo aquilo de que uma mente elevada e liberal é capaz.

Não examinarei aqui se a opressão, a injustiça e a crueldade são os únicos males do governo despótico. É suficiente observar que a liberdade nunca corre riscos tão grandes como quando a felicidade de uma nação é medida pelas bênçãos que um príncipe lhe concede ou pela tranquilidade que eventualmente resulta de uma administração equânime. O soberano pode encantar com suas qualidades heroicas e conceder aos súditos o desfrute de todos os prazeres animais; mas os benefícios da liberdade são de outra espécie, não resultam da virtude nem de uma bondade que opere no peito de um único homem, mas da transmissão da virtude a muitos, como quando a distribuição de funções entre os membros da sociedade civil permite o exercício das ocupações que cabem à natureza de cada um deles.

Mesmo as melhores constituições de governo têm inconvenientes, e os homens com frequência se queixam quanto ao uso que se faz da liberdade. Quando estamos determinados a remediar os excessos, o abuso da liberdade pode nos levar a prejudicar o súdito a que ela supostamente pertenceria. O despotismo oferece certas vantagens ou ao menos, em tempos de civilidade e moderação, procede sem causar ofensa e alarme público. Essas circunstâncias podem levar homens animados por um espírito de reforma, ou por mera desatenção, a introduzir ou aceitar perigosas inovações em matéria de política.

Adam Ferguson

Nem sempre, porém, a escravidão é introduzida por engano; pode ser imposta com um espírito de violência e rapinagem. Não apenas os súditos, mas também os príncipes se tornam corruptos. E, a despeito das origens do governo despótico, suas pretensões, uma vez declaradas, provocam uma disputa entre o soberano e seus súditos que apenas a força pode decidir. Essas pretensões se afiguram perigosas à pessoa, à propriedade, à vida dos súditos, alarmam as paixões do coração humano, perturbam os indolentes, privam o venal de seus vencimentos, declaram guerra ao corrupto e também ao virtuoso, e são timidamente admitidas pelo covarde, mas, mesmo para ele, devem ser apoiadas por uma força que atue sobre seus medos. É a força que o conquistador estrangeiro traz consigo e que o usurpador doméstico tenta encontrar junto à sua facção.

Um povo acostumado às armas dificilmente se deixa subjugar por uma facção, ou, se exércitos permanentes não se encontram estabelecidos, um usurpador dificilmente poderia governar para muitos com o auxílio de poucos. Essa dificuldade é suprimida por muitas das políticas de sociedades civilizadas e comerciais, que, ao promoverem a distinção entre a profissão militar e a civil e delegarem a diferentes mãos a preservação e o desfrute da liberdade, preparou o caminho para uma perigosa aliança entre facções e poder militar, em oposição a formalidades políticas e aos direitos dos homens.

Um povo que foi desarmado por esse fatal refinamento deposita sua confiança nos votos feitos pela razão e pela justiça no tribunal da ambição e da força. Nessa situação extrema, é vão citar leis e reunir senadores. Os que compõem a legislatura ou ocupam os departamentos civis do Estado podem deliberar a respeito das mensagens que recebem do campo de

Ensaio sobre a história da sociedade civil

batalha ou da corte, mas caso o portador mostre a lâmina da espada, como o centurião que entregou ao Senado romano a petição de Otávio,[12] veem que petições são ordens, e que eles mesmos estão mais para serviçais do que para repositórios do poder soberano.

As reflexões oferecidas nesta seção se aplicam de maneira desigual a nações de extensão desigual. Pequenas comunidades, por corrompidas que sejam, não estão prontas para o governo despótico. Seus membros, reunidos entre si, próximos aos assentos de governo, não se esquecem jamais de suas relações com a comunidade. Com familiaridade e liberdade, questionam as pretensões dos que aspiram a governar. E, ainda que o amor pela igualdade e o senso de justiça não estejam presentes, atuam motivados por facção, emulação e inveja. Exilado, Tarquínio continua a ter partidários em Roma; mas, mesmo que eles tivessem conseguido o seu retorno, é provável que no exercício da prerrogativa real ele se deparasse com a contestação do partido que o elevara ao poder.

À medida que o território se expande, suas partes perdem importância relativamente ao todo. Os habitantes não mais percebem uma conexão com o Estado, e é raro que se unam para executar um projeto nacional ou mesmo de uma facção. Longe dos assentos da administração, indiferentes à pessoa que disputa sua preferência, ensinam a maioria a se considerar como súditos de um soberano, não como membros de um corpo político. É notável que a expansão territorial, ao diminuir a importância do indivíduo para a comunidade e restringir

---

12 Suetônio, *Vida de Augusto* [Ed. bras.: *A vida e os feitos do divino Augusto*. Belo Horizonte: Editora UFMG, 2008].

Adam Ferguson

sua capacidade de atuar sobre seu conselho, tende a estreitar o escopo dos assuntos nacionais e a diminuir o número dos que são consultados em matérias de legislação e outras referentes ao governo.

As desordens a que um grande império se expõe exigem precaução, vigilância e capacidade de reação. Províncias distantes devem ser mantidas sob força militar, e os poderes ditatoriais que os governos livres porventura convocam para esmagar insurreições ou se opor a outros males, parecem ser uma necessidade permanente, em domínios de certa extensão, para impedir a dissolução de um corpo cujas partes são reunidas e precisam ser cimentadas por medidas fortes, decisivas e sigilosas. Por isso, entre as circunstâncias que, com o advento da prosperidade nacional que resulta das artes comerciais, levam ao despotismo, talvez nenhuma tenha um desfecho tão certo quanto a expansão permanente do território. Em todo Estado, a liberdade dos membros depende de um balanço e ajuste entre as partes internas, e da existência dessa liberdade entre os homens depende o balanço entre as nações. À medida que as conquistas avançam, diz-se que os subjugados perderam suas liberdades, mas a história humana mostra que não há diferença entre conquistar e ser conquistado.

Seção VI
Do progresso e término do despotismo

O gênero humano, quando degenera e tende à ruína, assim como quando se aprimora e adquire vantagens substanciais, procede a passos lentos, quase imperceptíveis. Se, em épocas de atividade e vigor, leva a grandeza nacional a alturas que ne-

Ensaio sobre a história da sociedade civil

nhuma sabedoria humana poderia ter antecipado, em épocas de relaxamento e fraqueza ele incorre em muitos males que seus temores não haviam sugerido e que consideravam como improváveis, na onda de sucesso e prosperidade em que se encontrava. Tivemos a oportunidade de observar que, quando os homens se omitem ou foram corrompidos, a virtude de seus líderes e as boas intenções de seus magistrados nem sempre protegem sua liberdade política. A submissão tácita a um líder ou o exercício irrestrito do poder, mesmo que com a intenção de fomentar o bem dos homens, com frequência redunda na subversão das instituições legais. Essa revolução fatal, não importa como se realize, termina em um governo militar que, embora seja de todos o mais simples, vai se tornando gradualmente mais complexo. No período inicial de seu exercício sobre homens que atuaram como membros de uma comunidade livre, não pode mais que deitar as fundações do despotismo político, sem edificar sua estrutura. O usurpador que tenha tomado com um exército a capital de um grande império talvez encontre à sua volta as ruínas de uma constituição anterior; pode ouvir as queixas de uma submissão relutante e involuntária; pode até ver o perigo nas faces de muitos de cujas mãos tomou a espada, mas cujas mentes ele não subjugou ou não trouxe para o seu lado.

O senso dos direitos pessoais e as pretensões a privilégios e honras que permanecem em certas ordens de homens são obstáculos consideráveis à usurpação recente. Pode-se deixar que decaiam com o tempo ou sejam desgastados pela crescente corrupção, ou então ser esmagados com violência, manchando com sangue as portas de ascensão ao poder. Mas, mesmo nesse caso, os efeitos costumam ser tardios. Sabemos que o espírito ro-

Adam Ferguson

mano não se extinguira por completo mesmo após se submeter a uma sucessão de senhores e do derramamento contínuo de sangue e dos numerosos envenenamentos. A família nobre e respeitável continuava a aspirar a honras: a história da república, os escritos de épocas anteriores, os monumentos de homens ilustres e as lições de filosofia, carregadas de concepções heroicas, continuavam a alimentar a alma no retiro, formando aqueles eminentes personagens que talvez sejam os mais tocantes em toda a história humana. Embora fossem incapazes de se opor à tendência geral ao servilismo, tornaram-se, por causa de suas inclinações, objeto de desconfiança e aversão e tiveram de pagar com seu sangue o preço de um sentimento que alimentavam em silêncio e brilhava apenas em seu coração.

À medida que o despotismo avança, que princípio guiaria o soberano na adoção das medidas que o levam a estabelecer o seu governo? Uma concepção equivocada do que seria seu próprio bem, às vezes também o de seu povo, e o desejo que ele sente, em cada ocasião particular, de eliminar os obstáculos que impedem a execução de sua vontade. Tendo chegado a uma resolução, quem quer que pondere ou proteste contra ela passa a ser um inimigo, e quando seu espírito se exalta, quem quer que aspire à eminência estará agindo por conta própria e sendo visto como rival. A dignidade que resta no Estado depende dele mesmo, todo poder ativo traz a expressão de seu prazer momentâneo.[13] Guiado por uma percepção infalível – seu próprio

---

13 Caio Cornélio Tácito, *Anais*, livro II, cap.2: Insurgere paulatim, munia senatus, magistratuum, legum in se trahere ["Paulatinamente, Augusto começou sua ascensão, reunindo em sua pessoa as funções do Senado, da magistratura e da legislatura"] [Ed. bras.: *Anais*. São Paulo: Ediouro, 1967].

Ensaio sobre a história da sociedade civil

instinto –, ele nunca erra na eleição de objetos de antipatia ou favorecimento. A aparência de independência o repele, a de servilismo o atrai. Sua administração tende a calar todo espírito inquieto e a delegar a ele todas as funções de governo.[14] Quando o poder é adequado ao fim, opera tão bem nas mãos dos que não percebem sua meta quanto daqueles que a compreendem melhor: os mandatos de ambos, quando são justos, não podem ser questionados; quando equivocados, são sustentados pela força.

Tereis de morrer – era a resposta de Otávio a toda ação de seu povo implorando por clemência. Foi a sentença pronunciada por alguns de seus sucessores contra todo cidadão eminente por nascimento ou por suas virtudes. Mas estariam os males do despotismo restritos aos métodos cruéis e sanguinários pelos quais se estabelece e se mantém o domínio sobre um povo refratário e turbulento? Seria a morte a maior calamidade que poderia afligir homens que vivem sob uma instituição que os priva de todos os seus direitos? Com frequência, são forçados a viver; mas a desconfiança e o ciúme, o senso da baixeza de sua própria pessoa e as ansiedades advindas da preocupação com um interesse vil tomam posse da alma; os cidadãos são reduzidos a escravos e os encantos da vida em comunidade simplesmente desaparecem. A obediência é o único dever, e é imposta pela força. Se, em tal instituição, for necessário testemunhar cenas de rebaixamento e horror, sob risco de contrair a infecção, a morte se torna um alívio; e a libação que Trásea fez

---

14 É ridículo ouvir homens de ambição insaciável, que gostariam de ser os únicos atores em todas as cenas, queixarem-se do espírito refratário do gênero humano, como se a mesma disposição pela qual pretendem usurpar cada um dos cargos de governo não inclinasse outras pessoas a raciocinar e a agir ao menos por si mesmas.

Adam Ferguson

jorrar de suas artérias é um sacrifício muito digno de Júpiter, o Redentor.[15]

Opressão e crueldade nem sempre são necessárias ao governo despótico, e mesmo no presente são apenas parte de seus males. Fundam-se na corrupção e na supressão de todas as virtudes civis e políticas, requerem que o súdito atue motivado pelo medo, satisfariam as paixões de uns poucos à custa do gênero humano e edificariam a paz social sobre as ruínas da liberdade e da confiança a partir das quais surgem o gozo, a força e a elevação da mente humana.

Durante a vigência de uma Constituição livre, quando os indivíduos são membros de ordens e desfrutam de privilégios ou estão cientes de seus direitos pessoais, os membros de uma comunidade são, uns em relação aos outros, objetos de consideração e respeito, tudo o que fazem na sociedade civil exige talentos, sabedoria, persuasão e vigor, além de poder. O refinamento máximo do governo despótico é governar por simples comandos e suprimir por completo toda arte que não a da submissão. Sob a influência dessa política, são gradualmente eliminadas as oportunidades para que os homens exercitem e

---

15 Tácito, *Anais*, op. cit., livro XVI: Porrectisque utriuque brachii venis, postquam cruorem effudit, humum super spargens, proprius vocato Quaestore, *Libemus*, inquit, *Jovi Liberatori*. Specta juvenis; et omen quidem Dii prohibeant; ceterum in ea tempora natus es, quibus, firmare animuum deceat constantibus exemplis ["Quando o sangue começou a jorrar, ele deixou que se esparramasse ao chão e chamou o questor mais próximo. 'Isto é uma libação', disse, 'a Júpiter Redentor. Vê, jovem, pois nasceste – que os céus confirmem esse presságio! – em uma época na qual exemplos de fortaleza podem vir a ser úteis'"].

Ensaio sobre a história da sociedade civil

cultivem o entendimento, seus sentimentos despertem e sua imaginação seja acesa. Os progressos que conduziram os homens ao ápice de suas qualidades naturais, atuando em sociedade de maneira liberal, foram tão pouco regulares e contínuos quanto os que os levaram a essa triste condição degenerada.

Quando nos contam do silêncio que reina no serralho, somos levados a crer que o discurso mesmo se tornou desnecessário, e que os signos dos mudos são suficientes para executar os mais importantes mandatos de governo. De fato, não se exige nenhuma arte para manter um domínio, se o terror é a única coisa que se opõe à força e os poderes do soberano foram delegados a cada um dos oficiais subordinados. E nenhuma posição poderia propiciar um sentimento liberal, em uma cena de silêncio e dejeção, em que cada coração é possuído por ciúme e desconfiança, e nenhum objetivo, exceto a satisfação do prazer animal, poderia compensar os sofrimentos do próprio soberano ou os de seus súditos.

Em outros Estados, os talentos dos homens podem porventura ser aprimorados pelos exercícios que cabem a uma posição eminente. Nesta, porém, o próprio senhor é o animal mais rude e menos cultivado da horda, inferior ao escravo que ele eleva de uma condição servil aos primeiros postos de confiança e dignidade em sua corte. A primitiva simplicidade que respondia pelos laços de familiaridade e afeto entre o soberano e o pastor de seu rebanho[16] parece, na ausência de toda afeição, ser restaurada ou simulada em meio à ignorância e à brutalidade que igualmente caracterizam todas as ordens de homens,

---

16 Homero, *Odisseia* [Ed. bras.: *Ilíada & Odisseia*. São Paulo: Penguin Companhia, 2018].

Adam Ferguson

ou melhor, que nivelam as ordens hierárquicas e destroem as distinções pessoais em uma corte despótica.

O capricho e a paixão são as regras de governo do príncipe. Todas as delegações de poder atuam na mesma direção, atacar quando provocado, favorecer quando agradado. Quanto à receita, à jurisdição e às políticas, os governadores de província atuam como líderes em país inimigo, armados com os terrores da fogueira e da espada, e, em vez de impostos, arrecadam contribuições à força, arruinando ou poupando os indivíduos conforme sua conveniência. Quando os clamores dos oprimidos ou a reputação de um tesouro acumulado às expensas de uma província chegam aos ouvidos do soberano, o extorsor é forçado a comprar sua impunidade compartilhando os espólios, mas não há compensação para os prejudicados; ao contrário, os crimes de um ministro são pretexto para saquear o povo, e depois são punidos, enchendo assim os cofres do soberano.

Não surpreende que a total interrupção de toda arte referente ao governo justo e à política nacional atinja também o ofício do soldado. A desconfiança e o ciúme da parte do príncipe vêm ao encontro de sua própria ignorância e incapacidade, e a operação conjunta dessas causas promove a destruição dos fundamentos sobre os quais repousa o poder soberano. Bandos de homens armados, porém sem disciplina, passam por exército, e pessoas fracas, dispersas e desarmadas são sacrificadas à desordem militar ou expostas a pilhagens de um inimigo estrangeiro cujo desejo por espólio ou esperança de conquista o trouxe às fronteiras da nação.

Os romanos estenderam seu império até que não restassem mais nações políticas a ser dominadas, e depararam com uma fronteira por toda parte cercada por tribos ferozes e bárbaras.

Ensaio sobre a história da sociedade civil

Chegaram a realizar incursões por desertos incultos, repelindo a distâncias ainda maiores o molestamento de vizinhos turbulentos e bloqueando as vias pelas quais receavam a possibilidade de novos ataques. Essa política foi o toque final para a corrupção do Estado. Uns poucos anos de tranquilidade foram suficientes para que mesmo o governo negligenciasse os perigos e, nas províncias cultivadas, preparasse para o inimigo uma presa tentadora e fácil de capturar.

Quando a conquista e a anexação de cada uma das províncias ricas e cultivadas levam um império à medida máxima de expansão, os homens se dividem em dois partidos: o dos pacíficos e prósperos, que residem no núcleo do império, e o dos pobres, rapaces e ferozes, viciados na rapina e na guerra. Os últimos se relacionam com os primeiros quase da mesma forma como o lobo e o leão se relacionam com o redil: a hostilidade é sua condição natural.

Supondo que um império despótico perdurasse indefinidamente sem ser molestado por forças externas, permanecendo intacta a corrupção em seu fundamento, não se mostraria nele nenhum princípio de vida e não haveria esperança de restaurar a liberdade e o vigor político. Aquilo que o *déspota semeou, não pode germinar a não ser que morra*; deve agonizar e expirar em decorrência de seu próprio abuso, antes que o espírito humano possa vicejar novamente e dar os frutos que constituem a honra e a felicidade da natureza humana. Comoções se fazem sentir mesmo nas épocas mais degradadas, muito diferentes, porém, das agitações de um povo livre. São ou agonias de uma natureza que padece dos sofrimentos a que os homens estão expostos, ou meros tumultos, restritos a uns poucos, próximos ao príncipe, que empunham armas e que, por meio de conspira-

Adam Ferguson

ções, assassinatos e crimes, terminam por mergulhar o cidadão comum ainda mais profundamente nos terrores do medo e do desespero. Isolado em províncias, desarmado, ignorante dos sentimentos de união e confederação, restringido pelo hábito a uma economia miserável e extraindo um sustento precário das posses que lhe restaram após as extorsões do governo, em nenhuma parte poderia o povo, em tais circunstâncias, adotar um espírito de comunidade ou formar uma aliança liberal em sua própria defesa. Os prejudicados podem se queixar, mas, como não obtêm perdão do governo, têm de implorar pela comiseração de outros como ele. Estes, porém, consolam-se de não ser vítimas de opressão, avaliando seu interesse ou reservando-se prazeres sob a proteção dada pela obscuridade e pelo esconderijo.

As artes comerciais, que parecem não ter outra fundação na mente humana além da consideração de interesse, nem outro encorajamento além de esperanças de ganho e de desfrute da propriedade em segurança, inevitavelmente perecem sob a tutela da escravidão e a percepção dos perigos oriundos da reputação de riqueza. A pobreza nacional, contudo, e a supressão do comércio são meios pelos quais o despotismo promove sua própria destruição. Onde não há mais lucros para corromper ou medos a ser detidos, o encanto da dominação se rompe, e o escravo nu, como se despertasse de um sonho, constata atônito que está livre. Quando a cerca é destruída e o mundo selvagem se abre diante das hordas, elas fogem em disparada. O pasto do campo cultivado deixa de ser preferível ao do deserto. O sofredor não titubeia em escapar, quando as extorsões do governo não mais o atingem, pois então mesmo o servil e o medroso se lembram de que são homens, todos percebem que o tirano,

Ensaio sobre a história da sociedade civil

por ameaçador que pareça, é um homem como eles, e, se tira a vida dos outros, é por conta e risco próprios.

Essa descrição é confirmada pela consternação sofrida por tiranias em muitas partes do Oriente. Os habitantes de uma cidade deixam suas habitações e infestam as vias públicas, os dos vales fogem para as montanhas e, equipados para a fuga, se apoderam de um enclave, subsistindo pelo saque e pela guerra que travam contra seus antigos senhores.

Essas desordens conspiram com as imposições do governo para tornar ainda menos seguros os assentamentos remanescentes. Mas, enquanto a devastação e a ruína se mostram por todos os lados, os homens são forçados a renovar suas confederações, readquirem a confiança em si mesmos e o seu vigor, além do comprometimento social e do uso das armas, que, em tempos prévios, fizeram de uma pequena tribo a semente de uma grande nação, e que poderão permitir que o escravo emancipado se dedique à carreira das artes civis e comerciais. Quando se encontra no derradeiro estágio da corrupção, a natureza humana já começa a se reformar.

Por isso as cenas da vida humana mudam tão abruptamente. Segurança e presunção abolem as vantagens da prosperidade, resolução e conduta se recuperam com os males da adversidade, e os homens, por não terem nada além da virtude para se fiar, estão aptos a adquirir todas as vantagens; por confiarem em excesso na boa fortuna, expõem-se ao reverso. Tendemos a transformar essas observações em regras e, quando não mais nos dispomos a atuar para o bem de nosso país, alegamos, como desculpa para nossa fraqueza ou tolice, a suposta fatalidade dos assuntos humanos.

Adam Ferguson

Instituições humanas que não foram calculadas para a preservação da virtude têm, provavelmente, um fim, assim como tiveram um começo. Mas, enquanto se mostrarem efetivas nesse propósito, elas exibem, em todos os tempos, um mesmo princípio de vida, que nada, a não ser uma força externa, poderia suprimir. Nação alguma jamais entrou em decadência interna a não ser pelos vícios de seus membros. Reconhecemos, por vezes, os vícios de nossos compatriotas; mas quem reconhece os seus próprios? Contudo, parece que de fato os reconhecemos quando deixamos de nos opor a seus efeitos e alegamos uma fatalidade que existe apenas no coração de cada indivíduo e só depende dele mesmo. Homens realmente fortes, íntegros e hábeis sabem se posicionar nas mais diferentes cenas e colhem, em todas as situações, os principais frutos de sua natureza. São os felizes instrumentos da Providência, empregados para o bem do gênero humano; ou, para nos exprimirmos em outros termos, enquanto estiverem destinados a viver, os Estados de que fazem parte estarão, do mesmo modo, fadados pelo destino a sobreviver e a prosperar.

Instituições de filosofia moral
Para o uso dos estudantes da faculdade de Edimburgo[*]

---

[*] Tradução: Eveline Campos Hauck. O texto utilizado para a tradução é o da 1ª edição, de 1769. As notas de rodapé destacam as variações do texto da segunda edição, de 1773; essas variações serão indicadas por B. A tradutora agradece a Márcio Suzuki, que chamou sua atenção para este texto e supervisionou a primeira versão da tradução.

Instituições de filosofia moral
Para o uso dos estudantes da faculdade
de Edimburgo

Introdução

Seção I
Do conhecimento em geral[1]

Todo conhecimento é ou conhecimento de fatos particulares ou de regras gerais.

O conhecimento de fatos é anterior ao das regras, e é o primeiro requisito na prática das artes e na condução dos negócios.

Uma regra geral é a expressão do que é comum, ou é requerido para ser comum, em certo número de casos particulares.

Regras gerais são resultado da observação ou da vontade e, consequentemente, derivadas da mente.

A prática, ou conduta de qualquer tipo, embora regulada por regras gerais, refere-se continuamente a particularidades.

Na especulação, empenhamo-nos para estabelecer regras gerais.

---

1 Francis Bacon, *Novum organum* [Ed. bras.: *Novo órganon (Instauratio magna)*. São Paulo: Edipro, 2014].

Adam Ferguson

Na prática, estudamos casos particulares ou empregamos regras gerais para regular nossa conduta.

Seção II
Da ciência

Uma coleção de fatos, descritos ou narrados, constitui história.

Regras gerais e suas aplicações, para regular ou explicar particularidades, constituem ciência.

Qualquer regra geral coligida de fatos é denominada uma *lei de natureza*.[2]

Uma regra geral, quando empregada para explicar ou regular particularidades, é denominada *princípio*, e a explicação de princípio é denominada *teoria*.[3] As particularidades a serem explicadas são denominadas *fenômenos*.

O método em ciência é de dois tipos: analítico e sintético.

Método analítico é aquele pelo qual nós procedemos da observação do fato,[4] para estabelecer regras gerais.

Método sintético é aquele pelo qual nós procedemos de regras gerais para suas aplicações particulares.

O primeiro é o método de investigação.

O segundo, de comunicação ou da ampliação da ciência.

O argumento é de dois tipos: *a priori* ou *a posteriori*.

Pelo argumento *a priori*, o fato é provado a partir da lei.

Pelo argumento *a posteriori*, a lei é provada a partir do fato.

---

2 Em B: "Qualquer regra que expressa o que é fato ou o que é direito é denominada uma lei de natureza". (N. T.)

3 Em B: "e explicações ou prescrições de princípio são denominadas *teoria*, ou *sistema*". (N. T.)

4 Em B, acréscimo de: "ou direito, em casos particulares". (N. T.)

Instituições de filosofia moral

Seção III
Das leis de natureza

As leis da natureza são ou físicas ou morais. Uma lei física é qualquer expressão geral de uma operação natural, como exemplificado em certo número de casos particulares. Em toda operação, os homens são, por natureza, inclinados a apreender um poder operacional ou causa. As causas são de dois tipos: eficiente e final. Causa eficiente é a energia ou o poder que produz um efeito. Causa final é o fim ou o propósito para o qual um efeito é produzido. Ao supor causas finais, supomos a existência da mente. Leis físicas se referem apenas a causas eficientes; tais são, portanto, os objetos imediatos da ciência.[5]

Uma lei moral é qualquer expressão geral do que é bom e, portanto, própria para determinar a escolha dos seres inteligentes. Uma lei física existe apenas na medida em que ela é o fato. Uma lei moral existe enquanto uma obrigação.

O campo do qual as leis físicas são coligidas pode ser classificado em quatro categorias principais: mecanismo, vegetação, vida animal e inteligência.

Embora se tenha tentado ocasionalmente, até agora não se conseguiu mostrar que as operações de qualquer uma dessas naturezas diferentes são compreendidas nas mesmas leis às quais as outras estão sujeitas.

---

5 Em B: "Ciência física é conhecimento e a aplicação de leis físicas, ou de causas eficientes, para explicar e esclarecer aparências". (N. T.)

Os fenômenos da vegetação não são compreendidos em qualquer lei de mecanismo conhecida, menos ainda os da vida animal ou da inteligência.

Os campos dos quais as leis morais são coligidas são os sentimentos e as ações de naturezas inteligentes.[6]

O uso imediato das leis físicas é teoria.

O uso imediato das leis morais é filosofia moral.[7]

Seção IV
Da teoria

Teoria consiste em referir operações particulares aos princípios, ou leis gerais, nos quais elas estão compreendidas, ou em referir efeitos particulares às causas de onde eles procedem.

Investigar qualquer regra geral ou lei de natureza previamente conhecida, na qual qualquer fato particular está compreendido, é explicar esse fato.

Assim, Isaac Newton explicou as revoluções planetárias mostrando que estavam compreendidas nas leis de movimento e gravitação.

Pretender explicar os fenômenos, mostrando que podem estar compreendidos em uma suposição, ou aplicando a eles, metaforicamente, a linguagem apropriada a qualquer outro objeto é ilusório na ciência.

---

6 Em B: "Os objetos da ciência moral são quaisquer questões de escolha, juntamente com a natureza e as ações de agentes livres e voluntários". (N. T.)

7 Em B: "Os usos imediatos da lei moral são escolha, prática e conduta". (N. T.)

Instituições de filosofia moral

Assim, o vórtice de Descartes, sendo uma mera suposição, não explicou verdadeiramente o sistema planetário, e os termos ideia, imagem ou figura de coisas, sendo termos meramente metafóricos, não podem explicar o conhecimento ou pensamento humano.

Todos os fenômenos que não estão compreendidos em uma lei conhecida são materiais apropriados à história natural.

Todos os fatos que não podem ser explicados por uma regra previamente conhecida, ou mais bem conhecida que os fatos mesmos, podem ser denominados *fatos últimos.*

É evidente que toda teoria deve se apoiar em fatos últimos.

Exigir prova *a priori* para todo fato é supor que o conhecimento humano requer uma série infinita de fatos e explicações, o que é impossível.[8]

---

8 Há, em B, mais duas seções: "Seção V: Causas que retardaram o progresso da ciência / Os passatempos necessários à vida humana. / O amor ao sistema e a impaciência com o atraso no estudo de particulares. / A emulação dos homens especulativos e o desejo de substituir uns aos outros como fundadores de seitas. / Preconceito nacional ou particular. / A dificuldade de se penetrar aparências para descobrir quais operações são semelhantes e quais diferentes. / Presunção de agudeza ou novidade na contestação da evidência de fatos últimos. / Desejo vão de esclarecer fatos últimos. Seção VI: Máximas da razão a serem seguidas na especulação, bem como na vida comum. / Que nada seja apontado como lei de natureza até que seja conhecido como um fato na natureza. / Que fatos, uniformes tanto quanto nosso conhecimento do campo se estenda, sejam considerados leis universais de natureza no que diz respeito a tal campo. / Que leis parciais não sejam estendidas para além de suas condições e limitações conhecidas. / Que fenômenos iguais sejam submetidos às mesmas leis. / Que nenhuma prova ou explicação seja exigida de fatos básicos". (N. T.)

Adam Ferguson

Seção V
Da filosofia moral

Filosofia moral é o conhecimento daquilo que deve ser, ou a aplicação de regras que devem determinar a escolha de agentes voluntários.

Antes de podermos determinar regras de moralidade que se ajustem a qualquer natureza particular, o fato relacionado àquela natureza deve ser conhecido.

Antes de podermos determinar regras de moralidade para o gênero humano, a história da natureza do homem, suas disposições, suas alegrias e sofrimentos específicos, sua condição e perspectivas futuras devem ser conhecidos.

A pneumática, ou a história física da mente, é a fundação da filosofia moral.

Seção VI
Da pneumática

A pneumática trata fisicamente da mente ou do espírito.

Essa ciência consiste de duas partes.

A primeira trata do homem; a segunda, de Deus.

A parte que trata do homem pode conter a história da natureza do homem e uma explicação ou teoria dos principais fenômenos da vida humana.

A que trata de Deus contém as provas de sua existência, atributos e governo.

A história do homem contém ou fatos conforme ocorrem em uma visão geral da espécie ou conforme ocorrem para o indivíduo, quando relembra o que se passa em sua própria mente.

Os primeiros podem ser denominados a *história da espécie*, os segundos, a *do indivíduo*.

Na teoria da natureza humana são solucionadas questões relativas aos caracteres dos homens, à natureza e às perspectivas futuras da alma humana.

Parte I
A história natural do homem[9]

Capítulo I
História da espécie

Seção I
Disposição geral

A história da espécie humana contém os seguintes artigos:

1. A forma e o aspecto do homem.
2. Sua residência e modo de subsistência.
3. As variedades de sua raça.
4. O período de sua vida.
5. Sua disposição para a sociedade.
6. População ou as gerações e os números do gênero humano.
7. Variedades de escolha e ocupação.
8. Artes e comércio.
9. Disparidades hierárquicas e estima.
10. Instituições políticas.
11. Linguagem e literatura.

---

9 Conde de Buffon, *Histoire Naturelle* [Ed. bras.: *História Natural*. 2 vols. São Paulo: Editora Unesp, 2019].

Seção II
Da forma e aspecto do homem

A forma humana é ereta, provida de articulações e músculos, próprios para manter essa postura e para mover-se nela com facilidade e segurança.

A mão e o braço do homem são um instrumento e uma arma, não uma escora ou apoio para seu corpo.

Sua forma e postura são bem apropriadas para a observação, para o uso da razão e para a prática de artes.

Ele é despido e desarmado, mas suas invenções o habilitam a suprir esses defeitos.

A causa final parece ser que seu talento para a invenção seja empregado.

Seu aspecto é expressivo de seus pensamentos, sentimentos e intenções. Ele é calmo ou agitado, moderado ou violento, lânguido ou ardente, indeciso ou decidido, tímido ou intrépido.

Suas expressões naturais consistem em ações, gestos, sorrisos, carrancas, lágrimas, olhares, juntamente com mudanças de cor, e exibe, no conjunto, uma variedade e uma graça que não ocorrem ou não foram observadas em outros animais.

Seção III
A residência e o modo de subsistência do homem

Outros animais têm seus territórios na Terra, para além dos quais não se desviam por desejo próprio ou não são qualificados para subsistir.

Alguns subsistem apenas em climas quentes, outros em frios ou temperados; mas o homem habita igualmente todos

Instituições de filosofia moral

os climas e pode subsistir de uma grande variedade de comida, tanto animal ou vegetal. Ele ou se acomoda às inconveniências do seu lugar ou aprende a superá-las.

Seção IV
As variedades da raça humana

Na forma e no aspecto gerais do gênero humano, há variedades consideráveis de raça.

Estando dispersos sobre a superfície da Terra, os homens recebem influências do clima, do lugar e do solo.

O temperamento animal e racional é comparativamente fleumático e moroso em climas frios e mais ardente e rápido em climas quentes; entretanto, ele sempre possuiu uma notável superioridade no temperado.

Além dessas distinções, as diversidades de raça são marcadas por uma diferença de estatura, feição e compleição.

O gênero humano pode ser referido a seis raças diferentes: a europeia, a samoieda, a tártara, a hindu, a negra e a americana.[10]

Seção V
Período da vida humana

Toda espécie de animal é preservada por sucessão.

A morte de uma geração é igualmente uma parte na ordem da natureza, assim como o nascimento e a sucessão de outra.

---

10 Conde de Buffon, Variedades da espécie humana [In: *História Natural*, op. cit.].

Adam Ferguson

Na espécie humana, de acordo com algumas observações, metade do número dos nascidos morre antes dos 17, dos 7, ou mesmo antes do terceiro ano de sua idade.

A vida longa,[11] em todos os climas, se situa entre 70 e 100 anos.

Consta no registro anual de mortes, em que o número de pessoas é conhecido, que cerca de um terço morre a cada ano; que de 27 ou 28, uma nasce; que cerca de um quarto do número total é de homens, entre 18 e 56 anos, capazes de carregar armas.

Seção VI
A disposição do homem para a sociedade[12]

Os animais são separados em duas classes: o solitário e o social.

Os predadores, em sua maioria, são solitários.

Os outros animais são, em sua maioria, associativos.

O associativo pode, além disso, ser subdividido em dois tipos:

1. Os que se agregam em rebanhos ou manadas, meramente por companhia ou segurança.
2. Os que unem seus trabalhos por algum propósito comum e distribuem as responsabilidades da comunidade de acordo com regras de instinto ou razão.

---

11 Id., *História Natural*, op. cit.; Halley, *Tables*; John Lowthorp, *Abridgement of the Philosophical Transactions*, v.3, p.662 (resumos).

12 *Ensaio sobre a história da sociedade civil*, Parte 1, Seção 3 [p.45 desta edição].

Instituições de filosofia moral

Os últimos são associativos e políticos. O homem, embora predador e, por necessidade ou diversão, viciado em caça e guerra, é, no mais alto grau, associativo e político.

A espécie é encontrada em todos os lugares em grupos, companhias e fraternidades, ou em confederações internacionais.[13]

Associa-se em certos números por afeto ou escolha.[14]

Em grandes números, reúne-se por necessidade ou pela autoridade de líderes.

Está em paz ou em guerra por interesses comuns ou animosidades comuns.

Se as guerras entre comunidades isoladas forem uma prova de desavença e hostilidade, a paz e a união entre cada comunidade isolada são prova de afeiçoamento e amizade.

Os homens adaptam a forma de sua sociedade ao número e à disposição de seus membros, a suas ocupações e ao lugar.

Por sua confederação, bem como por seu artifício, são capazes de dominar todas as outras espécies de animal, de subsistir de sua pilhagem e de empregar a força de outros animais, embora superiores a eles próprios.

As sociedades isoladas são, em sua maioria, rivais ou inimigas.[15]

Por coalizões casuais ou forçadas de pequenas comunidades, grandes Estados são geralmente formados.

---

13 Em B: "As sociedades podem ser referidas a quatro classes gerais: famílias, companhias, nações e impérios". (N. T.)

14 Em B, este e os dois parágrafos seguintes foram substituídos por: "As famílias estão unidas por afeto; as companhias, pelo desejo de sociedade; as nações, pelo desejo de segurança e os impérios, pela força". (N. T.)

15 *Ensaio sobre a história da sociedade civil*, Parte 1, Seção 4 [p.50 desta edição].

Adam Ferguson

Seção VII
Da população[16]

Os homens existem em maior número que qualquer outra espécie dos maiores animais.

Em alguns casos, vemo-los aumentarem, em outros, diminuírem em seu número.

O aumento rápido ou lento dos animais em geral depende das leis de propagação, da segurança e dos meios de subsistência de que eles gozam.

O primeiro se relaciona à idade em que os pais se tornam férteis, ao tempo que dura a gravidez, à frequência de procriação, aos números de cada ninhada e ao período durante o qual os pais continuam férteis.

As leis de propagação determinam a quantidade que pode nascer de um único par e a quantidade de gerações capaz de subsistir conjuntamente.

Essas leis, em qualquer espécie de animais, são, em circunstâncias favoráveis, suficientes para o seu aumento.

Os homens, em toda situação segura, ocupam uma região até o esgotamento de seus recursos; e a ajuda do governo é exigida, não para melhorar as leis de propagação, mas para conferir segurança e abundância.

Os predadores têm mais dificuldade em obter sua comida.

Os animais que são presas estão menos seguros.

---

16 *Ensaio sobre a história da sociedade civil*, Parte 3, Seção 4 [p.201 desta edição]; Robert Wallace, *Numbers of Mankind*; David Hume, Da população das nações antigas.

Instituições de filosofia moral

A segurança e a subsistência dos homens são mais afetadas por suas próprias hostilidade e opressão mútuas.

As leis de propagação, bem como os meios de subsistência, são supostamente mais favoráveis em climas mais quentes. A isso é atribuída a abundância de habitantes nesses climas, mesmo sob grandes defeitos de governo.

Seção VIII
Variedades de escolha e ocupação

Os homens não têm, como os outros animais, uma escolha fixa e determinada de objetos e atividades externas.

As nações são, muitas vezes, pela diferença de suas maneiras e costumes, objetos mútuos de admiração e censura, de desprezo e aversão.

Mesmo que dois homens sejam postos em circunstâncias iguais ou semelhantes, um consente ou se satisfaz, o outro se queixa.

Eles discordam no que diz respeito aos meios que empregam para a obtenção de fins iguais ou similares.

Seção IX
Artes e comércio[17]

As atividades externas dos homens se limitam à procura de meios de segurança, subsistência, moradia e ornamento.

---

17 Joseph Harris, *An Essay Upon Money and Coins*, 1757.

Eles exercem uma variedade de artes, ou invenções, para esses propósitos; e são mais ou menos bem-sucedidos à proporção que multiplicam, dividem e completam as artes.

Eles se apoderam dos frutos de suas habilidades e indústria e se esforçam para acumular riqueza.

As artes que exercem para a segurança são: invenções de armas e postos de abrigo e defesa.

As primeiras armas parecem ter sido a maça, a funda e o arco; para que fossem bem-sucedidos, no decorrer do tempo, a lança e a espada se juntaram ao broquel ou escudo, às armas de fogo, ao canhão e, depois, à mosquetaria.

O desejo por abrigo deu origem à arte da fortificação.

A arte da guerra, em todas as épocas, deve ser ajustada às espécies de armas, máquinas e métodos de fortificação em uso.

As artes que os homens exercem para a subsistência são pesca, caça, pastoreio e agricultura.

Nações que conhecem menos os meios de subsistência recorrem à caça e à pesca ou contam com o crescimento espontâneo de ervas e frutas no campo.

Como resultado dessas artes, a região de caça, o lago, o rio ou a baía podem ser destinados à sociedade; embora a caça seja raramente destinada ao indivíduo.

Nações que observaram o método e a vantagem de se criar rebanhos dedicam-se ao pastoreio.

Primeiro, elas geralmente migram ou vagueiam com seus rebanhos.

O indivíduo obtém propriedade imediata em gado, mas não em terra.

Nações que estão familiarizadas com o uso de ervas, frutas e grãos que não crescem espontaneamente, ou não crescem em quantidade suficiente, dedicam-se à agricultura.

Instituições de filosofia moral

A cultura da terra, até certo ponto, é compatível com a comunalidade,[18] como aconteceu entres os alemães antigos e entre as nações da América do Norte.[19]

A agricultura é compatível com a migração quando o propósito é o proveito temporário da terra: quando o objetivo é a melhoria do solo e a fertilidade perpétua, a agricultura requer assentamento e propriedade da terra.

Assim como a propriedade da terra estimula a invenção na agricultura, da mesma forma estimula a invenção em outras artes.

Aqueles que não têm terra dedicam-se à manufatura, para que possam ter recursos para comprar o produto da terra.

A manufatura fornece aos homens os meios de moradia e ornamento.

Os meios de moradia são roupas, casas, mobília, utensílios e equipagens.

Os homens, em idades diferentes, são desigualmente providos desses artigos e podem até subsistir sem eles; mas nos climas mais rigorosos, sob tal inconveniência, pode haver uma diminuição no número da espécie ou o impedimento de seu crescimento.

Os meios de decoração são as coisas que agradam à fantasia, sem ser necessárias ou úteis.

Os homens, em todas as idades, gostam de decoração; combinam o ornamento com os meios de subsistência e moradia:

---

18 Em B, substituiu-se "é compatível com a comunidade" por "pode preceder a propriedade". (N. T.)

19 César, *A Guerra das Gálias*, op. cit., livro III, cap. I, e livro VI, cap. 22; Pierre-François-Xavier de Charlevoix, *Histoire et description générale de la Nouvelle France*, op. cit.

Adam Ferguson

mas podem subsistir e desfrutar de toda conveniência sem levar em conta o ornamento.

Os ornamentos são feitos principalmente de materiais raros, como gemas, metais preciosos etc.

Riquezas consistem na abundância de coisas que conduzem à segurança, à subsistência, à moradia e ao ornamento.

Riquezas são resultado de artes e indústria.

O sucesso de qualquer inventividade dos homens manifestada no exercício das artes dependerá da distribuição apropriada de seus trabalhos e de se fazer um negócio separado para cada uma.

Fazendo essa distribuição, as partes confiam que serão capazes de trocar o que têm de sobra por aquilo que querem.

O progresso das artes, assim como a distribuição casual das mercadorias, dependendo do lugar, clima e solo, transforma-se em comércio útil ou mesmo necessário.

A primeira forma de comércio consistia em escambo.

Não havia nenhum critério de avaliação comum, ou meio de troca: cada parte dava aquilo que tinha de sobra de um tipo para obter aquilo que queria de outro.

A prática do intercâmbio de mercadorias introduziu um meio de troca geral, e esse se tornou o critério de avaliação.[20]

O primeiro meio de troca[21] foi, em geral, de mercadorias importantes, como milho, gado etc.

Essas eram coisas de valor incerto, de tamanho inconveniente, perecíveis ou de manutenção cara, e que não eram facilmente divididas sem que se fizesse uma mudança de valor.

---

20 Em B: "Para se expandir o intercâmbio de mercadorias são necessários dinheiro, comunicação e a mediação de comerciantes". (N. T.)
21 Em B: "ou dinheiro". (N. T.)

Instituições de filosofia moral

Para evitar esses vários inconvenientes, os metais preciosos têm sido admitidos em toda nação comercial como meio de troca.

Eles são, para maior conveniência, empregados na forma de moeda.

A libra, ou outro peso ou quantidade determinada dos metais preciosos, foi empregada como padrão de valoração.

A moeda de todas as nações sofreu mudanças consideráveis, tanto em respeito à proporção quanto ao peso.

O padrão atual para a prata na Inglaterra é de 11 onças e 2 *pennyweight*[22] para a pura, e de 18 *pennyweight* para a liga.

Para o ouro, 22 quilates para o puro e 2 quilates para a liga.

A libra do padrão da prata é dividida por 62 xelins. A do ouro, por 42,5 guinéus.

A libra da prata era originalmente dividida por 20 xelins: por isso, 20 xelins equivalem à libra nominal em dinheiro.

No reinado de Eduardo VI, o padrão da prata foi muito rebaixado, assim como a moeda significativamente reduzida. O padrão consistia de três partes da pura para nove da liga e a libra deste metal rebaixado foi dividida por 72 xelins.

O padrão e o peso da moeda, desde o reinado de Elizabeth, continuaram os mesmos.

Intervenções nas moedas dificultam o comércio, tornando as operações confusas e perturbando o interesse de devedores e credores.

Se, rebaixando a moeda, o interesse do credor não for preservado, ele deve ser defraudado.

---

22 Medida de peso utilizada na época para metais e pedras preciosas, correspondendo a aproximadamente 1,55 grama. (N. T.)

Adam Ferguson

Aumentando o valor da moeda, o devedor seria defraudado. A maioria das intervenções na moeda tem sido do tipo precedente.

O uso de moeda e os pagamentos efetivos em dinheiro não são necessários em toda transação comercial.

Na transferência de grandes quantias, mesmo os metais preciosos seriam difíceis e inconvenientes.

Para evitar essa inconveniência, a prática de colocar notas em circulação tem sido adotada.

Essa prática é fundada no crédito e tende a ampliá-lo.

O comércio emprega um número de ofícios distintos: o produtor, o agente comercial, o carregador, o comerciante, o varejista.

O preço das mercadorias no comércio é equivalente à sua escassez combinada com sua demanda.

Artigos cuja produção demanda trabalho, tempo e habilidade continuam a se multiplicar enquanto o preço for suficiente para a manutenção do trabalhador durante o tempo em que está empregado, para a compensação do seu aprendizado e outras despesas e para se prover de remuneração adequada.

Quando o preço encontra-se abaixo dessa medida, a manufatura é interrompida, até que a escassez aumente o preço.

Seção X
Disparidade e distinção

Os homens são diferentes no que diz respeito às suas qualidades e condições pessoais.

Semelhança de aspecto e mesmo de disposição geralmente está no sangue; porém, duas pessoas as mais parecidas possíveis podem ser distinguidas por peculiaridades.

Instituições de filosofia moral

Força e capacidade diferentes, conhecimento, resolução e coragem diferentes criam subordinação. O fraco é dependente do forte, o ignorante, do instruído e o timorato, do corajoso.[23] Mesmo os afetuosos são dependentes daqueles que amam.[24] A propriedade faz aumentar as variedades de condição, e essas variedades ampliam o resultado das artes e do comércio.

O respeito mostrado ao pai é estendido ao filho.

Transformar a fortuna e os títulos em hereditários dá origem à distinção de nascimento.

Quando a propriedade é dividida de modo desigual, o pobre é dependente do rico.

Os termos correlativos *dependência* e *poder* não expressam todo o fundamento da desigualdade. As condições e qualidades da natureza humana são consideradas a partir dos predicamentos de excelências e defeitos: um homem é tido como mais valioso, outro menos. As noções de superioridade e inferioridade pre-

---

23 Em B, substituído por: "A distinção de qualidades pessoais provém de força e capacidade desiguais, conhecimento, resolução e coragem desiguais e diferentes disposições para a benevolência e malícia". (N. T.)

24 Em B, os parágrafos seguintes foram substituídos ou reescritos. "Essas diferenças constituem ou relações de dependência e poder, ou graus comparativos de estima. / O forte, o instruído e o corajoso são poderosos; o fraco, o ignorante e o medroso são dependentes. / O benevolente é atraente; o maligno, ofensivo. / O instruído, o generoso e o corajoso são estimados; o ignorante, o miserável e o covarde são menosprezados: e por serem todas as qualidades da natureza humana referidas aos predicamentos de excelência e defeito, um homem é considerado mais e outro menos estimável. / Os homens diferem na sua predileção por qualidades consideradas como constituintes de excelência". (N. T.)

valecem, e os homens, antes de qualquer instituição positiva, ocupam diferentes hierarquias.

Eles divergem em suas opiniões sobre particulares quanto à classificação dos predicamentos opostos de perfeição e defeito.

O mais universalmente reconhecido e as únicas e reais excelências são qualidades pessoais: capacidade, disposição e força da mente.

Contudo, os homens ainda divergem em sua predileção por qualidades e por seus supostos efeitos.

Eles preferem as qualidades mais necessárias em seu próprio lugar e as mais eminentes em seu próprio modo de vida.

Em situações perigosas e em épocas belicosas, eles admiram principalmente o valor.

Nas sociedades eruditas, admiram o conhecimento e o engenho.

Em sociedades comerciais, admiram a diligência, a pontualidade e o tratamento justo.

No entanto, há algumas circunstâncias comuns na situação e na disposição de todo o gênero humano, tais como sua união em sociedade e seu interesse por aquilo que se relaciona aos seus semelhantes; os homens admiram, em toda parte, qualidades que constituem, ou visam, o bem do gênero humano, como a sabedoria, a justiça, a coragem e a temperança.

Tais qualidades são geralmente compreendidas sob o título de *virtude*.

Qualidades opostas, sob o título de *vício*.[25]

---

25 Em B, os parágrafos seguintes foram substituídos por: "As condições externas dos homens são, às vezes, confundidas com as qualidades pessoais e parecem ter os mesmos efeitos. / O rico é poderoso e

Instituições de filosofia moral

Os homens, não obstante, frequentemente tomam por excelências as aparências externas ou os ornamentos das pessoas, juntamente com a posse de coisas que são em geral cobiçadas em torno deles, como riquezas, poder e fama.

E, ao contrário, por defeito, tomam as condições opostas; tanto que, enquanto louvam a virtude e censuram o vício, admiram, mais que a virtude, a equipagem, a vestimenta, a fortuna, o posto e o nome; temem, mais que o vício, a pobreza e a obscuridade. Essas admirações e medos são sintoma de que qualidades pessoais são negligenciadas e de que os homens estão degenerados.

Seção XI
Instituições políticas[26]

Onde os homens se associam segundo afeto e escolha, e com pequeno sentido de interesse privado ou isolado, sabe-se que subsistem sem regras ou instituição política.

Mesmo onde eles se associam segundo um senso de utilidade ou necessidade, eles seguem, sem regras, a sugestão de cada ocasião particular.

---

o pobre, dependente. / Riqueza, origem, equipagem e refinamento são estimados; pobreza, obscuridade e modéstia são menosprezadas. / Disparidades são encontradas em todo estado da sociedade; elas são maiores onde a riqueza, o poder e a educação são mais desigualmente distribuídos". (N. T.)

26 Montesquieu, *O espírito das leis*, op. cit.; *Ensaio sobre a história da sociedade civil*, Parte 1, Seção 10 [p.104 desta edição]; Ibid., Parte 3, Seção 2 [p.180 desta edição].

No entanto, para a preservação de uma união que se originou de coalizões, ou força, acidentais, as sociedades foram obrigadas a adotar o governo ou a se submeter a ele.

Onde a coalizão foi acidental ou forçada, os indivíduos notaram interesses isolados e desejaram regras que resolvessem suas querelas.

Alguns se permitiram ser governados e outros assumiram papel no governo, com base na dependência e na superioridade acidental.

Os abusos da subordinação acidental levaram os homens a pensar em instituições positivas.

As instituições positivas confirmaram, alteraram ou restringiram os poderes que surgiram da subordinação acidental.

Todas as instituições políticas dos homens podem ser reduzidas a duas classes gerais: a simples e a mista.

Nas instituições simples, o poder é confiado a uma única pessoa, ou a uma única assembleia ou grupo de homens. Em instituições mistas, a autoridade suprema é exercida por uma pluralidade de poderes concomitantes.

As instituições simples são: a democracia, a aristocracia, a monarquia e o despotismo.

A democracia é o poder supremo do corpo coletivo.

Essa instituição é projetada para corrigir, ou eliminar, os efeitos da dependência e da subordinação adventícia e para reconciliar igualdade e ordem.

A aristocracia é o poder supremo de uma categoria ou classe de homens.

Essa classe de homens é, em alguns casos, eletiva; em outros, hereditária.

A própria instituição, mesmo que calculada para confirmar a superioridade de uma categoria e a dependência da outra,

Instituições de filosofia moral

pode, não obstante, preservar a igualdade entre os membros de cada classe.

A monarquia é o poder supremo de uma única pessoa que, instaurada no topo de muitos dignitários, tem uma autoridade definida pela lei.

Essa instituição é calculada para conferir dependência e subordinação adventícia.

Arranjos militares amplos e permanentes levaram à subordinação monárquica.

O despotismo é o poder supremo de uma única pessoa, adquirido e mantido pela força, sobre qualquer outra pretensão de classificação.

O despotismo surgiu da conquista ou da usurpação militar.

As instituições mistas são: ou repúblicas mistas ou monarquias mistas.

Nas repúblicas mistas, o poder supremo é dividido entre o corpo coletivo e um Senado ou convenção de nobres.

Nas monarquias mistas, o poder supremo é dividido entre um rei e nobres, ou entre um rei, nobres e o povo.

Seção XII
Linguagem e literatura

A linguagem, no sentido mais geral, compreende todos os signos exteriores do pensamento, do sentimento e da vontade.

Os signos são ou originais ou convencionais.[27]

---

27 Thomas Reid, *An Inquiry into the Human Mind* [Ed. bras.: *Investigação sobre a mente humana segundo os princípios do senso comum*. São Paulo: Vida Nova, 2013].

Adam Ferguson

Signos originais são aqueles pelos quais os homens são conduzidos a empregar ou interpretar pelo instinto.

Tais signos são os tons da voz, a mudança de feições e os gestos.

Signos convencionais são aqueles com os quais os homens concordaram ou que se tornaram habituais.

Os signos convencionais podem ser classificados nas três categorias seguintes:

1. Signos mudos
2. Discurso
3. Caracteres escritos

Onde os homens são impossibilitados do uso do discurso, ou são imperfeitos quanto aos órgãos da audição ou da pronúncia, eles recorrem aos signos mudos e atingem, em um grau considerável, os propósitos da linguagem.

As nações empregam medidas desiguais de ação e de signos mudos, junto com discurso.

O discurso é universal para o gênero humano e próprio da espécie humana.

Toda nação particular, ou tribo, na maioria dos casos, tem uma linguagem particular ou um dialeto diferente.

A teoria do discurso, quer universal, quer particular, é a ciência da gramática.[28]

Caracteres escritos são signos de palavras ou de sons articulados.

Eles são verbais ou alfabéticos.

---

28 James Harris, *Hermes, or a Philosophical inquiry concerning universal grammar*. 2.ed. Londres: 1765.

Instituições de filosofia moral

Caracteres verbais são os que representam palavras inteiras. Caracteres alfabéticos são signos de sons elementares, ou modulações que, combinadas, constituem palavras. A escrita preserva a memória de transações passadas, de observação e experiência. Ela preserva produções literárias e tende a melhorar e ampliar o uso do discurso.

Capítulo II
História do indivíduo

Seção I
Disposição geral

A história do indivíduo contém os seguintes artigos:

1. Consciência.
2. Sentido animal e percepção.
3. Observação.
4. Memória.
5. Imaginação.
6. Abstração.
7. Raciocínio.
8. Previsão.
9. Propensão.
10. Sentimento.
11. Desejo.
12. Volição.

Os primeiros oito itens referem-se, comumente, ao entendimento, o restante, à vontade.

Seção II
Da consciência

A mente é consciente de si mesma, enquanto age ou sofre, em todas as suas operações e sensibilidades.

É consciente das leis do pensamento e da razão, as quais são denominadas *axiomas metafísicos* ou *geométricos*.

Esses axiomas são as condições nas quais todo pensamento se origina e que não precisam ser expressas, senão por consideração à ordem ou ao método.

Seção III
Sentido animal e percepção[29]

A sensação é obtida por meio de órgãos corporais, sendo, na maioria dos casos, acompanhada de uma percepção original ou adquirida de alguma causa externa da sensação, ou objeto da percepção.

Os órgãos dos sentidos são comumente reduzidos a cinco categorias: tato, paladar, olfato, audição e visão.

Tato

A totalidade da estrutura animal é, em algum grau, um órgão de tato.

As sensações de tato, ou sensibilidade, são prazerosas, dolorosas ou indiferentes.

---

29 Reid, *Investigação sobre a mente humana segundo os princípios do senso comum*, op. cit.

Instituições de filosofia moral

As partes interiores ou subcutâneas são sensíveis apenas à dor que se origina de feridas ou indisposições.

A causa final parece ser que, em seu estado original e sadio, elas não devem demandar nenhuma atenção; mas no caso de desordens, têm de dar o alarme.

Na superfície exterior do corpo, sensações inofensivas são indiferentes, porém, o que quer que firam, dói.

Sensações indiferentes são as indicações do mero contato de corpos inofensivos.

Sensações dolorosas são indicações de danos e feridas.

Sensações prazerosas são sinais de alívio daquilo que causa dano ou fere; como o calor moderado subsequente a um frio intenso, ou o contrário.

Muitas sensações indiferentes, em partes particulares do corpo, como nas mãos, na língua etc., são indicações de propriedades internas e distinções precisas de corpos, como de sua forma, acabamento, dureza, maciez, bem como distinções comparativas de calor e frio.

As percepções desse sentido são, em alguns casos, originais, em outros, adquiridas.

Forma, dureza, maciez, calor e frio de corpos são casos de percepção original.

Muitas de suas qualidades salutares ou perniciosas são conhecidas pela experiência e são casos de percepção adquirida.

Algumas vezes percebemos a natureza, bem como a existência, de qualidades, tais como da forma, da dureza e da maciez.

Em outras, percebemos a existência da qualidade, mas não a sua natureza, como de calor e frio.

A primeira foi denominada *qualidade primária de corpos*, e a segunda, *secundária*.

Adam Ferguson

As sensações através das quais nós percebemos qualidades primárias são, na maioria dos casos, indiferentes e não possuem nomes.

As sensações através das quais nós percebemos qualidades secundárias são, na maioria dos casos, prazerosas ou dolorosas, e consideradas distintas da percepção que provocam e frequentemente usurpam o nome da qualidade percebida, de modo a ocasionar uma ambiguidade considerável na linguagem. Assim, calor e frio, que são os nomes de certas propriedades desconhecidas em corpos, são ocasionalmente atribuídos à sensação ou à sensibilidade animal.

A sensação animal não pode, em caso algum, ter nenhuma semelhança com o objeto ou a qualidade percebida.

Suas informações, portanto, não são como aquelas que recebemos da inspeção de uma figura ou imagem; mas como aquelas que nós recebemos por meio da linguagem ou de outros signos arbitrários.

Na percepção original, os signos são fixados pela natureza e a interpretação é instintiva.

Nossas sensações não são apropriadas para nos fornecer os meios de investigação e de prova, mas para nos oferecer percepções que precedem toda investigação e prova.

O cético, que finge desacreditar nas informações do sentido, tem a mesma percepção do dogmático, que professa acreditar.

Paladar

O órgão do paladar está localizado na língua e no palato.

Suas sensações são, na maioria dos casos, prazerosas ou dolorosas.

Instituições de filosofia moral

As qualidades dos corpos percebidos por ele são secundárias, como já explicado.[30]

As sensações do paladar se transformam, depois de experiências, nas indicações ou nos signos do que é pernicioso ou salutar na comida etc.

Mas o mesmo objeto é frequentemente conhecido por sensações que diferem muito com respeito ao prazer e à dor. A sensação é ocasionalmente prazerosa, em outros momentos, dolorosa ou indiferente, enquanto o mesmo objeto é ainda percebido.

Assim, sob a influência do apetite, o gosto da comida é prazeroso; quando o apetite está saciado, o gosto é repulsivo e doloroso.

Por vezes, ele igualmente não é, em um grau considerável, prazeroso nem doloroso, ou é indiferente; contudo, em todos esses casos a coisa é ainda percebida e suas qualidades, bem distinguidas.

Olfato

O órgão do olfato está localizado dentro da narina, próximo à passagem de ar na respiração.

Há uma maior analogia entre as sensações do olfato e paladar do que entre quaisquer outras duas dos nossos sentidos.

Ambos igualmente nos dão uma percepção de qualidades secundárias, possibilitam-nos, com a ajuda da experiência, distinguir objetos externos e reconhecer frequentemente o mesmo objeto, enquanto a qualidade da sensação varia do prazeroso ao doloroso ou indiferente.

---

30 Ver na subseção "Tato" [p.408 desta edição].

Audição

O órgão da audição está localizado na parte interior do ouvido.

As sensações de som, seja ele simples, seja multiplicado, e variavelmente combinado, são prazerosas, dolorosas ou indiferentes.

A qualidade percebida é secundária: notamo-la, pela investigação, como vibrações do ar, ocasionadas por explosões ou por tremores de algum tipo de matéria tensa ou elástica.

Os sons são diversificados por sua intensidade ou tonalidade musical.

As tonalidades, como uma linguagem natural do sentimento, tornam-se facilmente patéticas por certas combinações.

Sons diferentes são, por experiência, conhecidos por ser signos ou indicações de objetos diferentes, e de diferentes movimentos.

Visão

O órgão da visão está localizado no olho.

Suas sensações são ocasionalmente prazerosas ou dolorosas, mas, na maioria dos casos, indiferentes e, então, negligenciadas.

Das qualidades percebidas por meio dessas sensações, algumas são primárias, outras secundárias.

A percepção original obtida pela visão é a da aparência visível de coisas externas. Essa aparência inclui extensão superficial e figura, magnitude aparente, iluminação, sombra e cor.

A percepção adquirida é a das dimensões reais, figuras e distâncias de corpos.

No uso desse órgão, há uma série de signos e interpretações.

Instituições de filosofia moral

1. A aparência visível é percebida por meio de alguma sensação no olho que é extremamente fraca e nunca é observada.[31]

2. Os objetos são percebidos pela intervenção dessa aparência.

O mesmo objeto é percebido em grande variedade na aparência visível.

As dimensões sólidas de corpos são reconhecidas a partir da disposição de luz e sombra na superfície visível.

As distâncias de corpos conhecidos são inferidas de sua magnitude aparente e distinção.

As magnitudes reais de corpos a uma distância conhecida são inferidas de suas magnitudes aparentes.

Esse discernimento de objetos a partir de sua aparência visível é resultado de observação. Onde não temos a oportunidade de mudar significativamente a posição de nossas observações, de modo a empregarmos sentidos diferentes, não temos tal discernimento.

As percepções dos sentidos são comunicadas aos outros por informação ou testemunho.

Seção IV
Observação

Observação é o agrupamento por meio de consciência, percepção ou testemunho de fatos relacionados às qualidades e operações existentes nas coisas.

---

31 Em B, apenas: "a aparência visível é percebida por meio da luz". (N. T.)

413

Objetos se tornam notáveis por sua referência a nós mesmos, ou por sua comparação, similitude ou contraste entre si.

Compilações de observações ou de fatos constituem história, descritiva ou narrativa.

História descritiva é o detalhamento de circunstâncias e qualidades coexistentes.

História narrativa é o detalhamento de eventos sucessivos.

Seção V
Memória

Memória é a recordação de objetos passados.

Ela é casual ou intencional.

Casual quando objetos ou pensamentos, por qualquer conexão própria, voltam à mente.

Intencional quando a mente, por intenção, evoca qualquer objeto ou pensamento.

Seção VI
Imaginação

Imaginação é o estabelecimento de objetos como presentes, dotados de todas as qualidades e circunstâncias, reais ou fictícias.

Os objetos imaginados podem ser descritos, podem despertar sentimentos e paixões e são os objetos exclusivos de desejo e aversão.

Por isso, a imaginação é a principal faculdade empregada na descrição, na invenção, na persuasão e na formação de opiniões variadas pelas quais o gênero humano é governado.

Instituições de filosofia moral

Essas opiniões, ou imaginações, são fortalecidas pelo hábito, e quando equivocadas, não são corrigidas sequer pela experiência.[32] Os objetos são imaginados em separado ou conjuntamente. Nas imagens separadas de coisas, são consideradas suas qualidades e circunstâncias reais e possíveis.

Nas suas imagens conjuntas, são consideradas sua similitude, analogia ou oposição.

Similitude consiste na semelhança de partes.

Analogia, na similaridade de relação e proporção de partes.

Oposição, na contrariedade de qualidades e proporções ou relações.

Similitude leva à organização e à classificação de objetos.

Analogia, às figuras retóricas de símile, metáfora e alegoria.

Oposição, às distinções, antíteses e contrastes.

Seção VII
Da abstração

Abstração é o estabelecimento de qualidades e circunstâncias a despeito de outras qualidades e circunstâncias com as quais elas estão realmente juntas na natureza.

Assim, a qualidade é estabelecida a despeito de seus objetos, ou uma operação é estabelecida a despeito do operador, e se torna uma abstração.[33]

---

32 Em B, este parágrafo foi substituído por dois outros: "Diferentes nações, idades e homens estão sob a influência de diferentes imaginações e opiniões. / Tais imaginações, quando fortalecidas pelo hábito, não cedem à razão ou à convicção". (N. T.)

33 Em B, substituído por: "Assim, na aritmética e na geometria, número e quantidade são estabelecidos a despeito de qualquer objeto". (N. T.)

415

Adam Ferguson

Poucas qualidades, que muitos objetos têm em comum, são estabelecidas a despeito das qualidades que distinguem aqueles objetos; e tais abstrações são expressas por nomes genéricos.[34] Por abstrações diferentes, as classes ou os predicamentos gerais aos quais os objetos podem ser referidos são concebidos de modo variado.

A abstração é o reverso da imaginação: é o fundamento do raciocínio geral e abrangente, não de descrição ou paixão.

Os homens ocasionalmente se deixam enganar por suas próprias abstrações e consideram que certas coisas são separadas na natureza, quando o são apenas em pensamento.

Muita abstração tende a inabilitar os homens para os afazeres. Ela é o hábito de considerar circunstâncias separadas; mas, nos afazeres, todas as circunstâncias se unem e nenhuma pode ser negligenciada.

Seção VIII
Do raciocínio

O raciocínio consiste em investigação, organização e argumento.

A investigação é a descoberta de regras gerais, ou de leis, de instâncias particulares ou variadas.

---

34 Em B, este parágrafo e o seguinte foram substituídos por: "Em termos abstratos, as qualidades são estabelecidas a despeito de seus objetos. / Na mecânica, o movimento é estabelecido a despeito da resistência e da fricção. / Em nomes genéricos, as qualidades que particulares têm em comum são estabelecidas a despeito das qualidades que os distinguem. / A abstração é, em grande medida, arbitrária; daí os vários métodos de classificação seguidos na história natural". (N. T.)

Instituições de filosofia moral

A investigação é o fundamento da teoria.

A organização é a classificação de objetos de acordo com alguma relação que eles têm entre si na natureza.

As relações são de similitude, contiguidade, causa e efeito.

A similitude e a contiguidade fornecem a organização da história natural: a relação de causa e efeito, a organização da ciência ou da teoria.

As leis de natureza, que descrevem, nos termos mais gerais, as operações de causas existentes, compreendem, por uma relação de similitude, os fenômenos que são os efeitos, ou operações particulares, daquelas causas.

O argumento é o uso da razão para produzir convicção.[35]

O argumento é tomado *a priori* ou *a posteriori*.

O argumento *a priori* comprova ou refuta o fato da lei, ou o efeito da causa.

Cada argumento desse tipo pode ser reduzido a um silogismo perfeito, que consiste em três proposições: uma anuncia a lei, negativa ou positiva; outra compara a lei com o fato a ser provado; e a terceira confirma ou nega o fato, a partir de sua conformidade ou oposição à lei.

O argumento *a posteriori* comprova ou refuta a regra, por meio da enumeração de particulares.

---

35 Em B, os parágrafos anteriores da Seção VIII foram todos substituídos por: "O raciocínio inclui classificação de objetos particulares, investigação e aplicação de regras gerais, com demonstração ou prova. / Na classificação, atribuímos particulares a certos predicamentos, fixos ou arbitrários. / Na investigação, observamos o que é comum, ou deveria ser, em muitas operações particulares. / Na aplicação de regras, mostramos os particulares que são compreendidos nelas. / Nisso consiste a ciência. / Na demonstração, ou prova, empregamos testemunho ou argumento". (N. T.)

Cada argumento pode ser reduzido a um silogismo que consiste em duas proposições: uma é a indução ou a enumeração de fatos; a outra confirma ou nega a lei, a partir da coincidência, ou falta de coincidência, entre particulares dispostos para estabelecê-la.

Seção IX
Da previsão

Previsão é a faculdade de conjecturar o que resultará do passado e do presente.

Ela exige perspicácia e sagacidade: a primeira, para se compreender todas as circunstâncias do caso em questão; a segunda, para se perceber o que é possível ser resultado dessas circunstâncias.

Perspicácia e sagacidade são os fundamentos da boa conduta, da arte e da habilidade.

Seção X
Da propensão

Os homens, como os outros animais, são ativos, por escolha original ou propensão.

Eles se deleitam em liberdade e no exercício; eles se afligem sob restrição ou na ausência de objetos próprios para estimulá-los.

A atividade da natureza humana consiste em propensão, sentimento, desejo e volição.

As propensões têm seus efeitos antes da experiência de prazer ou dor.

Instituições de filosofia moral

Elas são animais ou racionais.

As propensões animais são os apetites para a comida, o sono e a propagação da espécie. Esses apetites são periódicos ou ocasionais, e suspensos quando seus fins são obtidos.

As propensões racionais são o cuidado com a autopreservação, os afetos entre pai e filho, o afeto entre os sexos, o afeto para com a sociedade e o desejo de destaque.

Estes, como os apetites animais, dão uma direção à natureza humana antes de qualquer experiência de suas gratificações.

No entanto, contrariamente à analogia dos apetites e gratificações animais, eles podem continuar a satisfazer habitualmente, sem saciedade ou repulsa.

Todos os afetos de bondade são, por sua natureza própria, agradáveis.

A partir dessas propensões naturais, estabelecemos os objetos nos predicamentos de bom ou de mau, à medida que são considerados conducentes ou opostos aos propósitos de nossas propensões.

O que quer que seja pensado conducente a nossos propósitos, é considerado bom.

O que quer que seja pensado pernicioso, é considerado mau.

O que quer que promova o bem-estar da sociedade, ou de qualquer objeto estimado, é, portanto, tomado como bom.

O que é pernicioso, é tomado como mau.

O que quer que seja pensado em si mesmo para constituir uma perfeição, ou para dar eminência, é tomado como bom.

O que quer que seja pensado para constituir imperfeição, ou para arruinar nosso valor comparativo, é tomado como mau.

Daí a grande influência da opinião nas atividades externas dos homens.

Adam Ferguson

Seção XI
Do sentimento[36]

Sentimento é um estado da mente relativo ao que se considera ser bom ou mau.

Os sentimentos são prazerosos ou dolorosos.

O sentimento originado de um pretenso bem alcançado é prazeroso; de um pretenso bem perdido ou de que se foi privado é doloroso.

Um suposto mal evitado é prazeroso; incorrido, é doloroso.

O prazer em ambos os casos é denominado *alegria*.

A dor é denominada *pesar* ou *tristeza*.

Um pretenso bem que se espera ganhar é prazeroso; em expectativa de perda, doloroso.

O prazer em ambos os casos é denominado *esperança*.

A dor é denominada *medo*.

Assim, todos os nossos sentimentos, ou paixões, podem ser apresentados em quatro categorias gerais: alegria, tristeza, esperança e medo.

Contudo, há uma grande variedade nos sentimentos de alegria e tristeza, de esperança e medo, correspondentes à natureza do suposto bem ou mal, e da propensão pela qual nós somos direcionados a ele.

Os sentimentos daqueles que estão ocupados principalmente com sua própria preservação são o senso de segurança e sucesso, ou de perigo e desapontamento.

O primeiro deve compreender a segurança, a exultação e a insolência; o segundo, o ciúme, o terror e o desespero.

---

36 Ver Lévesque de Pouilly, *Théorie des sentiments agréables*, 1736.

Instituições de filosofia moral

Os mais dolorosos sentimentos daqueles que estão ocupados principalmente com seu respeito pelo gênero humano são aliviados pelos prazeres do afeto, da confiança e da boa vontade.

Os sentimentos daqueles que estão ocupados em especial com a consideração de excelências e defeitos em si, ou nos outros, são, por um lado, no que diz respeito a eles mesmos e suas perfeições ou defeitos absolutos, autoaprovação e elevação da mente; por outro, vergonha, remorso e abatimento.

A respeito de vantagens comparativas e superioridade sobre os outros homens, seus sentimentos são exultação, vanglória, insolência e desprezo.

Os sentimentos dos homens no que tange às reais excelências nos outros são estima, respeito e veneração.

Estima é um sentimento de aprovação que tende à confiança.

Respeito é um sentimento de aprovação que tende à submissão.

Veneração é um alto grau de respeito.

Os sentimentos dos homens quanto aos defeitos são desprezo, ridículo, indignação e raiva.

Desprezo é um sentimento de desaprovação, que tende à indiferença ou à negligência.

Ridículo é um sentimento de desaprovação, misturado com júbilo ou gracejo.[37]

Os homens espirituosos ocasionalmente ridicularizam os assuntos de que tratam.

Os bufões ridicularizam a si mesmos.

---

37 Em B, inclui-se ainda: "Sátira e zombaria consistem em expor o que é ridículo". (N. T.)

Conforme o sentimento de desaprovação predomina, o ridículo se aproxima do escárnio.

Conforme o sentimento de gracejo prevalece, ele se aproxima do júbilo e pode ser até mesmo misturado com a brandura. O zombeteiro é raramente suscetível à admiração ou ao amor.

Indignação é o sentimento de desaprovação, misturado com ressentimento.

Raiva é um sentimento de desaprovação, misturado com ódio.

Os sentimentos dos homens quanto às vantagens comparativas nos outros diferem de acordo com o estado de seus afetos e conforme estabelecem uma comparação com eles mesmos ou com outros homens.

A superioridade daqueles a quem amam, comparada com a sua, produz deferência e respeito.

A superioridade daqueles a quem odeiam, assim comparada, provoca inveja; daqueles a quem são indiferentes, provoca humilhação, ou é uma mortificação.

A superioridade daqueles a quem amam, comparada com outras, provoca exultação; daqueles a quem odeiam, comparada com outras, provoca animosidade e desgosto.

Seção XII
Desejo e aversão

Desejo e aversão surgem da opinião, fundada na experiência ou fantasia.

Os desejos e aversões dos homens são tão variados quanto são suas opiniões.

Instituições de filosofia moral

Os exemplos mais comuns de desejo fixo ou habitual são sensualidade, avareza, ambição, espírito público, *elevação da mente* ou desejo de excelência e perfeição.[38]

Esses desejos têm como fundamento alguma propensão natural e levam aos objetos que, em nossa opinião, tendem a satisfazer o propósito de nossas propensões originais.

Sensualidade é fundada em apetites animais e surgem de uma opinião, ou expectativa, do bem, na forma de suas gratificações.[39]

Avareza é fundada no cuidado com a autopreservação e visa à segurança no acúmulo e à reserva dos meios de subsistência.

Ambição é o desejo de comandar, decorrente da opinião de que ter posto e poder sobre os outros homens é se destacar.

Espírito público é fundado na benevolência; seu objeto é vago: homens ou naturezas inteligentes, onde quer que se apresentem à nossa vista ou conceito.[40]

Elevação da mente é fundada no amor à perfeição e na aversão aos defeitos.[41]

---

38 Em B: "Os exemplos mais notáveis de desejo estabelecido ou habitual são sensualidade, avareza, ambição, espírito público, grandeza da mente ou tenacidade em relação ao que é nobre e justo". (N. T.)

39 Em B: "Sensualidade é fundada em apetites animais e implica um propósito de fruição mesmo durante as interrupções do apetite". (N. T.)

40 Em B: "Espírito público é fundado na propensão para sociedade, estendido ao zelo pelos direitos de um país ou do gênero humano". (N. T.)

41 Em B: "Grandeza da mente é fundada na propensão para se destacar, limitada às qualidades pessoais e perfeições reais". (N. T.)

Seção XIII
Da volição

Volição é o ato da vontade em determinações livres.

A determinação é livre onde quer que ela seja voluntária.

Os motivos pelos quais nós escolhemos não destroem nossa liberdade; pois agir de acordo com motivos que não nos foram impostos, o desejo de ser voluntário e livre, em qualquer ação, são termos sinônimos.

Parte II
Teoria da mente

Capítulo I
Observações gerais

A teoria da mente é o conhecimento de leis físicas, coligidas de fatos e apropriadas a explicar aparências.

Diz-se que o sistema intelectual, bem como o material, tem suas leis; mas que as leis do sistema intelectual não são igualmente bem observadas.[42, 43]

O termo *lei* é ambíguo.

Ele ocasionalmente significa o fato, conforme estabelecido de forma regular e invariável no curso da natureza.

Nesse sentido, é empregado por filósofos naturais.[44]

Nesse sentido, diz-se principalmente que o sistema material tem suas leis.

---

42 Em B, há ainda o seguinte parágrafo: "Essa compreensão advém do fato de não considerarmos a distinção de leis, bem como a de objetos". (N. T.)

43 Montesquieu, *O espírito das leis*, op. cit., livro I.

44 Ver Leis da natureza, na Introdução a todo sistema de mecânica.

Instituições de filosofia moral

E, nesse sentido, cada lei deve ser estritamente observada; porque ela é lei apenas na medida em que é observada. A gravitação é uma lei apenas porque todos os corpos realmente gravitam.

Contudo, nesse sentido, também, o sistema intelectual tem suas leis; pois há fatos relativos às operações da mente que são fixos e invariáveis.

Nesse sentido, portanto, as leis do sistema intelectual são igualmente bem observadas com as do sistema material.

O termo lei, entretanto, tem um significado extra, denotando alguma regra de escolha ou expressão do que é bom.

Nesse sentido, é empregado comumente por moralistas e civilistas.

Nesse sentido, quer dizer mais comumente que o sistema intelectual tem suas leis.

E, desse modo, a lei pode subsistir sem ser estritamente observada; pois ela é lei em consequência da sua retidão ou da autoridade da qual ela provém, não em consequência de ser o fato.

Mas, embora as leis mais importantes desse tipo se refiram ao sistema intelectual, também há leis do mesmo tipo relativas ao sistema material.

Tais são as expressões do que é requerido para a elegância, beleza ou utilidade, em assuntos naturais; ou do que o é para a perfeição em obras de arte.

Aqui, tanto o sistema material como o intelectual podem se afastar de suas leis.

Nos reinos animal e vegetal há deformidades, distorções e doenças, como há no reino intelectual loucuras, absurdos e crimes.

Para evitar, tanto quanto possível, essas ambiguidades, as leis do primeiro tipo, quer relativas à mente, quer à matéria,

Adam Ferguson

foram denominadas *leis físicas*; e as leis do segundo tipo, *leis morais*.[45]

O uso comum autorizará essa interpretação, embora a utilização desses termos não seja de forma alguma determinada e precisa; pois, frequentemente, o que quer que se refira à matéria diz-se ser físico, o que quer que se refira à mente diz-se ser moral. Em consequência desse uso vago do termo *moral*, qualquer questão teórica relativa à mente foi substituída por filosofia moral; e especulações de pouca importância suplantaram o estudo daquilo que os homens deveriam ser e daquilo que eles deveriam desejar para si mesmos e para seu país.[46]

Capítulo II
Enumeração de leis físicas

Seção I
Leis do entendimento

A história do entendimento pode fornecer duas regras principais, ou leis físicas.

A primeira se refere à percepção obtida do que existe para além de nós mesmos.

A segunda, à compreensão de objetos percebidos.[47]

Primeira lei

A percepção é obtida pela intervenção de meios que de forma alguma lembram o objeto de tal percepção:

---

45 Ver Introdução.
46 Em B, também: "para o gênero humano". (N. T.)
47 "A segunda [se refere] à percepção de outras coisas." Em B, há ainda uma terceira lei: "A terceira [se refere] à compreensão de objetos dos quais somos conscientes, ou os quais percebemos". (N. T.)

Instituições de filosofia moral

1. O meio da sensação
2. O meio dos sinais.

A maioria das teorias sobre entendimento humano procede da suposição de que toda informação é recebida de forma análoga às representações dadas por meio de imagens e figuras. Estamos tão acostumados a metáforas e alegorias desse tipo que as pensamos demonstráveis *a priori*, que deve haver imagens, tipos ou semelhanças, de objetos externos, no cérebro ou na mente, dos quais a mente recebe informações dos originais, e que o raciocínio em relação a eles consiste na comparação.

No entanto, quando comparamos o conhecimento de qualquer objeto com a figura de um objeto, devemos nos contentar com o fato de que toda linguagem transferida de um para o outro é meramente metafórica.

Os sistemas fundados em metáforas são comumente meras alegorias, pelos quais somos levados erroneamente a tomar a interpretação da alegoria por uma aquisição de ciência.

A sensação, por meio da qual nós naturalmente percebemos a existência de objetos externos, não tem nenhuma semelhança com aqueles objetos.

Os signos pelos quais naturalmente percebemos a existência e o significado de outras mentes não têm nenhuma semelhança com as coisas significadas.

Não obstante, não podemos deter nossa percepção no primeiro caso, nem nossa interpretação no segundo.

A lei geral de informação tem, então, duas partes: aquela que se refere à percepção de objetos materiais e aquela que se refere à interpretação de significado e pensamento.

Adam Ferguson

Segunda lei[48]

Compreender qualquer objeto particular é conhecer algum predicamento ou classe geral ao qual ele pode ser referido.

Assim, compreender a natureza de qualquer ser ou qualidade particular significa ser capaz de referi-lo a alguma espécie ou classe conhecida.

Compreender qualquer operação ou fenômeno significa ser capaz de referi-lo a alguma regra estabelecida ou lei de natureza conhecida.

Desse modo, compreendemos todos os fenômenos que podem ser referidos às leis de gravitação, coesão, eletricidade e assim por diante.

Fazer uma nova descoberta é ou investigar alguma lei ou indicar alguma nova aplicação.

---

48 Em B, a segunda lei compreende alguns capítulos da primeira lei da primeira edição, além de outros parágrafos diferentes. Reproduziremos toda a segunda lei tal como exposta em B: "A percepção é obtida pela intervenção de meios que de forma alguma lembram o objeto de tal percepção: / 1 – O meio da sensação / 2 – O meio dos sinais. / A sensação, através da qual naturalmente percebemos a existência de objetos externos, não tem nenhuma semelhança com aqueles objetos. / Os signos pelos quais naturalmente percebemos a existência e o significado de outras mentes não têm nenhuma semelhança com as coisas significadas. / Dessa lei pode ser explicado o efeito dos ritos em religião, da conduta, assim como da linguagem na vida comum, de título, fortuna e moda como motivos para a estima. / Ritos indicam devoção. / Conduta indica disposição social. / Linguagem indica significado. / Título e fortuna indicam excelência comparativa. / Muitos signos que não têm nenhuma semelhança, nem conexão com as coisas que indicam, podem variar em países diferentes, enquanto as coisas que denotam continuam as mesmas". A terceira lei apresentada em B é a segunda lei da primeira edição. (N. T.)

Instituições de filosofia moral

Assim, Isaac Newton descobriu a lei de refração e a aplicou ao arco-íris e às cores dos corpos naturais.

O dr. Franklin aplicou as leis de eletricidade ao relâmpago e às auroras boreais.

As leis de natureza são os gêneros e espécies sob os quais fatos particulares são ordenados, ou os predicamentos aos quais eles são referidos.

Alguns predicamentos têm seus nomes genéricos em todas as línguas, foram universalmente admitidos e são coetâneos do pensamento humano.

Tais são a substância, a qualidade, a quantidade, o número, a perfeição, o defeito, o bom, o mau, o tempo, o lugar etc.

Outros são mais arbitrários e escolhidos para tornar o conhecimento humano metódico e compreensivo.

Tais são as classes e ordens empregadas no método de diferentes historiadores naturais.

Seção II
Leis da vontade

A história da vontade humana pode fornecer as três regras gerais seguintes:

Primeira lei

Os homens naturalmente desejam o que quer que pensem ser útil a si mesmos.[49]

---

49 Em B: "Os homens são dispostos a preservar a si mesmos. / Por isso, o perigo alarma e a segurança agrada; o que é danoso, repele; o que é útil, atrai". (N. T.)

Adam Ferguson

Nesse sentido, almejam os meios de subsistência, saúde, força, beleza, habilidades, disposição, resolução etc.

Isso é comumente denominado *a lei de autopreservação*; porém, tão numerosa é a variedade de opiniões dos homens, assim como o capricho de suas paixões, que eles dão a impressão, em alguns casos, de desejar o que é destrutivo.

Segunda lei

Os homens naturalmente desejam o bem-estar de seus semelhantes.

As calamidades gerais são motivo de tristeza; o bem-estar geral, de alegria.

Isso pode ser denominado *a lei de sociedade* e é aquela que qualifica o indivíduo a ser um membro da sociedade, inclina-o a contribuir com o bem geral e autoriza-o a participar dela.

A realidade dessa lei tem sido disputada:

1. Porque os homens geralmente não agem para o bem público;
2. Porque o que eles fazem nesse caso pode ser julgado a partir de outros motivos.

As ações dos homens são reguladas não apenas por essa lei, mas combinadas a ela todas as outras leis de sua natureza.

Se, na maioria dos casos, a lei de autopreservação prevalece, não se segue que a lei de sociedade não tem efeito.

O efeito externo, ou tendência, de cada lei é diverso em circunstâncias diferentes.

A tendência geral da lei de gravitação é induzir os corpos a se aproximar uns dos outros; assim como a tendência da lei de

Instituições de filosofia moral

sociedade é induzir os homens a produzir o bem público, ou se abster do dano público. Mas o resultado externo é oposto em circunstâncias opostas. Corpos pesados não estão sempre caindo, nem naturezas sociais estão sempre agindo para o bem comum. Quando corpos estão em queda, a gravitação acelera; quando são postos parados sobre um suporte, ela gera uma pressão; quando jogados para cima, ela pode apenas inserir um obstáculo; quando movidos obliquamente, ela converte seu movimento em uma trajetória curva etc. A analogia dessa lei pode ilustrar completamente a lei de sociedade. Essa lei, em alguns casos, desperta beneficência; em outros, apenas retarda o prejuízo. Ela aumenta nosso ardor para ações benéficas para com nossos semelhantes; restringe ou diminui nosso ardor para ações danosas: dá satisfação em um caso e remorso em outro. E, assim, a operação da lei de sociedade, como aquela da própria gravitação, é sempre real, embora o resultado externo não seja sempre o mesmo.

Os motivos a partir dos quais os homens agem para o bem de seus semelhantes podem ser vários em exemplos variados; mas nenhuma pessoa pode saber, exceto em seu próprio caso, que não existem afetos sinceros de benevolência e boa vontade.

Terceira lei

Os homens naturalmente desejam o que constitui excelência e evitam o que constitui defeito.[50]

---

50 Em B: "Os homens são dispostos a melhorar a si mesmos". (N. T.)

Adam Ferguson

Objetos diferentes têm suas qualidades distintas e se tornam, na perspectiva de animais diferentes, objetos de desejo ou aversão; mas, na perspectiva do homem, eles são, do mesmo modo, em muitos casos, objetos de estima ou desprezo.

Esse é um fato último na natureza do homem e não deve ser explicado por qualquer coisa que seja previamente ou mais bem conhecida.[51]

Excelência, seja absoluta, seja comparativa, é o objeto supremo do desejo humano.

Riquezas, poder e mesmo prazer são cobiçados com extremo ardor apenas quando se considera que conferem eminência e distinção.

Capítulo III
As leis precedentes aplicadas para explicar os fenômenos de interesse, emulação, orgulho, vaidade, probidade e aprovação moral

Seção I
Do interesse

Interesse é a preocupação que os homens têm por coisas consideradas úteis ou necessárias aos propósitos da vida animal.[52]

---

51 Em B: "Isso pode ser denominado lei de apreciação ou de progressão: é um fato último na natureza do homem e [...]".(N. T.)

52 Em B: "O interesse aparece na solicitude por nossa situação e perspectivas futuras: quando em extremo, suprime o afeto e leva a cometer fraudes e crimes". (N. T.)

Instituições de filosofia moral

As coisas úteis à vida animal podem ser compreendidas sob os títulos de *comida*, *moradia* e *vestuário*.

Contudo, propriedade de terra, de dinheiro ou de bens assegura a posse de tais coisas e é, portanto, um principal item de interesse.

O estado do interesse do homem oscila de acordo com seus lucros e suas perdas.

Homens cuja paixão dominante é o desejo de lucro, ou o medo da perda, são considerados interessados.

Essa paixão está compreendida na lei de autopreservação e é uma aplicação parcial dessa lei, fundada na opinião da grande importância das coisas externas.

As opiniões, e suas consequências, são mais ou menos prevalentes em proporção à predominância de circunstâncias pelas quais os homens são levados a nutrir tais opiniões.

Por essa razão, o interesse é muito prevalente.

A opinião na qual ele está fundado surge das seguintes circunstâncias:

1. O desejo instintivo de vida.
2. A predisposição rápida à importância dos objetos sensuais que primeiro prendem nossa atenção.
3. O cuidado contínuo com os bens ou as posses é necessário onde quer que a propriedade seja estabelecida.
4. A posição que as riquezas supostamente conferem.

A partir desta última circunstância, a lei de apreciação passa a ser combinada à lei de autopreservação, em consideração às paixões interessadas dos homens.

O interessado consiste em duas classes: o pródigo e o avaro.

Adam Ferguson

Os pródigos são comumente mais rapaces, sendo instados pelo desejo de contentamento.

Os avaros são mais cuidadosos, sendo contidos pelo medo da falta.

Os interessados são frequentemente acusados de egoísmo, como se seu erro consistisse na consideração por eles mesmos, não no engano de suas próprias preocupações.

Eles são ocasionalmente elogiados com base na prudência ou na sabedoria, como se a mera vida e os meios de preservá-la fossem o único objeto do cuidado humano.

O interesse engaja os homens em competições e suprime o afeto; ele os expõe à ansiedade, ao ciúme e à inveja.[53]

Seção II
Teoria da emulação

Emulação é o desejo de sobrepujar outros homens ou o medo de ser sobrepujado por eles.[54]

Ela é compreendida na lei de apreciação e surge da opinião de que a excelência é comparativa, ou subsiste em coisas de mero valor comparativo.

Tais são as riquezas, fama ou poder.

---

53 Os três últimos parágrafos são redigidos de modo diferente em B: "Interesse e egoísmo são ocasionalmente empregados como termos sinônimos; mas o sensual, o orgulhoso, o ambicioso, o vanglorioso não são menos egoístas que o interessado. / E o erro do interessado não consiste na medida do cuidado conferido a si mesmo, mas no engano de suas próprias preocupações principais". (N. T.)

54 Em B: "A emulação aparece em competições, rancor e discórdia". (N. T.)

Instituições de filosofia moral

O valor das riquezas é comparativo; pois ele não consiste em nenhuma medida absoluta da fortuna, mas na posse de mais que outros homens.

A fama consiste no fato de alguém ser mais comentado que outros.

O poder consiste na capacidade de comandar outros homens.

A felicidade, quando bem entendida, não é objeto de emulação; por ter um valor absoluto, o grau de felicidade de um homem não deprecia o grau de outro.[55]

A emulação, quando direcionada a ações úteis, tem efeitos aproveitáveis para o gênero humano, mas é, em si mesma, uma disposição infeliz.[56]

Ela é raramente isolada da inveja e do ciúme; com frequência, suprime o afeto, onde ele é mais oportuno.

Os êmulos não se satisfazem com nenhuma realização, enquanto outros têm uma medida igual, ou superior, da mesma vantagem.

O objeto de desejo de César não foi a grandeza ou a bondade; mas ser o primeiro nas coisas que o vulgo admirava; o primeiro numa vila, em vez do segundo em Roma.

Os êmulos são inimigos entre si e dos homens de reputação superior. Na maioria dos casos, são vigilantes, corajosos e veementes; indulgentes com os confessadamente inferiores, mas malignos com aqueles que, no que tange à consideração, são iguais ou superiores a eles mesmos.

---

55 Em B: "Aqueles que desejam o que não pode ser afetado por comparações, tal como a felicidade real e a virtude real, a despeito da reputação dessas, não são afeitos à emulação". (N. T.)

56 Em B, acréscimo de: "uma fonte de inveja, ciúme e malignidade". (N. T.)

Adam Ferguson

Comumente preferem a companhia desprezível sobre a qual podem assumir uma superioridade a uma melhor, sobre a qual devem se submeter à igualdade.

Seção III
Do orgulho

O orgulho aparece na negligência, na desatenção, no desprezo e na arrogância.

Ele é fundado, portanto, numa opinião desprezível a respeito de outros homens.

Está compreendido na lei de apreciação; pois é em consequência dessa lei que os homens admiram ou desprezam.

O orgulho, ou desprezo, é inconsistente com o afeto, a franqueza ou com qualquer respeito aos direitos do gênero humano.

O desejo de perfeição, e mesmo o amor pela virtude, são confundidos com orgulho.

Esse abuso às vezes surge da desatenção com a adequação da linguagem.

Outras, da afetação do discurso figurado; como quando dizemos *orgulho decente* ou *orgulho nobre* etc. Aqui ele implica desprezo, embora num bom sentido, o desprezo pelo que é indigno.

Em outros momentos, essa confusão de palavras é afetada, de modo a favorecer um sistema; como quando depreciamos a virtude ou refutamos sua realidade, falando em termos que são comumente tomados num mau sentido.[57]

---

57 A obra de Mandeville [*A fábula das abelhas*, op. cit.].

Instituições de filosofia moral

O orgulho está relacionado ao desejo de perfeição, apenas na medida em que é uma má aplicação e abuso desse desejo, substituindo a vileza de outros pela elevação em nós mesmos. É ridículo buscar confundir o amor pela virtude com o orgulho: suas tendências são opostas.

Virtude é o respeito pelos direitos dos homens e estima por aquilo que tende ao bem do gênero humano.

Orgulho é o desrespeito pelos direitos dos homens e desprezo pelo gênero humano.

Seção IV
Da vaidade

Vaidade é uma presunção de importância pessoal, juntamente com um desejo perpétuo de admiração.

Os homens são considerados vaidosos daquilo que supõem constituir sua importância, ou seja, de sua pessoa, posses, equipagem, talentos e aventuras.

A vaidade é compreendida na lei de apreciação, pois supõe a distinção entre excelente e desprezível, embora mal-entendida.

Conduz à afetação de realizações e vantagens que não são reais, ou à ostentação daquelas que são reais.[58]

Os vaidosos são capazes de grandes esforços de coragem e resolução, quando encorajados pela opinião pública e quando agindo à vista do público; porém, sem esse encorajamento, são fracos e irresolutos.

---

58 Em B: "Ela é o reverso do orgulho, superestimando o valor da opinião de outras pessoas, que o orgulho menospreza". (N. T.)

Adam Ferguson

Eles sempre falham onde os frutos ou efeitos do real afeto são esperados, pois a atenção que prestam aos outros homens não se origina do coração, mas do desejo de importância e aplauso.

Seção V
Da probidade[59]

Os homens que respeitam os direitos e sentem pelos sofrimentos de outros, que estão sempre prontos a praticar ações de bondade, que são fiéis e verdadeiros em relação às expectativas que criaram, são considerados probos.

A probidade implica amor pelo gênero humano, fundado em uma disposição compassiva, sincera e liberal.

Ela está compreendida, portanto, na lei de sociedade.

A probidade pode ser entendida como constitutiva de excelência, porém não pode ser o fundamento do orgulho ou do desprezo.

Ela deve ser entendida como merecedora de aplauso, mas é direcionada pelo afeto, não pelo desejo de admiração ou atenção.

Homens de probidade preferem a integridade a qualquer outro tipo de suposta excelência, mas frequentemente têm uma opinião modesta de seus próprios méritos.

Seção VI
Da aprovação moral em geral

Aprovação moral é o julgamento formado a partir de caracteres e ações, como sendo excelentes ou justos.

---

59 Em B, acréscimo de: "A probidade aparece nos atos de justiça e beneficência". (N. T.)

Instituições de filosofia moral

É oposta à desaprovação e à censura.

A compreensão de excelência ou defeito, em outros objetos, como da beleza ou da deformidade em naturezas meramente animais ou materiais, é acompanhada de emoções simples de admiração ou desprezo; mas a compreensão de excelência ou defeito em nós mesmos é acompanhada de exaltação da mente, vergonha e remorso; em outros, de complacência, veneração, amor, pena, indignação e escárnio.

Os homens, afeitos ao paradoxo, questionam a realidade de distinções morais; porém, expressões de louvor e censura em qualquer língua, a importância das ações dos homens para o gênero humano, a natureza oposta das disposições que formam o caráter dos homens, os sentimentos mais veementes do coração humano, que se referem a esse assunto, mostram que a distinção entre bem e mal moral é real e universalmente reconhecida.

Tratando-se da aprovação moral, quatro questões devem ser estabelecidas separadamente:

1. O que os homens, na maioria dos casos, aprovam ou censuram?
2. Por qual princípio, ou consideração, eles são direcionados, em casos particulares, a conferir suas aprovações e censuras?
3. Qual é o objeto próprio da aprovação e censura?
4. Qual é a regra ou o princípio pelo qual os homens devem julgar os caracteres morais?

As duas primeiras perguntas são físicas e pertencem a esta seção; as duas últimas são morais e suas respostas serão compreendidas nas leis primeiras ou mais gerais da moralidade.

O tema da moralidade foi muito confundido por causa da junção dessas duas perguntas.

Os verdadeiros erros e corrupções dos homens foram reunidos como provas suficientes de que não há nada que os homens devam estimar ou desejar.

Em questões físicas, observamos o fato; em questões morais, o que é bom ou mau. O fato, embora bem estabelecido e universal, não nos previne de conceber e escolher o que é melhor.

Se todos os homens fossem influenciados por interesse, emulação, orgulho ou vaidade, não se seguiria que a probidade não seja objeto de estima e desejo. Quando nos é dito, portanto, que a franqueza e a benevolência aparentes de homens comuns não têm nenhuma realidade, que sua coragem é raiva, e sua temperança, formalidade ou artificialidade, podemos perguntar: essas alegações são entendidas como um mero estado de fatos ou exemplos do que os homens devem ser? Os fatos podem ser verdadeiros, mas escolher um padrão confessadamente ruim seria absurdo.

Seção VII
Do objeto de aprovação moral

O objeto de aprovação moral é ou alguma disposição da mente ou alguma ação externa.

A probidade é a disposição mais aprovada, e as expressões externas de probidade, as ações mais aprovadas.

Isso constitui o todo, ou a parte mais essencial, da virtude.

Outros objetos podem ser admirados ou desprezados, mas esses sozinhos são os objetos de aprovação moral.

Instituições de filosofia moral

Seção VIII
Do princípio de aprovação moral

A aprovação moral está compreendida na lei de apreciação, e é decerto o fato principal do qual inferimos a realidade dessa lei, assim como a pressão vertical e a queda dos corpos são os fatos principais dos quais, na mecânica, inferimos a lei de gravitação.

Outros desejos ou afetos podem nos levar de modo variado à estima ou ao desprezo, mas nenhum outro será responsável por termos estima e desprezo.

De acordo com essa lei, os homens submetem as qualidades e os esforços de sua própria natureza, juntamente com muitos outros pormenores, aos predicamentos opostos de excelência e defeito.

Mas nisso eles não são conduzidos por qualquer regra instintiva ou invariável: distinguem-se em suas escolhas de caracteres e estimam diferentes objetos.

Um homem admirou Catão; outro admirou César.

Os afetos e desejos dos homens, não obstante diferentes de aprovação e estima, ainda assim deformam seus julgamentos e determinam suas opiniões.

O ambicioso e o interessado raramente admira o que é adverso aos seus próprios desígnios.

César escreveu uma invectiva contra a memória de Catão e, apesar disso, foi visto como ridículo por outros,[60] ainda que seja provável que tenha sido sincero e realmente considerado

---

60 Ver Cícero, *Cartas a Ático*, livro XII, carta 45.

o zelo de Catão para com a preservação da república um desserviço e demérito para ele mesmo.

Os homens são levados, pela predisposição do costume, ou por superstição, a aprovar ou condenar ritos e observâncias meramente externos.

São levados, por interesse ou ambição, a aprovar ações favoráveis aos seus próprios desígnios.[61]

Também são levados, por benevolência, a aprovar qualidades que os preparam a obter o bem do gênero humano.

Na medida em que o mérito, ou excelência moral, de homens consiste em tais qualidades, nós podemos nos arriscar a afirmar que a benevolência, ou a lei de sociedade combinada à lei de apreciação, é o princípio da aprovação moral,[62] e que conferir nossa estima à virtude é amar o gênero humano.

Alguns sistemas derivaram nossas escolhas de ações e caracteres da lei de autopreservação, outros da lei de sociedade;[63] mas o fato é que as leis de autopreservação e de sociedade, quando bem entendidas, coincidem em todas as suas tendências e aplicações.

O homem é, por natureza, um membro da sociedade; sua segurança e seu contentamento exigem que ele deva ser preservado naquilo que ele é por natureza; sua perfeição consiste na excelência ou na medida de suas habilidades e disposições natu-

---

61 Em B, acréscimo de: "Eles são levados, por sua situação, a admirar qualidades particulares, como virtudes militares ou pacíficas". (N. T.)

62 Ver Lord Shaftesbury, An inquiry concerning virtue, or merit. In: *Characteristics of men, manners, opinions, times*. 3 vols. Londres: 1711.

63 Ver Adam Smith, *Theory of Moral Sentiments* [Ed. bras.: *Teoria dos sentimentos morais*. São Paulo: Martins Fontes, 2002].

Instituições de filosofia moral

rais, ou, em outras palavras, em ele ser uma excelente parte do sistema ao qual pertence. De modo que o efeito para o gênero humano deve ser o mesmo, quer o indivíduo queira preservar a si mesmo ou sua comunidade: com ambas as intenções, ele deve apreciar o amor pelo gênero humano como a parte mais valiosa de seu caráter. Porque isso é o fundamento da probidade, assim os homens são levados a preferi-la a qualquer outra disposição ou hábito da mente.[64]

Capítulo IV
Da natureza e perspectivas futuras da alma humana

Seção I
Da imaterialidade da alma[65]

A natureza do homem tem sido universalmente considerada como mista ou composta de uma parte animal e intelectual, de corpo e mente.

Aquelas funções que são atribuídas aos órgãos corpóreos pertencem à natureza animal; aquelas que não são atribuídas a nenhum órgão corpóreo pertencem à natureza intelectual.

O homem, em consequência de sua natureza animal, difere das bestas apenas no grau ou na maneira daquilo que exibe; porém, em consequência de sua natureza intelectual, ele difere totalmente, e em gênero.

---

64 *Ensaio sobre a história da sociedade civil*, Parte I, Seção 6 [p.65 desta edição].
65 Ver Andrew Baxter, *The Immateriality of the Soul*.

Sendo destinado a agir a partir da observação e da experiência, não a partir de instinto particular, ele é, quando ignorante, aparentemente inferior em astúcia e poder aos outros animais; mas, quando instruído, muito superior.

Denominamos *sua mente* como aquilo que o faz se destacar dos outros animais, e tem sido universalmente distinguida do *corpo*.

As propriedades da mente não têm nenhuma analogia com as da matéria: as propriedades de uma são até opostas e contraditórias às propriedades da outra.

A matéria é divisível e inerte, a mente é indivisível e ativa.

Aquilo que chamamos de *faculdades da mente* são seus poderes ativos.

Elas não são partes distintas de uma natureza complicada, mas abstrações, sob as quais as operações da mente são classificadas.

Seção II
Da imortalidade da alma

Qualquer questão relacionada a um estado futuro deve ser resolvida a partir da natureza da alma, a partir da condição da realidade da morte, ou a partir de princípios de religião.

Porque a natureza da alma é indivisível, ou não está sujeita à dissolução de partes, e porque o aniquilamento é desconhecido na ordem da natureza, segue-se que a alma é fisicamente imortal.

A realidade da morte é tal que o corpo cessa de ser animado ou de dar sinais da presença da mente; mas, por ser de natureza diferente, a mente tem a possibilidade de existir em separado.

Instituições de filosofia moral

Nenhum argumento pode ser deduzido de princípios de religião, até que esses princípios sejam considerados.

Parte III
Do conhecimento de Deus

Capítulo I
Do ser de Deus[66]

Seção I
Da universalidade desta crença

A crença na existência de Deus é universal.

As cavilações dos céticos não desacreditam a universalidade dessa crença, não mais do que as cavilações desacreditam a universalidade da percepção que os homens têm da existência da matéria; pois igualmente isso tem sido questionado.

Essa crença não implica nenhuma noção adequada do Supremo Ser. Os homens, na maioria dos casos, sustentam noções sobre esse assunto indignas até da razão humana.

Mas a crença de que um artista, ou autor, exista é consistente com noções desprezíveis e impróprias de sua capacidade e intenções.

A crença de que Homero compôs a *Ilíada* é compatível com noções inadequadas ao gênio do poeta.

A crença de que homens escreveram os livros lidos na escola é consistente com uma noção de que até os clássicos foram escritos para o uso das crianças.

---

66 Ver John Ray, *Wisdom of God in the Creation*; Sermões, nas Boyle Lectures.

Adam Ferguson

Seção II
Da fundação dessa crença

A universalidade da crença em Deus não pode depender de circunstâncias peculiares de qualquer época ou nação, mas deve ser o resultado da natureza humana, ou a sugestão de circunstâncias que ocorrem em todas as épocas e lugares.

Na natureza do homem há uma percepção das causas a partir do aparecimento dos efeitos e de intento a partir do acordo de meios com um fim.

Os céticos não negaram a realidade dessas percepções; mais propriamente, acusaram-na de ser a fundação de erros gerais e vulgares.

Mas as percepções naturais são os fundamentos de todo o nosso conhecimento. Esse é o fundamento do que conhecemos a partir da sensação, do testemunho e da interpretação.

Em qualquer desses casos, não podemos apontar nenhuma razão para nossa crença, mas apenas que somos muito dispostos a ela pela nossa natureza.

Nenhum argumento é requerido para provar, nem o argumento pode ter nenhum efeito na refutação, onde a natureza determinou que continuássemos a acreditar.

Ninguém pode abster-se de crer que o olho foi feito para ver, o ouvido para escutar; que a asa foi feita para o ar, a nadadeira, para a água; o pé, para o chão; e assim por diante.

A percepção de um fim ou intenção nas obras dos homens compreende a crença em um artista. A percepção de um fim ou intenção nas obras da natureza compreende a crença em Deus.

Instituições de filosofia moral

A natureza apresenta causas finais para onde quer que nosso conhecimento se estenda.

As causas finais podem ser consideradas a linguagem pela qual a existência de Deus é revelada ao homem.

Nessa linguagem, o signo é natural e a interpretação, instintiva.

Capítulo II
Dos atributos de Deus

Seção I
Destes atributos em geral

Os atributos de Deus são os caracteres do Ser Supremo sugeridos por sua obra.

Eles podem ser apresentados em cinco tópicos: unidade, poder, sabedoria, bondade e justiça.

Seção II
A unidade de Deus

A percepção de causas finais implica a crença em apenas um Deus.

A noção de uma pluralidade de deuses é uma corrupção.

Nações diferentes formaram separadamente suas noções da deidade. Na comparação dessas noções, não houve empenho para ajustá-las à crença em um supremo ser; formou-se um firmamento composto de muitos deuses, com seus atributos diferentes e províncias separadas na natureza.

447

Seção III
Do poder

O poder é o atributo da causa primeira; e no criador de todas as coisas, ele não pode ser circunscrito por qualquer coisa que exista.

Seção IV
Da sabedoria

A sabedoria é o atributo de inteligência, e a crença na sabedoria do autor da natureza está implicada na crença em causas finais.

A sabedoria de Deus compreende o conhecimento de toda a natureza, das relações e dependências mútuas de naturezas diferentes e do que é melhor para cada uma e para o todo.

Seção V
Da bondade de Deus

Esse é o atributo do criador e conservador de todas as coisas. As provas de bondade são:

1. A criação de seres sensíveis e racionais.
2. As proporções de bem que lhes cabem desfrutar.
3. A ordem estabelecida para sua preservação.

Sem a primeira, não haveria nenhum objeto por meio do qual a bondade poderia se mostrar.

E a quantidade de tais objetos, bem como os contentamentos que lhes cabe receber, é prova de bondade na causa primeira.

Instituições de filosofia moral

2. Quais são essa quantidade e esses contentamentos não podemos conhecer, mas a ordem e a tendência daquilo que nós conhecemos levam à crença no bem universal.

A sorte do homem é mista, mas sua natureza é igualmente apropriada para um cenário misto.

Ele se queixa do mal em suas circunstâncias externas ou em sua própria natureza e conduta.

O primeiro objeto de queixa é denominado *mal físico*; o segundo, *moral*.[67]

Suas queixas contra o mal físico não são sintomas do mal absoluto na natureza, mas sintomas de uma natureza ativa em si mesma, propriamente disposta e com excitações adequadas para exercer seu poder.

Um cenário em que não houvesse nenhum mal aparente para ser corrigido, ou, o que é equivalente, nenhum acréscimo de bem para ser obtido, seria um cenário de inação, adverso à natureza do homem.

Ou, em outras palavras, um ser que não percebesse o mal, ou que não tivesse falta, não poderia ter nenhum princípio de atividade.

O homem, por ser empregado como uma força ativa na ordem da natureza, não é feito para renunciar a sua própria felicidade.

Sua felicidade não depende da proporção de conveniência de que desfruta, mas da sua ação; não da sua segurança, mas

---

67 Em B, acréscimo de: "Mal físico é o desacordo entre as coisas e os desejos do homem. / Sem tal desacordo, não haveria lugar para esforços ativos". (N. T.)

do grau de coragem que possui; não do que obtém para si ou para os outros, mas do grau de ardor e afeto que manifesta.[68] Queixas de mal moral são sintomas de uma natureza progressiva ou em aperfeiçoamento.

Um ser que não percebesse nenhum mal moral, ou defeito, não poderia ter nenhum princípio de aperfeiçoamento.

Para que as queixas de mal moral fossem eliminadas, seria necessário que os homens fossem ou livres de qualquer imperfeição ou insensíveis às imperfeições que têm.

O primeiro é impossível: os homens devem ter as imperfeições da natureza criada.

Qual é a menor proporção possível dessas imperfeições, nós não sabemos.

Mas o homem, imperfeito como é, não é uma mácula na natureza.

Ele tem um senso pungente de seus próprios erros e defeitos. Essa é a fonte de suas queixas e de seus aperfeiçoamentos, e é uma beleza em sua natureza.

Ele é um agente voluntário, destinado a agir sob a seguinte restrição sábia: que suas disposições danosas são, para si mesmo, dolorosas, e suas disposições benéficas são prazerosas.

O sofrimento, bem como o contentamento nesse caso, é uma prova de beneficência no seu poder de causar um ou outro.

3. Cada parte, na ordem da natureza, é adequada à preservação do todo.

As coisas mais remotas são feitas para coincidir com os mesmos propósitos salutares.

---

68 Em B, acréscimo de: "Mal moral é o desacordo entre a natureza do homem e seu conceito de perfeição". (N. T.)

Instituições de filosofia moral

A ordem do sistema planetário é adequada à preservação de cada ser que ocupa qualquer parte desse sistema.

As dores, bem como os prazeres, de criaturas vivas e sensíveis tendem à sua preservação.

A ordem da natureza é preservada por sucessão, não pela perpetuidade da vida; e enquanto o indivíduo é perecível, a espécie de cada animal está salva, e o sistema da natureza está protegido contra a decadência.

Seção VI
Da justiça de Deus

Justiça é resultado de sabedoria e bondade.

Justiça é a bondade imparcial e universal, tornando cada parte subserviente ao bem do todo e adequando o todo à preservação de suas partes; porém, prevenindo cada parte contra qualquer contentamento que seja pernicioso para o todo.

As dores e os prazeres próprios da natureza do homem são distribuídos segundo essa regra de justiça.

Para resumir, a benevolência é sempre prazerosa, a malignidade, sempre dolorosa.

Capítulo III
Da crença na imortalidade da alma humana, como estabelecida em princípios de religião[69]

Contrariamente às aparências no momento da morte, considera-se em geral que a alma humana sobreviva a sua separação

---

69 Em B, este capítulo é denominado "De um estado futuro". (N. T.)

do corpo, estando-lhe reservado um estado futuro de recompensas e punições.

Essa suposição está de acordo com as noções mais racionais de bondade e justiça de Deus.

Aquela bondade que dispôs o Todo-Poderoso à criação pode igualmente dispô-lo para sempre à preservação de suas criaturas inteligentes.

Há uma criação contínua de naturezas racionais, bem como animais.

No entanto, naturezas animais são certamente extinguidas; por que não as racionais?

Aquilo é necessário. O mundo estaria abarrotado de animais se as gerações não morressem para dar lugar umas às outras.

Mas o mundo do espírito pode, sem inconveniências, aumentar para sempre.

O desejo de imortalidade é instintivo, e é uma sugestão razoável do que planeja o autor desse desejo.

O progresso da natureza inteligente do homem pode continuar para além das realizações desta vida.

O governo de Deus é justo; mas o desejo instintivo do homem por justiça distributiva não é satisfeito nesta vida, daí decorrendo a crença universal de que homens maus receberão punição adicional, e homens bons, recompensas adicionais, em um estado futuro.

Os maus têm um trajeto diferente dos bons, vão a lugares que são desagradáveis, difíceis, fétidos e medonhos.[70]

---

70 Catão, *A conjuração de Catilina*.

Instituições de filosofia moral

Parte IV
Das leis morais e suas aplicações mais gerais

Capítulo I
Definições

Lei moral, enquanto distinta da lei física, é qualquer expressão geral do que deve ser.

Nesse sentido, as regras da arte, os cânones da beleza e do decoro, com relação a quaisquer objetos, são classificados entre as leis morais.[71]

A lei moral, enquanto aplicada a naturezas inteligentes, é qualquer expressão geral do que é bom.

É característico de seres inteligentes a ação a partir de opinião, e a escolha daquilo que, segundo sua opinião, é melhor.[72]

Agir a partir da determinação do instinto é característico de meros animais.

Agir sem objeto ou opinião é insanidade ou loucura.[73]

Consequentemente, a natureza do que é bom, onde quer que seja apreendida ou expressa, implica uma obrigação de determinar a escolha de todo ser racional ao qual ela se refere.

As leis morais podem ser consideradas sob diferentes aspectos e distinguidas por diferentes títulos.

---

71 Ver Francis Hutcheson, *An inquiry into the original of our ideas of beauty and virtue*. 2.ed. Londres, 1726.

72 Em B: "As ações racionais [são determinadas] pela opinião do que é bom". (N. T.)

73 Em B: "As operações mecânicas surgem sem objeto ou opinião". (N. T.)

Consideradas segundo sua fonte, podem ser distinguidas entre originais ou naturais, e entre convencionais ou adventícias.

Consideradas segundo seu objeto, podem ser distinguidas como leis de religião ou de sociedade; como leis de paz ou de guerra; como leis políticas, civis ou criminais.

Consideradas segundo as pessoas às quais elas são aplicáveis, são leis de nações ou leis de Estados particulares.

Filosofia moral é o conhecimento e a aplicação da lei de natureza ou a lei original do gênero humano.[74]

Essa lei é aplicável a toda pessoa e todo objeto.

Essa lei compreende as obrigações de convenção.[75]

A primeira ou lei fundamental da natureza, relativa ao gênero humano, é uma expressão do maior bem próprio da natureza do homem.

As leis subsequentes são partes e aplicações dela.

Capítulo II
Do bem e do mal em geral

Como bem e mal implicam contentamento e sofrimento, por consequência eles dizem respeito exclusivamente a seres sensíveis e inteligentes.

A suposta causa de contentamento é um objeto de desejo.

A suposta causa de sofrimento é um objeto de aversão.

---

74 Em B: "Filosofia moral é o conhecimento de leis morais segundo suas fontes e suas aplicações". (N. T.)

75 Em B, este e o parágrafo anterior foram substituídos por: "A obrigação de toda lei, quer original ou adventícia, geral ou parcial, pode ser reduzida a uma obrigação da lei de natureza". (N. T.)

Instituições de filosofia moral

O que não se supõe ser a causa de ambos é indiferente. Algumas coisas devem seus efeitos totalmente à opinião que é nutrida ou ao uso que é feito delas.

Com respeito a essas coisas, certas opiniões e certo uso são bons; outras opiniões e um uso diferente são maus; e as coisas mesmas são ocasionalmente, mas não sempre, escolhidas. Outras coisas contêm o efeito e o uso em sua própria natureza.

A presença dessas coisas é sempre boa, ou sempre má; e elas não são ocasionalmente, mas invariavelmente, escolhidas ou rejeitadas.

Diferença tão importante merece a distinção mais clara e mais marcante que a linguagem pode oferecer.

As disputas entre os filósofos antigos dizem respeito principalmente à maneira de determinar essa distinção.[76]

Sócrates sempre determinou isso em termos mais fortes.[77]

De acordo com ele, *aqueles que suplicam riquezas, vida longa etc. parecem desejar um lance de dados ou a sorte numa batalha.*

Os peripatéticos classificaram todas as coisas que fossem por sua natureza, ou uso, desejáveis pelo predicamento geral de *bom*.

E todas as coisas que, por sua natureza ou abuso, fossem evitadas pelo predicamento oposto de *mau*.

Os estoicos sustentaram que nada fosse classificado pelo predicamento de *bom*, exceto o que fosse sempre e invariavelmente escolhido.

---

76 Ver Cícero, *De finibus*.
77 Ver Xenofonte, *Memorabilia* [Ed. bras.: *Memoráveis*. São Paulo: Annablume, 2012].

Adam Ferguson

Que nada[78] fosse classificado pelo predicamento de *mau*, exceto o que fosse sempre e invariavelmente evitado ou rejeitado: que chamar de bom aquilo que deve ser sempre rejeitado, ou de mau aquilo que deve ser sempre escolhido, não era apenas absurdo nos termos, mas visava enfraquecer a resolução com a qual o homem sempre deve fazer sua escolha.

Os epicuristas substituíram o termo *prazer* por *bem*, sugerindo que o que quer que fosse prazeroso era, portanto, bom.[79]

---

78 Ver Epicteto, *Máximas*; e Marco Aurélio, *Meditações*, op. cit.

79 Em B, o Capítulo II é diferente do apresentado na primeira edição (esta inclui ainda, a respeito dos mesmos temas, um terceiro capítulo), embora alguns de seus parágrafos sejam transcrições de parágrafos do Capítulo III da primeira edição, ou simplesmente reescrituras. Reproduziremos a seguir todo o Capítulo II tal como aparece em B: "Capítulo II: *Do bem e mal* / Seção I: *Aplicações gerais desses termos* / Os termos bem e mal são aplicados a contentamento e sofrimento, perfeição e defeito, prosperidade e adversidade. / Contentamento e sofrimento são condições opostas de uma natureza sensitiva. / Perfeição e defeito são as condições opostas de uma natureza aperfeiçoável e progressiva. / Prosperidade e adversidade são circunstâncias opostas de um ser ativo com relação aos objetos externos. / Seção II: *Dos contentamentos e sofrimentos* / Os contentamentos e sofrimentos próprios da natureza humana são ou animais ou intelectuais. / Os primeiros são apenas meras sensações animais de prazer e dor, ou as gratificações e as faltas do apetite. / Os segundos são exercícios, ou passatempos, e langor, afeto e ódio, alegria e esperança ou tristeza e medo. / Seção III: *Das perfeições e defeitos* / As principais perfeições da natureza humana são o amor pelo gênero humano, sabedoria e força da mente. / Os principais defeitos são malignidade, tolice, sensualidade e covardia. / Esse contraste é comumente expressado nos termos *virtude* e *vício*. / Seção IV: *Da prosperidade e adversidade* / As circunstâncias relativas à natureza do homem que constituem prosperidade são saúde, educação, segurança, posses e vida longa. / As circunstâncias opostas, as adversidades,

Instituições de filosofia moral

são doença, negligência, servidão, pobreza e morte. / Seção V: *Variedade de sistemas nas aplicações dos termos* bem *e* mal. / Os sistemas que dizem respeito à aplicação desses termos podem ser reduzidos a três: o epicurista, o peripatético e o estoico. / Os epicuristas limitaram os termos *bem* e *mal* aos contentamentos e sofrimentos. / Eles sustentavam que o sentido animal era a fonte primária de contentamento, e que o contentamento intelectual era a lembrança ou contemplação disso. / Os peripatéticos concordavam com o uso comum na aplicação dos termos *bem* e *mal*. Eles compreendiam no primeiro o contentamento, a perfeição e a prosperidade, e no segundo, o sofrimento, o defeito e a adversidade. Porém, consideravam a perfeição e o defeito como de maior importância. / Os estoicos limitaram os termos *bem* e *mal* à virtude e ao vício. / Eles preferiam o prazer à dor e os constituintes da prosperidade aos da adversidade; porém, sustentavam que bem e mal não consistiam na presença ou na ausência de um ou outro, mas no hábito e na disposição da mente com relação a eles. / As doutrinas dos epicuristas e dos estoicos eram extremas e, no uso comum da linguagem, igualmente paradoxais. / Os peripatéticos foram apoiados pela opinião comum. / Supôs-se que os epicuristas promoviam o egoísmo e a indiferença pelo gênero humano e reduziam demais as pretensões da natureza humana. / Supôs-se que os peripatéticos promoviam integridade e moderação. / Supôs-se que os estoicos promoviam o heroísmo e o amor pelo gênero humano; mas elevavam demais as pretensões da natureza humana. / A controvérsia entre as escolas dizia respeito à classificação dos objetos. / É mais importante distinguir entre as coisas, classificadas de qualquer modo, qual é o supremo bem ou o mal maior. / Seção VI: *Importância comparativa de bem e mal em suas diferentes acepções.* / Os contentamentos animais são ocasionais e transitórios; eles saciam o sentido ou devem aguardar o retorno do apetite. / Eles ocupam, portanto, somente uma pequena porção da vida humana. / A sensualidade, ou a tentativa de torná-los contínuos, enfraquece o poder de contentamento e produz estupidez. / A sensualidade é uma perturbação da imaginação, cujo fastio, ou langor, precisa ser aliviado por meio de uma rodada de diversão ou passatempo. O sentido de prazer animal parece destinado a es-

457

timular a ação e direcionar o homem para o que é salutar, mas não a constituir o contentamento da vida humana. A dor corporal é ocasional, mas nem sempre passageira. / Ela parece destinada a guiar os homens no sentido de evitar o que é pernicioso. / É prolongada a uma medida maior do que qualquer prazer corporal, e ocasionalmente termina realmente apenas na morte. / De modo apropriado à sua causa final, a dor permanece enquanto o ataque à vida animal continua, e aumenta à medida que o perigo se aproxima. / Na vida humana, na maioria dos casos, dores corporais são experimentadas apenas levemente. / Os contentamentos contínuos dos homens na vida humana surgem de seus compromissos ativos, seus afetos, alegrias e esperanças. / Os homens são mais entretidos com exercícios que os engajem mais, que despertem seus afetos e ocupem seus talentos. / Por essa razão, as ocupações mais sérias e urgentes são preferíveis às mais leves e aparentemente prazerosas. / Homens de ocupações têm mais contentamentos que os homens desregrados. / O inverso da diversão é desocupação e langor. / Os afetos são prazerosos à proporção que são ardentes, difusos e extensivos. / A malignidade é dolorosa à proporção que é difusa, rancorosa e implacável. / A alegria e a esperança são intensas e permanentes à proporção que são fundadas em opiniões justas das coisas. / Opiniões falsas levam à alegria transitória e ao desapontamento. / Tristeza, medo e desapontamento são mais frequentes onde os homens se enganam quanto à importância e ao valor das coisas. / O afeto veemente, o compromisso ativo ou a paixão suspendem o sentido de dor e prazer corporais. / Contentamentos intelectuais, em geral, são preferíveis aos animais, à proporção que podem se tornar contínuos ou ocupar a maior parte da vida humana. / Parece, no geral, que opiniões justas, afetos benevolentes e compromissos sérios são os contentamentos preferidos da natureza humana. / Foi observado que uma das propensões mais fortes na natureza humana é aquela que tende à perfeição ou ao nosso melhoramento. / Os fenômenos dessa propensão são emulação, orgulho, vaidade e aprovação moral, magnanimidade e elevação da mente. / Sob a influência dessa propensão, os homens renunciam a qualquer prazer ou expõem-se a qualquer dor. / Benevolência, ou amor pelo gênero humano, é a maior perfeição; ela é

Instituições de filosofia moral

igualmente fonte de maior contentamento. / Sabedoria, ou estima justa das coisas, é a melhor segurança contra desapontamentos, desespero e todas as paixões ignóbeis. Temperança é o uso apropriado dos contentamentos de qualquer tipo. / A fortaleza é um antídoto contra abatimento e medo, a melhor segurança no perigo e o melhor alívio para sofrimentos inevitáveis. / Quanto mais alto o prazer animal é considerado, mais a temperança, ou o seu uso adequado, deve ser valorizada. / Quanto mais a dor animal parece importante, mais a fortaleza, que possibilita aos homens com presença de espírito evitarem-na, ou com paciência, suportarem-na, deve ser valorizada. / Os maiores defeitos, bem como os sofrimentos, dos homens são malignidade e covardia, ou o resultado de intemperança e loucura. / Na natureza humana, portanto, o estado de maior contentamento, e menos sofrimento, coincide com o estado de maior perfeição. / A prosperidade é verdadeiramente valorizada, por causa da sua suposta tendência a propiciar contentamento ou a melhorar nosso estado. / A saúde nos possibilita alcançar os contentamentos e realizações preferíveis da vida humana, mas não é uma segurança absoluta para ambos. / O uso adequado da saúde é bom, o abuso é mau. / A boa educação é adequada a promover boas disposições e a conferir realizações valiosas. / A negligência tem uma tendência oposta. / Contudo, nem a melhor, nem a pior educação, produzem necessariamente algum efeito preciso. / A segurança ou a liberdade são mais alcançadas por meio de instituições políticas sábias. São resultado da prevalência da justiça e tendem a promover o amor pelo gênero humano. / Esse efeito e todos os usos adequados da liberdade são bons. / O abuso é mau. / A servidão é, sob todos os pontos de vista, o inverso de liberdade e segurança. / A posse dos meios de subsistência é suficiente para todos os propósitos da vida animal. / O aumento da riqueza não aumenta proporcionalmente o contentamento. / Leva, com frequência, à sensualidade, ao desregramento, à indolência, ao orgulho e ao desdém. / O homem é formado por uma sorte mista; dificuldades e perigos inspiram forças, no exercício das quais consistem suas maiores perfeições e maiores contentamentos. / A mera vida é, para ele, uma oportunidade para se valer do bem e igualmente expor-se ao mal, ao qual sua natureza é suscetível. / O uso adequado

Adam Ferguson

Capítulo III
Dos objetos de desejo e aversão e sua importância comparativa

Seção I
Divisão geral

Os objetos que os homens, governados pelas leis físicas de autopreservação, de sociedade ou de estima desejam ou evitam,[80] podem ser compreendidos nos seguintes títulos: vida e morte, prazer e dor, excelência e defeito, felicidade e miséria.

---

disso é bom, o abuso é mau. / O valor da prosperidade em geral depende do uso adequado disso. / O uso adequado das coisas é uma perfeição da natureza humana. / O desejo de perfeição, portanto, bem entendido, parece ser o guia mais certo para o contentamento e para todas as vantagens da prosperidade. / Todos os nossos contentamentos, salvo aqueles dos sentidos, originam-se da nossa posse de alguma ocupação ou afeto, dos quais o prazer não é o objeto, mas um acréscimo. Assim, os prazeres da caça surgem da ânsia de se agarrar a presa; os prazeres da ocupação decorrem do ardor com o qual perseguimos nosso objeto; os prazeres do afeto surgem da consideração que temos por outros homens, e o prazer de boas ações, da estima pela virtude. Se o prazer for nosso único objeto, devemos renunciar a ele em todos esses exemplos. / A medida do bem que alguém possui deve ser estimada por seu caráter pessoal, não por suas circunstâncias, ou meios externos de contentamento. / Nas denominações diferentes de bem e mal, parece que virtude e vício são da maior importância. / A primeira é em si mesma a maior vantagem, a posse mais segura e aquela que possibilita aos homens a melhor ocupação de todas as outras vantagens e outras posses. / O segundo é ignóbil em si mesmo e transforma todas as outras circunstâncias em uma desgraça". (N. T.)

80 Ver Parte 2, Capítulo 1.

Instituições de filosofia moral

Outros objetos são ou desejados ou evitados por causa desses.

Em cada título, o objeto de aversão é oposto ao objeto de desejo; eles são, em alguns casos, negações mútuas uns dos outros. Por essa razão, quando tivermos explicado ou especificado um, não será sempre necessário especificar ou explicar o outro.

Seção II
Da vida e da morte

Vida, no sentido mais amplo, é a existência de qualquer natureza vegetal, animal ou intelectual, ou a combinação de duas ou mais de tais naturezas.

As vidas vegetal e animal exigem organização e acabam junto com as funções das partes organizadas. A vida intelectual acaba junto com a existência da mente. A vida mista acaba junto com a separação de mente e corpo.

O emprego certo da vida e os meios próprios de preservá-la são bons; o abuso é mau.

Há momentos em que é bom preservar a vida, e momentos em que é bom abdicar dela.

Seção III
Do prazer e da dor

Prazer é o contentamento considerado de forma abstrata; ou seja, sem consideração ao seu tipo, medida ou importância comparativa.

Porque contentamentos e sofrimentos são diversos com respeito a tipo e medida, e porque frequentemente são meras alter-

Adam Ferguson

nativas ao que se pode apenas ganhar ou evitar em um momento, devendo ser comparados, a fim de determinar nossa escolha. Eles podem ser apresentados em duas classes principais:

1. Animais
2. Intelectuais

Contentamentos animais são as gratificações do sentido e apetite.

Surgem com um mínimo de inconveniências, do uso próprio de coisas salutares à vida animal e são, em sua causa derradeira, subordinados ao desejo de vida ou da lei de autopreservação. Acompanham o ritmo cíclico do apetite ou das exigências da natureza e não podem tornar-se contínuos.

Sofrimentos animais surgem de circunstâncias ou causas de qualquer modo danosas à vida animal; eles são ocasionalmente contínuos e subordinados ao medo da morte.

Contentamentos e sofrimentos intelectuais são de três tipos principais:

1. Opinião
2. Afeto
3. Exercício

Contentamentos e sofrimentos de opinião são as alegrias e tristezas, esperanças e medos que acompanham a presença ou ausência de coisas cujo efeito é derivado da opinião.

Coisas cujos efeitos dependem da opinião podem ser conhecidas pela diversidade de efeito nas pessoas que têm opiniões diferentes a respeito delas.

Certa medida de bens, distinção ou moradia é, para um homem, motivo de alegria, para outro, motivo de tristeza.

Instituições de filosofia moral

A perspectiva de certo evento é, para uma pessoa, terrível, para outra, agradável, e para uma terceira, indiferente.

Contentamentos e sofrimentos de afeto são constituídos pelas naturezas opostas de amor e ódio.

O amor é sempre prazeroso, embora ocasionalmente misturado com aflição e remorso.

O ódio é sempre doloroso, embora ocasionalmente misturado com exultação.

Prazeres de exercício surgem da ocupação da mente ou do corpo.

São comumente denominados *diversão*.

A lassidão ou o desejo de mudança determinam as diversões.

Todo animal ou natureza inteligente são ativos, mas naturezas são mais ou menos ativas em proporção à variedade e à continuação de suas ocupações.

O homem é mais ativo do que qualquer outra natureza conhecida.

Contentamentos animais ou sofrimentos em geral estão subordinados aos intelectuais.

Contentamentos sensuais dependem muito de opinião.

São marcados pela opinião de que são maus quando se é dependente deles.

Precisam da consideração de inocência, das participações da elegância e da sociedade ou da paixão, para dar-lhes a aparência de objetos que mereçam um respeito contínuo.

O gosto por eles é totalmente suspenso por qualquer afeto veemente ou por qualquer compromisso ativo.

Tentativas de torná-los contínuos enfraquecem as faculdades da mente e produzem estupidez.

Adam Ferguson

O que se denomina comumente *vida de prazeres sensuais* é ou um estado de grande insensibilidade ou de passatempo frívolo, originado de gratificações da fantasia ou, pelo menos, do entretenimento produzido por conversação insignificante.

A dor corporal está igualmente sob a influência da opinião.

Os covardes, que temem extremamente a dor, sofrem muito. Os corajosos, ou os resolutos, que não a temem, sofrem menos.

A dor é suspensa por afetos veementes ou passatempos ativos.

A dor corporal pode ser prolongada a uma medida maior do que qualquer prazer corporal, e ocasionalmente termina realmente apenas na morte.

De modo apropriado à sua causa final, a dor permanece enquanto o ataque à vida animal continua, e aumenta à medida que o perigo se aproxima.

Mas a morte e suas causas são necessárias: o temor impróprio dela é mau; ele diminui todo contentamento e amarga todo sofrimento.

Afetos e compromissos ativos postos em prática para suspender ou diminuir os contentamentos e sofrimentos sensuais podem tornar-se contínuos, ou tão frequentes a ponto de ocupar a vida humana.

Homens de disposições ardentes e ativas dão exemplos perpétuos desse fato.

Prazeres de opinião, de afeto e exercício não são, entretanto, iguais entre si.

Opiniões falsas podem, de forma ocasional e transitória, produzir esperança e alegria; mas produzem necessariamente, cedo ou tarde, desapontamento, tristeza e medo.

Opiniões verdadeiras e justas produzem natural e necessariamente sucesso e alegria. E isso, de acordo com Epicteto,

Instituições de filosofia moral

é a bênção de Deus conferida ao homem: *quem sabe e escolhe seu verdadeiro bem não pode ser estorvado ou desapontado.*

Os afetos são prazerosos na proporção em que são difusos e extensivos.

Ocasiões de tristeza e remorso são menos frequentes em consideração ao bem geral do que aos interesses parciais.

Por essa razão, o afeto da mente instruída para conceber o que é o objeto e qual é a eficácia da providência de Deus é, de todos, o mais prazeroso e se aproxima mais da total libertação da dor.

Esse afeto é uma capacidade de experimentar o contentamento a partir da consideração de qualquer ser que existe e de todo evento que ocorre na criação de Deus.

Os homens são mais entretidos com exercícios que os engajem mais, que despertem seus afetos e ocupem seus talentos.

Por essa razão, as ocupações mais sérias e urgentes são preferíveis às mais leves e aparentemente prazerosas.

Parece, no geral, que opiniões justas, afetos benevolentes e compromissos sérios são os contentamentos preferidos da natureza humana.

Seção IV
Da excelência e do defeito

A excelência de um homem é a probidade, apoiada por sabedoria, temperança e fortaleza.

Probidade é o amor pelo gênero humano.

Sabedoria é o conhecimento e a escolha do que é bom.

Temperança é o poder de se abster de prazeres desprezíveis, em nome do que é mais valioso.

Fortaleza é o poder de superar dificuldades ou de enfrentar perigos, em nome de objetos dignos, no decurso de compromissos dignos.

Essas qualidades pessoais constituem a virtude ou a excelência de um homem e são, de fato, seu estado de maior contentamento ou menor sofrimento.

Seção V
Da felicidade

De acordo com a opinião vulgar, os homens são considerados felizes por ter seus desejos satisfeitos ou desapontados.

Contudo, se felicidade for o estado de maior contentamento de que a natureza humana é suscetível, inferir-se-á em muitos casos que uma pessoa não é considerada feliz por ter seus desejos satisfeitos, mas desgraçada por ter tal desejo.

O maligno não é considerado feliz pela satisfação de sua malignidade, mas infeliz por ter essa paixão.

O tolo não é considerado feliz por possuir o que admira, mas infeliz por admirar o que não tem valor.

O intemperado não é considerado feliz por desfrutar de um prazer desprezível, mas infantil e infeliz por suspender os contentamentos mais elevados por causa do que é inferior.

O covarde não é considerado feliz por ter escapado de um perigo, mas desgraçado por estar sujeito ao medo.

Apenas a mente benevolente, sábia e corajosa, que tem os contentamentos mais elevados e menos sofridos, pode ser tomada como feliz.[81]

---

81 Ver De Pouilly, *Théorie des sentiments agréables*, op. cit.

Instituições de filosofia moral

Essas qualidades contêm em si mesmas o uso e o valor pelos quais são desejáveis.

Os homens que não as têm podem nutrir opiniões diferentes a respeito delas; mas aqueles que as têm, devem saber que são felizes.

Elas devem ser escolhidas a despeito de qualquer tipo de prazer e sob o risco de qualquer sofrimento do qual os homens não estão isentos. Isso é o que Epicteto e Marco Aurélio quiseram dizer por: "Que a virtude é o único bem". Infeliz é aquele que entende seu significado e mesmo assim pode tratá-la com escárnio.

Seção VI
Inferências gerais

Parece que as definições de virtude e de felicidade são as mesmas, e infere-se que felicidade é uma qualidade pessoal, não um atributo da condição externa.

A mera vida não consiste em felicidade nem em miséria, mas é a suposição de que os homens são suscetíveis de ambos.

Prazer é um termo vago demais para ser substituído por felicidade.

Essa substituição tende a vindicar voluptuosidade indiscriminada, se não a encorajar sensualidade, o tipo de prazer com o qual os homens se familiarizam mais rapidamente.

Se o prazer for o único objeto proposto, isso deve levar à sensualidade; pois todos os nossos contentamentos, salvo aqueles dos sentidos, originam-se da nossa posse de alguma atividade ou afeto, dos quais o prazer não é o objeto, mas um acréscimo. Assim, os prazeres da caça surgem da ânsia de se agarrar a presa; os prazeres da ocupação, do ardor com o qual perseguimos nosso objeto; os prazeres do afeto, da consideração que temos por outros homens; e o prazer de boas ações, da estima pela virtude. Se o prazer for nosso único objeto, devemos renunciar a ele em todos esses exemplos.

Com respeito ao prazer, deve-se dizer que todo bem é prazeroso, mas que nem todo prazer é bom; pois qualquer prazer que exclua uma melhora ou que traga um predomínio da dor é mau.

O amor pelo que é excelente é um guia seguro para o que é prazeroso; mas o desejo de prazer não é um guia seguro para o que é excelente.

As coisas em geral podem ser referidas a uma dessas três classes: bom, mau e indiferente.

A classificação de objetos é, em alguma medida, discricionária; mas a razão exige que cada classe seja distinguida por circunstâncias que mereçam atenção, e onde a felicidade e a miséria estão em questão, que todo objeto de escolha ou aversão seja posto sob a luz mais forte.

Capítulo IV
Os graus de felicidade e os meios de aperfeiçoamento

Seção I
Das verdadeiras realizações dos homens

Os homens concebem a perfeição, mas são capazes apenas de aperfeiçoamento.

Suas disposições são variadas e suas forças, desiguais. É impossível determinar os limites de seus progressos.

Os filósofos foram censurados por recomendar uma perfeição elevada demais para a natureza humana.

Instituições de filosofia moral

Seria razoável, portanto, recomendar defeitos?

É objeto da razão humana distinguir a perfeição do defeito, e é tendência da natureza humana fazer progressos em todas as suas buscas, quer dignas, quer indignas.

Se o objeto da busca for bom, cada passo no progresso deve ser um acréscimo de felicidade.

Os filósofos devem ser muito disparatados se supuserem que os homens alcancem qualquer coisa acima de sua força.

A compreensão do que é perfeito é o guia e o incentivo para o aperfeiçoamento.

Ninguém está tão distante de um fim que não possa dirigir seu movimento a ele. O pior arqueiro, assim como o melhor, ainda aponta para o alvo, e aquele que estabelece o alvo não é censurado, embora ninguém deva acertá-lo.

A natureza humana está verdadeiramente em movimento, em um caminho certo ou errado.

Um homem aumenta suas posses e sua distinção, outro amplia sua fama: todos eles pretendem, na expressão vulgar, *melhorar* a si mesmos.

Se estudassem a sinceridade, a magnanimidade e a força da mente, não haveria dúvida de que verdadeiramente melhorariam a si mesmos.

Não podemos dissuadir o miserável de cuidar de suas posses dizendo-lhe que nunca acumulará todas as riquezas do mundo; nem um homem com senso de amor pela probidade e coragem, dizendo-lhe que nunca alcançará a virtude perfeita.[82]

---

82 Em B, este tema compreende a Seção III do Capítulo III. Reproduziremos toda essa seção de B: "Seção III: *Dos graus de felicidade e as verdadeiras realizações dos homens* / As definições de felicidade perfeita e de virtude

Adam Ferguson

Seção II
Das opiniões que produzem miséria ou que impedem o aperfeiçoamento[83]

Traz infelicidade estabelecer as pretensões da natureza humana em um nível tão baixo que limita seus esforços.

Traz infelicidade nutrir noções a respeito do que os homens verdadeiramente são em um nível tão elevado que os sujeitam a desapontamento, desgosto ou desesperança na virtude.

Traz infelicidade basear nossa própria escolha de qualidades boas na suposição de que encontraremos tais qualidades em outros homens.

É ignóbil a opinião de que a felicidade consiste em ser livre de problemas ou não ter o que fazer.

Em consequência dessa opinião, os homens se queixam do que poderia ocupá-los agradavelmente.

---

perfeita são as mesmas: benevolência universal, sabedoria imperturbável, uma força e elevação da mente, que prazeres inferiores não podem seduzir e que sofrimentos inocentes não podem enfraquecer. / Os homens concebem a perfeição, mas são capazes apenas de aperfeiçoamento. / A concepção de perfeição é uma luz para direcionar seu progresso. / O objeto da filosofia moral é determinar essa concepção. / Se os filósofos não podem evitar recomendar uma perfeição acima da natureza humana, pelo menos deixam de recomendar defeitos. / As disposições dos homens são variadas e suas forças, desiguais. É impossível determinar os limites de seus progressos. / Eles têm falhado na direção que tomam, não na força com a qual cada homem aspira a melhorar a si mesmo. / Um homem aumenta suas posses, ou avança em distinção; outro amplia sua fama; seria mais fácil se aperfeiçoarem nas realizações de uma mente justa e vigorosa". (N. T.)

83 Ver Arriano, *Epictetus*; e Marco Aurélio, *Meditações*, op. cit.

Instituições de filosofia moral

Declinando toda obrigação e todo compromisso ativo, eles tornam a vida um peso e queixam-se de que ela seja assim.

Preferindo diversão a negócios, eles rejeitam o que é apropriado para ocupá-los e buscam em vão alguma outra coisa para afastar seu langor.

Traz infelicidade nutrir uma opinião de que qualquer coisa pode nos divertir mais do que as obrigações de nosso estado ou do que aquilo que estamos, no presente momento, convocados a fazer.

É infeliz a opinião de que a beneficência é um esforço de abnegação ou de que submetemos nossos semelhantes a grandes obrigações por meio do favor que fazemos a eles.

É infeliz a opinião de que qualquer coisa é preferível à felicidade.

Os vulgares, bem como os instruídos, têm seus paradoxos: frequentemente preferem interesse, fama e poder à felicidade reconhecida.

Eles preferem consideração ou imputação de valor ao próprio valor.

É ignóbil confiar, para a felicidade, no que não podemos comandar.

É ignóbil ter boa opinião sobre coisas às quais poderemos renunciar com indiferença, ou má opinião sobre coisas que poderemos suportar com paciência.

É um erro empregar vagamente termos de admiração ou desprezo, e sem atenção ao seu significado adequado.

Dizemos vulgarmente que *um homem* está melhor ou pior quando queremos dizer apenas que ocorreu alguma coisa com sua sorte.

Adam Ferguson

Tais frases, supomos, podem ser entendidas; porém, como muitas outras do mesmo tipo, desprezam uma compreensão muito absurda, que confunde as circunstâncias externas com qualidades pessoais, e aquilo que não pertence a um homem com aquilo que pertence.

Seção III[84]
Das opiniões ou circunstâncias que produzem felicidade ou que levam ao aperfeiçoamento

Traz felicidade estimar qualidades pessoais acima de qualquer outra consideração.[85]

Traz felicidade confiar apenas naquilo que está em nosso próprio poder; estimar os compromissos de uma mente digna e vigorosa como nosso único bem e os aviltamentos de uma natureza má e covarde como nosso único mal.

Traz felicidade ter continuamente em vista que somos membros de uma sociedade e da comunidade do gênero humano; que somos instrumentos na mão de Deus para o bem de suas criaturas; que se formos maus membros da sociedade ou instrumentos relutantes na mão de Deus, fazemos o máximo para contrariar nossa natureza, para abandonar nossa posição e para nos destruir.

Eu estou na posição que Deus designou para mim, diz Epicteto. Com essa reflexão, um homem pode ser feliz em qualquer posição; sem isso, não pode ser feliz em nenhuma. O mandamento

---

84 Em B, Seção V do Capítulo III. (N. T.)

85 Em B, acréscimo: "[...] e determinar a perfeição como um guia para nós mesmos, não como uma regra pela qual censurar os outros". (N. T.)

Instituições de filosofia moral

de Deus não é suficiente para prevalecer sobre qualquer outra consideração? Isso tornava agradável, para Epicteto, a condição de escravo, e a de monarca para Marco Aurélio. Essa consideração torna qualquer situação agradável para uma natureza racional, que não se regozija com interesses parciais, mas com o bem universal.

Quem quer que possua boas qualidades pessoais, apoia-as apenas na fé em Deus; porém, as circunstâncias nas quais os homens estão postos, a política ou o governo de seu país, sua educação, conhecimento e hábitos, têm grande influência na formação de seu caráter.

Capítulo V
Da lei fundamental da moralidade e os objetos aos quais ela é aplicável

Seção I
A lei e suas consequências imediatas

O maior bem apropriado para a natureza do homem é o amor pelo gênero humano.

As consequências dessa lei são:

1. Que o bem das comunidades, ou do gênero humano, é igualmente aquele do indivíduo.
2. Que na obra de Deus, o todo é preservado por aquilo que constitui o bem da parte, e que não há felicidade da parte consistente com aquilo que é danoso para o todo.
3. Que o maior serviço que os homens benevolentes podem prestar a seus semelhantes é promover desinteresse e franqueza.

Adam Ferguson

4. Que coisas devem ser estimadas, independentemente de opinião ou moda temporária, por sua tendência para o bem do gênero humano.

Essa lei pode ser aplicada separadamente à mente e a ações externas.

Seção II
Aplicação à mente

Felicidade e miséria, bondade e maldade, são qualidades da mente.

A distinção entre certo e errado subsiste nessas qualidades.

Essa distinção é encontrada na oposição entre benevolência e malignidade, entre sabedoria e tolice, entre coragem e medo e entre ocupação racional e sensualidade e dissipação.

A lei fundamental de moralidade requer um afeto determinado em sua natureza, mas indefinido a respeito de seu objeto.

O afeto é constituído por uma disposição compassiva e benevolente.

Que ninguém se queixe que essa lei apresenta um objeto fora da concepção da maioria dos homens e fora da influência de qualquer homem singular.

Ela não demanda nada fora desses limites; mas requer que um homem deva amar onde quer que conceba um semelhante suscetível à felicidade ou miséria, e que faça o bem onde quer que tenha influência.

Esse afeto, sendo um princípio ativo, exige, ou inspira, todas as qualidades que são necessárias para a obtenção de seu fim, ou todas as qualidades que se ajustam ao homem na busca pelo bem do outro.

Instituições de filosofia moral

A sabedoria ocupa o lugar principal, ao lado do próprio afeto, entre essas qualidades.

Boas intenções não têm efeito se não forem propriamente conduzidas.

Boas intenções, quando desencaminhadas ou delas se abusam, terminam em desgosto ou em aversão por ações boas.

Esse afeto exige coragem e fortaleza; pois mentes fracas e timoratas estão muito ocupadas com sua própria segurança para nutrir qualquer afeto sincero ou vigoroso.

Ele requer temperança, pois homens afeitos à sensualidade ou à dissipação não são capazes de realizações contínuas e sérias.

Esse afeto, quando sincero e ardente, ocupa naturalmente a mente até a eliminação de prazeres inferiores, de ansiedades e medos pessoais, e é, portanto, um princípio de temperança e fortaleza.

A mente que é, em relação a si mesma e a seus melhores afetos, imperturbada por circunstâncias externas, deve ter satisfação contínua, sem a interrupção de quaisquer paixões infelizes que afligem o maligno, o invejoso, o interessado, o êmulo, o vanglorioso e o ambicioso.

Tais homens são ou infelizes por seus temperamentos ou expostos a desapontamentos ou mortificações por suas buscas, e empenhados na inveja e inimizade com seus semelhantes.

Seção III
Aplicação a ações externas em geral

Ações externas, consideradas independentemente do afeto ou da intenção da mente, são meros movimentos do corpo, não constituindo contentamento, nem sofrimento, nem bem, nem mal.

Por ser o afeto, ou a intenção, bom ou mau, segue-se que a mesma lei de moralidade, que requer ou interdiz o afeto, deve igualmente requerer ou interdizer a conduta externa que se supõe resultar dela.

A lei que demanda o amor pelo gênero humano, sustentado por sabedoria, coragem e temperança, demanda igualmente toda ação externa que seja apropriada a esse afeto e a essas qualificações.

A lei que proíbe malignidade, negligência, covardia ou intemperança proíbe igualmente todo efeito externo desses caracteres.

Seção IV
Diversidade de opiniões a respeito da moralidade de ações externas

A diferença entre bem e mal moral não pode ser determinada na descrição de meras ações externas.

Ações materialmente as mesmas são, em um caso, moralmente boas, em outro, moralmente más. Os homens não concordam universalmente a respeito das ações que exigem ou proíbem seja qual for o caso. O que é considerado inocente e digno de elogio em um país é visto como uma ofensa abominável em outro. As definições de roubo, assassinato ou traição são diferentes nas leis de diferentes países.

Os termos que expressam as obrigações externas dos homens em uma língua não têm um equivalente preciso em outra.

Instituições de filosofia moral

Seção V
Causas dessa diversidade

Essa diversidade não surge de nenhuma diferença de opinião ou experiência a respeito da natureza dos afetos ou disposições boas ou más.

Todo o gênero humano concorda que benevolência e coragem são prazerosas, que malignidade e covardia são dolorosas; e se fosse alegado que um grande número de homens é de opiniões contrárias, ainda assim todo indivíduo pode, por experiência própria, corrigir o erro.

Essa diversidade provém de três causas diferentes:

1. A diferença do caso.
2. A escolha diferente das partes que são afetadas pelas ações externas.
3. A interpretação diferente das ações.

Seção VI
Diferença do caso

Os casos mudam conforme a pessoa ou a circunstância.

Uma ação materialmente a mesma é permitida a uma pessoa, e proibida a outra. É a obrigação de um magistrado condenar o culpado à morte; isso seria criminoso em interesse próprio.

Uma pessoa pode matar em defesa própria, mas não em circunstâncias diferentes.

Os casos variam indefinidamente; e sendo gerais as regras de ação, não podem de modo algum prever todas as particularidades de cada caso.

A única direção na qual os homens podem confiar em cada caso particular é o discernimento de uma mente sábia e benevolente.

Seção VII
Diferença de escolha

A diferença de escolha de partes interessadas no efeito de qualquer ação provém de opinião.

O que uma pessoa acredita ser bom para si mesma, outra pessoa acredita ser mau. Consequentemente, elas diferem na requisição de ações beneficentes: um homem requisita como um favor o que outro considera uma injúria.

Não há efeito externo sobre o qual os homens não possam nutrir opiniões contraditórias, mesmo sobre a vida e a morte.

O pai entre os esquimós exige, a uma certa idade, que seus próprios filhos o condenem à morte.

A viúva na Europa deseja ter um bom assentamento proporcionado por seu falecido marido; na Índia, ela deseja ser queimada em sua pira funerária.

Em cada caso, as ações são demandadas conforme os efeitos e expressões de bondade e respeito.

Seção VIII
Diferença de interpretação

Em muitos exemplos, as ações externas são, na sua própria natureza, indiferentes ou de nenhum efeito; porém, elas são os signos e expressões estabelecidos de negligência ou atenção, de boa ou má vontade, ou de algum afeto ou disposição.

Instituições de filosofia moral

Tais são muitos ritos religiosos em cada país, e muitas cerimônias observadas na vida comum. Mesmo ações de mais consequência são frequentemente mais consideradas por causa de seu significado do que em função de qualquer outro efeito.

Na medida em que as ações são meras expressões, sua escolha, assim como a de palavras, é perfeitamente arbitrária; nações podem diferir entre si nas suas práticas externas, assim como fazem no discurso, sem qualquer inconveniência que seja. Uma nação recomenda o que outra condena meramente por interpretar uma ação, ou outra similar, de modo diferente.

As diversidades de maneiras que surgem da diferença de escolha ou interpretação tornam difícil julgar os méritos ou as qualidades pessoais dos homens em períodos ou nações remotas entre si.

Os vulgares são capazes de interpretar apenas as maneiras de sua própria condição ou país; eles comumente interpretam mal aquelas de uma posição diferente, ou de estrangeiros.

Não há, na verdade, nada nas maneiras externas que a opinião não possa tornar agradável ou desagradável; e a opinião de um país não é a regra ou o padrão com que se julgam as maneiras de outrem.

As definições de crimes variam na lei de diferentes países; porque ações de notória diferença são caracterizadas por sinais de culpa.

Os termos elogio ou culpa não têm equivalente preciso em línguas diferentes, porque os homens combinam de forma variada, sob diferentes termos, as circunstâncias das quais eles inferem mérito ou demérito.

Isso é consistente com uma perfeita concordância de opiniões a respeito de quaisquer daquelas circunstâncias isoladas.

Adam Ferguson

Seção IX
Leis fundamentais de ações externas

1. Em assuntos indiferentes, devemos observar as maneiras de nosso país, enquanto falamos sua língua e usamos seu vestuário.
2. Em assuntos de importância, devemos escolher o que é para o gênero humano, em oposição à opinião e ao costume.

Assim, devemos fazer o que quer que tenda a promover bondade, a evitar corrupção e a assegurar direitos do gênero humano, e a evitar também o que quer que tenda ao corrompimento ou à sedução e o que quer que tenda a abrir caminho para a opressão.

Quando os hábitos e afetos dos homens mudam para melhor ou para pior, eles se aperfeiçoam ou degeneram.

Quando seus costumes mudam do que é inocente ou proveitoso ao gênero humano para o que é pernicioso, considera-se que os homens não foram submetidos meramente a uma mudança de maneiras, mas foram depravados.

Se eles ignorassem a tendência de seus próprios costumes e maneiras perniciosos, mesmo essa ignorância seria um gênero de depravação.

Seção X
Das diferentes sanções sob as quais as ações externas são exigidas ou proibidas

A sanção de qualquer lei é o bem ou o mal anexado ao cumprimento ou à negligência dela.

A sanção da lei fundamental de moralidade é que o cumprimento dela é felicidade e a negligência, miséria.

Instituições de filosofia moral

A sanção dessa lei em toda aplicação é que cumpri-la significa assumir o papel de um homem feliz, negligenciá-la é assumir o papel de um homem desgraçado.

Essas sanções, quando referidas meramente a ações externas, estão sujeitas a dois tópicos:

1. A sanção de lei compulsória.
2. A sanção de obrigação.

As sanções de lei compulsória são quaisquer meios violentos empregados pelos homens para vindicar seus próprios direitos, ou aqueles de outros.

As sanções de obrigação são quaisquer considerações que induzem os homens, por escolha, a agir corretamente.

Seção XI
Das partes às quais as leis da moralidade se referem

A lei da moralidade pode ser referida à conduta de partes individuais ou a de corpos coletivos.

A conduta de partes individuais é exigida, ou proibida, sob as sanções especiais de lei compulsória ou sob as sanções de obrigação.

Conduta exigida ou proibida, sob a sanção de lei compulsória, é o objeto da jurisprudência.

Conduta exigida ou proibida, sob a sanção de obrigação, é o objeto da casuística.

Conduta proibida ou exigida aos homens no que afeta o estado e a forma de sua comunidade é política.

As comunidades determinadas em sua relação entre si devem ser consideradas como partes individuais.

Adam Ferguson

Parte V
Da jurisprudência

Capítulo I
Dos fundamentos da lei compulsória

A primeira aplicação da lei fundamental de moralidade às ações dos homens é proibitiva e interdiz a prática de danos.

Essa proibição, na medida em que toda pessoa pode defender a si mesma e a qualquer um de seus semelhantes, mesmo pela força, é a primeira lei compulsória de natureza.

Qualquer item na condição de um homem que possa ser preservado, pela força ou de outra maneira, é denominado *seu direito*.

Jurisprudência consiste em duas partes.

A primeira diz respeito aos direitos; a segunda, às defesas dos homens.

Capítulo II
Dos direitos dos homens em geral

O respeito aos direitos está compreendido na lei de autopreservação, combinada à lei de sociedade; ou, em outras palavras, origina-se de nossa disposição para preservar a nós mesmos e a nossos semelhantes.

O que quer que constitua a pessoa ou o estado de um homem, tanto original quanto adquirido, sem dano aos outros, é seu direito.[86]

---

86 Em B: "Direito é a relação entre uma pessoa e uma coisa, em relação à qual nenhuma alteração pode ser feita sem o seu próprio

Instituições de filosofia moral

Dano é contrário ao direito. O sentimento originado de um senso de dano em nosso próprio caso é ressentimento; no caso de outros, é indignação.

Ninguém pode ter direito àquilo que não é possível ou real.

O direito de um homem não inclui o direito de outro.

Capítulo III
A lei de defesa em geral

Um direito pode ser mantido por quaisquer meios eficazes e necessários.

Essa lei de defesa inclui três cláusulas:

1. Que um dano apreendido pode ser evitado.
2. Que um dano infligido pode ser rejeitado.
3. Que um prejuízo causado deve ser reparado.

Capítulo IV
Diferença de direitos

Seção I
Divisão geral

Direitos podem ser considerados quanto a seu objeto ou quanto a sua fonte.

Em relação ao primeiro, eles são ditos pessoais ou reais.

Em relação ao segundo, eles são ditos originais ou adventícios.

---

consentimento. / Coisas são os componentes da pessoa ou de seu estado". (N. T.)

Seção II
Dos direitos pessoais

Direitos pessoais subsistem na pessoa e são constituintes de sua natureza.

Pessoas são ditas naturais ou artificiais.

Pessoas naturais são homens singulares.

Pessoas artificiais são corporações ou Estados.

Os direitos de pessoas naturais subsistem nas ramificações ou membros do corpo, nas faculdades e nos talentos da mente e no uso de ambos.

Os direitos das pessoas artificiais subsistem em seus membros constituintes, seus aspectos e suas leis.

Seção III
Dos direitos reais

Direitos reais subsistem em coisas das quais qualquer pessoa pode ter o uso exclusivo.

Direitos reais podem ser referidos a três tópicos principais: posse, propriedade e comando.

Posse constitui direito somente enquanto uma coisa está em uso presente.

Propriedade constitui um direito contínuo.

Ninguém pode ter um direito de posse da propriedade de outro.

Comando é o direito a serviços ou obediência de outros homens.

Instituições de filosofia moral

Seção IV
Dos direitos originais

Direitos originais são as prerrogativas originais da natureza do homem e contemporâneas a seu ser.

Os direitos pessoais dos homens são originais.

O direito dos pais de ter autoridade sobre o filho pequeno é original; mas em todos os outros exemplos, nenhum homem tem um direito original de forçar a obediência de outro, exceto de obrigá-lo a se abster ou desistir de ofensas.

Seção V
Dos direitos adventícios

Os direitos adventícios ocorrem variavelmente aos homens no curso da vida humana.

Direitos originais são reconhecidos quando mencionados.

Direitos adventícios são matéria de discussões e reconhecidos apenas na medida em que são provados.

Na consideração dos direitos adventícios, devemos não apenas enumerar seus objetos, mas igualmente os meios pelos quais podem ser adquiridos.

Posse, propriedade e comando são direitos adventícios.

As distinções adventícias na sociedade são fundadas, na maioria dos casos, na propriedade e no comando.

Capítulo V
Das leis de aquisição em geral

Nenhum direito pode ser adquirido por injustiça, ou, em outras palavras, por nenhuma ação perniciosa ao gênero humano.

Os meios de aquisição de qualquer direito podem ser referidos a quatro tópicos principais: ocupação, trabalho, convenção e confisco.

Capítulo VI
Lei de ocupação

Ocupação é uma relação da pessoa com a coisa tal que nenhuma outra pode usar essa mesma coisa, em detrimento ou incômodo para o ocupante.

Dessa maneira, a pessoa pode ocupar o chão no qual se deita etc., mas ninguém pode ocupar a luz do sol, o ar da atmosfera ou as águas do mar etc.

Capítulo VII
Lei da aquisição pelo trabalho

Trabalho é qualquer esforço pelo qual a pessoa pode, para seu próprio uso, fabricar, obter ou melhorar qualquer objeto ainda não apropriado.

O direito adquirido sobre os frutos do trabalho está contido no direito original que todo homem tem de usar seus talentos e faculdades.

Antes da convenção, os homens não adquirem direitos pelo cumprimento de nenhum ritual ou formalidade inútil; pois o direito adquirido é somente para o uso do que é produzido.

A mera acessão, ou o que não é resultado de nenhum cuidado e trabalho, caso não haja nenhuma convenção contrária, recai sobre o primeiro ocupante.

Instituições de filosofia moral

O aumento dos rebanhos e das manadas do homem, sendo frutos do seu cuidado, é sua propriedade; mas a acessão de novas terras, ou ilhas, próximas às suas recai sobre o primeiro ocupante.

Um homem, pelo trabalho na propriedade de outrem, não pode anular o direito do outro; pelo contrário, o fruto de seu trabalho, se não puder ser removido sem prejuízo ao objeto principal, pertence ao proprietário daquele objeto.

Mas uma pessoa que de boa-fé emprega seu trabalho ao objeto de outrem pode eliminar ou aproveitar seu fruto, se isso puder ser feito sem detrimento ou inconveniência para o outro.

Convenções civis acomodam os bens de aquisição ou de trabalho à conveniência das partes e à política de condições particulares.

Capítulo VIII
Lei de aquisição por contrato

Seção I
As obrigações do contrato

A pessoa está autorizada a exigir o que outra estipulou executar.

Os homens, por natureza, fiam-se nas promessas de outros.

O objeto de uma promessa ou compromisso torna-se parte do estado de um homem; ele está autorizado a exigir a execução disso pela força.

Aqui a lei compulsória, que em sua forma original é proibitiva ou negativa, torna-se positiva, requerendo que todo compromisso justo deva ser cumprido.

Adam Ferguson

Seção II
Leis de contrato em geral

A fonte de obrigação convencional é o direito de uma parte de exigir a execução daquilo em que outro fê-lo fiar-se.

Contratos, portanto, criam direito somente daquilo que depende da vontade de partes contratantes.

Para se estabelecer um contrato, promessas mútuas ou uma promessa e consentimento são necessários entre as partes, agindo livremente e em posse do uso de sua razão. Mesmo que uma parte tenha prometido, se a outra não aceitou, a última não pode fingir ter criado uma expectativa. Mas promessa mútua envolve consentimento. Homens conhecidos por não agir voluntariamente, ou racionalmente, não podem criar nenhuma expectativa razoável.

1. Uma parte pode fazer a estipulação em pessoa, ou por seu agente, ou mensageiro, em palavras, ações ou sinais que são compreendidos.
2. Uma parte está ligada pelas estipulações de um funcionário, ou mensageiro, a quem foram dadas credenciais ou a quem foi autorizado por repetidos reconhecimentos de sua confiança.
3. Palavras devem ser entendidas no seu sentido mais comum, ou no sentido aparentemente intencionado pelo uso de outros sinais.
4. Uma ação de qualquer tipo, executada com vistas a suscitar expectativa, ou pela qual se sabe que expectativas são naturalmente suscitadas, é suficiente para se estabelecer um contrato.

Instituições de filosofia moral

5. O costume é um fundamento razoável de expectativa e, portanto, vincula todas as partes.

Grande parte das convenções civis dos homens é estabelecida pelos costumes admitidos por sua sociedade.

Qualquer prática introduzida pela força pode se tornar costume legal: por ser a maneira pela qual os homens são conciliáveis, depois que são conciliados e continuam a cumpri-la voluntariamente, torna-se questão de convenção.

Mas práticas, ou sofrimentos, com as quais os homens não são conciliáveis e com as quais eles se sujeitam pela força nunca podem ser questão de convenção, mas de usurpação.

Seção III
Contratos de diferentes
denominações

Contratos podem ser discriminados como absolutos ou condicionais, e como singulares ou recíprocos.

Contratos absolutos são estabelecidos por uma promessa e consentimento simples.

Contratos condicionais expressam promessa e consentimento sob uma condição.

Contratos simples consistem na promessa de uma parte e no consentimento da outra.

Aqui uma parte é estipulante, a outra aceitante.

Contratos recíprocos consistem em promessas mútuas e consentimento mútuo.

Aqui toda parte é estipulante e aceitante.

489

Adam Ferguson

Seção IV
Das exceções aos contratos em geral

Qualquer promessa dada pode ser anulada pelas exceções de força, fraude, injustiça e impossibilidade.

Primeira exceção

Força é constituída por violência ou ameaças efetivas aplicadas pela parte aceitante.

Essa exceção é válida:

1. Porque uma pessoa que consegue uma promessa pela força não pode ter uma expectativa razoável de que essa intenção seja executada.
2. Porque a parte que propõe o uso da força comete uma injúria; e, em vez de adquirir um direito, pode ser impedida, repudiada ou obrigada a fazer reparação.

N.B.[87] Essa exceção não se estende ao caso de contratos celebrados com uma parte por causa da violência demonstrada por outra.

Tampouco é admitida pela prática de nações no caso de nenhuma rendição de guerra ou capitulação militar.

Segunda exceção

Fraude é constituída por dolo empregado por uma parte para obter uma promessa em seu próprio favor.

Essa exceção é válida:

---

87 Essa é uma abreviação da expressão latina *"nota bene"*, em que o autor chama a atenção para o que vai dizer. (N. T.)

Instituições de filosofia moral

1. Porque uma parte que é conhecida por ser enganada no que tange àquilo que promete não pode suscitar uma expectativa de que executará a promessa quando desenganada.
2. Porque dolo, ou imposição, é uma injúria e autoriza reparação.

N.B. Essa exceção não invalida a promessa feita a uma parte inocente em consequência da desinformação de outra.

Nem invalida nenhuma capitulação militar, ainda que obtida por estratagema.

Terceira exceção

Injustiça consiste no dano que uma terceira parte sofreria pela execução de um contrato.

Há quatro casos diferentes em que essa exceção pode ser apresentada:

Caso 1 – Quando nenhuma das partes contratantes, no momento da estipulação, estava consciente do dano.

Nessa situação, o contrato é simplesmente anulado.

Caso 2 – Quando apenas a parte aceitante estava consciente do dano.

Aqui, o contrato é anulado e a parte aceitante cometeu uma injúria à parte estipulante, assim como à terceira parte, a qual, caso o contrato tenha tido efeito, tornou-se suscetível a sofrer a injúria.

Caso 3 – Quando apenas a parte estipulante estava consciente da injúria.

Se o contrato tiver sido estipulado com a intenção de executá-lo, foi prejudicial à terceira parte concernida.

Se fora estipulado com a intenção de apelar à exceção, foi prejudicial à parte aceitante.

Caso 4 – Quando ambas as partes estavam conscientes da injustiça.

Ambas foram prejudiciais à parte concernida.

Quarta exceção

A impossibilidade se estende a todo caso que não pode, na natureza das coisas, ocorrer; a todo item que excede o poder ou que não depende da vontade das partes.

Essa exceção, bem como a anterior, pode ser apresentada em quatro casos.

Caso 1 – Quando nem sequer a parte contratante estava ciente da impossibilidade; o contrato é simplesmente anulado.

Caso 2 – Quando apenas a parte aceitante estava consciente da impossibilidade.

Essa conduta é ou irracional ou pode ser prejudicial à parte estipulante, por levá-la a armadilhas e esforços infrutíferos.

Caso 3 – Quando apenas a parte estipulante estava consciente da impossibilidade.

É prejudicial à parte aceitante por criar expectativas vãs.

O quarto caso, supondo que ambas as partes estivessem consciente da impossibilidade, é irracional e absurdo.

Seção V
Exceções peculiares a contratos condicionais e recíprocos

Todos os contratos são anulados caso a condição falhe ou seja considerada injusta ou impossível.

A condição pode ser uma mera contingência ou depender da vontade de ambas as partes.

Se for uma contingência, as partes podem ter permissão de intervir, como fazem nos jogos de habilidade e destreza.

Ou elas não podem ter permissão de intervir, como nos jogos de azar.

Se a condição depender da vontade da parte estipulante, ela é constrangida a executar uma ação, apenas por ter executado outra.

Se depender da vontade da parte aceitante, ela adquire um direito somente no caso de ter executado sua condição.

Em contratos mútuos, uma parte que fracassa em seu papel não tem direito de exigir a execução do papel do outro.

Capítulo IX
Da lei de aquisição por confisco

Quem quer que tenha cometido uma injúria está constrangido a repará-la. Dessa maneira, a pessoa que causou prejuízo pode perder para outro o que era anteriormente seu direito.

Nenhum homem pode ser confiscado por ações casuais e involuntárias. Tais ações, quando prejudiciais aos outros, são infortúnios, não injúrias.

Capítulo X
Da lei de aquisição aplicável
a direitos particulares

Seção I
Da posse

Adquirida unicamente por ocupação.

Adam Ferguson

Seção II
Da propriedade

A propriedade de qualquer objeto anteriormente não apropriado é adquirida unicamente pelo trabalho.

O efeito de prescrição na sociedade civil resulta de convenção, não de ocupação.

Propriedade pode ser transferida por convenção ou confisco.

Convenção transferindo propriedade é alienação.

Alienação consiste em consentimento e transferência.

A parte que obteve consentimento sem transferência pode defender, ou ocupar, o objeto, no direito do proprietário anterior, não no seu próprio.

Por isso, discute-se que o mero consentimento da parte que faleceu, sem transferência, não pode transmitir propriedade; porque se a parte que faleceu não tem direito, o objeto reverte ao primeiro ocupante.

A validade de testamentos é um efeito da convenção entre os vivos, não do direito que sobrevive à morte.

Seção III
Do direito de comandar ou de empregar

O direito de comandar é adquirido por contrato ou confisco.

O contrato entre o senhor e o funcionário admitido é um contrato recíproco.

Os termos são da maneira como eles mutuamente estipulam, ou como os costumes conhecidos estabelecem.

O contrato civil ou a convenção entre o magistrado e o objeto, ou soberano e povo, são igualmente recíprocos.

Instituições de filosofia moral

Os termos são da maneira como as partes estipulam em escrituras e estatutos expressos, ou como podem ser determinados por costumes conhecidos.

O pacto social, pelo qual, de acordo com alguns autores, as obrigações dos homens em sociedade podem ser deduzidas, é uma mera ficção em teoria, semelhante à ficção na lei, pela qual um pleito que surge de uma fonte é sustentado como se viesse de outra.

Assim, pleitos mútuos de guarda e tutela, derivados de equidade, foram sustentados na lei romana como se surgidos de contrato.

Não houve na realidade nenhum contrato anterior ao estabelecimento da sociedade. Direitos consuetudinários, escrituras e estatutos, que constituem ou expressam as convenções civis dos homens, são todos posteriores ao estabelecimento da sociedade.

Ficções da lei podem ser convenientes para organizar ações civis, mas não têm utilidade para explicar as leis de natureza; pois, pela lei de natureza, cada direito e cada obrigação são admitidos apenas onde são reais, e não podem receber confirmação de nenhuma ficção que seja.

Os direitos originais dos homens, fundados no gênero humano e no direito de cada um de defender a si mesmo, estão muito longe de ganhar força por sua submissão a uma suposta convenção pela qual, na verdade, são enfraquecidos.

Os homens são conscientes de sua obrigação de igualmente se abster de cometer qualquer tipo de dano e de quebrar a confiança. O último aspecto está, na verdade, compreendido no primeiro, ou é fundado nele.

Um direito de comando é, frequentemente, adquirido por confisco, quando uma pessoa que causou um dano torna-se constrangida a repará-lo por meio de seus serviços.

Nenhum contrato ou confisco pode privar um homem de todos os seus direitos ou torná-lo propriedade de outro.

Ninguém nasce escravo, porque todos nascem com todos os seus direitos originais.

Ninguém pode se tornar um escravo, porque ninguém, sendo uma pessoa, pode, na linguagem do direito romano, tornar-se uma coisa ou um objeto de propriedade.

A suposta propriedade do senhor sobre o escravo é, portanto, questão de usurpação, não de direito.

Capítulo XI
Da lei de defesa

Seção I
Dos meios de defesa em geral

Pela lei de defesa, qualquer pessoa pode manter seu direito contra qualquer outra que lhe cause um dano, ou que é suscetível de lhe causar, por quaisquer meios que forem necessários para esse propósito.

Os meios de defesa podem ser referidos a três tópicos principais: persuasão, artifício e força.

A lei de defesa não autoriza o uso de nenhum meio que seja desnecessariamente prejudicial à parte contra a qual é empregado.

O homem está autorizado apenas a preservar seu próprio direito: qualquer prejuízo que ele cause para além do necessário para esse propósito é uma injúria.

Instituições de filosofia moral

A lei de defesa pode ser aplicada a pessoas em três casos diferentes:

1. De partes supostamente desconhecidas ou não relacionadas.
2. De concidadãos.
3. De nações.

Seção II
O caso de partes desconhecidas entre si ou não relacionadas

Esse caso é comumente tratado sob o título de estado de natureza; e nesse estado, nenhum homem está supostamente em relação com outro.

É absurdo intitular estado de natureza aquilo para o que os homens não estão naturalmente dispostos, e para o qual, certamente, eles nunca estiveram.

Os escritores jamais lembram que é suficiente para o propósito de seus raciocínios supor quaisquer duas ou mais partes sem relação entre si, embora relacionadas com todo o gênero humano.

Tais partes têm a posse de seus direitos originais; mas, sem convenção, não podem ter nenhum daqueles direitos e nenhuma daquelas obrigações, que se originam unicamente da convenção.

Se qualquer uma das partes cometer injúria contra a outra, o prejudicado tem direito à sua defesa.

O prejudicado pode agir e julgar por si mesmo; e onde a persuasão e o artifício falharem, ou não forem suscetíveis de ter sucesso, pode empregar a força.

Adam Ferguson

Seção III
O caso de concidadãos

Concidadãos estão relacionados por convenções civis e políticas, nas quais se encontra uma variedade de obrigações e direitos adventícios.

Obrigações de concidadãos são ou as de súditos ou as de magistrado e súdito.

Súditos estipularam o poder do magistrado para empregar o poder do magistrado em sua defesa e encaminhar suas diferenças ao julgamento das cortes.

Essa lei admite as seguintes exceções:

1. Onde nem o julgamento da corte nem o poder do magistrado puderem intervir na prevenção de injúria.
2. Onde a reparação por um processo civil não puder ser proporcional à injúria.

Juízes estipularam decidir de acordo com a lei e a justiça.

Magistrados estipularam defender os direitos dos súditos.

O magistrado, por agir em defesa do Estado e de seus súditos, tem o direito de reprimir crimes por restrições e punições.

Ele é guiado, na aplicação de restrições e punições, pelas leis de natureza e de convenção.

A lei de natureza, onde não há nenhuma convenção contrária, limita o poder do magistrado ao que é necessário para defender o inocente. Todas as restrições ou severidades empregadas além desses limites são ilícitas.

Leis de convenção são variadas em diferentes Estados; em algumas nações, permitem prisões arbitrárias, severidades e torturas ilimitadas para qualquer crime, a critério do magistrado.

Poderes desse tipo são frequentemente usurpações da parte do magistrado, não seu direito.

Punições empregadas de acordo com algum estado de direito fixado dão estabilidade aos princípios de justiça; mas quando aparentam proceder de sentimento ou indignação pessoal, produzem terror e destroem a segurança do inocente, junto com a do culpado.[88]

Seção IV
O caso de nações

Entre nações, a ação do soberano ou daqueles empregados pelo soberano é considerada a ação da nação.

A ação de qualquer pessoa privada não é ação do Estado, exceto na medida em que é protegida ou reconhecida pelo Estado em sua ação.

Uma nação pode sofrer injúria na pessoa de qualquer de seus membros.

Uma nação injuriada pode retaliar as pessoas ou os bens de qualquer súdito, ou de todos, da nação ofensora.

Diz-se que nações que mantêm direitos controversos por artifício ou força estão em um estado de guerra.

A guerra é justa apenas na suposição de injúrias apreendidas, infligidas ou perpetradas.

Objeções e declarações devem preceder hostilidades onde quer que possam ser empregadas com segurança.

---

88 Em B: "Os direitos do súdito estão em situação de risco quando o magistrado ou adota uma regra injusta, ou quando suas decisões são irregulares e arbitrárias". (N. T.)

O objetivo imediato da guerra é a vitória.

As leis da guerra anteriores à vitória são:

1. Tais hostilidades são lícitas apenas quando necessárias à obtenção da vitória.
2. Onde quer que seja seguro não matar o inimigo não é lícito recusá-lo.
3. Quebra de confiança é reprovada na prática de nações em guerra, e seria danosa ao gênero humano.
4. Qualquer parte pode auxiliar os feridos; mas quem quer que o faça pode ser tratado como inimigo.
5. Indivíduos ou bens do inimigo, onde quer que sejam encontrados, podem ser apreendidos, caso isso possa ser feito sem prejuízo a qualquer parte inocente.
6. Os bens de um aliado transferidos ao inimigo podem ser apreendidos caso eles possibilitem-lhe prosseguir melhor na guerra.
7. Prisioneiros podem ficar detidos enquanto a guerra continuar e até que sejam obtidas satisfação e segurança.

As leis da guerra após vitória:

1. O vencedor pode fazer uso de seu poder para preservar seus direitos e obter reparação do dano que lhe foi causado.
2. Sucesso na guerra não constitui um direito, porém, prejuízos e sofrimentos incorridos nela dão título para indenização.
3. O vencedor pode precaver-se disso incapacitando seu inimigo, ao dar-se um grau apropriado de segurança para o futuro.

Instituições de filosofia moral

4. Nações não adquirem propriedade das pessoas de seus prisioneiros, como o fazem dos bens licitamente apreendidos.

Seção V
Conclusão da jurisprudência

Pelas máximas da lei compulsória, uma pessoa pode, em todas as ocasiões, manter seu direito; porém, pelas considerações do dever, ela é, em muitas ocasiões, obrigada a renunciar a ele.

É mais importante para uma pessoa manter e exercitar os afetos de uma mente beneficente do que preservar sua condição em qualquer outro sentido.

Leis convencionais de sociedade, em alguns exemplos, bem como a lei do gênero humano, admitem que a extrema necessidade de uma parte possa suplantar o direito de outra.

Parte VI
Da casuística

Capítulo I
Das sanções do dever em geral

Lei do dever é expressão do que uma pessoa deve fazer a partir da escolha; diz-se que ela tem mérito fazendo isso, ou, procedendo ao contrário, demérito.

A primeira aplicação da lei fundamental de moralidade às ações dos homens é proibitiva e interdiz a prática de danos.

A segunda é positiva, requerendo todo efeito externo da virtude ou da boa vontade para com o gênero humano.

Porém, atos de boa vontade ou beneficência não podem ser extorquidos por força.

O objetivo da lei compulsória é a preservação de partes expostas a danos, as quais podem, em defesa própria, obrigar outros a abster-se de injúrias, mesmo pela força.

O objetivo da moralidade, no que tange aos deveres dos homens, é a virtude de quem age.

Compulsão alienaria os afetos dos homens.

Favores extorquidos pela força seriam roubos.

Quem quer que empregue fraude ou força, exceto em defesa própria, ou na de seus semelhantes, comete injúria.

Sanções de dever são as de religião, de reputação pública e de consciência.

Capítulo II
Da sanção de religião

Religião é o sentimento da mente em relação a Deus.

Sanção de religião é sua tendência para influenciar as condutas dos homens.

Essa tendência é de dois tipos.

O primeiro é fazer os homens amarem a sabedoria e a beneficência como sendo características do ser supremo, o qual eles adoram; e fazê-los amar sua situação e seus deveres, como sendo designados pela providência.

O segundo é fazê-los esperar por recompensas e temer punições.

A doutrina religiosa de recompensas e punições é uma espécie de lei compulsória, estendida a todos os pensamentos e inclinações dos homens, bem como a suas ações.

Instituições de filosofia moral

Cada pessoa pode aplicar essa lei de modo seguro, em toda sua extensão, apenas a si mesma.

Quando magistrados consideram a si mesmos armados da sanção de religião e autorizados a reprimir pensamentos e também ações, eles atentam contra o que está fora do alcance de seu poder.

Superstição, ou o abuso da religião, tem sido acompanhada de efeitos muito fatais: má aplicação da estima moral e substituição de deveres morais por ritos frívolos; animosidades cruéis de grupo e falsa apreensão de quaisquer ações de injustiça e horror que provenham de um suposto fervor religioso.

Capítulo III
Sanções de reputação pública

Essas sanções incluem a influência de opiniões e exemplos prevalecentes junto com aprovações e censuras, as quais os homens conferem às ações que lhes agradam ou ofendem.

A influência de opiniões e de exemplos prevalecentes surge da natureza social do homem, e é uma condição pela qual os homens estão aptos a agir em companhias e sociedades.

A tendência dessa influência é boa ou má de acordo com a natureza das opiniões e exemplos que prevalecem.

Nada distingue mais os homens de natureza feliz do que a força com a qual são ocasionalmente capazes de corrigir opiniões falsas e com a qual são sempre capazes de resistir ao contágio.

É parte da natureza social do homem desejar aplauso e evitar a culpa.

Isso dá a cada pessoa o poder de recompensar ações agradáveis e de punir ações desagradáveis; porém, como aprovação e censura são frequentemente mal distribuídas, é grande fraqueza servir-se de tais considerações como guia.

Capítulo IV
Da sanção de consciência

Essa sanção constitui-se da satisfação que homens têm em ser corretos e a vergonha ou remorso que surgem do fato de ter causado dano.

Homens, por desejarem excelências pessoais e serem avessos a defeitos pessoais, têm satisfação em ações que tendem aos propósitos da virtude.

Eles sentem remorso ou vergonha por ações que se inclinam aos propósitos do vício.

Sentimentos de consciência são com frequência combinados aos de superstição e costume e, como estes, estão sujeitos ao erro.

É objetivo da casuística prevenir, ou corrigir, tais erros, ao apontar as reais tendências da virtude e do vício em ações externas.

Capítulo V
Da tendência da virtude em ações externas[89]

Seção I
Das diferentes ramificações da virtude

Tem-se observado que um louco não é capaz nem de se associar, nem de se apartar de companhia; não pode se adequar, ficar

---

89 Cícero, *De officiis*, livro I [Ed. port.: *Dos deveres*. 2.ed. Lisboa: Edições 70, 2017].

Instituições de filosofia moral

de pé, nem caminhar como um homem de senso.[90] Do mesmo modo, pode-se dizer que uma pessoa ignóbil não é capaz de fazer nada como um homem de probidade.

A lei da ação externa é tão essencial à moralidade que os homens muitas vezes restringem o todo da moralidade a essa lei.

Mas a virtude é, na verdade, uma qualificação da mente; embora o termo equivalente a *virtude*, em toda língua, implique todos os efeitos e aparências requeridos dessa qualificação.

Seus elementos são disposição, habilidade, aplicação e força.

Conforme o número desses elementos, a virtude tem sido dividida em quatro ramificações capitais, chamadas de *virtudes capitais*.

São elas *justiça* ou *probidade*, *prudência*, *temperança* e *fortaleza*.[91]

Justiça ou *probidade* significam respeito demonstrado pelos direitos e felicidade do gênero humano.

Os efeitos de justiça que implicam mera inocência são demandados sob a sanção da lei compulsória.

Os que constituem beneficência são requeridos sob sanções apenas de dever.

Prudência é discernimento pelo qual os homens distinguem o valor de fins e a adequação dos meios de obtê-los.

Sem essa qualificação, os homens não são aptos a agir com nenhuma medida de constância, consistência ou efeito adequado.

Temperança é abstinência de prazeres, ou de diversão, inferiores, que desencaminham nossas buscas.

---

90 Máximas de Jean de La Bruyère.

91 De tão natural, essa divisão se faz sempre presente quando tratamos da felicidade ou excelência adequada à natureza do homem.

Uma pessoa não pode se dirigir efetivamente a nenhum propósito digno se não estiver sujeita à suspensão de prazeres desprezíveis ou de diversões que ocupam uma parte inadequada de seu tempo, pois suprimem seus afetos e enfraquecem seus talentos.

A máxima da temperança é que uma pessoa, tendo uma vez determinado quais são suas melhores e mais felizes ocupações, deva contar cada momento perdido que, sem necessidade, é empregado de outra maneira.

Fortaleza é o poder de resistir à oposição, à dificuldade e ao perigo.

Todas as boas qualificações dos homens referem-se a algum efeito a ser produzido e a alguma dificuldade a ser superada. Por isso, qualquer tipo de disposição e capacidade não é proveitoso sem resolução e força da mente.

Seção II
Dos deveres referentes à probidade
ou à justiça

Deveres referentes à probidade são ou privados ou públicos.

Deveres privados são *inocência, franqueza, devoção, amizade, gratidão, generosidade, caridade, civilidade* e *polidez.*

Nota-se que a *inocência* é o objetivo da lei compulsória, e é a característica mais indispensável da probidade.

Ela implica, além de outros efeitos, veracidade e lealdade: a primeira oposta a engano; a segunda, a perfídia.

Franqueza é o justo reconhecimento concedido à ambição ou aos méritos de outros homens, em oposição a preconceito ou a sugestões de interesse.

Instituições de filosofia moral

Devoção é exercício de veneração e amor; primeiro, para com Deus; depois, para com aqueles que, por natureza ou escolha, são objetos do nosso respeito e afeto.

Expressões de devoção a Deus são ou fixadas ou arbitrárias. Suas expressões fixadas são atos de beneficência, as quais coincidem com a providência de Deus em promover o bem de suas criaturas.

Suas expressões arbitrárias são os diferentes ritos estabelecidos em diferentes países.

Amizade é beneficência de partes privadas, procedentes de estima e afeiçoamento particulares.

Isso inclui deveres recíprocos de pai e filho, de marido e esposa, e de todas as outras relações privadas.

Os deveres dos pais são: manter, proteger e educar seu filho e, tanto quanto forem capazes, estabelecer e assegurar seu estado e condição.

Os deveres do filho são: assumir todos os sinais de devoção, deferência e obediência e retribuir todo cuidado e suporte necessário.

Muitos deveres de marido e esposa são convencionais e, como tais, matérias de lei rigorosa; porém, nenhuma lei pode suplantar as inclinações do coração.

Consanguinidade é um laço natural. A sorte dos homens está comumente envolvida com aquela de sua família, e as relações estão, por causa dessa conexão, entre os primeiros ou mais próximos objetos de beneficência.

Gratidão é retribuição concedida a favores recebidos.

Homens de probidade não são nem ingratos, nem preocupados com a ingratidão dos outros.

Requerer uma ação ignóbil sob o título de gratidão é faltar ao título de benfeitor.

Adam Ferguson

Retribuições de gratidão não podem ser determinadas por nenhuma medida precisa, nem extorquidas à força.

A intenção do benfeitor é mais considerada que o valor do seu benefício.

Se fosse estabelecido que retribuições pudessem ser extorquidas à força, benefícios não poderiam ser, portanto, distinguidos de taxas, nem os efeitos de gratidão daqueles de coação.

A ingratidão do gênero humano é ocasionalmente alegada como desculpa para se negar ajuda; porém, é de responsabilidade de um homem fazer sua parte, não para garantir retribuições que outros possam ou não estar dispostos a dar.

Liberalidade é livre transmissão do que é nosso para favorecer outros.

Caridade é livre transmissão do que é nosso para socorrer os desamparados.

Caridade indistinta é perniciosa em nações comerciais.

Que nenhuma pessoa capaz de ganhar seu próprio pão seja mantida gratuitamente é uma máxima sábia em nações comerciais.

No entanto, caridade para com aqueles que não têm pão é um dever da mais forte obrigação, e objeto muito importante de preocupação pública.

Civilidade é comportamento cuidadoso no intercurso ordinário da sociedade, para evitar ofender.

Polidez é comportamento com intenção de agradar ou favorecer.

Civilidade e polidez são compreendidas no caráter geral de boa educação.

Para ser bem-educado, um homem deve possuir discernimento, franqueza e boa vontade, ou pelo menos aversão since-

Instituições de filosofia moral

ra à ofensa. Os efeitos de afetação ou intenção são facilmente distinguidos.

Homens mal-educados ocasionalmente aparentam grande polidez, mas surpreendem ou atormentam aqueles aos quais fingem favorecer.

Adulação ou declarações excessivas ou insinceras são viciosas.

Sentimentos do coração ocasionalmente desaparecem em palavras; e grandes declarações são, mesmo sem nenhuma intenção de enganar, postas no lugar de benefícios.

Deveres públicos de probidade são: *sujeição* da parte dos súditos e *proteção* da parte do magistrado, e *espírito público* de todas as partes.

Sujeição do súdito é fidelidade, deferência e submissão que ele deve ao magistrado.

Proteção esperada do magistrado é interposição de poder para preservar a paz e assegurar ao súdito a posse de todos os seus direitos.

Espírito público esperado de todo membro de qualquer comunidade é:

1. Execução leal de qualquer serviço confiado ao bem público.
2. Preferência contínua à segurança pública e ao bem público sobre interesses isolados ou considerações parciais.

Seção III
Deveres referentes à prudência

É objetivo da prudência conduzir um homem àquilo que venha desejar para si mesmo, para seu amigo, para seu país e para o gênero humano.

Nesse sentido, a prudência é guia ou direção para todo dever; porém, em sua acepção mais limitada, ela se refere mais particularmente a deveres que afetam o estado ou a condição do homem.

Esses deveres podem ser referidos aos seguintes tópicos: *decência, decoro, modéstia, moderação, decisão* e *cautela*.

Decência é agradabilidade do aspecto e das maneiras de uma pessoa ao senso e à opinião de outros homens.

Regras de decência são proibitivas e interdizem o que quer que ofendam, em nudez, depravação e obscenidade.

Decoro é adequação do comportamento de uma pessoa a sua natureza, idade, posição social e posto.

Há em todos os efeitos externos da virtude, pela adequação à natureza do homem, um decoro que precisa ser considerado a despeito de suas outras recomendações.

Desconfiança e aproximação cautelosa em relação à conduta e a ambições do gênero humano são apropriadas à juventude.

Resolução é apropriada ao adulto.

Calma e *deliberação*, à velhice.

Dignidade e *reserva*, sem desprezo ou petulância, são apropriadas aos homens de posição social alta.

Deferência, sem servilismo, é adequada aos homens de distinção inferior.

Modéstia é reserva apropriada em relação a todo assunto de autoestima.

Ela interdiz ostentação daquilo que possuímos, daquilo que fizemos ou daquilo que sofremos.

Moderação é ajuste apropriado da despesa da pessoa à sua riqueza.

Instituições de filosofia moral

Onde riqueza constitui distinção e poder, moderação é requerida para preservar independência e liberdade.

Sensualidade e jogo são adversos à boa moderação.

Decisão é escolha oportuna e resoluta com relação àquilo que uma pessoa deve fazer.

Em alguns casos, hesitação é igual a um total propósito de inação. Toda oportunidade é perdida e toda medida vem tarde.

Cautela consiste em atenção apropriada a todas as dificuldades, as quais podem ocorrer em relação àquilo que uma pessoa experimenta.

Os grandes objetivos da cautela são: não se engajar naquilo que está acima de nossas forças, não nos comprometer com pessoas que iludem ou enganam.

Seção IV
Deveres referentes à temperança

Deveres referentes à temperança podem ser compreendidos sob os tópicos *sobriedade* e *aplicação*.

Sobriedade é uso moderado da comida e outras gratificações animais.

A tendência geral da sensualidade é gerar hábitos de indolência e de negligência dos afazeres.

Uso imoderado de drogas intoxicantes ou bebidas alcoólicas tem esse efeito em alto grau. Conforma os homens, de outro modo de disposição ativa, à desocupação e ao ócio.

A devassidão dos sexos por vezes unidos com paixão pode ocasionar negligência contínua ou habitual dos afazeres.

Aplicação é a preferência a negócios sobre diversão.

Supõe-se que *negócios* terminem em algum propósito sério; diversão apenas em passatempo.

Desregramento é fraqueza da mente, pois a inabilita de escolher ou praticar ocupações que a engajariam de modo mais efetivo e com mais vantagem.

Seção V
Deveres referentes à fortaleza

Deveres referentes à fortaleza são: *paciência, intrepidez e constância*.

Paciência é calma e sofrimento circunspeto em relação a qualquer problema ou dor que ocorra na vida humana.

Rabugice, o reverso da paciência, tende a conceber infortúnios imaginários e a aumentar o que é real.

Intrepidez é firmeza, e presença de espírito, em meio a perigos. Intrepidez é frequentemente a maior proteção no perigo.

Constância é perseverança em todas as atividades e compromissos propriamente escolhidos.

O irresoluto é raramente capaz de executar qualquer propósito.

Seção VI
Usos da casuística

Regras de casuística não podem suplantar o juízo e a boa disposição da mente virtuosa.

Tentativas de incumbir a casuística dessa consequência originaram-se de superstição e tenderam a corroborar a superstição mais desprezível, com a multiplicação de práticas

Instituições de filosofia moral

externas que desviam a atenção das qualidades do coração para questões de forma.

Boa disposição é necessária para a felicidade do gênero humano, e conduta zelosa resulta naturalmente de boa disposição. Ela é, entretanto, importante para antecipar, em regras gerais, os efeitos externos da virtude. Essas regras manifestam a descrição da própria virtude, de modo mais particular e mais completo. Regras de dever, apoiadas por sanções de religião e de reputação pública, podem mostrar para a sociedade o benefício de ações úteis, mesmo onde não mostram a pessoa agindo com a felicidade de um coração virtuoso.

Seção VII
Do mérito e do demérito

Diz-se que ações são meritórias ou demeritórias de acordo com a natureza e o grau da qualidade moral que expressam.

Ações que denotam boa vontade para com o gênero humano no mais alto grau têm o maior mérito.

Desse modo, ações beneficentes executadas em face a perigos, dificuldades e sofrimentos pessoais são reconhecidas como as mais meritórias.

Ações que expressam malignidade e que dão exemplos de prejuízos causados sem indução ou provocação são do mais alto demérito.

Expressamos nosso senso de demérito nos diferentes graus de crimes, ofensas e enganos.

Crime é uma injúria causada por malignidade, inveja, vingança, avareza ou outra paixão que põem o gênero humano em discórdia.

Ofensa é dano causado na gratificação de alguma paixão que em sua própria natureza é consistente com a amizade.

Engano é dano causado por desatenção ou ignorância.

Enganos de desatenção são censuráveis na proporção do significado e da importância do assunto.

Enganos de ignorância são mais ou menos censuráveis, pois que o defeito de conhecimento revela negligência e desatenção.

É uma máxima geral que ignorância do fato possa ser admitida como justificativa de inocência; mas não ignorância da lei.

Ignorância da lei natural, ou do dever, seria um dos maiores defeitos de uma natureza racional.

Parte VII
Da política

Capítulo I
Introdução

Nota-se a partir da história do gênero humano que os homens atuam sempre em grupos e companhias; que anteviram um benefício na comunidade, bem como no indivíduo; que, enquanto praticam as artes, cada um para a sua própria preservação, instituem formas políticas e unem suas forças para a segurança comum.

Pode-se provar que a maioria das opiniões, dos hábitos e das buscas dos homens resulta do estado de sua sociedade; que homens são felizes em proporção ao seu amor pelo gênero humano; que seus direitos e seus deveres são relativos uns aos outros; e que, portanto, suas preocupações mais importantes

Instituições de filosofia moral

são encontradas em suas relações mútuas e no estado de suas comunidades.

Nação é qualquer companhia ou sociedade independente de homens que agem a partir de uma direção comum.

A força unida de um grande número de pessoas e a direção a partir da qual agem são denominadas *o Estado*.

Nações felizes são aquelas compostas de homens felizes.

Nações ignóbeis são aquelas compostas de homens infelizes.

As nações podem ser consideradas no que diz respeito a seus recursos ou a suas instituições.

Recursos nacionais são objetos da economia pública.

Instituições nacionais são objetos da lei política.

Capítulo II
Da economia pública

Seção I
Dos recursos nacionais em geral

Recursos nacionais incluem todo artigo que constitui o poder de uma nação, ou que possa ser empregado para sua preservação.

Eles podem ser referidos a três tópicos principais: povo, riqueza e receita.

Seção II
Da população

O valor do número de pessoas é proporcional à sua união e caráter.

Quantidade sem união ou virtude não constitui força. Um povo, às vezes em consequência do seu número, torna-se desunido e corrupto.

Se habitar um território largo e extenso, é desunido e perde de vista sua comunidade. Alguns homens se apoderam da administração dos negócios públicos e negam todo assunto concernente ao zelo público ou à ocupação política a todos os outros. A maior parte é lançada num estado de langor e obscuridade, e sofre por ser governada arbitrariamente.

A natureza humana, em Estados de moderada extensão, prosperou e distinguiu-se; porém, em Estados grandes, geralmente decaiu e degenerou.

Se grande número de pessoas é amontoado em distritos ou cidades muito pequenos, elas ficam expostas à corrupção, tornam-se libertinas, licenciosas, sediciosas e incapazes de afetos públicos.

A união de um povo depende das organizações ou disposições pelas quais suas forças podem ser combinadas para o serviço do Estado.

A união do povo em repúblicas resulta mais de seu afeto pela comunidade do que do poder estabelecido para forçar seus serviços.

Em monarquias, é resultante do amor por dignidades pessoais, às quais os indivíduos aspiram no serviço do Estado.

No despotismo, ela resulta inteiramente do poder preparado para forçar os serviços de seu povo.

O caráter de um povo, considerado como recurso nacional, deve ser estimado de sua aptidão para tirar proveito e preservar, ou melhorar, as vantagens de sua constituição, e para apoiar seu país na busca de seus objetivos.

Instituições de filosofia moral

Caracteres diferentes são requeridos sob diferentes formas de governo.

Sob qualquer tipo de república, altos graus de probidade são exigidos; sob monarquia, um grau menor; e sob despotismo, o menor grau de todos.

Os principais assuntos de cada Estado, ao lado da constituição política, são guerra e comércio.

Em nações bélicas, os homens devem ser estimados por sua firmeza, coragem e disciplina.

Em nações comerciais, os homens devem ser estimados por sua indústria e sua habilidade para artes lucrativas.

Nações comerciais podem valorizar o incremento da arte como os meios mais certos de se obter incremento do número de pessoas; pois, em circunstâncias de outro modo favoráveis, a população acompanha a arte e os meios de subsistência.

Instituições que asseguram a propriedade, impedem a opressão, encorajam o assentamento das famílias e facilitam a educação dos filhos são as mais favoráveis à população.

Seção III
Da opulência ou das riquezas

Supõem-se ricos os homens que possuem os meios de subsistência, moradia e ornamento.

Riqueza é um recurso nacional, porque pode ser utilizada para manter os homens úteis ou hábeis e no suprimento das necessidades do Estado.

Os artigos que constituem riqueza podem ser considerados em relação a seu valor e em relação a seu preço.

Como o uso da riqueza é destinado à manutenção e à moradia de homens, artigos e mercadorias são valiosos na proporção do número de pessoas que mantêm e proveem moradia.

Meios de subsistência são mais valiosos porque sem eles os homens não podem existir.

Meios de moradia que contribuem para a preservação dos homens e para o aumento de seu vigor e saúde têm valor próximo aos meios necessários à vida.

Mas artigos de mero ornamento não têm qualquer valor.

O luxo de um povo deve ser estimado a partir de seu consumo de meros ornamentos.

Artigos de ornamento são frequentemente de maior preço.

O preço de uma mercadoria é medido pela quantidade de qualquer outra mercadoria que é comumente, ou ocasionalmente, dado em troca por ela.

O preço é mais comumente expresso, e pago, em moeda.

Desse modo, moeda é considerada como equivalente a todas as mercadorias e constitui riqueza.

Contudo, mercadorias são simples equivalentes à moeda e constituem riqueza, a despeito dessa consideração.

O preço de mercadorias flutua e acompanha a quantidade de moeda em circulação, a escassez da mercadoria e as riquezas daqueles que a consomem.

Mercadorias que são fruto de trabalho, tempo e habilidade não podem continuar a ser vendidas por menos do que o valor apropriado para manter o trabalhador e pagar todo o seu aperfeiçoamento.

Como o valor de mercadorias é medido pelo número de pessoas que elas manterão, então o custo de uma mercadoria pode ser estimado por esse número e pelo tempo para ser produzida.

Instituições de filosofia moral

A riqueza de qualquer país é proporcional a suas vantagens naturais, à indústria e à habilidade de seus habitantes e ao lucro de seu comércio.

Vantagens naturais são bom clima, solo fértil e materiais úteis.

Indústria e habilidade compreendem todas as artes, agricultura e manufatura úteis, em todas as suas ramificações.

A balança de comércio comumente significa a suposta diferença a ser paga por uma nação a outra, depois que o conjunto dos bens trocados entre elas foi avaliado.[92]

A balança de valor é a diferença de valor real no conjunto dos bens que foram trocados.[93]

Lucros de comércio são determinados pela balança de valor, não pela balança de preço.

---

92 Em B, essa balança é denominada "balança de preço". (N. T.)

93 Em B, há ainda os seguintes parágrafos: "Lucro de comércio é o lucro tanto do consumidor quanto do produtor, do comerciante e do Estado. / O lucro do consumidor consiste no abastecimento de mercadorias necessárias e úteis. / O lucro do produtor, na vazão de supérfluos. / O lucro do comerciante, na balança remanescente, após o pagamento de custo e despesa. / O lucro do Estado, no aumento da riqueza ou no acúmulo de mercadorias em posse de seus membros. / O comércio, por fornecer a todas as partes o que querem em troca daquilo que podem poupar, possibilita e encoraja o aumento da produção. / O comércio relacionado ao Estado é tanto interno quanto externo. / Comércio interno é a troca de mercadorias entre súditos do mesmo Estado. / Comércio externo é a troca de mercadorias entre súditos de diferentes Estados. / Em Estados de extensão considerável, o comércio interno é mais importante do que o comércio externo. / A importância do comércio externo diminui conforme o Estado aumenta. / Comércio entre nações pode ser considerado em relação à balança de preço, ou à balança de valor". (N. T.)

A nação que tem contra si a balança de preço pode ter a balança de valor a seu favor. Ela pode ter recebido os meios de melhorar suas terras ou ampliar seu comércio etc.

A nação que deve conforme a balança de preço será obrigada a intervir com sua moeda, ou alguma outra mercadoria, para quitar a dívida.

Quando a moeda pode ser poupada da circulação, é enviada ao estrangeiro para esse propósito; quando não pode, alguma outra mercadoria é empregada para o mesmo fim.

Entre um povo em que tanto o crédito público quanto o privado são bem estabelecidos, pode-se dispensar, em grande medida, a moeda em circulação, com a utilização de letras de câmbio.[94]

A utilização de letras de câmbio em circulação tende a ampliar o crédito.

Crédito é útil ou pernicioso, de acordo com o uso que é feito dele.

É útil para um povo laborioso e próspero.

É pernicioso para o esbanjador e pródigo.

O gasto com envio de moeda de um país a outro afeta a troca de seu dinheiro.

---

94 Em B, este e o parágrafo acima foram substituídos por: "Um comércio no qual uma balança de preço é devida não pode continuar, a menos que haja fornecimento contínuo de moeda ou outra mercadoria, por meio da qual a balança seja paga. / O produto da terra é uma provisão contínua e pode ser aumentado. / O produto de minas, ou da importação de moeda, pode ser contínuo. Nações que mantêm qualquer parte de seu comércio interno com letras de câmbio e crédito precisam proporcionalmente de menos provisões de moedas". (N. T.)

Instituições de filosofia moral

A nação que precisa enviar mais moeda deve pagar essa despesa e é considerada como tendo a troca contra si.

Contudo, como a moeda pode ser enviada para dar lucro, não resulta do estado de troca que uma nação seja ou ganhadora ou perdedora por meio do comércio.

Lucros de comércio são ou mútuos ou parciais.

Mútuos na medida em que o comércio fornece a todas as partes o que querem, em troca daquilo que podem poupar, e possibilita a cada uma o aperfeiçoamento de seus materiais peculiares e a busca de sua arte peculiar; e assegura ao comerciante e ao transportador recompensa adequada pelo seu transtorno.

Em comércio mutuamente benéfico, ganha mais a parte que recebe mais mercadorias úteis, a que recebe produto que demanda mais terra, tempo e trabalho pelo produto que demanda menos, e a que, na condução de seu comércio, dedica-se a ocupações mais saudáveis e menos corruptoras.

As seguintes leis de comércio são fundadas nessas considerações:

1. Que onde lucros são mútuos, o comércio não deve ser restringido por nenhuma das partes.
2. Que uma transação que termina no fornecimento dos meios para a moradia e a subsistência em troca de meros ornamentos pode ser restringida pela parte perdedora.
3. Que monopólios são perniciosos ao comércio.
4. Que o estado da riqueza de uma nação não deve ser estimado pelo estado de seus cofres, granéis ou depósitos num período específico; mas da fertilidade de suas terras, do número, da parcimônia, indústria e habilidade de seu povo.

Adam Ferguson

Seção IV
Da receita

A parte da riqueza nacional designada para os propósitos do Estado é a receita pública.

A receita pública pode originar-se de patrimônio e objetos ainda não apropriados, ou de impostos.

A primeira é a espécie mais antiga de receita nas nações rudes, apropriada à sua indolência e ignorância das artes lucrativas.

A segunda é mais apropriada à indústria e à habilidade de nações comerciais.

Não é do interesse de nações comerciais que nenhum objeto permaneça sem apropriação. Enquanto permanece assim, um objeto é comumente negligenciado.

A receita originada de imposto pode aumentar junto com o número, a riqueza e a parcimônia de um povo.

No julgamento da conveniência absoluta ou comparativa de diferentes impostos, os seguintes axiomas podem ser admitidos:

1. Que as exigências do Estado devem ser previstas, sob qualquer custo e despesa, pelo súdito.
2. Que na arrecadação de impostos nenhum súdito seja desnecessariamente onerado.
3. Que a segurança do súdito ou de sua propriedade não seja prejudicada.
4. Que nenhuma parte do comércio seja desnecessariamente onerada.
5. Que impostos sentidos como menos injustos sejam preferidos.

Instituições de filosofia moral

6. Que o método de arrecadação de impostos menos oneroso seja escolhido.

N.B. O método de coleta parece, a partir da experiência, ser mais oneroso do que de receita fiscal.

Impostos podem ser referidos a quatro tópicos gerais: capitação, taxação, taxa aduaneira e imposto sobre mercadorias.

Capitação é um imposto sobre a pessoa, incidindo igualmente sobre o pobre e o rico.

Ela pode ser opressiva para o pobre, sem cobrar dos ricos aquilo que podem fornecer ao Estado.

Capitação é sintoma de governo opressivo ou despótico.

Taxação é um imposto sobre riquezas, proporcional aos bens avaliados.

Taxações podem incidir equitativamente quando a propriedade é distribuída de modo desigual.

A propriedade de terra é mais facilmente apurada e valorada, por isso é o objeto mais apropriado à taxação.

O estoque do comerciante é flutuante, e tentativas de apurá-lo podem ocasionar fraudes ou revelar indevidamente segredos de comércio.

Taxas aduaneiras são impostos sobre bens em comércio, antecipadas pelo comerciante.

Taxas aduaneiras sobre necessidades de vida são impostos sobre o pobre e têm efeitos de capitalização.

Taxas aduaneiras sobre artigos de ornamento, ou moradia custosa, são impostos sobre o pródigo e o rico.

Tais impostos são mais apropriados a instituições fundadas em humanitarismo e justiça.

Taxas aduaneiras são estorvos sobre o comércio e podem corresponder à proibição de artigos específicos.

Taxas aduaneiras, embora antecipadas pelo comerciante, recaem sobre o consumidor; porém, não são comumente sentidas como impostos, porque estão inclusas no preço da mercadoria. Como o comerciante não deve apenas ser reembolsado, mas lucrar sobre o que antecipou, segue-se que, quanto mais cedo taxas aduaneiras são pagas por qualquer mercadoria no comércio, mais pesadas elas deverão recair sobre o consumidor. Imposto sobre mercadoria é aquele que recai sobre mercadorias em uso e é pago pelo consumidor.

Imposto sobre mercadoria deve recair sobre o pobre e o rico em separado, ou sobre ambos proporcionalmente.

Imposto sobre mercadoria é menos oneroso ao consumidor do que o equivalente angariado em taxas aduaneiras, mas é mais provável de ser sentido como injusto e de criar mais animosidade nos súditos para com o Estado.

Capítulo III
Da lei política[95]

Seção I
Dessa lei em geral

Nas partes precedentes deste sistema, as nações foram consideradas apenas no que diz respeito à história de suas instituições ou no que diz respeito às fundações dos direitos civis e obrigações civis. Nesta seção, elas serão consideradas no que

---

95 Ver Catarina II, *Instructions of the Empress of Russia*; Montesquieu, *O espírito das leis*, op. cit., livro II.

Instituições de filosofia moral

diz respeito àquilo que é útil em instituições políticas ou convenções civis.

Lei política, em qualquer comunidade específica, é o estatuto, o costume ou outra convenção em que estão fundadas as instituições dessa comunidade.

Lei política de natureza é aquela ramificação da lei moral que expressa o que é benéfico nas instituições civis de homens.

As leis fundamentais da natureza relativas às instituições políticas são as seguintes:

1. Que instituições políticas são benéficas na proporção em que contribuem para a segurança e a felicidade do povo.
2. Que instituições políticas são benéficas na proporção em que são adaptadas ao caráter do povo.
3. Que a distribuição de ofícios é benéfica na proporção em que é adaptada à Constituição.
4. Que instituições políticas são os artigos mais importantes na condição externa dos homens.

Seção II
Da segurança do povo

Por *povo* deve-se entender não qualquer classe separada, mas todos os membros da comunidade, tanto o magistrado quanto o súdito.

A segurança do povo consiste no gozo seguro de seus direitos.

Para que os direitos dos homens possam ser protegidos, é necessário tanto que não haja alguém para violá-los quanto que haja poder suficiente para defendê-los.

O primeiro aspecto não deve ser esperado das ocupações humanas; o segundo é o objetivo principal das instituições políticas.

É intuito, ou sorte, de algumas comunidades possuírem membros aos quais se possa encarregar quaisquer poderes.

É intuito de outras comunidades concederem tais poderes apenas enquanto possam ser incumbidos a quaisquer homens.

Esses respectivos casos, reais ou supostos, podem ser intitulados como governo da *inocência*, da *virtude* e da *lei*.

Sob o governo da inocência, ou da virtude, questões de forma são facilmente ajustadas.

Sob o governo da lei, é necessário que os direitos e obrigações dos homens sejam expressos com clareza.

Esse é o objetivo da lei convencional.

Em cada convenção supõe-se o consentimento das partes dado pessoalmente, ou por outros propriamente autorizados.

O soberano está autorizado a decretar leis.

Leis dizem respeito à Constituição, a direitos civis ou a crimes.

As leis mais perfeitas relativas à Constituição são tais que conferem ao magistrado poder para impedir crimes e para defender a comunidade, porém sob limitações suficientes para impedir o abuso desse poder.

As leis mais perfeitas relativas aos direitos civis são tais que asseguram efetivamente cada pessoa em sua condição.

É a máxima da lei civil que cada pessoa permaneça em sua posse até que um título melhor seja indubitavelmente provado.

Leis relativas a crimes prescrevem a forma de julgamentos e evidenciam os atos explícitos para os quais certas punições são designadas.

Instituições de filosofia moral

Máximas da lei natural relativas a instaurações de processos são as seguintes:

1. Que toda pessoa seja considerada inocente até que se prove sua culpa.
2. Que ninguém seja obrigado a dar testemunho acerca daquilo que o afeta.
3. Que ninguém seja torturado para obtenção de nenhum tipo de confissão ou descoberta.
4. Que ninguém seja punido, a menos que tenha cometido tais atos explícitos que a lei declarou ser criminosos.
5. Que é melhor o culpado escapar do que o inocente sofrer.
6. Que nenhuma punição mais severa do que é requerida para corrigir o culpado e deter outros seja infligida para nenhum crime.

Para assegurar direitos legais, é necessário que leis sejam estritamente interpretadas e aplicadas.

Sob o governo da lei, poderes discricionários não são seguramente atribuídos, exceto para juízes nomeados pelas partes; ou para júris inocentados pela objeção das partes e interessados igualmente na proteção do inocente e na punição do culpado.

Na segurança de direitos consiste liberdade civil e política.

A liberdade é oposta à injustiça, não à restrição; pois a liberdade não pode mesmo subsistir sem a suposição de que toda restrição seja justa.

A liberdade natural não é prejudicada por instituições políticas, como ocasionalmente se supõe, mas deve sua existência a instituições políticas, e é prejudicada apenas por usurpações e danos.

Leis de diferentes comunidades concedem privilégios desiguais a seus membros, mas a liberdade consiste na posse segura daquilo que a lei concede.

As leis mais salutares são as que distribuem os benefícios e os ônus da sociedade civil de modo mais igualitário a todos os seus membros.

Seção III
Da felicidade de um povo

A felicidade de um povo consiste no amor por seu país e na distribuição de posição e distinção social mais apropriada a seus méritos e capacidades.

Homens que possuem menos interesse privado são mais dispostos a amar seu país.

Homens que possuem a menor quantidade de distinções adventícias de berço ou sorte têm mais chance de ser classificados de acordo com seus méritos e empregados mais apropriadamente segundo suas habilidades, bem como a encontrar a posição social na qual estejam mais aptos a cultivar seus talentos e suas virtudes.

Os membros de uma comunidade amam a felicidade no mais alto grau quando veem suas ansiedades pessoais aliviadas e estão ocupados com o que se relaciona à coletividade.

Eles devem ser levados a considerar o Estado como um pai igual para todos, o qual distribui benefícios iguais e requer serviços iguais.

O Estado não pode ser amado onde quer que restrinja a consideração política a poucos, os quais sacrificam os direitos de outros para seu próprio interesse e fantasia.

Instituições de filosofia moral

A razão e o coração do homem são mais bem cultivados no exercício de deveres sociais e na conduta de negócios públicos.

Seção IV
Da conveniência da instituição para o povo

Homens de especulação empenham-se em vão para fixar um modelo de governo igualmente adaptado para todo o gênero humano.

Um povo é adequadamente governado ou governa de modo diferente de outro.

Nações são diferentes no que diz respeito a caráter e circunstâncias.

O caráter de um povo se refere ao seu grau de virtude ou de outro princípio, com o qual o Estado deve contar na execução de deveres sociais e políticos.

As condições de um povo são determinadas principalmente por sua subordinação casual e pela extensão de seu país.

Subordinação casual é fundada em distinções originais ou adventícias.

Distinções originais são diferenças de capacidade, disposição e força.

Distinções adventícias originam-se de sorte ou berço.

Questões relativas ao decoro de qualquer instituição política podem ser solucionadas apenas hipoteticamente.

Tais questões devem admitir quatro suposições diferentes.

Primeira suposição

Suposição de um povo perfeitamente virtuoso, cujos membros diferem entre si apenas por suas características originais e que constituem Estados de pequena extensão.

Tal povo é qualificado para governar a si mesmo.

Ele não precisa de nenhuma precaução contra crimes ou abusos de poder.

O único objetivo do governo é reunir e direcionar sua força para propósitos nacionais.

Por terem uma pequena extensão, todos podem de forma ocasional ou periódica se reunir.

Por ser perfeitamente virtuoso, cada um estará disposto a assumir sua parte de ônus público e receberá, por sua vez, confiança e segurança naquilo que é qualificado por sua capacidade e experiência.

Eles não possuem nenhuma distinção adventícia para abalar o efeito de suas qualidades pessoais.

Eles podem estipular ser governados pela maioria, ou ocasionalmente por um único homem; porém, obrigar tais homens a renunciar pela força ao senso de sua própria mente e seguir o de outra, seria, pela suposição, substituir virtude por vício.

Isso é, entretanto, mera suposição, pois jamais se soube de nenhuma nação que fosse perfeitamente virtuosa como um todo.

Segunda suposição

Um povo para o qual virtude e vício estão misturados, o qual admite distinções adventícias em diferentes graus e que forma Estados de variadas extensões.

Essa não é uma mera suposição: é um fato e a descrição mais geral do gênero humano.

Se não houve grande separação ou distinção hierárquica e de condição, se a virtude prevalece muito sobre o vício, se o

Instituições de filosofia moral

Estado for de pequena extensão, tal povo é qualificado para democracia.

Seu número admite que os habitantes sejam reunidos em corpos coletivos.

Suas virtudes e suas instituições podem impedir crimes e abusos de poder.

Ele pode tirar proveito da democracia, de modo que se obterá mais compensação do que inconveniências.

Se tal povo for separado em diferentes ordens ou classes, é qualificado para aristocracia, república mista ou monarquia mista.

Se for separado em duas classes, diferentes entre si por considerável superioridade, tal povo é qualificado para aristocracia.

Nações comerciais de pequena extensão são mais qualificadas a governo aristocrático ou república mista, como resultado de distinções que se originam da prática de artes e de distribuição desigual de propriedade.

A classe inferior, se não for muito humilhada e corrompida, pode ter participação no governo, mas apenas com a escolha daqueles que devem atuar por ela.

A mesma suposição se aplica a Estados de grande extensão e entre um povo em que uma maior variedade de posições é estabelecida: aqui a preferência por monarquia mista será justificada.

Seria apropriado para o gênero humano se, junto com alterações de circunstâncias, mudanças adequadas no governo sempre pudessem ser feitas.

Onde mudanças de circunstâncias são graduais, mudanças correspondentes de governo ocorrem; porém, qualquer tipo

Adam Ferguson

de inovação repentina lança os homens em situações nas quais não estão qualificados a agir.

Terceira suposição

Um povo cujo Estado tem de depender da vaidade e do senso de importância pessoal, não da virtude, para a execução dos deveres sociais e políticos. Se entre um povo ocorre uma subordinação adventícia contínua, sem nenhum exemplo ou desejo de igualdade, tal povo não é qualificado para governar a si mesmo.

Sua subordinação tem de terminar em um príncipe ou monarca.

Ele requer monarquia como laço de união e como fonte de honra.

Enquanto cada um se encarrega daquilo que concerne a si mesmo, o monarca, para a preservação de sua própria pessoa e suas dignidades, deve se encarregar da segurança e da ordem públicas.

Posições subordinadas irão solicitar seu favor e tomar em consideração sua própria dignidade, em ações admiráveis em si mesmas ou úteis ao Estado, enquanto são servis ao rei.

Membros do Estado são arrastados juntos e movidos como um corpo, não por seu amor pela comunidade ou pelo gênero humano, mas por sua veneração pelo seu superior comum e pela base comum de suas expectativas de promoção e honra.

Máximas de honra não são suscetíveis de mudanças repentinas; e dignidades de família, embora na maior parte dos casos conferidas pelo príncipe, são hereditárias e, portanto, independentes.

Instituições de filosofia moral

Essas circunstâncias obrigam o príncipe a governar de acordo com leis fixas e determinadas.

Quarta suposição

Um povo perfeitamente vicioso, sem senso de honra ou distinções hereditárias, deve ser reprimido pela força.

Toda Constituição, mesmo aquela que se fia mais na virtude de seu súdito, tem de empregar a força para reprimir crimes.

Se a totalidade das pessoas está inclinada a cometer crimes e a ser contida apenas pelo medo, a perspectiva de punições imediatas e terríveis deve estar continuamente à sua vista.

Essa suposição pode ser empregada como uma apologia ao despotismo.

Onde toda pessoa está disposta a cometer crimes, quanto menos pessoas tiverem o poder, melhor.

Quando todo o poder é confiado a uma pessoa, mesmo supondo-a uma criminosa, é seu interesse, na maioria dos casos, reprimir os crimes de outros.

Sua severidade ou crueldade, pela suposição, não podem afligir o inocente em nenhum lugar.

Seus domínios, como uma prisão, embora confiados à manutenção de homens desprezíveis e medíocres, são, todavia, os únicos lugares adequados a receber aqueles que não podem abster-se de injustiça de outro modo.

Mas esse caso, como aquele primeiramente exposto, com respeito a um povo perfeitamente virtuoso, é mera suposição e nunca foi constatado no caráter de nenhum povo.

Os homens estão geralmente tão longe do extremo do vício perfeito quanto estão do extremo da virtude perfeita.

Adam Ferguson

Aqueles que sustentam que o governo despótico é verdadeiramente o melhor para o gênero humano, adotam três suposições, todas violentas e falsas por igual:

1. Que todos os homens cometeriam crimes se tivessem ousadia.
2. Que crimes não podem ser reprimidos sem poderes discricionários.
3. Que uma pessoa a quem foram confiados poderes discricionários os empregará para reprimir crimes de outros, mas não para cometer, ela mesma, crimes.

Essas suposições são contrárias à natureza.

A verdade é que a conduta dos homens varia, e que as mesmas leis penais e formas de justiça pelas quais um povo pode ser governado de modo bem-sucedido em um tempo virtuoso, não serão sempre suficientes para reprimi-lo em tempos corruptos.

Quando paixões criminosas aumentam em violência e audácia, pode ser necessário aumentar a medida de punição.

Quando crimes se multiplicam e criminosos são capazes de empregar formas de lei como subterfúgios para iniquidade, pode ser necessário alterar tais formas defeituosas, porém nunca poderá ser necessário privar o inocente de todas as defesas da razão e da justiça, pois as mesmas razão e justiça que protegem o inocente podem condenar o culpado.

Em tempos de tumulto ocasional, agitação ou rebelião popular, pode ser necessário tratar aqueles que cometem crimes não como súditos obedientes a leis, mas como inimigos, os quais, por violarem a paz pública, privam todo cidadão de sua

Instituições de filosofia moral

segurança e, portanto, não podem se beneficiar de leis até que o público retome sua segurança.

Tais desordens domésticas, como guerras estrangeiras, fazem que o poder discricionário seja eventualmente necessário; mas essa necessidade é apenas temporária.

Na maioria dos casos, mesmo em Estados corruptos, é tanto interesse do súdito quanto do magistrado manter a paz e reprimir crimes.

Despotismo contínuo nunca é um expediente necessário ou útil; é uma usurpação e um infortúnio nacional.

Ele tende a produzir aquele extremo do vício para o qual é supostamente adaptado como corretivo.

O objetivo do governo despótico não é assegurar o súdito da posse de seus direitos, mas torná-lo uma propriedade, não para suprimir o vício, mas para eliminar virtudes mais elevadas e nobres do coração, espírito público, independência e coragem.

Seção V
Da distribuição de ofícios adequados
à Constituição

Em governos livres de qualquer denominação, onde a lei é necessária, ela tem de ser decretada, interpretada e executada. Por isso, os ofícios ou funções de Estado são legislação, jurisdição e execução.

Legislação, sob toda Constituição de governo, é o ato imediato do poder soberano, e não pode ser delegada sem transferência de soberania.

Essa regra não exclui a cooperação de conselhos nem o cumprimento de formas adequadas à Constituição.

Adam Ferguson

Sob democracias, a legislação é exercida pelo corpo coletivo; porém não é necessário que o corpo coletivo deva deliberar, bem como decidir.

O corpo coletivo pode nomear senados ou selecionar conselhos, para preparar questões de legislação.

Eles podem variar a forma de coleta de votos ou de promulgação da lei.

Podem fixar arbitrariamente qual número de pessoas é demandado para constituir uma assembleia legal e qual proporção dos presentes irá decidir qualquer questão afirmativamente.

Sob aristocracias, o corpo coletivo daqueles que governam, tanto por título eletivo quanto hereditário, tem de exercer a legislatura.

Ele pode agir, todavia, sob as mesmas formas e limitações mencionadas como compatíveis com a soberania do povo como um todo.

Sob monarquia, a legislatura é exercida pelo rei.

O rei precisa de conselhos e seu Poder Legislativo pode ser qualificado pelas formas de registro, ou promulgação, requeridas para dar força de lei a seus decretos.

Em qualquer tipo de governo misto, a legislatura precisa ser exercida pela coincidência de todos os poderes concomitantes.

Se uma lei puder ser decretada sem a participação de um dos poderes, aquele poder pode ser suprimido pelos outros.

Se os supostos poderes concomitantes fossem se reunir e decidir questões de legislação pela maioria, de qualquer maneira definida, o governo deixaria de ser misto.

A soberania de poderes concomitantes é compatível com uma variedade de formas relativas à proposição e ao decreto de leis.

Instituições de filosofia moral

Os soberanos de qualquer designação, os quais estão submetidos a cortes de justiça a fim de seguir o costume como regra de decisão, devem ser entendidos como tendo estabelecido aquele costume como lei.

Jurisdição, ou o ofício de julgar, é interpretar a lei e aplicá-la a casos particulares.

Esse ofício, sob qualquer Constituição, deve ser separado daquele de legislação.

O soberano, acostumado a querer e a comandar, não pode consentir meramente em interpretar ou seguir a regra.

Casos particulares são modificados por circunstâncias que criam preconceito ou excitam paixão.

O soberano pode guiar-se arbitrariamente por preconceito ou paixão por não ter nenhum superior.

O soberano, sob influência de motivos especiais, usaria da liberdade para prescindir da lei que ele mesmo decretou.

Assembleias populares ou numerosas seriam controladas por facção.

Príncipes seriam controlados por suas paixões ou por solicitação.

Duas questões podem ser feitas com relação à judicatura:

1. Quem deve julgar?
2. Qual deve ser o número de pessoas que compõem as cortes de justiça?

Em qualquer lugar em que leis são multiplicadas, o conhecimento de lei torna-se uma profissão.

Nenhum julgamento pode ser seguramente dado sem o conselho daqueles que têm conhecimento sobre a lei.

Adam Ferguson

O ofício para o qual um conselho é necessário é o de assinalar a lei, e a lei como um todo, em cada caso particular.

Pessoas que não são advogados por profissão podem interpretar e aplicar uma lei que é assinalada para elas, à maneira dos juízes de Roma e dos júris na Grã-Bretanha. Além de conselho empregado pelos litigantes, o público pode empregar conselho para justiça e lei. Essa é a natureza de juízes oficiais na Grã-Bretanha.

Jurisdição confiada inteiramente a juízes oficiais está ligada às seguintes inconveniências:

1. Por ser um magistrado contínuo, o juiz oficial pode nutrir os mesmos preconceitos do magistrado com relação ao súdito.

2. Os preconceitos e as parcialidades particulares do juiz oficial, se este tiver algum, podem ser conhecidos.

1. Aqueles que gozam de seu favor são tentados a transgredir, na esperança de impunidade, e a iniciar processos vexatórios, na esperança de sucesso.

Aqueles que temem seu desagrado não se sentem seguros mesmo quando inocentes.

Essas inconveniências são eliminadas, em grande medida, com o estabelecimento de judicaturas na forma romana ou na de júris.

O membro do júri está interessado igualmente na proteção do inocente e na condenação do culpado.

Júris podem, portanto, ser incumbidos em alguma medida de poder discricionário, para mitigar a rigorosidade da lei ou para suprimir seus defeitos.

Instituições de filosofia moral

Onde um povo é dividido em um número de ordens e classes separadas, como as dos patrícios, cavaleiros e plebeus, lordes e comuns, os direitos de uma ordem não são seguramente confiados ao julgamento de outra; e seria conveniente que cada indivíduo fosse julgado por seus pares.

2. Sob qualquer tipo de governos populares ou republicanos, cortes de justiça são mais bem compostas por poucos membros.

Cortes compostas de muitos membros levam facção e partido populares para dentro do julgamento. O indivíduo espera se exibir mesmo julgando falsamente, sob a autoridade e o crédito de todo o corpo.

Ninguém é responsável, ninguém é claramente visível; todos são tentados a ceder a seu partido e a julgar arbitrariamente.

Sob monarquia, cortes de justiça são mais bem compostas por muitos.

Aqui a influência da monarquia deve ser mais temida que a facção do povo.

Essa influência pode intimidar ou corromper menos os corpos numerosos do que um só homem, ou poucos.

Corpos numerosos, em suas deliberações, possibilitam o fervor e o ardor que animam assembleias populares, e mesmo quando não julgam mais imparcialmente do que um só homem faria, fazem-no com mais independência.

O espírito de facção, que em repúblicas constitui corrupção, em monarquias tende a impedir mais corrupção e servilismo àqueles no poder.

O ofício do Executivo é aplicar a força do Estado em propósitos nacionais:

Adam Ferguson

1. Dar efeito às leis.
2. Defender a comunidade contra inimigos estrangeiros.

Ocasiões em que o Executivo deve ser exercido são ou contínuas ou casuais; e, em caso de perigo vindo de fora, demandam sigilo e rapidez.

Em governos republicanos, o soberano, que consiste de todo o povo, ou dos corpos numerosos, não pode exercer o Executivo.

Tais corpos não podem ser continuamente reunidos, nem estão prontos a se reunir a todo momento.

Resoluções do Executivo requerem mais sigilo e rapidez do que se pode ter em assembleias numerosas ou populares.

Negócios em curso ou que admitem atraso podem ser confiados a senados ou a conselhos seletos. Tais são a administração de receita pública, negociações e tratados.

Negócios fortuitos e inesperados, que não admitirão atrasos, têm de ser confiados a um só homem, como o magistrado ou o oficial responsável pela manutenção da paz e pela liderança do Exército.

Sob monarquia pura ou mista, o rei tem autoridade para exercer qualquer área do Executivo.

Mas ele precisa delegar o que quer que tenda a tornar seu poder terrível ou odioso; para conservar o que o torna objeto de respeito ou afeto.

Os abusos do Poder Executivo são contidos de modo variado sob diferentes constituições.

Em repúblicas, eles são contidos pela curta duração do ofício de qualquer pessoa, pela vigilância e emulação de seus competidores, se não por sua própria virtude e moderação.

Instituições de filosofia moral

Essas são as repúblicas mais felizes, pois educaram cidadãos virtuosos, aos quais quaisquer poderes podem ser seguramente confiados.

Alguns dos poderes mais importantes, tanto em Esparta como em Roma, eram discricionários.

Em monarquia, os abusos do Executivo são contidos pelas formas da lei e pelo privilégio de posições subordinadas.

Em todas as constituições, os abusos devem ser contidos pela existência de magistrados e ministros responsáveis; pela integridade daqueles que constituem a força incumbida da direção do Executivo.

Quando a força armada é parte do povo, é seu interesse, bem como seu dever, abster-se de abuso.

Seção VI
A importância de instituições políticas

Pela ação de instituições políticas, direitos são preservados ou violados, homens são postos em uma relação de igual para igual ou de senhor e escravo, seus crimes são autorizados ou reprimidos, e sua conduta, aperfeiçoada ou corrompida.

Instituições políticas tendem a aumentar o bem ou o mal com o qual são providas.

Afazeres humanos, em algumas instâncias, inclinam-se ao aperfeiçoamento, em outras, à corrupção.

As instituições dos homens, em um caso, promovem seu aperfeiçoamento, em outro, aceleram sua corrupção.

Instituições que preservam igualdade, que engajam as mentes dos cidadãos em deveres públicos, que os ensinam a esti-

Adam Ferguson

mar distinção pela medida de qualidades pessoais, tendem a preservar e cultivar virtudes.

Ao contrário, instituições pelas quais homens são privados de seus direitos, ou pelas quais são impelidos a manter suas posses arbitrariamente, sob as quais se supõe que sejam governados apenas pela força e pelo medo da punição, tendem a produzir tirania e insolência no soberano, servilismo e vileza no súdito; a *cobrir todo semblante com palidez*[96] e a preencher todo coração com ciúme e desânimo.

O maior e mais amplo benefício que indivíduos podem conceder é o estabelecimento ou a preservação de instituições sábias.

Ou o maior prejuízo que homens maus perpetuam é a destruição ou a corrupção de tais instituições.

---

96 Ver Montesquieu, *O espírito das leis*, op. cit., livro VI, cap.5.

SOBRE O LIVRO

Formato: 14 x 21 cm
Mancha: 23 x 44 paicas
Tipologia: Venetian 301 12,5/16
Papel: Off-white 80 g/m² (miolo)
Cartão Supremo 250 g/m² (capa)
1ª *edição Editora Unesp*: 2019

EQUIPE DE REALIZAÇÃO

Edição de texto
Fábio Fujita (Copidesque)
Tulio Kawata (Revisão)

Capa
Vicente Pimenta

Editoração eletrônica
Eduardo Seiji Seki

Assistência editorial
Alberto Bononi

Rua Xavier Curado, 388 • Ipiranga - SP • 04210 100
Tel.: (11) 2063 7000 • Fax: (11) 2061 8709
rettec@rettec.com.br • www.rettec.com.br